# Gesellschaftsrecht



**2021**

Dr. Timm Nissen
Rechtsanwalt und
Fachanwalt für Handels- und Gesellschaftsrecht

Oliver Strauch
Rechtsanwalt und Repetitor

**ALPMANN UND SCHMIDT Juristische Lehrgänge Verlagsges. mbH & Co. KG**
**48143 Münster, Alter Fischmarkt 8, 48001 Postfach 1169, Telefon (0251) 98109-0**
**AS-Online: www.alpmann-schmidt.de**

*Zitiervorschlag: Nissen/Strauch, Gesellschaftsrecht, Rn.*

**Dr. Nissen, Timm**
**Strauch, Oliver**
Gesellschaftsrecht
19., überarbeitete Auflage 2021
ISBN: 978-3-86752-728-6

Verlag Alpmann und Schmidt Juristische Lehrgänge
Verlagsgesellschaft mbH & Co. KG, Münster



Unterstützen Sie uns bei der Weiterentwicklung unserer Produkte.
Wir freuen uns über Anregungen, Wünsche, Lob oder Kritik an:
**feedback@alpmann-schmidt.de**.

## INHALTSVERZEICHNIS

## LITERATURVERZEICHNIS

Verweise in den Fußnoten auf „RÜ" und „RÜ2" beziehen sich auf die Ausbildungszeitschriften von Alpmann Schmidt. Dort werden Urteile so dargestellt, wie sie in den Examensklausuren geprüft werden: in der RechtsprechungsÜbersicht als Gutachten und in der Rechtsprechungs-Übersicht 2 als Urteil/Behördenbescheid/Anwaltsschriftsatz etc.

RÜ-Leser wussten mehr: Immer wieder orientieren sich Examensklausuren an Gerichtsentscheidungen, die zuvor in der RÜ klausurmäßig aufbereitet wurden. Die aktuellsten RÜ-Treffer aus ganz Deutschland finden Sie auf unserer Homepage.

Abonnenten haben Zugriff auf unser digitales RÜ-Archiv.


| | |
|---|---|
| Baumbach/Hopt | HGB, 39. Aufl. 2020<br>(zitiert: Baumbach/Hopt/Bearbeiter) |
| Baumbach/Hueck | GmbHG, 22. Aufl. 2019<br>(zitiert: Baumbach/Hueck/Bearbeiter) |
| Binz/Sorg | Die GmbH & Co. KG, 12. Aufl. 2018 |
| Bitter/Heim | Gesellschaftsrecht, 5. Aufl. 2020 |
| Ebenroth/Boujong/Joost/Strohn | Handelsgesetzbuch, 4. Aufl. 2020<br>(zitiert: EBJS/Bearbeiter) |
| Ensthaler | HGB, 8. Aufl. 2015<br>(zitiert: Ensthaler/Bearbeiter) |
| Erman | BGB, 16. Aufl. 2020<br>(zitiert: Erman/Bearbeiter) |
| Gehrlein/Ekkenga/Simon | GmbHG, 4. Aufl. 2019<br>(zitiert: G/E/S/Bearbeiter) |
| Gehrlein/Witt | GmbH-Recht in der Praxis, 4. Aufl. 2019 |
| Grunewald | Gesellschaftsrecht, 10. Aufl. 2017 |
| Häublein/Hoffmann-Theinert | Beck´scher Online-Kommentar, 30 Ed. 15.10.2020<br>(zitiert: Beck OK HGB/Bearbeiter) |
| Henssler/Strohn | Gesellschaftsrecht, 5. Aufl. 2021<br>(zitiert: Henssler/Strohn/Bearbeiter Gesetz) |
| Hk-BGB | Nomos-Handkommentar zum BGB,<br>hrsg. von Schulze, 10. Aufl. 2019<br>(zitiert: Hk-BGB/Bearbeiter) |
| Hk-InsO | Heidelberger Kommentar zur InsO,<br>hrsg. von Kayser/Thole, 10. Aufl. 2020<br>(zitiert: Hk-InsO/Bearbeiter) |

| | |
|---|---|
| Hüffer/Koch | AktG, 14. Aufl. 2020 |
| Jacoby/v. Hinden | Studienkommentar BGB, begründet von Kropholler, 17. Aufl. 2020 |
| Kallmeyer | UmwG, 7. Aufl. 2020<br>(zitiert: Kallmeyer/Bearbeiter) |
| Kindl | Gesellschaftsrecht, 2. Aufl. 2019 |
| Kindler | Grundkurs Handels- und Gesellschaftsrecht, 9. Aufl. 2019 |
| Koch | Gesellschaftsrecht, 11. Aufl. 2019 |
| Lutter/Hommelhoff | GmbHG, 20. Aufl. 2020<br>(zitiert: Lutter/Hommelhoff/Bearbeiter) |
| Michalski/Heidinger/Leible/J. Schmidt | Kommentar zum Gesetz betreffend die Gesellschaften mit beschränkter Haftung (GmbH-Gesetz)<br>(zitiert: MHLS/Bearbeiter, GmbH) |
| Mock | Gesellschaftsrecht, 2. Aufl. 2019 |
| MünchKomm-AktG | Münchener Kommentar zum Aktiengesetz<br>Band 2: §§ 76-117, 5. Aufl. 2019<br>Band 4: §§ 179-277, 5. Aufl. 2021<br>(zitiert: MünchKomm-AktG/Bearbeiter) |
| MünchKomm-BGB | Münchener Kommentar zum BGB<br>Band 1: §§ 1-240, 8. Aufl. 2018<br>Band 6: §§ 705–853, 8. Aufl. 2020<br>Band 8: §§ 854-1296, 8. Aufl. 2020<br>(zitiert: MünchKomm-BGB/Bearbeiter) |
| MünchKomm-GmbHG | Münchener Kommentar zum GmbHG<br>Band 1: §§ 1–34, 3. Aufl. 2018<br>Band 2: §§ 35–52, 3. Aufl. 2019<br>Band 3: §§ 53–85, 3. Aufl. 2018<br>(zitiert: MünchKomm-GmbHG/Bearbeiter) |
| MünchKomm-HGB | Münchener Kommentar zum HGB<br>Band 2: §§ 105–160, 4. Aufl. 2016<br>Band 3: §§ 161–237, 4. Aufl. 2019<br>(zitiert: MünchKomm-HGB/Bearbeiter) |
| Oetker | HGB, 6. Aufl. 2019<br>(zitiert: Oetker/Bearbeiter) |
| Palandt | BGB, 80. Aufl. 2021<br>(zitiert: Palandt/Bearbeiter) |

| | |
|---|---|
| Saenger | Gesellschaftsrecht, 5. Aufl. 2020 |
| Schäfer | Gesellschaftsrecht, 5. Aufl. 2018 |
| Schmidt | Gesellschaftsrecht, 4. Aufl. 2002<br>(zitiert: K. Schmidt, GesR) |
| Scholz | GmbHG<br>Band 1: §§ 1–34, 12. Aufl. 2018<br>Band 2: §§ 35–52, 11. Aufl. 2014<br>Band 3: §§ 53–85, 11. Aufl. 2015<br>(zitiert: Scholz/Bearbeiter) |
| Staub | Handelsgesetzbuch Großkommentar<br>5. Aufl. 2009<br>(zitiert: Staub/Bearbeiter HGB) |
| Staudinger | Kommentar zum Bürgerlichen Gesetzbuch<br>Erstes Buch, Allgemeiner Teil, §§ 21–79 (2019)<br>Zweites Buch, Recht der Schuldverhältnisse,<br>§§ 705–740 (Gesellschaftsrecht), 2003<br>(zitiert: Staudinger/Bearbeiter) |
| Thomas/Putzo | ZPO, 41. Aufl. 2020<br>(zitiert: T/P-Bearbeiter) |
| Uhlenbruck | InsO<br>Band 1: 15. Aufl. 2019<br>(zitiert: Uhlenbruck/Bearbeiter) |
| Vieweg/Werner | Sachenrecht, 8. Aufl. 2018 |
| Weller/Prütting | Handels- und Gesellschaftsrecht, 10. Aufl. 2020 |
| Windbichler | Gesellschaftsrecht, 24. Aufl. 2017 |
| Zöller | ZPO, 33. Aufl. 2020<br>(zitiert: Zöller/Bearbeiter) |

# 1. Teil: Einführung

## A. Der Begriff des Gesellschaftsrechts

Das **Gesellschaftsrecht** ist das Recht der privatrechtlichen Personenvereinigungen, die zur Erreichung eines bestimmten gemeinsamen Zwecks durch Rechtsgeschäft begründet werden (vgl. § 705 BGB).[1] 1

**Gesellschaften** werden als privatrechtliche Vereinigungen auf vertraglicher Grundlage umschrieben, in der sich grundsätzlich mehrere Gesellschafter (anders z.B. die AG gemäß § 2 AktG oder die GmbH nach § 1 GmbHG, diese können auch als „Einpersonengesellschaft" existieren) verpflichten, die Erreichung eines gemeinsamen Zweckes in der vertraglich bestimmten Weise zu fördern.[2] Drei zentrale Kriterien dienen damit zur **Abgrenzung der Gesellschaft von anderen Formen gemeinschaftlichen Handelns** (z.B. Bruchteilsgemeinschaft, Erbengemeinschaft): 2

- Der vertragliche Zusammenschluss,
- der gemeinsame Zweck sowie
- die Förderpflicht der Gesellschafter.

Diese Merkmale sind in § 705 BGB in den Regeln zur GbR enthalten, lassen sich aber **für alle Gesellschaftsformen nutzbar** machen, da sich andere Gesellschaftsformen nur durch zusätzliche über die Grunddefinition hinausgehende Merkmale unterscheiden.

### I. Der vertragliche Zusammenschluss

**Jede Gesellschaft** beruht nach § 705 auf einem **Gesellschaftsvertrag.**[3] Das Erfordernis eines vertraglichen Zusammenschlusses **grenzt** dabei die Gesellschaft **von kraft Gesetzes begründeten Gemeinschaftsverhältnissen sowie von Gefälligkeitsverhältnissen ab:** 3

Die **Erbengemeinschaft** dagegen entsteht kraft Gesetzes, sofern im Zeitpunkt des Erbfalls mehrere Erben vorhanden sind; auf ihren Willen kommt es dabei nicht an (§§ 2032 ff. BGB). Aufgrund des Fehlens einer vertraglichen Grundlage ist die Erbengemeinschaft keine Gesellschaft. Ferner ist die Erbengemeinschaft lediglich auf Auseinandersetzung gerichtet und deshalb nicht rechtsfähig.[4]

Schließlich muss es sich bei dem Vertrag auch um einen **privatrechtlichen Zusammenschluss** handeln. Die namentlich in § 89 BGB genannten Körperschaften (z.B. Bund, Länder, Kommunen), Stiftungen (z.B. Stiftung Preußischer Kulturbesitz) und Anstalten des öffentlichen Rechts (z.B. Bundesbank, Sparkassen, Rundfunkanstalten) unterfallen deshalb nicht der Definition des § 705 BGB.[5] Etwas anderes gilt indes dann, wenn Staat und Gemeinden sich gegen die öffentlich-rechtlichen Organisationsformen entscheiden

---

1 Kindler § 9 Rn. 1.
2 Hier und zum Folgenden: Koch § 1 Rn. 2.
3 Dazu ausführlich Rn. 163 f.
4 BGH NJW 2002, 3389, 3390; BGH NJW 2006, 3715.
5 Koch § 1 Rn. 6.

und ein öffentliches **Unternehmen auf privatrechtlicher Grundlage** führen (z.B. die Deutsche Bahn AG, Stadtwerke Münster GmbH). In diesem Fall ist Gesellschaftsrecht anwendbar.[6]

## II. Der gemeinsame Zweck

4 Der gemeinsame Zweck ist die **Grundvoraussetzung der Gesellschaft** und grenzt den Gesellschaftsvertrag als Schuld- und Organisationsvertrag von Austauschverträgen mit gegenseitigen Parteiinteressen (z.B. Kauf, Miete, Werkvertrag usw.) ab. Bei der Gesellschaft steht nicht der Leistungsaustausch, sondern die Kooperation zur Verwirklichung eines gemeinsamen Zwecks im Vordergrund.[7]

In den §§ 705 ff. BGB ist nicht gesetzlich festgelegt, worauf der gemeinsame Zweck gerichtet sein muss. Deshalb kann **jeder erlaubte Zweck** Gegenstand des Gesellschaftsvertrages sein. Gemeinsamer Zweck i.S.d. § 705 BGB kann ein dauernder oder vorübergehender sein; er kann vermögensrechtlicher oder ideeller Natur sein; er braucht nicht notwendig ein eigennütziger der Gesellschafter zu sein, vielmehr ist auch die gemeinsame Förderung der Interessen anderer möglich.[8]

Der Zweck muss von allen Gesellschaftern **gemeinsam verfolgt** werden. Die Gemeinsamkeit des Zwecks ist gegeben, wenn jeder Vertragspartner vom anderen seine Förderung verlangen kann und die fördernde Tätigkeit des einen dem anderen zugutekommen soll. Ein bloß gleichgerichtetes Interesse der Beteiligten genügt nicht.

Wenn die Parteien **ausdrücklich** und eindeutig einen gemeinsamen Zweck verfolgen wollen, ist die Vereinbarung ohne Weiteres als Gesellschaftsvertrag anzusehen. Bei nicht eindeutigen Abreden – insbesondere bei **konkludenten** Vereinbarungen – ist im Einzelfall durch Auslegung nach den §§ 133, 157 BGB zu ermitteln, ob eine gemeinsame Zweckverfolgung vorliegt und damit ein Gesellschaftsvertrag besteht:

Vorliegen GesellschaftsV steht und fällt mit gemeinsamem Zweck

### 1. Die Bruchteilsgemeinschaft

5 Halten und verwalten die Parteien gemeinsam eine Sache, kann entweder eine Gesellschaft oder eine Bruchteilsgemeinschaft (§§ 741 ff. BGB) gegeben sein. Dies ist anhand der Vereinbarung oder im Zweifel durch Auslegung zu ermitteln.

**Fall 1: Ein Trecker für zwei**

Die Holzhändler A und B benötigen zur Holzabfuhr aus versumpften Gebieten hin und wieder einen besonders schweren Trecker. Sie erwerben zusammen ein ihnen zusagendes Fahrzeug; jeder zahlt die Hälfte des Kaufpreises. Die Unterhaltungskosten sollen geteilt werden; außerdem wird bestimmt, zu welchen Zeiten jeder den Trecker in seinem Betrieb benutzen darf. Später kommt es zu Unstimmigkeiten. A möchte seinen Anteil an dem Trecker auf den Landwirt L übertragen.

---

6 Koch § 1 Rn. 6; K. Schmidt, GesR, § 1 II 1a.

7 Grunewald § 1 Rn. 5; K. Schmidt, GesR, § 4 I 2.

8 Palandt/Sprau § 705 Rn. 20.

A kann seinen Anteil an dem Trecker gemäß § 747 i.V.m. § 929 BGB auf L übertragen, wenn der Trecker i.S.d. §§ 741 ff. BGB **im gemeinschaftlichen Eigentum (Miteigentum) von A und B** steht. **6**

Das **Miteigentum ist ein Sonderfall der Bruchteilsgemeinschaft**. Für das Miteigentum gelten die §§ 1008-1011 BGB neben den §§ 741 ff. BGB.[9]

I. Da A und B den Trecker gemeinsam erworben haben, könnten sie dessen **Bruchteilseigentümer** geworden sein. Bruchteilseigentum **kann nach Maßgabe der §§ 747, 929 ff. BGB übertragen werden**.

Das Recht der Bruchteilsgemeinschaft (§§ 741 ff. BGB) und folglich auch § 747 findet nach § 741 BGB indes nur Anwendung, „sofern sich nicht aus dem Gesetz ein anderes ergibt"; die §§ 741 ff. BGB sind also subsidiär gegenüber den Einzelregelungen anderer Gemeinschaften, insbesondere gegenüber denen der Gesamthandsberechtigungen (GbR, §§ 705 ff. BGB; eheliche Gütergemeinschaft, §§ 1415 ff. BGB; Erbengemeinschaft, §§ 2032 ff. BGB).

Nicht § 747 BGB, sondern § 719 BGB fände somit Anwendung, wenn zwischen A und B im Rahmen der Anschaffung des Treckers eine **Gesellschaft i.S.d. §§ 705 ff. BGB begründet** worden ist. In diesem Fall könnte A seinen **Anteil** an dem Trecker **nicht** auf L übertragen (§ 719 Abs. 1 BGB). A wäre gemäß § 719 Abs. 1 Hs. 2 BGB nicht einmal berechtigt, von B Teilung zu verlangen, sondern könnte lediglich die Gesellschaft unter den Voraussetzungen der §§ 723 ff. BGB kündigen und versuchen, den Trecker bei der Auseinandersetzung gemäß §§ 730 ff. BGB zu erwerben.

**Sinn und Zweck des § 719 BGB** ist es, bei einer Gesellschaft das Erreichen des gemeinsamen Zwecks nicht dadurch zu gefährden, dass das für die Zweckerreichung erforderliche Gesellschaftsvermögen in fremde Hände gelangt.[10] **Gesellschafterstellung und Vermögensbeteiligung sind untrennbar**.

Mit der Einigung über den gemeinsamen Erwerb, die Benutzung und die Unterhaltung des Treckers ist ein Gesellschaftsvertrag i.S.d. §§ 705 ff. BGB zustande gekommen, wenn A und B damit **einen gemeinsamen Zweck verfolgten**.

1. Die Parteien können durch **ausdrückliche Abrede** auch das Anschaffen, Halten und Verwalten einer Sache als gemeinsamen Zweck vereinbaren.[11] Hier fehlt eine solche ausdrückliche Vereinbarung, die eindeutig als Gesellschaftsvertrag anzusehen wäre.

2. Es ist deshalb durch **Auslegung nach §§ 133, 157 BGB** zu ermitteln, ob A und B einen gemeinsamen Zweck i.S.d. § 705 BGB verfolgen wollten. Da die Zielsetzungen der Parteien – das Anschaffen, Halten und Verwalten – gemäß §§ 744, 748 BGB für die Gemeinschaft charakteristisch sind, ist **zwischen Gesellschaft (§§ 705 ff. BGB) und Bruchteilsgemeinschaft (§§ 741 ff. BGB) eine Abgrenzung** erforderlich. Erschöpft sich die „Gemeinsamkeit" im Anschaffen, Halten und Verwalten, und will jede Partei die Sache ansonsten lediglich für eigene Zwecke

9 Palandt/Sprau § 741 Rn. 3.
10 K. Schmidt, GesR, § 45 III 2 a.
11 K. Schmidt, GesR, § 59 I 3 a.

verwenden, sodass sie nur Mittel zur Verwirklichung dieser eigenen Zwecke ist, so liegt ohne ausdrückliche Vereinbarung keine Gesellschaft i.S.d. §§ 705 ff. BGB vor, sondern vielmehr eine bloße Bruchteilsgemeinschaft i.S.d. §§ 741 ff. BGB. Für die Annahme einer Gesellschaft i.S.d. §§ 705 ff. bedarf es also – sofern keine ausdrückliche Vereinbarung vorliegt – eines weitergehenden Zwecks.[12]

**Im vorliegenden Fall** verhält es sich so, dass jede Partei den Trecker im eigenen Betrieb verwenden wollte. Sein zweckentsprechender Einsatz sollte nur dem jeweiligen Betriebsinhaber zugutekommen. Die Vertragspartner wollten also mit der ihnen gemeinsam gehörenden Sache **keinen weitergehenden gemeinsamen Zweck** fördern; vielmehr wollte **jeder für sich** die Vorteile des Treckers nutzen. Es besteht daher zwischen A und B keine Gesellschaft i.S.d. §§ 705 ff. BGB, sondern (nur) eine Bruchteilsgemeinschaft gemäß §§ 741 ff. BGB. Somit findet nicht § 719 BGB, sondern § 747 BGB Anwendung. A kann deshalb seinen Anteil an dem Trecker auf L übertragen.

II. Die Übertragung vollzieht sich nach den Bestimmungen, die für die Übertragung des Vollrechts gelten, hier also nach §§ 929 ff. BGB. A kann sich beispielsweise mit L darüber einigen, dass sein Miteigentumsanteil am Trecker auf L übergehen soll und in Vollziehung dieser Einigung dem L den Mitbesitz daran verschaffen.

§ 929 BGB erfordert zwar grundsätzlich Alleinbesitzverschaffung, doch **genügt** im Rahmen von § 747 BGB die **Verschaffung von Mitbesitz**.[13]

Sollte B nicht damit einverstanden sein, dass anstelle von A nunmehr der L Miteigentümer des Treckers wird, so kann er gemäß § 749 Abs. 1 BGB jederzeit **Aufhebung der Gemeinschaft** verlangen.

---

## 2. Partiarische Rechtsverhältnisse

7 Partiarische Rechtsverhältnisse sind **Austauschverträge**, die dadurch gekennzeichnet sind, dass das **Entgelt einer Partei ganz oder zum Teil in einer Gewinnbeteiligung liegt**.

**Beispiele:** Darlehen mit Gewinnbeteiligung, Dienstvertrag mit Umsatzbeteiligung, in neuerer Zeit zunehmend: Crowdfunding[14] (z.B. Plattformen wie Kickstarter oder Indiegogo).

Liegt das gemeinsame Interesse der Beteiligten in einer Gewinnbeteiligung, ist **abzugrenzen**, ob eine Gesellschaft oder (nur) ein partiarisches Rechtsverhältnis vorliegt:

- Der Zweck einer **Gesellschaft** i.S.d. § 705 BGB muss **von allen Gesellschaftern gemeinsam** verfolgt werden. Ein **lediglich gleichgerichtetes Interesse der Beteiligten genügt nicht**. Bei Vereinbarungen über Gewinnbeteiligungen in der Form einer Gesellschaft wird es sich in aller Regel um Innengesellschaften (bei der Beteiligung an einem Handelsgewerbe um stille Gesellschaften)[15] handeln. Derjenige, der sich beteiligt, hat häufig kein Interesse daran, nach außen in Erscheinung zu treten.

---

12 K. Schmidt, GesR, § 59 I 3 a.

13 Erman/Aderhold § 747 Rn. 1.

14 Koch § 2 Rn. 14.

15 Näher zur stillen Gesellschaft unter Rn. 515 ff.

- Bei **partiarischen Rechtsverhältnissen** hat der am Gewinn Beteiligte zwar ein eigenes Interesse am Gewinn des anderen. Die Erzielung dieses Gewinns durch den anderen wird aber **nicht als gemeinsamer Zweck** des Vertrages gemeinsam verfolgt. Vielmehr **wird jeder in eigener Verantwortung und auf eigene Rechnung** tätig. Der Gewinn stellt vertraglich nur eine Berechnungsgröße dar.[16]

Die Abgrenzung hat durch **Auslegung** unter Berücksichtigung des Vertragszwecks und der wirtschaftlichen Interessenlage zu erfolgen. Dabei können folgende **Indizien** zu berücksichtigen sein:

- Ist eine Verlustbeteiligung vereinbart, liegt regelmäßig eine Gesellschaft vor.[17]

  Das Fehlen einer Verlustbeteiligung spricht allerdings nicht notwendig für ein partiarisches Rechtsverhältnis, da auch bei einer stillen Gesellschaft der Ausschluss der Verlustbeteiligung vereinbart werden kann (§ 231 Abs. 2 HGB).

- Auch die Vereinbarung von Kontroll- und Mitwirkungsrechten spricht für ein Gesellschaftsverhältnis.[18]

## 3. Die Ehegatteninnengesellschaft

8 Die Vermögensverhältnisse zwischen Ehegatten sind im **ehelichen Güterrecht** geregelt. Es kann im Einzelfall zweifelhaft sein, ob die Eheleute es bei dieser Regelung belassen oder **(darüber hinausgehend) einen Gesellschaftsvertrag** abschließen wollen.

Ehegatten können miteinander eine Gesellschaft gründen. Dies wird weder durch die Natur der Ehegemeinschaft noch durch die Vorschriften über den ehelichen Güterstand ausgeschlossen. Solche Gesellschaften treten in der Regel nach außen hin nicht in Erscheinung (sog. **Ehegatteninnengesellschaft**). Voraussetzung für eine Gesellschaft unter Ehegatten ist eine **Zweckvereinbarung** i.S.d. § 705 BGB.

- Ehegatten können **ausdrücklich** einen Gesellschaftsvertrag schließen. Es spielt keine Rolle, „ob dadurch gleichzeitig Verpflichtungen berührt werden, die sich im Prinzip bereits aus den Vorschriften des Familienrechts (§§ 1353, 1360 BGB) ergeben".[19]

  **Beispiel:** Ehegatten können durch ausdrückliche Vereinbarung eine Gesellschaft bilden, die den Zweck hat, ein Familienheim zu schaffen und zu erhalten.[20]

- Fehlt eine ausdrückliche Vereinbarung, so kann der Abschluss eines Gesellschaftsvertrages durch **schlüssiges Verhalten** in Betracht kommen. Leben die Ehegatten im gesetzlichen Güterstand der Zugewinngemeinschaft, ist dies ein Indiz gegen das Zustandekommen einer Innengesellschaft, da der im Fall einer Scheidung gebotene Vermögensausgleich regelmäßig bereits durch die Vorschriften über den Zugewinnausgleich gesichert ist.[21]

---

16 K. Schmidt, GesR, § 62 II 1 c bb.

17 OLG Hamm NJW-RR 1994, 1382; OLG Schleswig NZG 2000, 1176, Ls. 1.

18 BGH NJW 1992, 2696; BGH NJW 1995, 192.

19 BGH NJW 1982, 170, 171.

20 BGH NJW 1982, 170.

21 BGH NJW 2006, 1268, Rn. 12.

- Für einen **konkludent** abgeschlossenen Gesellschaftsvertrag muss sich feststellen lassen, dass die Eheleute einen über den typischen Rahmen der ehelichen Lebensgemeinschaft hinausgehenden Zweck verfolgen. Dieser weitergehende Zweck kann vor allem darin bestehen, dass die Ehegatten gemeinsam ein Unternehmen aufbauen oder gemeinsam gleichberechtigt eine berufliche oder gewerbliche Tätigkeit ausüben.[22]

**Beispiele:** Ohne ausdrückliche Vereinbarung kommt durch den Erwerb und Ausbau eines Familienheims keine Gesellschaft zustande.[23] Ein weitergehender Zweck wurde aber bejaht beim gemeinsamen Bau und der Vermietung von Apartmentwohnungen.[24] Ein konkludent abgeschlossener Gesellschaftsvertrag wurde auch angenommen in einem Fall, in dem die Eheleute gemeinsam eine Gaststätte betrieben, als Mitpächter den Pachtvertrag schlossen, als Gesamtschuldner Darlehen aufnahmen und beide ihre Arbeitskraft im Betrieb einsetzten.[25]

Die Ehegatten müssen zudem den – über die Verwirklichung der Lebensgemeinschaft hinausgehenden – Zweck gemeinsam verfolgen. Die Tätigkeit des mitarbeitenden Ehegatten muss von ihrer Funktion her als gleichberechtigte Mitarbeit anzusehen sein.[26]

Eine Gesellschaft ist daher z.B. zu verneinen, wenn ein Ehegatte als Arzt, der andere als Sprechstundenhilfe tätig wird[27] oder wenn ein Ehegatte einen Großmarkt betreibt, in dem der andere nur gelegentlich Aushilfstätigkeiten verrichtet.[28]

Die Annahme eines konkludent zustande gekommenen Gesellschaftsvertrages kommt bereits nach allgemeinen Grundsätzen hingegen nicht in Betracht, wenn dies zu ausdrücklich getroffenen Vereinbarungen im Widerspruch steht. **Ausdrückliche Erklärungen gehen** einem lediglich konkludent zum Ausdruck gekommenen Parteiwillen **vor**.[29]

### 4. Gesellschaftsvertrag zwischen Partnern einer nichtehelichen Lebensgemeinschaft

9 In einer nichtehelichen Lebensgemeinschaft wollen die Partner **grundsätzlich keine rechtlich verbindlichen Regelungen** treffen, weder in persönlicher noch in wirtschaftlicher Hinsicht. Sie können aber ausdrücklich oder stillschweigend einen Gesellschaftsvertrag schließen.

Anders als in einer Ehe ist bei einer nichtehelichen Lebensgemeinschaft für die Annahme einer Gesellschaft **nicht zwingend erforderlich, dass ein über die Verwirklichung der Lebensgemeinschaft hinausgehender Zweck verfolgt wird**. Im Unterschied zu Ehegatten sind die Partner einer nichtehelichen Lebensgemeinschaft nämlich nicht gesetzlich zur Lebensgemeinschaft und zum Unterhalt der Familie verpflichtet. Allerdings wird ohne einen über die Verwirklichung der Lebensgemeinschaft hinausgehenden

22 BGHZ 142, 137, 144; BGH NJW 2006, 1268, Rn. 14.
23 BGH NJW 1982, 2236.
24 BGH NJW 1974, 2278.
25 BGH NJW-RR 1990, 736.
26 BGHZ 142, 137, 144; BGH NJW 2006, 1268, Rn.14.
27 BGH NJW 1974, 2045.
28 BGH NJW-RR 1988, 260.
29 BGH NJW 2006, 1268, Rn. 15.

Zweck regelmäßig aus einem anderen Grund kein Gesellschaftsvertrag anzunehmen sein:[30] Die Partner haben dann **im Regelfall keine über die Ausgestaltung ihrer Gemeinschaft hinausgehenden rechtlichen Vorstellungen**, sodass es an dem für einen Vertragsschluss erforderlichen Rechtsbindungswillen fehlt.

Der Abschluss eines Gesellschaftsvertrages durch schlüssiges Verhalten „kann in Betracht kommen",[31] wenn die Parteien mit dem Erwerb eines Vermögensgegenstandes die **Absicht gemeinschaftlicher Wertschöpfung** gehabt haben. Diese liegt vor, wenn die Partner die Absicht verfolgt haben, mit dem Erwerb bestimmter Vermögensgegenstände einen – wenn auch nur wirtschaftlich – gemeinschaftlichen Wert zu schaffen, der von ihnen für die Dauer der Partnerschaft **nicht nur gemeinsam benutzt werden, sondern ihnen nach ihrer Vorstellung auch gemeinsam gehören** sollte. Indizien dafür können sich aus Planung, Umfang und Dauer des Zusammenwirkens ergeben. Das formale Alleineigentum eines Partners schließt die Absicht gemeinschaftlicher Wertschöpfung nicht notwendig aus.[32]

***Hinweis:*** *Nach der Rechtsprechung des BGH kommen nach der Beendigung einer nichtehelichen Lebensgemeinschaft nicht nur gesellschaftsrechtliche Ausgleichsansprüche, sondern auch Ansprüche aus ungerechtfertigter Bereicherung (§ 812 Abs. 1 S. 2 Var. 2 BGB) sowie nach den Grundsätzen über die Störung der Geschäftsgrundlage (§ 313 BGB) in Betracht.*[33]

### III. Die Förderpflicht der Gesellschafter

Gemäß § 705 BGB trifft die Gesellschafter ferner eine Förderpflicht, die darin besteht insbesondere die **vereinbarten Beiträge zu leisten**. Der Inhalt der Förderpflicht darf jedoch nicht zu eng ausgelegt werden. Der Gesellschaftszweck kann auch in anderer Weise gefördert werden als durch die Leistung von Geld oder anderen Vermögensgegenständen (z.B. Arbeitskraft).[34] **10**

## B. Die Gesellschaftsarten

Das Recht, Gesellschaften zu gründen, ist mit Verfassungsrang in Art. 9 Abs. 1 GG gewährleistet **(Gründungsfreiheit)**. Der sog. **numerus clausus** der Gesellschaftsformen beschränkt diese Gründungsfreiheit jedoch aus Gründen des Verkehrsschutzes auf die im Gesetz abschließend bestimmten Gesellschaftsformen.[35] Zulässig ist aufgrund der Vertragsfreiheit jedoch eine sog. **Grundtypenvermischung** (z.B. GmbH & Co. KG).[36] **11**

Die Gesellschaften lassen sich in Personengesellschaften auf der einen Seite und Körperschaften auf der anderen Seite einteilen. Das Wesen der **Personengesellschaft** liegt darin, dass die Gesellschaft **von der Individualität ihrer Gesellschafter abhängig ist; die Gruppe „lebt" in ihren Mitgliedern**. Die **Körperschaft** ist hingegen eine Vereini-

30 BGH RÜ 2008, 630 Rn. 20; BGH RÜ 2011, 621 Rn. 16.
31 BGH RÜ 2008, 630 Rn. 18.
32 BGH NZG 2003, 1015, Ls. 1.
33 BGH RÜ 2011, 621 Rn. 18 ff.; BGH NJW 2012, 3374, Rn. 23.
34 Koch § 1 Rn. 17; MünchKomm-BGB /Schäfer § 705 Rn. 158.
35 Kindl § 3 Rn. 1.
36 MHLS/J. Schmidt, GmbHG, Systematische Darstellung 1 Rn. 33.

gung, deren Zielverwirklichung **unabhängig von den einzelnen Mitgliedern** gedacht ist, sie ist für Vereinigungen mit einer großen Anzahl von Mitgliedern vorgesehen.[37]

**Grundform** der **Personengesellschaften** ist die **GbR** (§§ 705 ff. BGB).[38] Daneben existieren die oHG (§§ 105 ff. HGB) und die KG (§§ 161 ff. HGB), letztere auch in der Sonderform der GmbH & Co. KG (KG, deren persönlich haftende Gesellschafterin – Komplementärin – eine GmbH ist), sowie die stille Gesellschaft (§§ 230 ff. HGB) und für die freien Berufe die Partnerschaftsgesellschaft (§§ 1 ff. PartGG).

**Grundform** der **Körperschaften** ist der **Verein** (§§ 21 ff. BGB). Daneben gibt es die AG (§§ 1 ff. AktG) einschließlich KGaA (§§ 278 ff. AktG), die GmbH (§§ 1 ff. GmbHG) einschließlich UG (§ 5 a GmbHG) und die Genossenschaft (§§ 1 ff. GenG) – sowie als besondere Rechtsform für Versicherer den Versicherungsverein auf Gegenseitigkeit (VVaG) (§§ 7, 15 ff. VAG).[39]

Die nationalen Gesellschaftsformen lassen sich in folgender Übersicht zusammenfassen:

**Gesellschaften**

| Personengesellschaften | Körperschaften |
|---|---|
| ■ GbR (§§ 705 ff. BGB) | ■ Verein (§§ 21 ff. BGB) |
| ■ oHG (§§ 105 ff. HGB) | ■ GmbH und UG (GmbHG) |
| ■ KG (§§ 161 ff. HGB) | ■ AG (§§ 1 ff. AktG) |
| ■ stille Gesellschaft (§§ 230 ff. HGB) | ■ KGaA (§§ 278 ff. AktG) |
| ■ Partnerschaft (PartGG) | ■ Genossenschaft (GenG) |
| | ■ VVaG (§§ 7, 15 ff. VAG) |

Neben die nationalen Gesellschaftstypen treten **supranationale Rechtsformen**. Zu nennen sind die Europäische Wirtschaftliche Interessenvereinigung (EWIV) als Personengesellschaft und die Europäische Aktiengesellschaft (SE = Societas Europaea) sowie die Europäische Genossenschaft (SCE = Societas Cooperative Europaea) als Körperschaften.

Zwischen den Gesellschaftstypen können die Gründer grundsätzlich frei wählen **(Freiheit der Rechtsformwahl)**.[40] Ausnahmsweise zwingt das Gesetz die Gesellschafter jedoch in eine andere als die von ihnen gewünschte Rechtsform **(Rechtsformzwang)**. Diesen Rechtsformzwang gibt es grundsätzlich nur bei Personengesellschaften.

**Beispiel:** Wollen die Gesellschafter eine GbR gründen, zielen dabei aber auf den Betrieb eines Handelsgewerbes (§ 1 Abs. 2 HGB), ist die Gesellschaft trotz entgegenstehenden Willens der Gründer eine oHG (§ 105 Abs. 1 HGB).[41]

12 Für welche Rechtsform sich die Gründungsgesellschafter entscheiden, hängt jeweils im Einzelfall von verschiedenen **Faktoren** ab.[42] Von Bedeutung sind dabei insbesondere:

---

37 Koch § 2 Rn. 2.

38 Zum Folgenden: Saenger § 2 Rn. 11, 16.

39 Der VVaG ist ein durch Gesetz besonders ausgestalteter Fall eines Wirtschaftsvereins, der durch Verleihung (Konzession) die Rechtsfähigkeit erlangt (vgl. § 22 BGB; Erman/Westermann § 22 Rn. 1).

40 Hier und zum Folgenden: Bitter/Heim § 1 Rn. 5.

41 S. hierzu Rn. 166.

42 Hier und zum Folgenden: Bitter/Heim § 1 Rn. 6.

- Gesellschaftszweck,

  Der Gesellschaftszweck ist aber nicht nur Faktor für die Rechtsformwahl, sondern kann zugleich Zugangsvoraussetzung für bestimmte Gesellschaften sein. So können beispielsweise eine oHG oder KG nur für (handels-)gewerbliche und vermögensverwaltende Zwecke gegründet werden (vgl. § 105 Abs. 1 und 2 HGB); eine PartG steht nur Freiberuflern offen (vgl. § 1 PartGG).

- Gründungsaufwand und Größe des Gesellschafterkreises,

- Organisationsstruktur der Gesellschaft, Haftungsrisiken, Publizitätspflichten und steuerliche Behandlung.[43]

## C. Grundlegende Unterschiede zwischen Personengesellschaften und Körperschaften

Personengesellschaften und Körperschaften weisen in verschiedener Hinsicht grundle- **13**
gende Unterschiede auf:

### I. Voll- und Teilrechtsfähigkeit

Die Unabhängigkeit der **Körperschaft** von der Individualität ihrer Mitglieder macht es **14**
erforderlich Gesellschaftsangelegenheiten von den Gesellschaftern abzugrenzen. Diese rechtliche Verselbstständigung erreicht der Gesetzgeber durch den Status der juristischen Person, wodurch der Gesellschaft eigene Rechtsfähigkeit verliehen wird. Damit sind die Körperschaften alleiniges Zuordnungsobjekt des Gesellschaftsvermögens sowie sonstiger Rechte und Pflichten (vgl. § 13 Abs. 1 GmbHG, § 1 Abs. 1 S. 1 AktG).[44] Man spricht insoweit von einer **„Vollrechtsfähigkeit"**.

Nach **„traditionellem" Verständnis** existiert bei den **Personengesellschaften** dagegen keine von den Gesellschaftern strikt zu trennende Rechtspersönlichkeit. So wurden als Träger von Rechten und Pflichten die Gesellschafter angesehen, nicht aber die Gesellschaft als solche. Das Gesellschaftsvermögen steht den Gesellschaftern nach diesem Verständnis „zur gesamten Hand" (Gesamthandsvermögen) als eine Art Sondervermögen zu; die Gesellschafter tragen das Gesamthandsvermögen, das vom übrigen Privatvermögen der Gesellschafter zu trennen ist.

Dennoch wurden seit jeher jedenfalls die **oHG und die KG** im Hinblick auf § 124 HGB als **„teilrechtsfähig"** angesehen.[45] Mit Urteil vom 29.01.2001[46] hat der BGH auch seine Rechtsprechung zur GbR geändert und ausgesprochen, dass auch eine **(Außen-)GbR rechtsfähig** ist, **soweit sie durch die Teilnahme am Rechtsverkehr eigene Rechte und Pflichten begründet („Teilrechtsfähigkeit")**.[47]

***Klausurhinweis:*** *Für die erste Pflichtfachprüfung ergeben sich keine Unterschiede hinsichtlich der Voll- oder Teilrechtsfähigkeit. Relevant ist ausschließlich, dass beide Gesellschaftsarten rechtsfähig sind.*

---

43 Schäfer § 3 Rn. 2.

44 Koch § 2 Rn. 3.

45 Bitter/Heim § 1 Rn. 16.

46 BGH RÜ 2001, 160.

47 Vgl. zur (Teil-)Rechtsfähigkeit der GbR ausführlich Rn. 154 ff.

## II. Haftung der Gesellschafter für Gesellschaftsverbindlichkeiten

15 Ein wesentlicher Unterschied zwischen Körperschaften und Personengesellschaften besteht in der persönlichen Haftung der Gesellschafter für Gesellschaftsverbindlichkeiten. Bei den **Körperschaften** haftet den Gesellschaftsgläubigern **grundsätzlich nur das Gesellschaftsvermögen** (vgl. § 13 Abs. 2 GmbHG, § 1 Abs. 1 S. 2 AktG). Bei **Personengesellschaften** können die Gesellschaftsgläubiger hingegen nicht nur auf das Gesellschaftsvermögen, sondern **auch auf das Privatvermögen** der nach h.M. gemäß § 128 HGB (analog) persönlich haftenden Gesellschafter zugreifen.

## III. Selbstorganschaft und Fremdorganschaft

16 Ein weiterer Unterschied betrifft die Zuständigkeit für Geschäftsführung und Vertretung. Während diese Aufgaben bei **Personengesellschaften** zwingend (auch) von den Gesellschaftern selbst wahrzunehmen sind **(Selbstorganschaft)**, können sie bei **Körperschaften** auch gänzlich Nichtgesellschaftern anvertraut werden **(Fremdorganschaft)**.[48]

## IV. Mehrheitserfordernisse bei der internen Willensbildung

17 Körperschaften und Personengesellschaften lassen sich in ihrer gesetzlichen Grundkonzeption auch anhand der Mehrheitserfordernisse bei Gesellschafterbeschlüssen unterscheiden: Während bei Körperschaften für eine wirksame Beschlussfassung grundsätzlich ein **Mehrheitsbeschluss** erforderlich ist (vgl. § 32 Abs. 1 S. 3 BGB, § 47 Abs. 1 GmbHG, § 133 AktG), gilt bei **Personengesellschaften** das (freilich dispositive) **Einstimmigkeitsprinzip** (vgl. § 709 Abs. 1 BGB, § 119 Abs. 1 HGB).[49]

## V. Anzahl der Gesellschafter

18 **Im Grundsatz** unterscheiden sich Körperschaften und Personengesellschaften ferner dadurch, dass **Personengesellschaften** meist durch eine personalistische Struktur mit **einigen wenigen Gesellschaftern** geprägt, **Körperschaften** in ihrer Grundstruktur hingegen auf eine **Vielzahl von Gesellschaftern** ausgerichtet sind. Dies gilt aber nur für die gesetzlichen Grundtypen. In der Praxis gibt es auch personalistisch geprägte Körperschaften mit nur wenigen Gesellschaftern (z.B. „Einmann-GmbH") sowie Personengesellschaften, die auf eine Vielzahl von Gesellschaftern ausgelegt sind (sog. Publikumspersonengesellschaften).

Während insbesondere die **GmbH und die AG** derart rechtlich verselbstständigt sind, dass sie auch mit nur einem einzigen Gesellschafter bestehen können **(„Einpersonengesellschaft")**, müssen bei **Personengesellschaften** zwingend **immer mindestens zwei Gesellschafter** vorhanden sein. Dies führt dazu, dass Personengesellschaften beim Austritt ihres vorletzten Gesellschafters liquidationslos erlöschen und ihr gesamtes Vermögen auf den letztverbleibenden Gesellschafter übergeht.

48 Ausführlich dazu: Mock § 3 Rn. 90.

49 Kindl § 2 Rn. 5.

## VI. Abhängigkeit vom Personenbestand

Zudem unterscheiden sich Körperschaften und Personengesellschaften hinsichtlich der Abhängigkeit vom Personenbestand. **Körperschaften** zeichnen sich durch eine **Unabhängigkeit vom Gesellschafterbestand** aus; **Personengesellschaften** hingegen sind **an Ihren Personenstand gebunden**. Daher kann eine Veränderung des Gesellschafterbestandes bei Personengesellschaften nur durch eine Änderung des Gesellschaftsvertrages (bzw. bei Vorliegen einer dies antizipierenden gesellschaftsvertraglichen Regelung)[50] erfolgen, der alle bisherigen Mitglieder zustimmen müssen.[51] **19**

## VII. Mindestkapital und Registereintragung

Aus der oben genannten **Haftungsbeschränkung der Körperschaften** ergeben sich **Risiken für den Rechtsverkehr**. Es wird Verkehrsteilnehmern gestattet, in Form einer Vereinigung unternehmerisch tätig zu werden, ohne für die Risiken der Tätigkeit haften zu müssen.[52] Als Kompensation für die fehlende Haftung sind die Gesellschafter verpflichtet, ein sog. **Mindestkapital** aufzubringen (vgl. § 5 GmbHG, § 7 AktG). Um sicherzustellen, dass diesem Gläubigerschutz Rechnung getragen wird, wird ein Registergericht eingeschaltet, welches prüft, ob das Mindestkapital aufgebracht wurde. Erst mit **Registereintrag** entsteht die Körperschaft (vgl. § 21 BGB, § 11 Abs. 1 GmbHG, § 41 Abs. 1 S. 1 AktG); der Eintragung kommt demgemäß konstitutive Wirkung zu. **20**

→ Grund für Erfordernis: Gläubigerschutz

Bei den **Personengesellschaften** erübrigt sich der Schutz des Rechtsverkehrs aufgrund der **unbeschränkten persönlichen Haftung mindestens eines Gesellschafters**. Die Existenz der Personengesellschaft wird nicht an den Registereintrag geknüpft, gleichwohl ist mit Ausnahme der GbR die **Registereintragung** vorgeschrieben (s. § 123 Abs. 1 BGB). Ihr kommt damit **(lediglich) deklaratorische Wirkung** zu.

**Übersicht der Unterschiede zwischen den beiden Gesellschaftsarten**

| Personengesellschaften | Körperschaften |
|---|---|
| Keine juristische Person | Juristische Person (Ausnahme: nicht rechtsfähiger Verein, § 54 BGB) |
| (teil-)rechtsfähig | (voll-)rechtsfähig |
| Unbeschränkte Haftung mindestens eines Gesellschafters | Beschränkte Haftung der Gesellschafter |
| Prinzip der Selbstorganschaft | Prinzip der Fremdorganschaft |
| Einstimmigkeitsprinzip | Mehrheitsprinzip |
| Auf personalisierte Struktur mit wenigen Gesellschaftern ausgerichtet | Auf eine Vielzahl von Gesellschaftern ausgerichtet |
| Abhängigkeit vom Personenbestand | Unabhängigkeit vom Personenbestand |
| Registereintragung hat deklaratorische Wirkung (für die GbR existiert kein Register) | Registereintragung hat konstitutive Wirkung |

50 Koch § 8 Rn. 32.

51 Ausführlich dazu: Koch § 2 Rn. 8 f.

52 Hier und zum Folgenden: Koch § 2 Rn. 4, 6.

## D. Examensrelevanz

21 Dem Gesellschaftsrecht kommt **nicht in allen Bundesländern gleiche Examensrelevanz** zu.

So setzen einige Bundesländer nur Grundkenntnisse zum Recht der Personengesellschaften (GbR, oHG und KG) und Grundkenntnisse in den Bereichen der Errichtung, Vertretung und Geschäftsführung der GmbH voraus. Andere Bundesländer gehen darüber hinaus und verlangen zudem Grundkenntnisse im gesamten Bereich des Personengesellschaftsrechts und/oder Kapitalgesellschaftsrechts.

Welche Anforderungen im Einzelnen bestehen, ergibt sich aus den jeweiligen Ausbildungsvorschriften der Länder:

**Baden-Württemberg** (§ 8 Abs. 2 Nr. 3 JAPrO [1. Staatsexamen], § 56 Abs. 1 Nr. 3 JAPrO [2. Staatsexamen]); **Berlin** und **Brandenburg** (§ 3 Abs. 4 Nr. 1 c) JAO, § 27 Abs. 2 Nr. 1 JAO i.V.m. § 3 Abs. 4 Nr. 1 c) JAO); **Hamburg** (§ 1 Abs. 1 Nr. 5 Prüfungsgegenständeverordnung); **Hessen** (§ 7 Nr. 2 g) JAG, 2. Staatsexamen nicht gesondert ausgewiesen); **Mecklenburg-Vorpommern** (§ 11 Abs. 2 Nr. 1 d) JAPO, § 45 Abs. 3 i.V.m. § 11 Abs. 2 Nr. 1 d) JAPO); **Nordrhein-Westfalen** (§ 11 Abs. 2 Nr. 4 JAG NRW); **Sachsen** (§ 14 Abs. 3 Nr. 2 b) JAPO, § 43 Abs. 2 Nr. 1 c) JAPO: im 2. Staatsexamen auch Grundzüge im (gesamten) Kapitalgesellschaftsrecht, also Recht der AG); **Bayern** (§ 18 Abs. 2 Nr. 2 JAPO, § 58 Abs. 2 Nr. 1 i.V.m. § 18 Abs. 2 Nr. 2 JAPO); **Rheinland-Pfalz** (Anlage zu § 1 Abs. 2 Nr. 1 JAPO); **Niedersachsen** (§ 16 Abs. 1 Nr. 2 b) NJAVO); **Sachsen-Anhalt** (§ 14 Abs. 2 Nr. 2 b) JAPrVO); **Schleswig-Holstein** (§ 3 Abs. 3 Nr. 3 JAVO); **Thüringen** (§ 14 Abs. 2 Nr. 2 c) JAPO); wohl auch **Bremen** (§ 5 Abs. 1 Nr. 1 d) JAPG: „Gesellschaftsrecht im Überblick") und **Saarland** (§ 8 Abs. 2 Nr. 2 JAG: „Grundzüge des Gesellschaftsrechts").

## E. Gesetzessystematik

22 Die **Personengesellschaften** sind nicht in voneinander unabhängigen, selbstständigen Abschnitten des BGB oder des HGB geregelt. Dies bedeutet für die Prüfung in Klausuren, dass für die GbR auch Vorschriften aus dem Bereich der oHG einschlägig sein können. Andersherum sind für die oHG über §§ 105 ff. HGB sowie die KG über 161 ff. HGB ergänzend Regelungen aus dem Bereich der GbR heranzuziehen:

- Für die **GbR** gelten die §§ 705 ff. BGB. Daneben finden durch gesetzlichen Verweis (z.B. in § 736 Abs. 2 BGB auf § 160 HGB) oder im Wege der Analogie (insbesondere der §§ 128 ff. HGB) einige Regelungen über die Personenhandelsgesellschaften des HGB entsprechende Anwendung.

- Für die **oHG** gelten die §§ 105 ff. HGB als Sondervorschriften. Da die oHG aber auch eine „Gesellschaft" i.S.d. §§ 705 ff. BGB ist, greifen die BGB-Vorschriften ein, soweit das oHG-Recht keine spezielle Regelung enthält (§ 105 Abs. 3 HGB).

- Für die **KG** gelten vorrangig die §§ 161 ff. HGB. Soweit diese keine spezielle Regelung enthalten, greifen die §§ 105 ff. HGB ein (§ 161 Abs. 2 HGB); ist auch in den §§ 105 ff. HGB nichts geregelt, gelten die §§ 705 ff. BGB (§ 105 Abs. 3 HGB).

***Hinweis:*** *Hinsichtlich dieser Systematik könnten sich in absehbarer Zeit durch den bereits vorgelegten Gesetzentwurf zur Modernisierung des Personengesellschaftsrechts („MoPeG") erhebliche* ***Änderungen ergeben (s. ausführlich*** *hierzu Rn. 560 f.).*

Dieser Gesetzesaufbau führt dazu, dass einzelne Rechtsfragen für alle drei Gesellschaften gleich geregelt sind, während in anderen Bereichen unterschiedliche Regelungen bestehen.

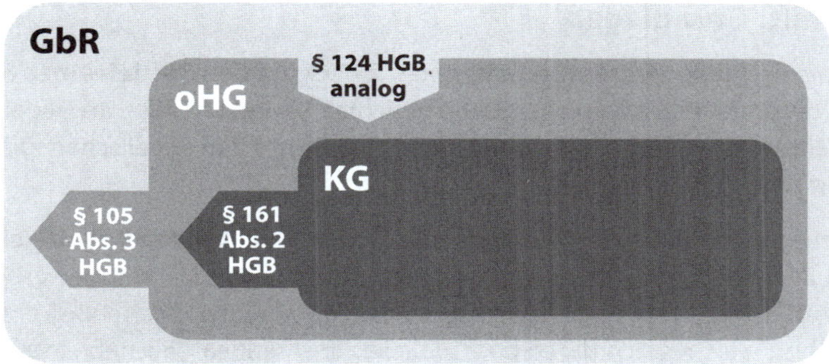


**Beispiele:**

**1.** Für den Abschluss des Gesellschaftsvertrages gilt für alle drei Gesellschaften § 705 BGB. Die Gesellschafter müssen sich zur Verfolgung eines gemeinsamen Zwecks i.S.d. § 705 BGB zusammenschließen. Unterschiede bestehen nur insoweit, als dass bei der oHG und KG der gemeinsame Zweck auf den Betrieb eines Handelsgewerbes unter einer gemeinsamen Firma gerichtet ist (vgl. § 105 Abs. 1 HGB).

**2.** Die Vertretung der Gesellschaft bzw. der Gesellschafter ist unterschiedlich geregelt. In der GbR gelten die §§ 714, 709 BGB; für die oHG und KG gelten die §§ 125 ff. HGB; gemäß § 170 HGB ist der Kommanditist einer KG nicht zur organschaftlichen Vertretung berechtigt (er kann aber gemäß § 167 BGB bevollmächtigt werden).

Der Verein (§§ 21 ff. BGB) ist die Grundform der Körperschaften. Auf dessen Struktur **23**
bauen sowohl AG und GmbH (einschließlich der UG) auf. Die entsprechenden Regelungen sind jeweils im AktG und im GmbHG normiert. Da Letzteres an manchen Stellen lückenhaft ist, muss dort ergänzend auf das Recht der AG zurückgegriffen werden.

## 2. Teil: Die offene Handelsgesellschaft (oHG)

24 Die offene Handelsgesellschaft (oHG) ist in den §§ 105 ff. HGB geregelt.[53]

### 1. Abschnitt: Grundlagen

25 Die oHG ist eine **Personengesellschaft**, deren Zweck auf den **Betrieb eines Handelsgewerbes** unter gemeinschaftlicher Firma gerichtet ist und bei der – im Gegensatz zur KG – **bei keinem Gesellschafter die Haftung** gegenüber den Gesellschaftsgläubigern **beschränkt** ist (§ 105 Abs. 1 HGB).

In Abgrenzung zur GbR können die Gesellschafter also **nicht jeden beliebigen Zweck** i.S.d. § 705 BGB verfolgen, sondern müssen den Betrieb eines Handelsgewerbes beabsichtigen (§ 105 Abs. 1 HGB). Man kann sagen, dass die oHG gewissermaßen ein „Upgrade" zur GbR ist, welches sich durch das Qualifikationsmerkmal „Betrieb eines Handelsgewerbes" auszeichnet.

Am Vertragsschluss müssen stets **wenigstens zwei Gesellschafter** beteiligt sein. Eine Gesellschaft mit nur einem Gesellschafter gibt es im Bereich der Personengesellschaften nicht. Beteiligen können sich alle natürlichen und juristischen Personen sowie rechtsfähige Personengesellschaften i.S.v. § 14 BGB. Die auf Auflösung gerichtete und u.a. deshalb weder rechts- noch parteifähige Erbengemeinschaft[54] kann hingegen nicht Gesellschafterin einer oHG sein.

Im Gegensatz zu den Kapitalgesellschaften kann jeder Gesellschafter nur einen Gesellschaftsanteil an der oHG halten. Dies ist Ausprägung des für alle Personengesellschaften geltenden **Grundsatzes der Einheitlichkeit der Mitgliedschaft**.[55]

Die oHG ist – wie auch die GbR – **keine juristische Person**. Sie kann aber gemäß § 124 Abs. 1 HGB unter ihrer Firma Rechte erwerben und Verbindlichkeiten eingehen, Eigentum und andere dingliche Rechte an Grundstücken erwerben sowie vor Gericht klagen und verklagt werden. Zur Zwangsvollstreckung in das Gesellschaftsvermögen ist ein gegen die Gesellschaft gerichteter vollstreckbarer Schuldtitel erforderlich (§ 124 Abs. 2 HGB). Die oHG ist damit **teilrechtsfähige Personengesellschaft** i.S.v. § 14 BGB.[56]

Zu den **(teil-)rechtsfähigen Personengesellschaften** i.S.v. § 14 BGB zählen (neben der oHG) die KG (§§ 124 Abs. 1, 161 Abs. 2 HGB), die Partnerschaft (§ 7 Abs. 2 PartGG), die EWIV und nach nahezu einhelliger Ansicht auch die (Außen-)GbR.[57]

Die oHG ist ferner aktiv und passiv parteifähig sowie Trägerin eines vom Privatvermögen ihrer Gesellschafter zu trennenden Gesellschaftsvermögens, das einer gesamthänderischen Bindung unterliegt.[58] Im Gegensatz zur GbR ist die oHG **immer Außengesellschaft**, weil mit ihr nur Zwecke verfolgt werden können, welche die Teilnahme am

53 Vgl. auch den komprimierten Überblick bei Lange Jura 2015, 665.
54 BGH NJW 2006, 3715, Ls. und Rn. 7.
55 Erman/Westermann § 705 Rn. 23.
56 Bitter/Heim § 6 Rn. 3.
57 Zur (Außen-)GbR s. Rn. 169.
58 Grunewald § 2 Rn. 35.

Rechtsverkehr vorrausetzen (Betrieb eines Handelsgewerbes, Betrieb eines Kleingewerbes, Vermögensverwaltung; § 105 Abs. 1 und 2 HGB).[59]

Die oHG ist per Definition **Kaufmann** i.S.d. HGB (§ 105 Abs. 1 i.V.m. § 1 HGB).[60] Eine Gesellschaft, deren Gewerbetrieb nicht schon nach § 1 Abs. 2 HGB Handelsgewerbe ist **(„Ist-Kaufmann")** oder nur eigenes Vermögen verwaltet, ist eine oHG, wenn die Firma des Unternehmens in das Handelsregister eingetragen ist (§ 105 Abs. 2 S. 1 HGB: **„Kann-Kaufmann"**).[61]

**Strittig ist, ob auch die Gesellschafter der oHG Kaufleute sind.**[62] Der BGH bejaht die Kaufmanneigenschaft der oHG-Gesellschafter und der Komplementäre einer KG,[63] verneint sie hingegen für die Kommanditisten einer KG.[64] Teile der Literatur stellen hingegen auf den Einzelfall ab und lassen den Zweck der jeweiligen nur für Kaufleute geltenden Norm über deren Anwendbarkeit auf die Gesellschafter von Personenhandelsgesellschaften (oHG, KG) entscheiden.[65] **Klausurrelevant** ist dieser Streit insbesondere dann, wenn sich ein oHG-Gesellschafter bzw. KG-Komplementär formlos für die Schuld eines Dritten verbürgt:[66] Ist die Bürgschaftserteilung für den Gesellschafter kein Privatgeschäft (vgl. §§ 343 f. HGB), ist sie nach Auffassung des BGH wirksam, weil § 350 HGB anwendbar ist und die Formvorschrift des § 766 BGB ausschließt. Die Gegenauffassung kommt über § 350 HGB nur dann zum gleichen Ergebnis, wenn der sich verbürgende Gesellschafter auch organschaftlicher Vertreter und nicht von der Vertretung der Gesellschaft ausgeschlossen ist.[67]

Bei der oHG existieren - wie grundsätzlich bei allen Personengesellschaften und anders als bei Kapitalgesellschaften - keine Kapitalerhaltungsvorschriften (näher zu solchen Rn. 301). Der **Gläubigerschutz** erfolgt über eine betragsmäßig unbegrenzte **Außenhaftung der Gesellschafter** gemäß §§ 128 ff. HGB.

## 2. Abschnitt: Die Entstehung der oHG

Eine oHG kann durch Gründung oder Umwandlung entstehen. 26

### A. Entstehung durch Gründung

Bei der Gründung einer Kapitalgesellschaft müssen die Gründer ein formalisiertes Ver- 27
fahren durchlaufen, bevor sie entsteht. Für die Gründung einer oHG ist ein **förmliches Gründungsverfahren** hingegen **nicht vorgesehen**. Die oHG wird, wie es bei allen Personengesellschaften der Fall ist, **durch den Abschluss des Gesellschaftsvertrags** gegründet.[68]

---

59 Kindler § 10 Rn. 5.

60 Hier und zum Folgenden: Bitter/Heim § 6 Rn. 5.

61 Näher zur Kaufmannseigenschaft AS-Skript Handelsrecht (2019), Rn. 5 ff.

62 Vgl. dazu auch AS-Skript Handelsrecht (2019), Rn. 20 f.

63 BGH NJW 1961, 1022: „Die Gesellschafter einer oHG sind stets Kaufmann, weil sie ein Handelsgewerbe betreiben."

64 BGH NJW 1966, 1960, Ls.

65 Baumbach/Hopt/Roth § 105 Rn. 19 ff.

66 Hier und zum Folgenden: Bitter/Heim § 6 Rn. 5.

67 Baumbach/Hopt/Roth § 105 Rn. 22.

68 Kindler § 10 Rn. 4.

## I. Der Gesellschaftsvertrag der oHG

28 Die oHG setzt, wie jede andere Gesellschaft auch, einen Vertrag voraus, durch den sich mehrere Personen zur **Verfolgung eines gemeinsamen Zweckes** zusammenschließen (§ 105 Abs. 3 HGB i.V.m. § 705 BGB).[69]

Im **Innenverhältnis** der Gesellschafter untereinander entsteht die oHG damit in dem Zeitpunkt, in dem der Gesellschaftsvertrag voll wirksam wird.

Im **Außenverhältnis** zu Dritten tritt die Wirksamkeit der oHG **mit der Eintragung der Gesellschaft in das Handelsregister** (§ 123 Abs. 1 HGB) oder mit der **Aufnahme der Geschäfte** (§ 123 Abs. 2 HGB) ein.

Im Fall der **Geschäftsaufnahme** geht die h.M. zum Schutz der Gesellschafter davon aus, dass diese Folge (Wirksamwerden im Außenverhältnis) nur eingreift, wenn **alle Gesellschafter dem Geschäftsbeginn ausdrücklich oder konkludent zugestimmt** haben.[70] § 123 Abs. 2 HGB gilt zudem nur, wenn die oHG ein Handelsgewerbe mit kaufmännischem Geschäftsbetrieb i.S.v. § 1 Abs. 2 HGB betreibt **(„Ist-Kaufmann")**, also nicht in den Fällen der §§ 2, 105 Abs. 2 HGB, in denen die Kaufmannseigenschaft nicht schon per Gesetz, sondern erst nach der (freiwilligen) Eintragung in das Handelsregister besteht („Kann-Kaufmann").[71]

Die **Handelsregistereintragung** wirkt also bei einer oHG, die **bereits durch Geschäftsaufnahme aktiv ein Handelsgewerbe betreibt, deklaratorisch, andernfalls konstitutiv**.[72] In beiden Fällen sind die Gesellschafter aber verpflichtet, die oHG zur Eintragung in das Handelsregister anzumelden (§ 106 Abs. 1 HGB). Es handelt sich folglich um eine **eintragungspflichtige Tatsache**, sodass die Publizitätswirkungen des § 15 HGB gelten.[73] Spätere Änderungen der eintragungspflichtigen Tatsachen (§ 106 Abs. 2 HGB) sind ebenfalls zur Eintragung in das Handelsregister anzumelden (§ 107 HGB).

Für den Abschluss des Gesellschaftsvertrages sind die **allgemeinen Regeln des Vertragsrechts** maßgeblich.[74] Für seine Wirksamkeit gelten insbesondere die Vorschriften des Allgemeinen Teils des BGB über die Geschäftsfähigkeit (§§ 104 ff.), den Irrtum (§§ 119 ff.), die Sittenwidrigkeit (§ 138) und die Stellvertretung (§§ 164 ff.).[75] Leidet der Gesellschaftsvertrag an einem Mangel, liegt eine fehlerhafte Gesellschaft vor.[76]

Der Gesellschaftsvertrag ist, wie sich aus der Systematik des BGB ergibt, ein **Schuldvertrag**, der zu wechselseitigen Verpflichtungen der Gesellschafter führt.[77] Gleichwohl ist er aber **kein gegenseitiger Vertrag i.S.v. §§ 320 ff. BGB**, sondern ein kooperativer

69 S. hierzu Rn. 4.
70 Koch § 12 Rn. 23.
71 Bitter/Heim § 6 Rn. 7.
72 Bitter/Heim § 6 Rn. 8.
73 Bitter/Heim § 6 Rn. 9; zu den Einzelheiten vgl. auch AS-Skript Handelsrecht (2019), Rn. 200 ff.
74 Erman/Westermann § 705 Rn. 1.
75 Jacoby/v. Hinden § 705 Rn. 2.
76 Hierzu ausführlich Rn.
77 Bitter/Heim § 5 Rn. 7.

Vertrag.[78] Die dortigen Regeln über das Synallagma bei Vertragsschluss, Erfüllung und Abwicklung des Vertrages können allenfalls partiell zur Anwendung kommen.[79]

So wird z.B. eine (analoge) Anwendung der entsprechenden Vorschriften ausnahmsweise dann für möglich gehalten, wenn es um Gesellschaften geht, bei den schon wegen Ihres Charakters (z.B. bloße Zwei-Personen-Innengesellschaften) das zweiseitige Schuldverhältnis völlig im Vordergrund steht.[80]

Der Gesellschaftsvertrag kann **grundsätzlich formlos und konkludent** geschlossen werden. Ausnahmsweise ist seine notarielle Beurkundung erforderlich, wenn sich ein Gesellschafter dazu verpflichtet, der oHG ein Grundstück zu übereignen (§ 311 b Abs. 1 BGB) oder ihr einen GmbH-Anteil abzutreten (§ 15 Abs. 4 GmbHG).[81]

Die **Auslegung** des Gesellschaftsvertrages einer Personengesellschaft richtet sich – anders als bei Satzungen von Kapitalgesellschaften – grundsätzlich nach den allgemeinen Regeln der §§ 133, 157 BGB.[82] Im Grundsatz ist eine subjektive Auslegung im Sinne einer Ermittlung des wirklichen Willens aller Beteiligten geboten.[83] Lediglich bei Personengesellschaften mit einer körperschaftlichen Struktur, insbesondere bei einer sog. Publikumsgesellschaft, richtet sich die Auslegung nach dem objektiven Erklärungstatbestand und ohne Rücksicht auf individuelle Vorstellungen einzelner Beteiligter.[84]

## II. Der gemeinsame Zweck

Bei der oHG muss, wie bei jeder Gesellschaft, ein gemeinsamer Zweck verwirklicht werden, der für die oHG auf den **Betrieb eines Handelsgewerbes** unter gemeinschaftlicher Firma gerichtet ist (§ 105 Abs. 1 HGB). Der Begriff des Handelsgewerbes knüpft an die bereits vertraute Definition des Handelsrechts an. Insofern ist „Gewerbe" jede selbstständige, planmäßige, nach außen in Erscheinung tretende, erlaubte, auf Dauer ausgeübte und auf Gewinnerzielung gerichtete Tätigkeit unter Ausschluss der freien Berufe.[85] **29**

Nach § 1 Abs. 2 HGB ist **jedes Gewerbe zugleich Handelsgewerbe, es sei denn**, dass das Unternehmen nach Art oder Umfang einen in kaufmännischer Weise eingerichteten Gewerbebetrieb nicht erfordert.

Gesellschaften, die tatsächlich ein Handelsgewerbe betreiben, sind **„Ist-Kaufmann"** i.S.d. § 1 Abs. 1 HGB und deshalb in der Regel ohne weiteres oHG. Aber auch Gesellschaften, bei denen die Anforderungen des § 1 Abs. 2 HGB an ein Handelsgewerbe nicht erfüllt sind, sondern bei denen lediglich die freiwillige Möglichkeit der Eintragung ins Handelsregister nach § 2 Abs. 1 HGB besteht **(„Kann-Kaufmann")**, können in der Rechtsform der oHG agieren (§ 105 Abs. 2 S.1 Var. 1 HGB). Gleiches gilt für Gesellschaften, die nur **eigenes Vermögen verwalten**, wie etwa Immobilienverwaltungsgesellschaften (§ 105 Abs. 2 S.1 2. Var. HGB).

78 Jacoby/v. Hinden § 705 Rn. 8.
79 Erman/Westermann § 705 Rn. 43 ff.
80 MünchKomm-BGB/Schäfer § 705 Rn. 167.
81 Bitter/Heim § 5 Rn. 9.
82 Bitter/Heim § 5 Rn. 7.
83 Erman/Westermann § 705 Rn. 34.
84 BGH NZG 2016, 424, Rn. 12; Erman/Westermann § 705 Rn. 38; Kindler § 10 Rn. 6.
85 Kindler § 2 Rn. 33 ff.

## III. Mängel des Gesellschaftsvertrages (die fehlerhafte Gesellschaft)

### 1. Grundlagen

30 Wie jedes Rechtsgeschäft ist auch der Gesellschaftsvertrag in seiner Wirksamkeit von Willensmängeln bedroht: Es kann einem Vertragschließendem an der Geschäftsfähigkeit fehlen, es kann ein Formmangel oder ein Dissens vorliegen; ferner kann der Vertrag anfechtbar sein.[86] **Nach den allgemeinen Regeln** der §§ 104 ff. BGB besteht **grundsätzlich keine Bindung an nichtige Willenserklärungen**. Soweit aufgrund eines nichtigen Vertrages Leistungen erbracht werden, können diese gemäß §§ 812 ff. BGB zurückgefordert werden.

Ist eine **Gesellschaft in Vollzug gesetzt** worden, so ist die uneingeschränkte Anwendung der §§ 104 ff. BGB – und die damit verbundene **Rückabwicklung nach den §§ 812 ff. BGB** – jedoch aus folgenden Gründen **nicht sachgerecht**:

- Der Gesellschaftsvertrag ist nicht nur ein Schuld- sondern auch ein **Organisationsvertrag**. Anders als beim herkömmlichen Schuldvertrag geht es nicht ausschließlich um die Begründung wechselseitiger Pflichten. Vielmehr schaffen die Gesellschafter eine rechtsfähige Organisation, die im Rechtsverkehr ähnlich wie eine natürliche Person „lebt" und dadurch Ansprüche und Verpflichtungen begründet, die über den bilateralen Austausch eines Vertrages hinauswirken.[87] Mit Blick auf die Vielzahl von Verträgen, die im Namen der Gesellschaft im Laufe der Zeit geschlossen werden, kann eine Rückabwicklung über §§ 812 ff. BGB zu schier unüberwindbaren **praktischen Schwierigkeiten** führen. Für die Verteilung des im Vertrauen auf das Bestehen der Gesellschaft gebildeten Gesellschaftsvermögens enthalten die Vorschriften über die Auseinandersetzung (§§ 730 ff. BGB i.V.m. § 105 Abs. 3 HGB) die interessengerechteren Regelungen.

- Die **Gesellschafter**, die über eine längere Zeit ausschließlich für die Gesellschaft tätig geworden sind und über keine andere Einkommensquelle verfügen, dürfen **untereinander darauf vertrauen**, dass sich ihre gegenseitigen Rechte und Pflichten nach dem fehlerhaften Gesellschaftsvertrag richten, der ihre Absichten im Zweifel auch für den Fall ausdrückt, dass sich ihr Vertrag als ungültig erweist **(Bestandsschutz im Innenverhältnis)**.

- **Dritte**, mit denen im Namen der Gesellschaft Rechtsgeschäfte getätigt werden, **müssen auf den Bestand der Gesellschaft** unabhängig davon **vertrauen dürfen**, ob sie von der Unwirksamkeit des Gesellschaftsvertrages Kenntnis hatten oder hätten haben können (**Verkehrsschutz im Außenverhältnis**).

Diese Interessenlage führt dazu, dass eine Gesellschaft – auch dann, wenn sie auf einem rechtlich fehlerhaften Gesellschaftsvertrag beruht (sog. fehlerhafte Gesellschaft) – nicht rückwirkend als juristisches Nullum betrachtet wird, sondern über die vertragliche Grundlage hinausreichende juristische Bestandskraft erhält.[88]

---

86 Koch § 5 Rn. 2.
87 Koch § 5 Rn. 1.
88 Koch § 5 Rn. 6 f.

Nach den **Grundsätzen über die fehlerhafte Gesellschaft** löst die Nichtigkeit gesellschaftsvertraglicher Erklärungen gemäß §§ 104 ff. BGB regelmäßig nur die Rechtsfolge aus, dass ein **Auflösungs- bzw. Kündigungsgrund** besteht. Die allgemeine Nichtigkeitsfolge der §§ 104 ff. BGB wird also mit der Folge beschränkt, dass die fehlerhafte Gesellschaft bis zu ihrer Auflösung bzw. Kündigung grundsätzlich wie eine fehlerfreie Gesellschaft behandelt wird.[89]

Das Institut der fehlerhaften Gesellschaft galt **ursprünglich** nur für Kapitalgesellschaften. **Später** wurden diese Grundsätze auch auf die Personengesellschaften übertragen. Sie gelten nach h.M. auch für typische und atypische stille Gesellschaften.[90] **Heute** sind die Grundsätze für die Kapitalgesellschaften sogar gesetzlich normiert, §§ 275 ff. AktG, §§ 75 ff. GmbHG und §§ 94 ff. GenG.[91]

## 2. Voraussetzungen und Rechtsfolgen der fehlerhaften Gesellschaft

Damit die Grundsätze der fehlerhaften Gesellschaft Anwendung finden, müssen die folgenden Voraussetzungen erfüllt sein: **31**

- Zunächst muss ein **Vertrag** geschlossen sein, der **anfänglich unwirksam oder anfechtbar** wäre. Ohne Vertragsgrundlage gibt es keine fehlerhafte Gesellschaft. An dieser Stelle muss die fehlerhafte Gesellschaft deshalb von einer Nicht-Gesellschaft oder bloßen Scheingesellschaft[92] unterschieden werden.[93]

  - Dabei muss der **Vertrag insgesamt unwirksam** sein. Liegt der Ursprung des Fehlers nämlich bloß in einer bestimmten Klausel des Vertrags und ist in Anwendung des § 139 BGB ausnahmsweise anzunehmen, dass der Vertrag auch ohne die konkrete Klausel geschlossen worden wäre, so ist nur die betreffende Klausel unwirksam (Teilnichtigkeit) und für den Rückgriff auf die Grundsätze der fehlerhaften Gesellschaft besteht kein Bedarf.[94] **32**

    Der in § 139 BGB gesetzlich als Regel normierte Fall der Gesamtnichtigkeit ist mit Blick auf die gesellschaftsvertragliche Praxis allerdings eher der Ausnahmefall: Meist kann die entstandene Vertragslücke im Wege der ergänzenden Vertragsauslegung geschlossen werden und es ergibt sich schon unter Berücksichtigung der Interessen, dass lediglich Teilnichtigkeit gewollt ist. Dies wird meist durch eine sog. **salvatorische Klausel** als Schlussbestimmung zum Vertrag zum Ausdruck gebracht.

  - Abzugrenzen ist außerdem ein nichtiger Gesellschaftsvertrag von einer bloßen **Scheingründung**. Schließen die vermeintlichen Gesellschafter überhaupt keinen Gesellschaftsvertrag ab (auch nicht konkludent) sondern erwecken sie nur nach außen den Rechtsschein einer Gesellschaft oder handelt es sich bei dem zwischen ihnen geschlossenen Vertrag um ein Scheingeschäft i.S.d. § 117 BGB, so liegt nach ganz überwiegender Auffassung[95] nicht etwa eine fehlerhafte Gesellschaft sondern vielmehr gar keine Gesellschaft vor (s. sogleich Rn. 50). **33**

89 BGH NJW-RR 2001, 1450, Ls. 2; K. Schmidt § 6 I 1.

90 BGH NZG 2005, 261, 262; BGH NZG 2005, 472, Ls. 1; a.A. Hey NZG 2004, 1097, 1098 f.; MünchKomm-BGB/Schäfer § 705 Rn. 371.

91 Kummer Jura 2006, 331.

92 S. hierzu Rn. 50.

93 K. Schmidt, GesR, § 6 III 3.

94 MünchKomm-BGB/Schäfer §705 Rn. 341; Schäfer § 5 Rn. 21.

95 Vgl. zum Meinungsstand nur MünchKomm-BGB/Schäfer § 705 Rn. 338, Rn. 290 f.

- Ferner muss die **Gesellschaft zurechenbar**[96] **in Vollzug** gesetzt werden. Vollzug liegt dann vor, wenn die Gesellschaft mit Zustimmung der Gesellschafter ihre **Tätigkeit nach außen** aufgenommen hat, sei es auch nur im Rahmen von Vorbereitungsgeschäften.[97]

- Schließlich darf keine Ausnahme von den Grundsätzen der fehlerhaften Gesellschaft vorliegen. Ausnahmsweise gelten die Grundsätze der fehlerhaften Gesellschaft nicht, wenn die Wirksamkeit der Gesellschaft mit **vorrangigen Interessen der Allgemeinheit oder schutzwürdiger Personen** unvereinbar wäre.[98] Ob dies der Fall ist, hängt häufig von dem jeweils vorliegenden Fehler ab (s. sogleich).

Liegen diese drei Voraussetzungen vor, wird die Gesellschaft nach der Lehre von der fehlerhaften Gesellschaft **für die Vergangenheit wie eine fehlerfreie, nach innen und außen insgesamt**[99] **wirksam gegründete Gesellschaft** behandelt, die nicht rückwirkend (*ex tunc*) beseitigt, sondern **nur für die Zukunft (*ex nunc*) aufgelöst** werden kann.[100]

Die Gesellschafter können das Gesellschaftsverhältnis durch eine wirksame **außerordentliche Kündigung** aus wichtigem Grund (GbR, § 723 S. 2, 3 BGB) bzw. durch eine **Auflösungsklage** (oHG, § 133 HGB) beenden. Wenn der Nichtigkeitsgrund nur einzelnen Gesellschaftern gegenüber anderen zur Last fällt, kommt eine Ausschließungs- bzw. Übernahmeklage (§ 140 Abs. 1 HGB) in Betracht.[101]

Die Grundsätze über die fehlerhafte Gesellschaft schließen allerdings nicht aus, dass ein Schadensersatzanspruch des Gesellschafters besteht, der auf Naturalrestitution und damit auf Rückgewähr der Einlage gerichtet ist.[102]

34

**Grundsätze der fehlerhaften Gesellschaft**

1. Es liegt ein – wenn auch unwirksamer - **Gesellschaftsvertrag** vor.
   - Gesamtnichtigkeit erforderlich
   - Abgrenzung zur Scheingesellschaft
2. Die **Gesellschaft** wurde **in Vollzug gesetzt**.
3. Es bestehen **keine vorrangigen Interessen der Allgemeinheit oder schutzwürdiger Personen**, mit denen eine Anwendbarkeit der Grundsätze der fehlerhaften Gesellschaft unvereinbar wäre.
4. Liegen die unter 1. bis 3. genannten Voraussetzungen vor, kann die **nach innen und außen voll wirksame Gesellschaft** nur *ex nunc* aufgelöst werden.

35 Die Grundsätze der fehlerhaften Gesellschaft gelten auch dann, wenn ein zunächst fehlerfrei geschlossener **Gesellschaftsvertrag nachträglich geändert wird**, erst dann ein Unwirksamkeitsgrund nach §§ 104 ff. BGB auftritt und die fehlerhafte Vertragsänderung

---

96 MünchKomm-HGB/K. Schmidt § 105 Rn. 236.
97 BGH NJW 1952, 97; MünchKomm-BGB /Schäfer § 705 Rn. 342; Erman/Westermann § 705 Rn. 79.
98 Hier und zum Folgenden: Baumbach/Hopt/Roth § 105 Rn. 83 f.; Jacoby/v. Hinden § 705 Rn. 6.
99 Bitter/Heim § 5 Rn. 25.
100 BGH NJW 1971, 375, 376 (zur Anwendung der Grundsätze der fehlerhaften typischen stillen Gesellschaft).
101 Bitter/Heim § 5 Rn. 21.
102 BGH NZG 2005, 472, Ls. 1.

in Vollzug gesetzt wurde.[103] Dies gilt insbesondere für den **fehlerhaften Beitritt zu einer Gesellschaft.**[104] Der fehlerhaft Beigetretene ist voll wirksam Gesellschafter mit allen Rechten und Pflichten im Innen- und Außenverhältnis, sofern sein Beitritt in Vollzug gesetzt wurde. Seine Gesellschafterstellung kann nur ex nunc beendet werden. Er selbst kann dies durch außerordentliche Kündigung (§ 723 Abs. 1 S. 2 BGB) bzw. Austritt aus der Gesellschaft bewirken. Auch die übrigen Gesellschafter können das Gesellschaftsverhältnis aus wichtigem Grund kündigen. Alternativ besteht für Sie aber auch die Möglichkeit, den fehlerhaft beigetretenen Gesellschafter aus wichtigem Grund gemäß § 737 BGB auszuschließen und die Gesellschaft ohne ihn weiterzuführen; dies gilt sogar dann, wenn der Gesellschaftsvertrag keine von § 737 S. 1 BGB eigentlich vorausgesetzte Fortsetzungsklausel enthält.

Auch das **fehlerhafte Ausscheiden aus der Gesellschaft** ist nicht *ex tunc* unwirksam, **36**
sondern wird nur *ex nunc* berichtigt:[105] Der fehlerhaft ausgetretene voll geschäftsfähige Gesellschafter gilt im Verhältnis zu Dritten bis zu seiner wirksamen Wiederaufnahme in die Gesellschaft als ausgeschieden. Im Innenverhältnis ist der Ausgetretene hingegen so zu stellen, als wäre er die ganze Zeit Gesellschafter gewesen.

Etwas anderes gilt, wenn der fehlerhaft austretende Gesellschafter nicht voll geschäftsfähig ist. Dann ist und bleibt sein Austritt aus Schutzwürdigkeitsgründen unwirksam.

Der BGH wendet die Grundsätze der fehlerhaften Gesellschaft ferner auf die **fehlerhafte** **37**
**Übertragung eines Gesellschaftsanteils** durch Verfügung über die Mitgliedschaft gemäß §§ 413, 398 BGB an.[106] Der Verkehrsschutz gebiete es, den Erwerber vorläufig als Gesellschafter und den Veräußerer als ausgeschieden zu behandeln.

## 3. Einzelne Unwirksamkeitsgründe

Die Grundsätze der fehlerhaften Gesellschaft sind häufig Gegenstand von Examensklau- **38**
suren, weil hier eine Verknüpfung von allgemeinen zivilrechtlichen Problemen (BGB AT, Schuldrecht) mit einem speziellen Rechtsgebiet (Gesellschaftsrecht) möglich ist. Deshalb sollen nachstehend einige wichtige Unwirksamkeitsgründe genauer dargestellt werden.

### a) Offener und versteckter Einigungsmangel (§§ 154, 155 BGB)

Beim **offenen Dissens** ist der **Vertrag „im Zweifel" nicht geschlossen**, solange sich **39**
die Parteien nicht über alle Punkte geeinigt haben, über die eine Vereinbarung getroffen werden soll (§ 154 Abs. 1 S. 1 BGB). Die Zweifelsregel gilt auch, wenn eine vereinbarte Beurkundung nicht erfolgt ist (§ 154 Abs. 2 BGB). Wird der **Vertrag** hingegen **vollzogen** – was i.d.R. gleichzeitig Voraussetzung für die Anwendung der Grundsätze der feh-

103 Hier und zum Folgenden: Bitter/Heim § 5 Rn. 26.

104 BGH NJW 1958, 668; BGH NJW 1975, 1022.

105 Hier und zum Folgenden: Bitter/Heim § 5 Rn. 27.

106 BGH RÜ 2010, 565, Ls. (nichtige Übertragung von Geschäftsanteilen an einer Fonds-GbR); auf fehlerhafte Geschäftsanteilsübertragungen einer GmbH finden die Grundsätze der Lehre von der fehlerhaften Gesellschaft hingegen wegen § 16 Abs. 1 GmbHG keine Anwendung (BGH ZIP 2013, 118, Rn. 9).

lerhaften Gesellschaft ist –, sind die **Zweifel regelmäßig widerlegt**. Der Vertrag ist dann wirksam geschlossen. Es liegt keine fehlerhafte Gesellschaft vor.[107]

Bei einem **versteckten Dissens** kann hingegen eine fehlerhafte Gesellschaft vorliegen. Besteht ein versteckter Einigungsmangel und ist anzunehmen, dass die Parteien den Vertrag auch ohne eine Bestimmung über diesen Punkt geschlossen hätten, kommt gemäß § 155 BGB ein (fehlerfreier) Gesellschaftsvertrag zustande.

Ist dies hingegen nicht anzunehmen, so ergibt sich aus einem Umkehrschluss zu § 155 BGB, dass kein Vertrag zustande kommt. „Kein Vertrag" i.d.S. bedeutet indes nicht, dass die Grundsätze der fehlerhaften Gesellschaft nicht anwendbar sein können. Vielmehr genügt es für deren Anwendbarkeit, dass die Parteien ihre Rechtsbeziehungen nach gesellschaftsrechtlichen Gesichtspunkten regeln wollen. Dieser Wille kann auch dann vorliegen, wenn der eigentliche Gesellschaftsvertrag wegen Dissenses nicht zustande kommt und ist folglich nicht deckungsgleich mit dem Willen zum Vertragsschluss.[108]

### b) Formverstoß (§ 125 BGB)

40 Der Gesellschaftsvertrag einer Personengesellschaft bedarf **grundsätzlich**[109] **keiner Form**. Ein Gesellschaftsvertrag ist aber dann formbedürftig, wenn er ein Leistungsversprechen (Beitragsverpflichtung) enthält, das seinerseits formbedürftig ist. Der wichtigste Fall ist das Versprechen eines Gesellschafters, ein Grundstück einzubringen (§ 311 b Abs. 1 BGB). In einem solchen Fall muss der gesamte Gesellschaftsvertrag notariell beurkundet werden, weil er eine Einheit bildet.[110]

***Hinweis:*** *Wenn es der Zweck einer Gesellschaft ist, nach ihrer Gründung Grundstücke zu erwerben, ist der Gesellschaftsvertrag nicht formbedürftig nach § 311 b Abs. 1 BGB, weil sich die Gesellschafter weder unmittelbar noch mittelbar zum Erwerb oder zur Veräußerung eines bestimmten Grundstücks verpflichten.*[111]

Auch auf einen nach § 125 BGB formnichtigen Gesellschaftsvertrag finden die **Grundsätze der fehlerhaften Gesellschaft** Anwendung. Die Formzwecke stehen dem nicht entgegen.

### c) Anfechtung wegen arglistiger Täuschung oder Drohung (§ 123 BGB)

41 Ist die Anfechtung nicht oder nicht fristgerecht erklärt, ist der Gesellschaftsvertrag wirksam. Ist die **Anfechtung (fristgerecht) erklärt**, ist zu unterscheiden:

- Haftet ein **Anfechtungsgrund nur einer einzelnen gesellschaftsvertraglichen Bestimmung** an, bleibt der Vertrag aufrechterhalten, da bei Gesellschaftsverträgen i.d.R. von einem entsprechenden Willen der Beteiligten hinsichtlich § 139 BGB auszu-

107 OLG Schleswig MedR 2004, 56; OLG Hamburg NZG 2002, 176.
108 BGH NJW 1992, 1501, 1502; Leenen AcP 188 (1988), 381, 392.
109 Ausnahme: Der Partnerschaftsvertrag bedarf der Schriftform (§ 3 Abs. 1 PartGG).
110 OLG Köln NZG 2000, 930.
111 BGH NJW 1998, 376; Ulmer/Löbbe DNotZ 1998, 711, 741.

gehen ist (vgl. dazu oben). Es tritt deshalb lediglich an die Stelle der mangelhaften Bestimmung eine angemessene Regelung.[112] Mangels Gesamtnichtigkeit liegt also keine fehlerhafte Gesellschaft vor.

- Betrifft der Anfechtungsgrund **den gesamten Vertrag**, würde die Anfechtungserklärung zur Nichtigkeit des Vertrages führen. Es greifen dann aber die Regeln über die fehlerhafte Gesellschaft ein.[113]

Selbst bei einer **Anfechtung wegen arglistiger Täuschung** bleibt eine fehlerhafte Gesellschaft bestehen. Eine Nichtigkeit *ex tunc* würde sowohl die Gläubigerinteressen vernachlässigen als auch diejenigen der übrigen Gesellschafter.[114] Bis zur Auflösung der Gesellschaft ist diese nicht nur im Außenverhältnis, sondern auch im Innenverhältnis als wirksam zu behandeln. Auch der arglistig Getäuschte bleibt grundsätzlich zur Erfüllung seiner Verpflichtungen aus dem Innenverhältnis, etwa zur Erbringung seiner Einlage, verpflichtet. Wegen der **im Einzelfall** möglichen groben Unbilligkeiten kann **dem arglistig Getäuschten** allerdings ein **Leistungsverweigerungsrecht** zustehen. Dies gilt vor allem dann, wenn angenommen werden muss, dass die Leistung im Wesentlichen oder ausschließlich (zunächst) dem Täuschenden selbst zugutekommt und der Getäuschte bei der Abwicklung keinen entsprechenden Ausgleich mehr erwarten kann.[115]

## d) Widerruf bei Haustürgeschäften und verbundenen Verträgen

Die Vorschriften über außerhalb von Geschäftsräumen geschlossene Verträge sind gemäß § 312 Abs. 1 BGB nur auf Verbraucherverträge anwendbar, die eine entgeltliche Leistung des Unternehmers zum Gegenstand haben. Eine **entgeltliche Leistung** des Unternehmers ist bei einem Gesellschaftsvertrag **grundsätzlich nicht gegeben**. **42**

Anders ist dies bei einem **Beitritt zu einer Anlagegesellschaft**, bei dem eine Einlage zur Erlangung entgeltlicher Leistungen der Gesellschaft erbracht wird.[116] Da der Zweck des Beitritts vorrangig in der Anlage von Kapital besteht und nicht darin, Mitglied einer Gesellschaft zu werden, ist der Beitrittsvertrag **einem Vertrag über eine entgeltliche Leistung wertungsmäßig gleichzustellen**.[117] Auch für außerhalb von Geschäftsräumen geschlossene Gesellschaftsverträge gelten aber dann die Grundsätze über die fehlerhafte Gesellschaft.[118] Überwiegende Interessen der Allgemeinheit oder einzelner schutzwürdiger Personen stehen dem nicht entgegen. Der Anleger ist bei einem außerhalb von Geschäftsräumen geschlossenen Vertrag nicht schutzwürdiger als derjenige, der durch arglistige Täuschung zu einem Vertragsschluss bestimmt worden ist.[119]

112 BGHZ 47, 293, 301.
113 BGHZ 156, 46, 52 ff.
114 BGH NZG 2008, 460, Rn. 14.
115 BGHZ 26, 330, 335; BGHZ 63, 338, 347; K. Schmidt, GesR, § 6 III 3 c.
116 Armbrüster ZIP 2006, 406, 407 ff.; Erman/Koch § 312 Rn. 12.
117 BGH NZG 2005, 35: Beitritt zu Kapitalanlage-KG in Haustürsituation.
118 BGH NJW 2010, 3096: Vereinbarkeit der Lehre von der fehlerhaften Gesellschaft mit der Haustürgeschäfte-Richtlinie.
119 BGH NZG 2005, 261, 262.

Ein **Verbraucherdarlehensvertrag** kann **mit einem Gesellschaftsvertrag gemäß § 358 Abs. 3 BGB verbunden** sein. In diesen Fällen wird es sich regelmäßig um einen Beitritt zu einer Anlagegesellschaft (insbesondere Immobilienfonds) handeln. Wird der Darlehensvertrag gemäß §§ 495 Abs. 1, 355 BGB widerrufen, ist gemäß § 358 Abs. 2 BGB auch der Gesellschaftsvertrag unwirksam.[120] Bei der Rückabwicklung des Darlehensvertrages hat der Kreditgeber keinen Anspruch auf Rückzahlung der Darlehensvaluta gegen den Kreditnehmer. Die Rückabwicklung erfolgt unmittelbar zwischen dem Kreditgeber und dem Partner des finanzierten Geschäfts.

### e) Gesetzesverstoß (§ 134 BGB) und Sittenwidrigkeit (§ 138 Abs. 1 BGB)

43 Bezieht sich der Gesetzesverstoß oder die Sittenwidrigkeit **nur auf einzelne Klauseln** des Gesellschaftsvertrages, so sind in Anwendung des § 139 BGB (s.o.) nur diese nichtig. Der Gesellschaftsvertrag bleibt im Übrigen wirksam. Die durch die Nichtigkeit entstandene Lücke ist durch das **dispositive Recht**, ggf. durch **ergänzende Vertragsauslegung**, zu schließen.[121]

Verstößt der Gesellschaftsvertrag **hingegen insgesamt**, insbesondere der Gesellschaftszweck, gegen ein gesetzliches Verbot oder die guten Sitten, so ist der Vertrag nichtig.

Nach h.M. greifen die Regeln über die fehlerhafte Gesellschaft in diesem Fall jedoch trotzdem nicht ein, da **überwiegende Interessen der Allgemeinheit** entgegenstehen. Vielmehr erfolge eine Rückabwicklung nach den allgemeinen Vorschriften, vor allem nach Bereicherungsrecht (beachte § 817 BGB).[122] In der Literatur werden teilweise auch in diesen Fällen die Grundsätze über die fehlerhafte Gesellschaft für anwendbar gehalten.[123]

### f) Beteiligung nicht voll Geschäftsfähiger (§§ 104 ff. BGB)

44 Beteiligen sich nicht voll Geschäftsfähige ohne Mitwirkung ihres gesetzlichen Vertreters an einer Gesellschaft, ist die Beitrittserklärung bei **Geschäftsunfähigkeit** nichtig (§ 105 Abs. 1 BGB), bei **beschränkter Geschäftsfähigkeit** schwebend unwirksam (§ 108 Abs. 1 BGB). Schwebende Unwirksamkeit tritt bei der Beteiligung an einer auf Erwerb gerichteten Gesellschaft auch dann ein, wenn die Beitrittserklärung zwar vom gesetzlichen Vertreter oder mit dessen Einwilligung abgegeben wird, es aber an der **erforderlichen Genehmigung des Familiengerichts** (§§ 1643 Abs. 1, 1822 Nr. 3 BGB) fehlt.

Eine Gesellschaft, an der ein Minderjähriger ohne die erforderlichen Genehmigungen beteiligt ist, ist eine fehlerhafte Gesellschaft. Der **Minderjährige haftet nicht** für Verbindlichkeiten der Gesellschaft.

45 **Umstritten** ist, ob der **Minderjährige Gesellschafter der fehlerhaften Gesellschaft wird** und ob er **an Gewinnen der Gesellschaft beteiligt** ist.

---

120 BGH NJW 2006, 1788, Rn. 12.

121 BGH NJW 1982, 877, 879.

122 Rspr. zu § 134 BGB: BGHZ 62, 234, 241; BGHZ 75, 214, 217; BGHZ 97, 243, 250; zu § 138 BGB: BGH NJW-RR 1988, 1379.

123 K. Schmidt AcP 186 (1986), 421, 448 ff.

**Fall 2: Minderjähriger Motorradfan**

Der 17-jährige M schließt mit Einwilligung seiner Eltern, aber ohne Genehmigung des Familiengerichts, mit dem 22-jährigen Automechaniker A und dem 27-jährigen Ingenieur B einen Gesellschaftsvertrag. Danach wollen sie eine Motorradreparaturwerkstatt als oHG betreiben und sich um die Vertretung zum Verkauf japanischer Motorräder bemühen. Die Eltern des M zahlen 20.000 € ein, A und B je 5.000 €. Es werden Maschinen gekauft und eine Halle als Reparaturwerkstatt angemietet. Die oHG wird im Handelsregister eingetragen. Später kommen den Eltern des M Bedenken. Sie wollen wissen, ob M für Schulden des Betriebs haftet und ob er am Gewinn und Verlust beteiligt ist.

A. Es kommt eine **Haftung des M gemäß § 128 S. 1 HGB** in Betracht. Danach haftet der Gesellschafter der oHG für Verbindlichkeiten der Gesellschaft. **46**

I. Erste Voraussetzung des § 128 HGB ist, dass eine **Verbindlichkeit der oHG** besteht. Dies setzt wiederum voraus, dass überhaupt eine **Gesellschaft entstanden** ist.

1. Eine **„fehlerfreie" Gesellschaft** zwischen A, B und M bestünde nur dann, wenn M bei Abschluss des Gesellschaftsvertrages A und B gegenüber eine **wirksame Willenserklärung** abgegeben hätte. Da dieser Gesellschaftsvertrag zum Betrieb eines Erwerbsgeschäfts eingegangen wurde, bedurfte er zusätzlich zur Einwilligung der Eltern des M gemäß §§ 1643 Abs. 1, 1822 Nr. 3 BGB noch der **Genehmigung des Familiengerichts.** Diese lag nicht vor, sodass der Gesellschaftsvertrag schwebend unwirksam ist. Eine „fehlerfreie" Gesellschaft besteht zwischen A, B und M damit nicht. **47**

2. Es könnte jedoch eine **fehlerhafte Gesellschaft** entstanden sein. **48**

a) A, B und M haben einen **fehlerhaften Gesellschaftsvertrag geschlossen** und die **Gesellschaft in Vollzug gesetzt**, da bereits Einlagen geleistet, Maschinen gekauft und eine Halle als Reparaturwerkstatt angemietet worden sind.

b) Der Annahme einer fehlerhaften Gesellschaft dürfen **keine überwiegenden Interessen der Allgemeinheit oder einzelner schutzwürdiger Personen entgegenstehen**. Aufgrund des umfassenden Schutzes, welcher Minderjährigen im Zivilrecht zukommt, dürfen die Sonderregeln der fehlerhaften Gesellschaft nicht zu einem Nachteil für M führen.

Wie im Einzelnen der **Minderjährigenschutz** zu gewährleisten ist, ist allerdings umstritten. **Teilweise** wird die Ansicht vertreten, der Minderjährige sei Mitglied einer fehlerhaften Gesellschaft geworden, nur könnten für ihn daraus keine Haftungsfolgen und sonstigen Rechtsnachteile entstehen.[124] Die **herrschende Gegenansicht** nimmt hingegen an, dass eine Gesellschaft, an der ein Minderjähriger (ohne die erforderlichen Genehmigun-

---

124 K. Schmidt JuS 1990, 517, 521.

gen) beteiligt ist, als fehlerhafte Gesellschaft entsteht, dass aber der Minderjährige nicht Gesellschafter geworden ist.[125] Im vorliegenden Kontext bedarf dieser Streit keiner Entscheidung, weil **nach beiden Ansichten eine oHG entstanden** ist, die Verbindlichkeiten eingehen kann (§ 124 Abs. 1 HGB).

II. Eine Haftung des M für diese Verbindlichkeiten gemäß § 128 S. 1 HGB scheidet nichtsdestotrotz **in jedem Fall aus**. Nach der h.M. ist M nicht Gesellschafter geworden; nach der Gegenansicht ist M zwar Gesellschafter geworden, die damit normalerweise verbundenen Haftungsfolgen treten aber nicht zu seinen Lasten ein.

**49** B. Fraglich ist, ob M **am Gewinn und Verlust der oHG zu beteiligen** ist.

I. Eine **Gewinnbeteiligung** setzt voraus, dass M **Gesellschafter geworden** ist.

1. Nach der **h.M.** wird der Minderjährige **nicht Mitglied der fehlerhaften Gesellschaft**. Er kann daher auch nicht am Gewinn beteiligt sein.[126] Im Gesellschaftsrecht sei die Stellung eines „hinkenden", d.h. nur berechtigten, aber nicht verpflichteten Gesellschafters unbekannt und zum Schutz des Minderjährigen nicht erforderlich. Die Interessen des Minderjährigen an einer erfolgreichen Beteiligung könnten jedenfalls bei schwebend unwirksamen Verträgen durch eine Genehmigung der gesetzlichen Vertreter bzw. des Familiengerichts gewahrt werden.

2. Die **Gegenansicht** bejaht die Gesellschafterstellung des Minderjährigen. Aus dieser wird teilweise eine Gewinnbeteiligung des Minderjährigen abgeleitet, weil diese lediglich rechtlich vorteilhaft ist; zum Schutz des Minderjährigen genüge es, die ihn belastenden Rechtsfolgen zu vermeiden.[127] Andere wollen den Minderjährigen trotz angenommener Gesellschafterstellung von der Gewinnbeteiligung ausschließen, weil sich Gewinn- und Verlustbeteiligung nicht trennen ließen.[128] Letzteres ist konsequent. Den Minderjährigen an Gewinnen zu beteiligen und gleichzeitig Verluste nur den (volljährigen) Mitgesellschaftern zuzuweisen, wäre systemwidrig, nicht praktikabel und schlicht ungerecht („Rosinenpickerei").

Damit sprechen die besseren Gründe dafür, den M unabhängig davon, ob man seine Gesellschafterstellung bejaht oder verneint, nicht an den Gewinnen der oHG zu beteiligen.

II. Eine **Verlustbeteiligung des M scheidet in jedem Fall aus**, entweder weil er schon nicht Gesellschafter geworden ist (h.M.) oder weil ihn zumindest keine Nachteile aus der Gesellschafterstellung treffen (Gegenansicht).

---

125 BGHZ 17, 160, 16 (zur KG); BGH NJW 1983, 748 (zur GbR).

126 Koch § 5 Rn. 19; MünchKomm-BGB/Schäfer § 705 Rn. 348.

127 Windbichler § 13 Rn. 17.

128 K. Schmidt JuS 1990, 517, 522.

## IV. Scheingesellschaft

Die Grundsätze der fehlerhaften Gesellschaft sind nur anwendbar, wenn die Beteiligten tatsächlich Willenserklärungen abgegeben haben, die auf den Abschluss eines Gesellschaftsvertrages gerichtet waren. 50

Eine Scheingesellschaft liegt dagegen vor, wenn mehrere Personen durch ihr Auftreten nach außen den **Rechtsschein einer oHG, GbR oder KG hervorrufen**, obwohl sie ein **Gesellschaftsverhältnis nicht gewollt oder nur zum Schein (§ 117 BGB) abgeschlossen** haben.[129] Die Gesellschafter wollten in diesen Fällen ihre Rechtsbeziehungen zueinander gerade nicht dem Gesellschaftsrecht unterstellen. **Mangels Vorliegens eines Rechtsbindungswillens** liegt damit kein Gesellschaftsvertrag, nicht einmal ein fehlerhafter Gesellschaftsvertrag vor.

Dementsprechend sind auch die Grundsätze der Abwicklung der **fehlerhaften Gesellschaft** auf die Scheingesellschaft **nicht anwendbar**.[130]

Vielmehr richtet sich die Abwicklung nach allgemeinen Grundsätzen. Dabei ist im **Innenverhältnis** zu differenzieren: Ist ein Gesellschaftsvertrag gar nicht geschlossen, ist nach Bereicherungsrecht abzuwickeln, soweit nicht Herausgabeansprüche nach § 985 gegeben sind.[131] Bei einem nur zum Schein geschlossenen Gesellschaftsvertrag gilt im Innenverhältnis das von den Parteien Gewollte (§ 117 Abs. 2 BGB).[132]

Im **Außenverhältnis** werden gutgläubige Dritte nach den allgemeinen Regeln über die Rechtsscheinshaftung geschützt, sofern nicht die schärferen Publizitätsgrundsätze des § 15 HGB eingreifen.[133]

Nach den **allgemeinen Rechtscheinsgrundsätzen** müssen sich Scheingesellschafter, denen der Rechtsschein einer Personengesellschaft zurechenbar ist, gegenüber redlichen Dritten, die auf den Rechtsschein vertraut haben, so behandeln lassen, als sei die Gesellschaft wirksam entstanden.[134] So kann der Scheingesellschafter unter diesen Voraussetzungen nach § 128 HGB persönlich in Anspruch genommen werden.[135] Ein Anspruch gegen die Scheingesellschaft selbst kann dagegen nicht bestehen.

# B. Entstehung durch Umwandlung

Eine oHG kann auch durch Umwandlung entstehen. Relevant ist insbesondere der 51
**Formwechsel** einer AG, KGaA oder GmbH in eine oHG (§§ 190 ff., 226, 228–237 UmwG).

129 BGHZ 11, 190, 191 = NJW 1954, 231; Kindler § 10 Rn. 49.
130 BGH RÜ 2011, 760 Rn. 12.
131 Kindler, § 10 Rn. 49; Staub/Schäfer HGB § 105 Rn. 367.
132 BGH NJW 1953, 1220; Windbichler, § 12 Rn. 10,
133 Hier und zum Folgenden: Kindler § 10 Rn. 50.
134 Staub/Schäfer HGB, § 105 Rn. 371.
135 Zur Rückforderung einer rechtsgrundlos an eine Scheingesellschaft erbrachten Leistung s. BGH NJW 2011, 66.

## 3. Abschnitt: Die Haftungsverfassung der oHG

52 Für die Haftung der oHG enthalten die §§ 124 ff. HGB Sondervorschiften. Während § 124 HGB die Haftung der Gesellschaft mit dem Gesellschaftsvermögen zum Inhalt hat, bestimmen die §§ 128 ff. HGB inwieweit die Gesellschafter mit ihrem Privatvermögen für Gesellschaftsschulden haften.[136]

### A. Die Haftung der Gesellschaft

53 Die oHG ist ein **rechtsfähiges Subjekt (vgl. § 124 Abs. 1 HGB)** und haftet dementsprechend aus in ihrem Namen mit Vertretungsmacht abgeschlossenen Geschäften selbst mit ihrem **eigenen Vermögen**.

Als juristisches Denkgebilde kann die oHG indes nicht selbst handeln. Sie ist auf das **Handeln natürlicher Personen** angewiesen, dass ihr, soweit es sich bei den Handelnden um organschaftlich tätige Gesellschafter handelt, **als eigenes zugerechnet** wird.

Die Frage der Zurechnung stellt sich derweil nicht nur bezüglich der Verschuldenszurechnung, sondern auch hinsichtlich der **Wissenszurechnung**, denn die oHG als solche kann auch keine Kenntnisse besitzen

### I. Verschuldenszurechnung

54 Bei der Verschuldenszurechnung ist zwischen vertraglichen und gesetzlichen Schadensersatzpflichten zu differenzieren.

#### 1. Vertragliche Schadensersatzpflichten

55 Als potenzielle Zurechnungsnorm im Rahmen vertraglicher Schadensersatzpflichten (z.B. § 280 Abs. 1 BGB) wird von der mittlerweile wohl **h.M. § 31 BGB analog** herangezogen (sog. Organtheorie).[137] Die m.M. stellt auf § 278 BGB ab (sog. Vertretertheorie).[138]

Regelmäßig ergeben sich bezüglich der Zurechnung über § 31 BGB analog oder über § 278 BGB keine Unterschiede. Relevant sind die unterschiedlichen Auffassungen lediglich, wenn es um die Möglichkeit des Ausschlusses der Haftung für vorsätzliches Handeln geht. Denn **§ 278 S. 2 BGB erlaubt Haftungsausschlüsse für vorsätzliches Verhalten** des Erfüllungsgehilfen, während für § 31 BGB analog eine entsprechende Regelung fehlt.

Tatbestandlich setzt § 31 BGB analog zweierlei voraus: Zunächst muss ein **„verfassungsmäßig berufener Vertreter“** gehandelt haben. „Verfassungsmäßig berufener Vertreter“ der oHG ist zunächst jeder geschäftsführende und vertretungsberechtigte Gesellschafter, weiterhin aber auch jede sonstige Person (auch Nichtgesellschafter), dem für die Gesellschaft wesensmäßige Funktionen zur selbstständigen, eigenverantwortlichen Erfüllung zugewiesen sind. Auch das Handeln eines Sachbearbeiters kann der oHG analog § 31 BGB zugerechnet werden, wenn ihm eine wichtige Angelegenheit zur eigenverantwortlichen Erledigung übertragen worden ist.[139]

---

136 Kindler § 10 Rn. 90.

137 Ausführlich mit Argumenten zum Streitstand: Koch § 7 Rn. 5; Palandt/Ellenberger, § 31 Rn. 1, 3.

138 MünchKomm-BGB/Leuschner § 31 Rn. 28 f., Staudinger/Schwennicke § 31 Rn. 3 ff.

139 BGH NJW 2007, 2490, Rn. 16.

Des Weiteren erfordert der Tatbestand des § 31 BGB analog, dass die betreffende Person **„in Ausführung der ihr zustehenden Verrichtungen"** gehandelt hat. Dafür genügt es, wenn zwischen seinem Aufgabenkreis und der schädigenden Handlung ein sachlicher Zusammenhang besteht.[140] Dabei ist nicht entscheidend, ob sie für die konkrete Aufgabe Vertretungsmacht hatte oder ob sie diese überschritten hat.[141]

Das Verhalten von bloßen Erfüllungsgehilfen muss sich die oHG natürlich – wie jeder andere Rechtsträger auch – nach § 278 S. 1 Var. 2 BGB zurechnen lassen.

### 2. Schadensersatzpflichten aus unerlaubter Handlung

Für das Fehlverhalten der Gesellschafter oder anderer Repräsentanten haftet die Gesellschaft nicht gemäß § 831 BGB, denn mangels Weisungsgebundenheit sind die **Gesellschafter keine Verrichtungsgehilfen i.S.d. § 831 BGB**. 56

Im Rahmen des § 823 Abs. 1 bedarf es wieder einer Zurechnungsnorm für das Verschulden der Gesellschafter. § 278 kommt von vornherein nicht in Betracht, da es an einem Schuldverhältnis fehlt. Es bleibt einzig der Weg über die **analoge Anwendung des § 31 BGB**.[142] Somit ist im deliktischen Bereich ohne Ausführungen zu § 278 auf § 31 BGB analog abzustellen.

## II. Wissenzurechnung

Wenn es daher nach dem Gesetz auf die Kenntnisse eines Beteiligten ankommt und dieser eine GbR ist, stellt sich die Frage, **wessen Kenntnisse der Gesellschaft zuzurechnen** sind.[143] 57

Die Zurechnung von Kenntnissen hat **Bedeutung insbesondere** für die Feststellung arglistigen Handelns (§ 123 BGB) und für den Erwerb vom Nichtberechtigten (§§ 932, 892 BGB, § 366 HGB). Weitere Vorschriften, nach denen die Kenntnis bestimmter Umstände bedeutend ist, sind die §§ 122 Abs. 2, 142 Abs. 2, 179, 199, 311 a Abs. 2, 407 Abs. 1, 442, 626 Abs. 2, 640 Abs. 2, 819 Abs. 1, 990 BGB; § 15 HGB.

Der Gesellschaft werden zunächst die **Kenntnisse der Gesellschafter** zugerechnet, die an dem konkreten Rechtsgeschäft als Vertreter beteiligt sind. Umstritten ist, ob diese Zurechnung analog § 166 Abs. 1 BGB[144] oder analog § 31 BGB[145] erfolgt. Grundsätzlich werden auch die Kenntnisse der vertretungsberechtigten[146] Gesellschafter zugerechnet, die an dem konkreten Rechtsgeschäft nicht beteiligt sind. Umstritten sind aber die Grundlage und der Umfang der Wissenszurechnung.

---

140 BGH NJW 2013, 3366 Rn. 17; Kindler § 10 Rn. 97.

141 Kindler § 10 Rn. 97.

142 Koch § 7 Rn. 8.

143 Zur Wissenszurechnung im Unternehmen s. Reuter ZIP 2017, 310 ff.

144 Hk-BGB/Dörner § 166 Rn. 7; Baumbach/Hopt/Roth § 125 Rn. 4 (für die oHG).

145 K. Schmidt, GesR, § 10 V und § 60 II 5; Oetker/Boesche § 125 Rn. 11 (für die oHG).

146 Zur Kenntniszurechnung, wenn nur einer von mehreren gesamtvertretungsberechtigten Gesellschaftern ein Rechtgeschäft im Namen der GbR abgeschlossen hat, s. BGH RÜ 2010, 140.

**Fall 3: Ausgeschiedener Gesellschafter**

A, B und C sind Gesellschafter einer oHG. Sie verkauften im Januar 2020 dem K ein bebautes Grundstück unter Ausschluss der Gewährleistung. K stellt im Juli 2020 fest, dass das Gebäude mit Hausschwamm befallen ist. K setzt eine angemessene Frist zur Beseitigung des Hausschwamms. A, B und C verweigern die Beseitigung unter Hinweis auf den Gewährleistungsausschluss. Nach Ablauf der Frist erklärt K den Rücktritt vom Kaufvertrag und verlangt Rückabwicklung. Wie ist zu entscheiden, wenn festgestellt wird, dass A, B und C keine Kenntnis vom Schwammbefall hatten, wohl aber der frühere Gesellschafter D, der das Haus 2008 erworben hatte und später aus der Gesellschaft ausschied?

58 Dem K könnte gegen die oHG ein **Anspruch aus §§ 346 Abs. 1, 323 Abs. 1, 437 Nr. 2 Alt. 1, 440 BGB** auf Rückzahlung des Kaufpreises Zug um Zug gegen Übereignung des Hausgrundstücks zustehen.

I. K hat mit der oHG einen **wirksamen Kaufvertrag** abgeschlossen. Der Befall mit Hausschwamm stellt einen **Sachmangel** i.S.d. § 434 Abs. 1 BGB am Grundstück dar, der auch bereits **im Zeitpunkt des Gefahrübergangs** gemäß § 446 S. 1 vorlag.

II. Die oHG hat mit K einen **Gewährleistungsausschluss** vereinbart. Diese Abrede könnte **gemäß § 444 BGB unwirksam** sein. Die Gesellschaft müsste dann einen Fehler **arglistig verschwiegen** haben. Arglist liegt vor, wenn der Verkäufer das Vorhandensein eines Fehlers kennt oder wenigstens für möglich hält, außerdem weiß, dass der Mangel dem Käufer nicht bekannt ist und sich bewusst ist, dass der Käufer bei Kenntnis der wahren Sachlage den Vertrag nicht oder nicht mit dem vereinbarten Inhalt abgeschlossen hätte. Die am Vertragsschluss beteiligten **(aktuellen) Gesellschafter hatten keine Kenntnis** von dem Schwammbefall. Stellt man nur auf ihre Kenntnisse ab, scheidet ein arglistiges Verschweigen aus. Möglicherweise muss sich die Gesellschaft die **Kenntnisse des früheren Gesellschafters D zurechnen** lassen.

59 1. **Teilweise** wird angenommen, die Kenntnisse von Gesellschaftern seien den Personengesellschaften (oHG, KG und GbR) **analog § 31 BGB** zuzurechnen. Danach seien der Gesellschaft die Kenntnisse aller organschaftlichen Vertreter zuzurechnen, unabhängig davon, ob der Gesellschafter an dem konkreten Rechtsgeschäft mitgewirkt hat und unabhängig davon, ob das Organ im fraglichen Zeitpunkt Gesellschafter war.[147] Nach dieser Ansicht sind der oHG die Kenntnisse des zwischenzeitlich ausgeschiedenen Gesellschafters D zuzurechnen.

60 2. Nach der **Rechtsprechung** beruht die Zurechnung der Kenntnisse von Personen, die nicht an dem konkreten Rechtsgeschäft beteiligt sind, nicht auf einer „Organstellung" oder einer vergleichbaren Position des Wissensvermittlers, sondern auf dem Gedanken des **Verkehrsschutzes** und der daran geknüpften **Pflicht zur ordnungsgemäßen Organisation der gesellschaftsinternen Kommunikation**.[148] Die Gesellschaft muss sich das Wissen eines anderen als des konkret handelnden

147 K. Schmidt, GesR, § 10 V 2 b.

148 BGH BeckRS 2011, 01685, Rn. 16.

Gesellschafters jedenfalls dann zurechnen lassen, wenn die unterlassene Weitergabe dieses Wissens an den handelnden Gesellschafter eine **Verletzung der Organisationspflichten** darstellt.[149]

Kenntnisse von nicht am konkreten Rechtsgeschäft beteiligten Personen werden danach unter **folgenden Voraussetzungen**[150] zugerechnet: 61

- Es muss sich um eine juristische Person oder um eine Organisation handeln, bei der **typischerweise Wissen auf verschiedene Personen oder Abteilungen aufgespalten** ist. Dabei kommt es auf die Organisationsform oder die Rechtsfähigkeit der am Rechtsverkehr teilnehmenden Struktureinheit nicht an.[151]
- Weiterhin muss die Verpflichtung bestehen, die Information über den Umstand zu speichern und den Informationsfluss (also die Informationsweitergabe) zu organisieren. Es ist das **„typischerweise aktenmäßig festgehaltene" Wissen** zuzurechnen.[152] Zu beurteilen ist dies nach dem Zeitpunkt der Wahrnehmung. Informationen über Hausschwamm sind beim Erwerb eines Grundstücks durch eine Gesellschaft wegen drohender Vermögenseinbußen typischerweise aktenmäßig festzuhalten.
- Für die Wissenszurechnung bestehen zeitliche und persönliche Grenzen. Für die handelnden Personen müssen **die tatsächliche Möglichkeit und ein besonderer Anlass** bestehen, sich des fraglichen Umstands **zu vergewissern**. Für den vorliegenden Fall hat der BGH diese Voraussetzung verneint.[153] Zwischen den beiden Verträgen liegen fast zwölf Jahre. Für die heutigen Gesellschafter gab es keinen Hinweis auf früheren Schwammbefall. Sie hatten daher auch keinen Anlass, sich der Freiheit von Hausschwamm zu vergewissern.

3. In der **Literatur** wird teilweise angenommen, dass eine **Wissenszurechnung keine Arglist begründen könne**. Die vom BGH statuierte Pflicht liefe **allein auf ein Kennenmüssen** hinaus. Dies begründe jedoch lediglich einen Fahrlässigkeitsvorwurf, nicht aber den Vorwurf arglistigen Verschweigens. In jedem Fall fehle das zu dem Wissenselement für die Arglist zusätzlich erforderliche voluntative Merkmal der Manipulation. Mit einer Kenntniszurechnung würde der Vorwurf der Arglist ethisch neutralisiert.[154]

4. Die **letztgenannte Ansicht ist abzulehnen**. Wird der Gesellschaft die Kenntnis des D zugerechnet, ist diese so zu behandeln, als ob sie als Verkäuferin des Grundstücks diese Kenntnis selbst gehabt hätte. Dann ist aber nicht lediglich der Vorwurf fahrlässigen Handelns begründet, sondern der der Arglist. Überdies entspricht es ständiger Rechtsprechung, dass mit der Feststellung der Arglist kein

149 BGH NJW 1999, 284: 286: Der BGH lässt dabei offen, ob die Wissenszurechnung auf der Grundlage des § 31 BGB erfolgt oder auf einer ausdehnenden Anwendung des § 166 Abs. 2 BGB.

150 Vgl. dazu ausführlich AS-Skript BGB AT 1 (2020), Rn. 417 ff.

151 BGH NJW 2001, 359, 360.

152 BGH NJW 2001, 359, 360.

153 BGH NJW 1996, 1339, 1340.

154 Dauner-Lieb, in: FS Kraft, S. 43, 55; Koller JZ 1998, 75, 81.

moralisches Unwerturteil verbunden sein muss.[155] Die Zurechnung der Kenntnisse eines vertretungsberechtigten Gesellschafters analog § 31 BGB erscheint konsequent. Wenn auch unerlaubte Handlungen der Gesellschafter nach h.M. gemäß § 31 BGB analog zugerechnet werden, ist es naheliegend, diese Norm auch für die Wissenszurechnung anzuwenden. Mit der Zurechnungsnorm ist aber nicht notwendig auch der Umfang der Zurechnung festgelegt. Insoweit ist es nicht erforderlich, ohne jede Einschränkung alle Kenntnisse auch früherer Gesellschafter zuzurechnen. Kenntniszurechnung sollte nicht allein mit der Organstellung der Gesellschafter begründet werden, sondern mit einer mangelnden Organisation der Informationen. Es ist nicht gerechtfertigt, der Gesellschaft die Kenntnisse des ausgeschiedenen Gesellschafters D zuzurechnen, wenn die verbleibenden Gesellschafter keinen Anhaltspunkt für einen Schwammbefall hatten.

Der Gewährleistungsausschluss ist nicht nach § 444 BGB unwirksam. K hat keinen Anspruch auf Rückzahlung des Kaufpreises.

---

**62** Die Kenntnisse anderer Personen werden analog § 166 Abs. 1 BGB zugerechnet, soweit diese Personen Wissensvertreter sind. **Wissensvertreter** ist derjenige, der zwar bei dem konkreten Rechtsgeschäft nicht als Vertreter der Gesellschaft auftritt, aber mit der Erledigung der betreffenden Angelegenheit in eigener Verantwortung betraut ist.[156]

**Beispiel:** Für die A & B oHG bereitet der W als Verhandlungsgehilfe einen Vertragsschluss vor. Den Vertrag selbst schließt der vertretungsberechtigte Gesellschafter A. Die Gesellschaft muss sich analog §166 Abs. 1 BGB die Kenntnisse des Wissensvertreters W zurechnen lassen.

Auch das Wissen sonstiger Personen **(Organwalter/Mitarbeiter)**, die nicht Gesellschafter und nicht am konkreten Rechtsgeschäft beteiligt sind, wird der Gesellschaft zugerechnet, sofern dieses Wissen bei ordnungsgemäßer Organisation aktenmäßig festzuhalten, weiterzugeben und vor Vertragsschluss abzufragen war.[157] Es gelten also die gleichen Kriterien wie bei Gesellschaftern.

155 Vgl. statt vieler: BGH NJW-RR 1997, 270.
156 BGHZ 133, 129, 139.
157 BGH NJW 2001, 359, 360.

## B. Die Haftung der Gesellschafter

Die Gesellschafter haften gemäß §§ 128–130 HGB persönlich, unbeschränkt und akzessorisch für die Verbindlichkeiten der oHG. Dabei ergibt sich folgendes Prüfungsschema für die persönliche Haftung des Gesellschafters einer oHG: **63**

| Haftung der Gesellschafter für Verbindlichkeiten der oHG |
|---|
| 1. Bestehen einer **Gesellschaftsverbindlichkeit** |
| 2. Haftung des **Gesellschafters** gemäß **§§ 128, 130 HGB**<br>■ Gesellschafterstellung im Zeitpunkt der Schuldbegründung (§ 128 HGB), oder<br>■ Eintritt des Gesellschafters nach Schuldbegründung (§ 130 HGB) |
| 3. Keine **Einwendungen und Einreden**<br>■ Eigene Einwendungen oder Einreden des Gesellschafters<br>■ Einwendungen und Einreden der Gesellschaft nach Maßgabe des § 129 HGB |
| 4. Kein ausnahmsweiser **Haftungsausschluss** durch Individualvereinbarung mit dem jeweiligen Gläubiger |
| 5. **Rechtsfolge**: grundsätzlich Erfüllung in Natur |

***Klausurhinweis:*** *Im Anschluss an die Feststellung der Gesellschafterhaftung ergeben sich dann häufig Fragen des* ***Regresses*** *und der* ***Freistellung****.*

### I. Haftung der Gesellschafter für Neu- und Altverbindlichkeiten (§§ 128, 130 HGB)

Die oHG hat im Gegensatz zu den Kapitalgesellschaften **kein Grund- bzw. Stammkapital**. Dementsprechend gibt es auch keine dem Recht der Kapitalgesellschaften vergleichbaren Regeln über die Kapitalaufbringung, -erhaltung, -erhöhung und -herabsetzung. Der **Gläubigerschutz** erfolgt über eine **persönliche Haftung der Gesellschafter für die Verbindlichkeiten der Gesellschaft**. Gläubiger, die einen Anspruch gegen die GbR haben, können nicht nur auf das Vermögen der Gesellschaft zugreifen; ihnen steht vielmehr grundsätzlich auch ein Anspruch gegen die Gesellschafter zu. **64**

Die Gesellschafter haften den Gläubigern der Gesellschaft für die Verbindlichkeiten der oHG

- **persönlich** (§ 128 S. 1 HGB);
- **primär**, d.h. eine Einrede der Vorausklage – wie bei der Bürgschaft (§ 771 BGB) – gibt es nicht; der Gläubiger hat die Wahl, ob er erst die oHG, erst einen oder mehrere Gesellschafter oder alle gleichzeitig in Anspruch nehmen möchte;
- **unbeschränkt sowie unbeschränkbar** (vgl. § 128 S. 2 HGB); damit ist aber nur gemeint, dass eine Haftungsbeschränkung im Innenverhältnis nicht im Außenverhältnis gegenüber den Gläubigern der Gesellschaft gilt;

- **unmittelbar nach außen**,[158] d.h. die Gläubiger können die Gesellschafter ohne die Gesellschaft in Anspruch nehmen; insofern handelt es sich nicht lediglich um eine Nachschusspflicht gegenüber ihrer Gesellschaft.[159]

Die Gesellschafterhaftung ist **akzessorisch**, d.h., sie steht und fällt – wie bei der Bürgschaft – mit dem Bestand der Hauptforderung.[160] Die Haftung des Gesellschafters ist auch **vom Umfang der Verbindlichkeit der Gesellschaft dauerhaft abhängig** und unterliegt der gleichen Verjährung wie die Gesellschaftsschuld.[161] Das Erlöschen der Gesellschaftsschuld führt daher immer auch zum Erlöschen der Gesellschafterschuld.

**65** Der in eine oHG **eintretende Gesellschafter** haftet neben den Altgesellschaftern grundsätzlich auch für vor seinem Eintritt begründete vertragliche und gesetzliche (Alt-)Verbindlichkeiten der Gesellschaft (§ 130 Abs. 1 HGB). Eine entgegenstehende Vereinbarung ist Dritten gegenüber unwirksam (§ 130 Abs. 2 HGB).

**66** **Scheidet ein Gesellschafter aus der oHG aus**, so trifft ihn eine befristete Nachhaftung für vor seinem Ausscheiden begründete Verbindlichkeiten (§ 160 HGB).[162] Begründet ist eine Verbindlichkeit vor dem Ausscheiden, wenn ihr Rechtsgrund noch vorher gelegt wurde.[163] Nach Ablauf von fünf Jahren erlischt die Nachhaftung (§ 160 Abs. 1 HGB). Wird das Ausscheiden des Gesellschafters nicht in das Handelsregister eingetragen, beginnt die Enthaftungsfrist mit der positiven Kenntnis des Gläubigers vom Ausscheiden.[164]

**Fall 4: Mietforderung**

A, B und C waren Gesellschafter der A-oHG, aus der C zum 31.12.2014 ausgeschieden ist. Das Ausscheiden wurde am 01.02.2015 in das Handelsregister eingetragen. Der Vermieter V nimmt C wegen der Miete für die Monate Januar bis Juni 2018 in Höhe von monatlich 5.000 € in Anspruch. Ist die am 01.03.2019 erhobene Klage des V begründet?

**67** Ein Anspruch des V gegen C auf Zahlung der rückständigen Mieten könnte sich aus § 535 Abs. 2 BGB i.V.m. §§ 128, 124 HGB ergeben.

I. Die **A-oHG** ist aufgrund des in ihrem Namen abgeschlossenen Mietvertrages gemäß § 535 Abs. 2 BGB zur Zahlung der Miete **verpflichtet**.

II. Ein ausgeschiedener Gesellschafter haftet gemäß § 128 S. 1 HGB für alle Gesellschaftsverbindlichkeiten, die **bis zum Zeitpunkt des Ausscheidens begründet** waren. Dies ist in § 160 Abs. 1 S. 1 HGB ausdrücklich klargestellt.

---

158 Henssler/Strohn/Steitz HGB § 128 Rn. 14 ff.

159 Kindler § 10 Rn. 99.

160 Hier und zum Folgenden: Oetker/Boesche § 128 Rn. 5.

161 BGH RÜ 2010,163, Ls.

162 Zur analogen Anwendung des § 160 HGB (und der §§ 26 HGB, 327 Abs. 4 AktG) auf § 303 AktG im Falle der Beendigung eines Beherrschungs- und Gewinnabführungsvertrages s. BGH NZG 2014, 1340 = RÜ 2015, 94.

163 BGH NZG 2012, 221, Rn. 14.

164 Bitter/Heim § 6 Rn. 19.

1. **Teilweise** wird angenommen, ein Anspruch sei nur dann begründet, wenn er nicht mehr von einer zukünftigen ungewissen Entwicklung abhängig sei. Bei Dauerschuldverhältnissen – wie dem hier vorliegenden Mietvertrag – sei deren Verlauf schon wegen der Kündigungsmöglichkeit ungewiss. Eine Nachhaftung des ausscheidenden Gesellschafters für Ansprüche aus Dauerschuldverhältnissen sei daher nicht gerechtfertigt.[165]

2. Nach **h.M.** ist eine Verbindlichkeit schon dann vor dem Ausscheiden begründet, wenn ihre **Rechtsgrundlage zu diesem Zeitpunkt bereits gelegt** worden ist, auch wenn sie erst später vollständig erfüllt oder fällig wird. Auch für Ansprüche aus Dauerschuldverhältnissen besteht demnach eine Nachhaftung, da deren Rechtsgrundlage bereits in dem Vertrag selbst angelegt ist.[166]

   Enthält ein Mietvertrag die **Bestimmung, das Mietverhältnis, das zu einem festgelegten Zeitpunkt endet, verlängere sich jeweils um ein Jahr**, wenn eine der Parteien dem nicht (fristgerecht) widerspreche, so wird der ursprüngliche Mietvertrag fortgesetzt, wenn ein solcher Widerspruch nicht erfolgt, nicht aber ein neuer Vertrag geschlossen. Wird nach dem Ausscheiden eines Gesellschafters ein Mietvertrag in dieser Weise verlängert, so ist die Mietzinsforderung ebenfalls schon vor dem Ausscheiden des Gesellschafters begründet.[167]

   Mit dem Abschluss des Mietvertrages ist die Rechtsgrundlage für die Mietansprüche gelegt, auch wenn die einzelnen Verpflichtungen erst später fällig werden. Die Ansprüche des V sind vor dem Ausscheiden des C begründet worden.

III. C kann **keine Einwendungen** gemäß § 129 HGB geltend machen.

IV. Zugunsten des C könnte jedoch eine **Enthaftung gemäß § 160 HGB** eingetreten sein. 68

§ 160 HGB ist zwar wie eine eigene Anspruchsgrundlage formuliert, enthält aber eine Enthaftungsregelung.[168] Das bedeutet, dass für Ansprüche gegen den ausgeschiedenen Gesellschafter die **Anspruchsgrundlage § 128 HGB** ist und sich ein **Anspruchsausschluss aus § 160 HGB** ergeben kann.

Ansprüche gegen den ausgeschiedenen Gesellschafter sind **grundsätzlich mit Ablauf von fünf Jahren nach der Eintragung des Ausscheidens des Gesellschafters** ausgeschlossen.

1. Werden Ansprüche erst **nach Ablauf von fünf Jahren fällig**, sind sie gegen den ausgeschiedenen Gesellschafter in jedem Fall ausgeschlossen.

2. Für Ansprüche, die **vor Ablauf von fünf Jahren** (oder schon vor dem Ausscheiden) fällig geworden sind, tritt Enthaftung ein, wenn der Anspruch gegen den Gesellschafter bis zum Ablauf der Enthaftungsfrist nicht
   - in einer in § 197 Abs. 1 Nr. 3–5 BGB bezeichneten Art festgestellt worden ist,
   - gerichtliche oder behördliche Vollstreckungshandlungen vorgenommen oder beantragt worden sind oder
   - der Gesellschafter den Anspruch schriftlich anerkannt hat.

165 Honsell/Harrer ZIP 1986, 341.
166 BGH NJW 2000, 208, 209; BAG NJW 2004, 3287, 3288.
167 BGH NJW 2002, 2170.
168 Häublein Jura 2008, 617, 618; K Schmidt ZIP 1994, 243, 244.

***Hinweis:*** *Gemäß § 160 Abs. 1 S. 3 HGB gelten dabei die für die Verjährung geltenden Vorschriften der §§ 204, 206, 210, 211 und 212 Abs. 2 und 3 BGB entsprechend. Demnach kann der Ablauf der Enthaftungsfrist* ***gehemmt*** *werden oder* ***neu beginnen****.*

3. Die **Ausschlussfrist beginnt** grundsätzlich mit der Eintragung in das Handelsregister, bei positiver Kenntnis des Gläubigers vom Ausscheiden des Gesellschafters auch schon früher. Auch wenn der Gesellschafter nicht eingetragen ist, ist der Zeitpunkt der Kenntnis für den Fristbeginn entscheidend.[169]

**Im vorliegenden Fall** ist das Ausscheiden am 01.02.2015 in das Handelsregister eingetragen worden. Da V am 01.03.2019 Klage erhoben hat, ist die Fünfjahresfrist gemäß § 160 Abs. 1 S. 3 HGB i.V.m. § 204 Abs. 1 Nr. 1 BGB **gehemmt**. Die Klage ist begründet.

---

## II. Einwendungen und Einreden

69 Wird ein Gesellschafter wegen einer Verbindlichkeit der Gesellschaft nach § 128 HGB persönlich in Anspruch genommen, stehen ihm unterschiedliche **Verteidigungsmittel** zur Verfügung:

Zunächst einmal kann er dem Gläubiger **eigene**, in seiner Person begründete **Einwendungen und Einreden** entgegenhalten. Zu denken ist etwa an die Aufrechnung mit einer eigenen Gegenforderung des Gesellschafters.

70 Aufgrund der Akzessorietät der Gesellschafterhaftung kann der Gesellschafter dem Gläubiger daneben auch **Einwendungen und Einreden der Gesellschaft** entgegenhalten, soweit diese der Gesellschaft selbst (schon und noch) zustehen **(§ 129 Abs. 1 HGB)**. Bei der Einrede der Verjährung (§ 214 Abs. 1 BGB) ist jedoch zu beachten, dass es – anders als bei der ebenfalls akzessorischen Bürgenhaftung[170] – **keine eigenständige Verjährung der Gesellschafterschuld** gibt und die für die Gesellschaftsschuld maßgebliche Verjährungsfrist grundsätzlich auch für die Gesellschafterschuld gilt.[171] Deshalb hemmt eine Klage des Gläubigers gegen die Gesellschaft nicht nur die Verjährung dieser gegenüber (§ 204 Abs. 1 Nr. 1 BGB), sondern auch gegenüber dem akzessorisch haftenden Gesellschafter.[172] Klagt ein Gläubiger nur gegen einen Gesellschafter und läuft die Verjährung gegenüber der Gesellschaft weiter, kann sich der Gesellschafter aber in teleologischer Reduktion des § 129 Abs. 1 HGB nicht auf die Verjährung der Gesellschaftsschuld berufen.[173]

Der Gesellschafter kann die Befriedigung des Gläubigers verweigern, solange der Gesellschaft das Recht zusteht, das ihrer Verbindlichkeit zugrunde liegende Rechtsge-

---

169 BGH RÜ 2008, 94.
170 BGH NJW 2013, 1803, Rn. 14 u. 28.
171 BGH RÜ 2010,163, Ls.
172 BGH RÜ 2012, 500 Rn. 76.
173 BGH NJW 1988, 1976, Ls.; MünchKomm-HGB/K. Schmidt § 129 Rn. 9.

schäft **anzufechten (§ 129 Abs. 2 HGB)**. Diese Vorschrift gewährt dem Gesellschafter – ebenso wie § 770 Abs. 1 BGB dem Bürgen – eine aufschiebende Einrede.[174]

Für **andere Gestaltungsrechte** (z.B. Rücktritt, Widerruf) gilt **§ 129 Abs. 2 HGB analog**. Dies entspricht der analogen Anwendung des § 770 Abs. 1 BGB auf andere Gestaltungsrechte bei der Bürgschaft.[175]

Solange sich der Gläubiger durch **Aufrechnung** gegen eine fällige Forderung der Gesellschaft befriedigen kann, kann der Gesellschafter die Befriedigung des Gläubigers verweigern **(§ 129 Abs. 3 HGB). Trotz des mit § 770 Abs. 2 BGB übereinstimmenden Wortlauts ist der Anwendungsbereich dieser Norm exakt umgekehrt:**[176] Es kommt – trotz des entgegenstehenden Wortlauts – nicht auf die Aufrechnungsmöglichkeit des Gläubigers, sondern auf die **Aufrechnungsmöglichkeit der Gesellschaft** an. Dies ist dadurch begründet, dass dem akzessorisch haftenden Gesellschafter nicht mehr Rechte zustehen dürfen als der Gesellschaft selbst. § 129 Abs. 3 HGB greift also dann nicht ein, wenn nur der Gläubiger aufrechnen kann, nicht aber die Gesellschaft, für deren Schuld der Gesellschafter akzessorisch haftet. Nach allgemeiner Ansicht handelt es sich bei dem Wortlaut der Vorschrift also um ein Redaktionsversehen. **71**

§ 770 Abs. 2 BGB ist demgegenüber Ausdruck der **Subsidiarität der Bürgenhaftung:** Der Bürge soll nicht in Anspruch genommen werden können, wenn sich der Gläubiger durch Aufrechnung gegenüber dem Hauptschuldner selbst befriedigen kann (Vollstreckungsfunktion der Aufrechnung).[177]

## III. Haftungsausschluss

Eine der Gesellschafterhaftung nach § 128 S. 1 HGB entgegenstehende Vereinbarung ist Dritten gegenüber **unwirksam** (§ 128 S. 2 HGB), kann allerdings im Innenverhältnis Wirkung entfalten und dazu führen, dass der begünstigte Gesellschafter von den anderen Gesellschaftern freigestellt werden muss.[178] § 128 S. 1 HGB bezieht sind aber nur auf **Vereinbarungen der Gesellschafter untereinander** – etwa im Gesellschaftsvertrag.[179] **72**

Zulässig sind hingegen haftungsbeschränkende – oder – ausschließende **Individualvereinbarungen des jeweiligen Gesellschafters mit dem betreffenden Gläubiger**.[180] Solche Vereinbarungen haben aber zwingend individuell zu erfolgen. Eine entsprechende Klausel in den AGB der Gesellschaft ist grundsätzlich[181] unwirksam, weil ein Haftungsausschluss mit einem wesentlichen Grundgedanken des Rechtes der oHG unvereinbar ist (§ 307 Abs. 2 Nr. 1 BGB).

---

174 Bitter/Heim § 6 Rn. 24.

175 Bitter/Heim § 6 Rn. 25.

176 Hier und zum Folgenden: Bitter/Heim § 6 Rn. 26.

177 Zur den Einreden des Bürgen ausführlich AS-Skript Schuldrecht BT 2 (2020), Rn. 402 ff.

178 Oetker/Boesche § 128 Rn. 25; MünchKomm-HGB/K. Schmidt § 128 Rn. 13.

179 Hier und zum Folgenden: Oetker/Boesche § 128 Rn. 24.

180 BGH NJW 1999, 3483, Ls.

181 Zur Ausnahme bei geschlossenen Immobilienfonds s. Rn. 181 zur GbR.

## IV. Inhalt der Haftung

73 Mit der Qualifizierung der Schuld der Gesellschafter aus § 128 HGB als selbstständige akzessorische Verbindlichkeit ist nicht bestimmt, wie die Gesellschafter haften, ob sie in gleicher Weise wie die Gesellschaft zur Erfüllung verpflichtet sind oder ob lediglich eine Haftung auf ein Wertinteresse besteht. Der Inhalt der Gesellschafterhaftung ist dann **problematisch, wenn die Gesellschaft nicht die Zahlung eines Geldbetrages schuldet** – dann ist auch die Gesellschafterhaftung unzweifelhaft auf eine Geldzahlung gerichtet –, sondern eine andere Leistung (z.B. die Übergabe und Übereignung einer Sache aus einem im Namen der Gesellschaft als Verkäuferin geschlossenen Kaufvertrag, § 433 Abs. 1 S. 1 BGB).

Während früher teilweise die Auffassung vertreten wurde, dass ein Gesellschafter das Interesse des Gläubigers an der von der Gesellschaft geschuldeten Leistung immer nur in Geld auszugleichen hat (sog. **Haftungstheorie**),[182] sind die Gesellschafter nach heute einhelliger Auffassung insbesondere aus Gläubigerschutzgründen **grds. in gleicher Weise wie die Gesellschaft zur Erfüllung verpflichtet** (sog. **Erfüllungstheorie**).[183]

74 Die schutzwürdigen Belange des einzelnen Gesellschafters werden in der Weise gewahrt, dass **Ausnahmen** von der grundsätzlichen Erfüllungspflicht dann bestehen, **wenn die Erfüllung dem Gesellschafter unmöglich oder unzumutbar ist**. Dabei kommen folgende Fallgruppen in Betracht:

- Übereignung einer Sache aus dem Gesellschaftsvermögen
- Übereignung einer Sache aus dem Privatvermögen des Gesellschafters
- Personenbezogene Leistungen
- Unvertretbare Handlungen
- Unterlassungsverpflichtungen

### 1. Übereignung einer Sache aus dem Gesellschaftsvermögen

75 Schuldet die oHG die **Übereignung einer Sache aus dem Gesellschaftsvermögen**, so kann der einzelne Gesellschafter diese Verpflichtung selbst (also im eigenen Namen) nicht erfüllen. Da in einem solchen Fall eine Erfüllungspflicht der Gesellschafter nicht bestehen kann, schuldet der Gesellschafter auch nach der Erfüllungstheorie nicht Übereignung, sondern er **haftet auf das Erfüllungsinteresse**.

**Beispiel:** Der vertretungsberechtigte Gesellschafter A verkauft an den K notariell ein Grundstück der A-oHG. Als K Übereignung verlangt, antwortet A, Gesellschafter B sei mit dem Vertragsschluss nicht einverstanden, weil ein viel zu niedriger Preis vereinbart worden sei. Daraufhin verklagt K den B auf Übereignung des Grundstücks.

K könnte gegen den B einen Anspruch auf Übereignung des Grundstücks aus § 128 S. 1 HGB i.V.m. § 433 Abs. 1 BGB haben.

**I.** Eine Verbindlichkeit der A-oHG ist gegeben: A hat den Kaufvertrag mit K in Vertretung der Gesellschaft abgeschlossen. Die A-oHG ist damit gemäß § 433 Abs. 1 BGB i.V.m. § 124 HGB dem K zur Übereignung des Grundstücks verpflichtet.

---

182 Staub/Habersack HGB § 128 Rn. 27 m.w.N.

183 BGH NJW 1979, 1361; BGH NJW 1988, 1976; Oetker/Boesche § 128 Rn. 26; Ensthaler/Ensthaler § 128 Rn. 13 f.

**II.** Grundsätzlich haben die Gesellschafter gemäß § 128 S. 1 HGB eine mit der Schuld der Gesellschaft inhaltsgleiche Verpflichtung. Die A-oHG schuldet Übereignung, d.h. Auflassung und Eintragungsbewilligung. B selbst kann diese Verpflichtung aber nicht erfüllen. Er könnte lediglich die Auflassung im eigenen Namen erklären. Eine solche Erklärung wäre für K sinnlos, da nicht B, sondern die A-oHG Eigentümerin des Grundstücks ist. Überdies wäre die Auflassungserklärung des B im eigenen Namen nicht inhaltsgleich mit der Verpflichtung der A-oHG, denn diese schuldet eine Auflassungserklärung im Namen der Gesellschaft.[184] Selbst wenn B vertretungsberechtigt und geschäftsführungsbefugt ist, besteht keine Erfüllungspflicht. Er kann dann zwar die Auflassung im Namen der Gesellschaft erklären. Dies würde aber nur zum Ausdruck bringen, dass B eine Schuld der Gesellschaft erfüllt.[185] K hat daher gegen B persönlich nur einen Anspruch auf das Erfüllungsinteresse, also Geldzahlung in Höhe des Wertes des Grundstücks.

Ist die oHG zur **Herausgabe einer Sache aus dem Gesellschaftsvermögen** verpflichtet, so ist dem Gesellschafter die Herausgabe als tatsächliche Handlung grundsätzlich möglich; er haftet daher **auf Herausgabe**.

**Beispiel:** D hat der A-oHG, bestehend aus den Gesellschaftern A, B und C, eine Maschine unter Eigentumsvorbehalt verkauft und geliefert. Als die A-oHG mit der Zahlung des Kaufpreises in Verzug gerät, tritt D wirksam vom Vertrag zurück. Er verlangt Herausgabe von der A-oHG und den Gesellschaftern.

**I.** D hat einen Anspruch gegen die A-oHG aus § 985 BGB. D ist Eigentümer, die A-oHG Besitzerin der im Gesellschaftsvermögen befindlichen Maschine. Die für den Besitz erforderliche tatsächliche Sachherrschaft wird von den Organen ausgeübt, d.h., die tatsächliche Sachherrschaftsgewalt der zur Geschäftsführung berechtigten Gesellschafter begründet den Besitz der oHG.[186] Infolge des wirksamen Rücktritts vom Kaufvertrag (vgl. § 449 Abs. 2 BGB) vermittelt dieser der A-oHG kein Besitzrecht i.S.v. § 986 BGB mehr.
**II.** Die Gesellschafter haften gemäß § 128 S. 1 HGB für die Erfüllung der Herausgabeverpflichtung der A-oHG aus § 985 BGB. Anders als bei der Übereignung ist dem Gesellschafter die Herausgabe als tatsächliche Handlung grundsätzlich möglich.

## 2. Übereignung einer Sache aus dem Privatvermögen des Gesellschafters

Schuldet die oHG die **Übereignung einer Sache, deren Eigentümer ein Gesellschafter ist**, so ist zu unterscheiden: 76

Ist der **Gesellschafter nicht zur Einbringung der Sache in die Gesellschaft verpflichtet** und weigert er sich, dies zu tun, ist der Gesellschaft die Leistung unmöglich (§ 275 Abs. 1 BGB). Ein Erfüllungsanspruch des Gläubigers besteht dann schon gegenüber der Gesellschaft nicht. Die Gesellschaft ist nach § 311 a Abs. 2 BGB zum Schadensersatz verpflichtet. Für diese Verbindlichkeit der oHG haftet der Gesellschafter nach § 128 S. 1 HGB. 77

**Beispiel:** Der vertretungsberechtigte Gesellschafter A verkauft im Namen der A & B oHG ein dem Gesellschafter B gehörendes Grundstück formgerecht an K. Dieser verlangt von B Übereignung. B wendet zutreffend ein, er sei nach dem Gesellschaftsvertrag nicht zur Einbringung des Grundstücks in die Gesellschaft verpflichtet.

**I.** Da A das Grundstück im Namen der A & B oHG verkauft hat, ist ein Kaufvertrag zwischen K und der A & B oHG zustande gekommen. Da der Gesellschafter B weder verpflichtet noch bereit ist, sein Grundstück in die Gesellschaft einzubringen, liegt aber eine anfängliche Unmöglichkeit nach § 275 Abs. 1 BGB

---

184 K. Schmidt, GesR, § 49 III 2 a.

185 BGH NJW 2008, 1378, Rn. 8.

186 MünchKomm-HGB/K. Schmidt § 124 Rn. 7: Dabei ist rein dogmatisch umstritten, ob die „Organe" der oHG als Besitzdiener i.S.v. § 855 BGB anzusehen sind oder ob sich eine Zurechnung allein aus der Denkfigur des Organbesitzes ergibt (vgl. hierzu K. Schmidt, GesR, § 10 III 3 a).

vor. Daher besteht gegenüber der Gesellschaft kein Erfüllungsanspruch auf Übereignung des Grundstücks aus § 433 Abs. 1 BGB. Die Gesellschaft ist aber zum Schadensersatz gemäß § 311 a Abs. 2 verpflichtet.
**II.** Für die Erfüllung dieser Verbindlichkeit der A & B oHG haftet B gemäß § 128 S. 1 HGB persönlich.

78 Ist der Gesellschafter hingegen **zur Einbringung der Sache in das Gesellschaftsvermögen verpflichtet**, kann er von dem Gläubiger auch persönlich auf Übereignung in Anspruch genommen werden.

**Beispiel:** Der vertretungsberechtigte Gesellschafter A verkauft im Namen der A & B oHG ein dem Gesellschafter B gehörendes Grundstück formgerecht an K. B ist nach dem Gesellschaftsvertrag zur Einbringung des Grundstücks in das Gesellschaftsvermögen verpflichtet. K verlangt von B Übereignung.

Die Gesellschaft ist gemäß § 433 Abs. 1 BGB zur Übereignung des dem B gehörenden Grundstücks verpflichtet. Die Erfüllung dieser Verpflichtung ist ihr nicht unmöglich, da sie gegen B einen Anspruch auf Übereignung hat. Für die Schuld der Gesellschaft haftet B gemäß § 128 S. 1 HGB persönlich. Er ist zur Übereignung des Grundstücks an K verpflichtet.

## 3. Personenbezogene Leistungen

79 Eine Ausnahme von der Verpflichtung des Gesellschafters zur Erfüllung der Gesellschaftsschuld kommt ferner in Betracht bei **personenbezogenen Leistungen**, deren **Erbringung dem einzelnen Gesellschafter unzumutbar** ist.

80 Ob dies der Fall ist, muss durch eine **Interessenabwägung** festgestellt werden: Einerseits hat der Gläubiger ein Interesse an der vertragsmäßigen Erfüllung auch durch die Gesellschafter. Andererseits soll der Gesellschafter durch die Erfüllung nicht wesentlich mehr als durch eine Geldleistung beeinträchtigt werden.[187]

Überwiegt das Gläubigerinteresse, so besteht ein unmittelbarer Erfüllungsanspruch auch gegen den einzelnen Gesellschafter. Überwiegt das Interesse des Gesellschafters, so kann der Gläubiger von der Gesellschaft Erfüllung, vom einzelnen Gesellschafter hingegen lediglich sein Interesse in Geld verlangen.

**Beispiel:** A, B und C gründen zusammen die X-Gartenbau-oHG, wobei nur A und B sich auf dem Gebiet auskennen, C ist eigentlich Dirigent und weiß nichts über Gärten. Die oHG führt einen Auftrag des Kunden K mangelhaft aus. Als K erfährt, dass die oHG in finanziellen Schwierigkeiten ist, wendet er sich direkt an C und verlangt von diesem Nacherfüllung.

**I.** Einem Nacherfüllungsanspruch gegen C steht nicht schon § 275 Abs. 1 entgegen. Auch wenn er selbst die erforderlichen Arbeiten nicht durchführen kann, kann er immer noch für Nacherfüllung sorgen, indem er auf die oHG einwirkt oder einen anderen Unternehmer beauftragt.
**II.** Für die Frage, ob den Gesellschafter hier ausnahmsweise keine Erfüllungshaftung trifft, ist eine Interessenabwägung vorzunehmen.
**1.** Einerseits hat K als Gläubiger ein erhebliches Interesse an der Nacherfüllung. Ob diese von A, B, C oder einem Dritten vorgenommen wird, ist ihm wohl gleichgültig.
**2.** Die Belastung des C durch eine Inanspruchnahme hält sich indes in engen Grenzen. Er wäre lediglich dazu angehalten, ggf. einen Unternehmer mit den Arbeiten zu beauftragen. Zwar wird teilweise[188] angenommen, schon in einer solchen Belastung läge ein Eingriff, der den einer Geldleistungspflicht deutlich übersteige. Die h.M. hält diese Beeinträchtigung derweil mangels erheblichen Aufwands für zumutbar.[189]
Im Ergebnis haftet C deshalb auch hier auf (Nach-)Erfüllung.

187 BGH NJW 1987, 2367, 2369.
188 JR 1980, 196.
189 BGHZ 73, 217, 221.

## 4. Unvertretbare Handlungen

Eine unvertretbare Handlung, z.B. die Rechnungslegung oder Auskunftserteilung, kann nur der Schuldner selbst, nicht jedoch ein Dritter vornehmen. **Schuldet** daher **eine oHG eine unvertretbare Handlung**, so kann diese jedenfalls durch einen nicht geschäftsführungsbefugten Gesellschafter nicht vorgenommen werden. Er haftet daher nicht auf Erfüllung. 81

**Umstritten** ist allerdings, ob nicht bei unvertretbaren Handlungen der **geschäftsführungsbefugte Gesellschafter** gemäß § 128 HGB persönlich auf Erfüllung in Anspruch genommen werden kann, denn dieser kann die Handlung vornehmen. 82

**Beispiel:** Die A-oHG schuldet dem E aus der Verwaltung seiner Mietshäuser Rechnungslegung. E nimmt insoweit den geschäftsführungsbefugten Gesellschafter A persönlich in Anspruch.

**I.** Der BGH[190] hat in einem solchen Fall den geschäftsführungsbefugten Gesellschafter zur Erfüllung des Anspruchs auf Rechnungslegung verurteilt. Die Erfüllung sei diesem Gesellschafter weder unmöglich noch unzumutbar, da er der Gesellschaft gegenüber zur Geschäftsführung verpflichtet sei.
**II.** Nach der Gegenansicht kann die Geschäftsführungsbefugnis für den Inhalt der Haftung nach § 128 HGB nicht entscheidend sein. Es sei nicht einzusehen, warum der geschäftsführungsbefugte Gesellschafter weitergehend haften sollte als der nicht geschäftsführungsbefugte. Für den Gläubiger sei der Erfüllungsanspruch gegen die Gesellschaft ausreichend.[191] Nehme der geschäftsführungsbefugte Gesellschafter die Handlung vor, handele durch ihn als Organ die Gesellschaft, nicht er selbst als persönlich Haftender.[192]

## 5. Unterlassungsverpflichtungen

Bei **Unterlassungsverpflichtungen der oHG** stellt sich die Frage, ob sich diese ihrem Inhalt nach auf die Gesellschafter erstrecken können. 83

Nach Ansicht des **BGH** kommt eine Erstreckung der Unterlassungsverpflichtungen auf die Gesellschafter jedenfalls grundsätzlich in Betracht. Es komme diesbezüglich hauptsächlich darauf an, inwiefern die Erbringung gerade der begehrten Leistung (Unterlassung) auch in den gesellschaftlichen Pflichtenkreis der Gesellschafter gehört.[193] Dies ergebe sich zumeist aus der Natur der konkreten Unterlassungsverpflichtung, den Umständen des Einzelfalls und schließlich auch dem Zweck der Pflicht.

Die **Literatur** nimmt demgegenüber an, eine Unterlassungspflicht sei zwangsläufig schon ihrem Inhalt nach an den ursprünglichen Schuldner gebunden und könne nicht von einem stattdessen haftenden Gesellschafter erfüllt werden.

**Beispiel:** Die A-oHG, bestehend aus den Gesellschaftern A und B, verkaufte dem M einen Müllabfuhrbetrieb und verpflichtete sich wirksam, in einem bestimmten Gebiet keine Müllabfuhr zu betreiben. Als A und B die Z-oHG gründen und diese als Müllabfuhrbetrieb in dem Gebiet tätig wird, verlangt M Unterlassung.

**I.** Der BGH[194] hat für die vorliegende Konstellation in Anwendung seiner o.g. Grundsätze einen Unterlassungsanspruch sowohl gegen die neu gegründete Gesellschaft als auch gegen A und B persönlich

190 BGH NJW 1957, 871.
191 K. Schmidt, GesR, § 49 III 2 b.
192 MünchKomm-HGB/K. Schmidt § 128 Rn. 28.
193 Vgl. dazu BGH NJW 1972, 1421; BGH WM 1975, 777.
194 BGH BB 1974, 482.

bejaht. Die Einhaltung eines Wettbewerbsverbots falle jedenfalls auch in den gesellschaftlichen Pflichtenkreis der Gesellschafter; denn auch nach den Grundsätzen des § 242 BGB wäre es ein unzulässiges widersprüchliches Verhalten der Gesellschafter, die Erfüllung des von der Gesellschaft abgeschlossenen Vertrages in einem wesentlichen Punkt zu verhindern. Demnach kann M sowohl von der Z-oHG als auch von A und B Unterlassung verlangen.

**II.** Die Literatur lehnt demgegenüber die direkte Inanspruchnahme der Gesellschafter mit der o.g. Begründung generell ab. Eine Verpflichtung der Gesellschafter und der neuen Gesellschaft lässt sich danach nicht aus § 128 HGB herleiten.[195]

## V. Regress und Freistellung

### 1. Regressanspruch gegen die Gesellschaft

84 Wird ein Gesellschafter durch einen Gläubiger der oHG aus § 128 HGB persönlich in Anspruch genommen, hat er einen **Rückgriffsanspruch gegen die oHG aus § 110 HGB**. Die Leistung an den Gläubiger ist im Verhältnis zur oHG nämlich eine erstattungsfähige Aufwendung.

***Klausurhinweis:*** *Einer kurzen Feststellung bedarf es häufig hinsichtlich des begrifflichen Vorliegens einer „Aufwendung". Denn darunter fallen nur freiwillige Vermögensopfer. Zwar ist der Gesellschafter aus § 128 HGB dem Gläubiger gegenüber zur Leistung verpflichtet. Die erforderliche Freiwilligkeit beurteilt sich aber nach dem Innenverhältnis der Gesellschafter, und in dieser Hinsicht ist der Gesellschafter meist nicht zur Zahlung verpflichtet.*

Voraussetzung des Aufwendungsersatzanspruchs ist, dass die Gesellschaftsverbindlichkeit tatsächlich bestand, der Gesellschafter die Leistung an den Gläubiger für erforderlich halten durfte und er sie auch tatsächlich an diesen erbracht hat.[196]

### 2. Regressansprüche gegen die Mitgesellschafter

#### a) § 128 S. 1 HGB

85 Die **Mitgesellschafter des Leistenden haften für** den Aufwendungsersatzanspruch des Leistenden **nicht nach § 128 S. 1 HGB**, weil es sich beim Erstattungsanspruch aus § 110 HGB um eine Sozialverbindlichkeit (Verbindlichkeiten der Gesellschaft gegenüber einem Gesellschafter, die gerade aus dem Gesellschaftsverhältnis herrühren) der oHG handelt und § 128 S. 1 HGB **nicht für Sozialverbindlichkeiten gilt**. Solange die Gesellschaft besteht, soll für die Befriedigung solcher auf dem Gesellschaftsverhältnis beruhender Ansprüche nur das Gesellschaftsvermögen zur Verfügung stehen. Wenn stattdessen die Mitgesellschafter persönlich (anteilig) in Anspruch genommen werden könnten, wären sie wirtschaftlich im Ergebnis entgegen § 707 BGB (i.V.m. § 105 Abs. 3 HGB) dazu verpflichtet, das Gesellschaftsvermögen durch Nachschüsse aufzufüllen[197]

---

195 K. Schmidt, GesR, § 49 III 2 c.

196 Oetker/Boesche § 128 Rn. 37.

197 BeckOK HGB/Klimke § 128 Rn. 6.

### b) § 426 Abs. 1, 2 BGB

Die Gesellschafter sind nach zutreffender Auffassung im Verhältnis zueinander Gesamtschuldner i.S.v. §§ 421 ff. BGB.[198] 86

Teilweise[199] wird demgegenüber vertreten, zwischen den Gesellschaftern bestehe kein echtes Gesamtschuldverhältnis. Da aber auch diese Ansicht gleichwohl die Grundsätze des § 426 BGB im Innenverhältnis der Gesellschafter anwendet, kommt es auf diese Frage in der Regel nicht an.

Der durch den Gläubiger der oHG persönlich in Anspruch genommene Gesellschafter hat deshalb neben dem Regressanspruch gegen die Gesellschaft nach § 110 HGB einen **subsidiären Ausgleichsanspruch gegen die weiteren Gesellschafter** gemäß § 426 Abs. 1 und 2 BGB. Die Subsidiarität der Inanspruchnahme ist Ausfluss der Treuepflicht der Gesellschafter und bewirkt, dass der Gesellschafter sich zunächst mit seinem Aufwendungsersatzanspruch nach § 110 HGB an die oHG wenden und die Gesellschaft in Regress nehmen muss, bevor er seine Mitgesellschafter in Anspruch nimmt.[200] Er muss die Gesellschaft dabei allerdings nicht gerichtlich in Anspruch nehmen und erst recht nicht (fruchtlos) in das Gesellschaftsvermögen vollstreckt haben.[201] Es reicht aus, dass der Gesellschafter die oHG zur Zahlung auffordert und diese der Aufforderung nicht nachkommt.[202] Es genügt auch, dass die Gesellschaft nicht die nötigen Mittel aufbringen kann.[203] Sind diese Voraussetzungen erfüllt, kann der betroffene Gesellschafter von seinen Mitgesellschaftern Ersatz verlangen. Für diesen Regressanspruch (§ 426 Abs. 1 und 2 BGB, s.o.) haften die Mitgesellschafter nicht als Gesamtschuldner, sondern nur **pro rata**, also als Teilschuldner.

Der Ausgleichsanspruch gemäß **§ 426 Abs. 1 BGB** entsteht nicht erst mit der Befriedigung des Gläubigers, sondern als **Freistellungsanspruch** bereits mit der Entstehung des Gesamtschuldverhältnisses.[204] 87

Von dem Gesamtschuldverhältnis zwischen den Gesellschaftern strikt zu unterscheiden ist allerdings die Frage, ob ein solches auch zwischen Gesellschafter und Gesellschaft besteht. Verbunden damit ist die gleichfalls umstrittene Frage, ob der **Anspruch des befriedigten Gläubigers gegen die oHG auf den zahlenden Gesellschafter übergeht** (s. zum Streitstand bzgl. dieser Haftungsverhältnisse Fall 5). 88

198 MünchKomm-HGB/Schmidt § 128 Rn. 18.
199 Oetker/Boesche § 128 Rn. 38.
200 Oetker/Boesche § 128 Rn. 38.
201 BGH NJW 1980, 339, Ls. 1.
202 BGH NJW-RR 2002, 455, Ls. 2; vgl. auch BGH NJW 2015, 3789, Rn. 19.
203 Oetker/Boesche § 128 Rn. 38; vgl. auch OLG Düsseldorf ZIP 2013, 1860, Ls. – zur Kommanditistenhaftung.
204 BGH ZIP 2007, 2313, Ls. 1; Bitter/Heim § 5 Rn. 104 (zur GbR).

**Fall 5: Zahlender Gesellschafter**

Der Gesellschafter A der G-oHG wird von dem Gesellschaftsgläubiger X auf Zahlung einer Kaufpreisschuld i.H.v.12.000 €, für die X bereits einen rechtskräftigen Titel gegen die oHG erstritten hat, nach § 128 HGB in Anspruch genommen.

1. Kann A von der Gesellschaft Ersatz verlangen, wenn er an X zahlt?
2. Steht ihm nach Tilgung der Kaufpreisschuld ein Ausgleichsanspruch gegen seine Mitgesellschafter B und C zu?

89 A. Ansprüche des A **gegen die Gesellschaft**

I. Ein Ersatzanspruch des A gegen die Gesellschaft könnte sich aus **§ 110 Abs. 1 HGB** ergeben.

Bei der Tilgung der Gesellschaftsschuld durch A könnte es sich um eine **Aufwendung** handeln. Fraglich ist, ob es sich um ein **freiwilliges Vermögensopfer** handelt, da A dem X gemäß § 128 HGB zur Zahlung verpflichtet ist. Die Freiwilligkeit beurteilt sich aber danach, ob der Gesellschafter nach dem Gesellschaftsvertrag oder einer sonstigen Abrede im Innenverhältnis zu den Aufwendungen verpflichtet ist. Nach dem Innenverhältnis besteht grundsätzlich keine Verpflichtung des Gesellschafters zur Tilgung von Gesellschaftsschulden. Diese ist als Aufwendung i.S.d. § 110 HGB anzusehen.[205]

Falls A an X zahlt, kann er somit von der Gesellschaft nach § 110 HGB Ersatz dieser Aufwendung verlangen. Dabei kann er in der Höhe Ersatz des gesamten Betrages von 12.000 € beanspruchen, ohne sich den Anteil abziehen lassen zu müssen, den er als Mitgesellschafter selbst zu tragen hätte. Die anteilige Verlusttragung ist erst bei der Auseinandersetzung der Gesellschaft vorzunehmen.

90 II. Ein Anspruch gegen die Gesellschaft kann sich auch **aus einer kraft Gesetzes übergegangenen Forderung** ergeben. Ob die Forderung des Dritten gegen die Gesellschaft kraft Gesetzes auf den Gesellschafter übergeht, ist **umstritten**.

Nach **teilweise** vertretener Auffassung ergibt sich ein solcher Forderungsübergang aus einer Anwendung des **§ 426 Abs. 2 BGB**, da nach dieser Meinung auch Gesellschafter und Gesellschaft in einem Gesamtschuldverhältnis zueinander stehen.

Eine **andere Ansicht** bejaht einen gesetzlichen Forderungsübergang in **analoger Anwendung des § 774 Abs. 1 BGB**.[206] Wie die Bürgenhaftung sei auch die Haftung des Gesellschafters akzessorisch zu der Haftung der Gesellschaft. Dieser Akzessorietät müsse durch analoge Anwendung des § 774 Abs. 1 BGB Rechnung getragen werden.

205 Oetker/Lieder § 110 Rn. 7.

206 MünchKomm-HGB/K. Schmidt § 128 Rn. 31.

Demgegenüber findet nach einer **dritten Auffassung kein gesetzlicher Forderungsübergang** statt. Insbesondere eine cessio legis gemäß § 426 Abs. 2 BGB sei abzulehnen, da zwischen der Gesellschaft und den Gesellschaftern kein Gesamtschuldverhältnis bestehe. Für eine entsprechende Anwendung (auch des § 774 Abs. 1 BGB) bestehe nicht die erforderliche Regelungslücke, da die Ausgleichsansprüche des Gesellschafters in § 110 HGB geregelt sind.[207]

Letztlich überzeugend ist die zuletzt genannte Auffassung. Zwar ist zutreffend, dass die Haftung des Gesellschafters für Gesellschaftsverbindlichkeiten ebenso akzessorisch ist, wie die Haftung eines Bürgen. Ein Übergang der Forderung des befriedigten Gläubigers gegen die oHG auf den zahlenden Gesellschafter würde diesen jedoch grundlos gegenüber seinen Mitgesellschaftern privilegieren.

Mithin besteht unter dem Gesichtspunkt eines Forderungsübergangs kein Anspruch gegen die Gesellschaft.

***Klausurhinweis:*** *Diese Frage hat vor allem dann praktische Bedeutung, wenn für die Forderung akzessorische Sicherheiten bestehen. Diese gehen bei einem gesetzlichen Forderungsübergang gemäß §§ 412, 401 BGB mit auf den Gesellschafter über. Bei einem Forderungsübergang ist weiterhin die Umschreibung eines vom Dritten gegen die Gesellschaft erstrittenen Titels gemäß § 727 ZPO möglich.*

B. Ansprüche des A **gegen die Mitgesellschafter**

I. Ein Anspruch aus **§§ 110 Abs. 1, 128 S. 1 HGB** scheidet aus. § 128 HGB ist auf Sozialverpflichtungen wie den Anspruch aus § 110 HGB nicht anwendbar. Von diesem Grundsatz wird auch dann keine Ausnahme gemacht, wenn der Gesellschafter eine Gesellschaftsschuld getilgt hat.[208] **91**

II. Es könnte aber ein Anspruch des A gegen seine Mitgesellschafter aus § 426 Abs. 1 BGB bestehen. **92**

1. Dem Gesellschaftsgläubiger gegenüber **haften die Gesellschafter nach § 128 HGB als Gesamtschuldner**. Der Ausgleich im Verhältnis der Gesellschafter untereinander bestimmt sich nach § 426 BGB.[209]

2. Die **Treuepflicht** gebietet es dem Gesellschafter, zunächst den Anspruch gegen die Gesellschaft geltend zu machen. **Die Gesellschafter haften nur subsidiär.**[210] Dazu ist aber nicht etwa erforderlich, dass A zunächst erfolglos versucht, eine Zwangsvollstreckung ins Gesellschaftsvermögen zu betreiben. Es genügt, wenn die Gesellschaft nicht in der Lage oder nicht bereit ist, den Anspruch nach § 110 HGB zu erfüllen; dies ist bereits dann anzunehmen, wenn die Gesellschaft auf Aufforderung nicht zahlt.[211]

---

207 BGH NJW 1963, 1873, 1874 f.

208 BGH NJW-RR 2002, 455, 456; MünchKomm-HGB/K. Schmidt § 128 Rn. 34.

209 BGH NJW-RR 2002, 455, 456; MünchKomm-HGB/K. Schmidt § 128 Rn. 34.

210 BGH NJW-RR 2002, 455, 456.

211 BGH NJW-RR 2002, 455.

Hier müsste also A zunächst die G-oHG zur Zahlung auffordern, bevor er gegen B und C aus § 426 Abs. 1 BGB vorgeht.

3. Gemäß § 426 Abs. 1 BGB besteht ein Ausgleichsanspruch nur „zu gleichen Teilen", d.h., der Gesellschafter kann von seinen Mitgesellschaftern **nur anteiligen Ausgleich** entsprechend der Höhe der Verlustbeteiligung verlangen. Wenn die Verlustbeteiligung von A, B und C gleich groß ist, kann A von seinen Mitgesellschaftern jeweils 4.000 € beanspruchen.

93 III. Daneben könnte auch ein Anspruch des A gegen seine **Mitgesellschafter aus kraft Gesetzes übergegangenem Anspruch** des Dritten bestehen.

1. Nach einem **Teil der Literatur** geht der Anspruch des Dritten gegen die Mitgesellschafter aus § 128 HGB gemäß § 426 Abs. 2 BGB auf den tilgenden Gesellschafter über.[212] Der Forderungsübergang findet gemäß § 426 Abs. 2 BGB nur in dem Umfang statt, in dem der tilgende Gesellschafter von seinen Mitgesellschaftern Ausgleich verlangen kann, d.h. nur anteilig.

2. Eine **andere Ansicht** begründet einen solchen Forderungsübergang mit der **Akzessorietät der Gesellschafterhaftung zur Haftung der Gesellschaft** (s. oben unter A. II.). Die auf eine analoge Anwendung des § 774 Abs. 1 BGB gestützte *cessio legis* führt demnach dazu, dass **gemäß §§ 412, 401 BGB die akzessorischen Sicherungsrechte** auf den leistenden Gesellschafter übergingen. Damit erwerbe der in Anspruch genommene Gesellschafter **auch die** – im Verhältnis zur Forderung gegen die Gesellschaft akzessorischen – **Forderungen des Gläubigers aus § 128 HGB gegen seine Mitgesellschafter**.[213] Nach dieser Ansicht ist auch § 774 Abs. 2 BGB analog anzuwenden. Die Forderung geht gemäß §§ 774 Abs. 2, 426 Abs. 2 BGB nur anteilig über.

---

94 § 128 S. 2 HGB findet auf die Regress- und Freistellungsansprüche keine Anwendung, weil diese lediglich das Innenverhältnis betreffen.[214] Daher sind **abweichende Vereinbarungen** grundsätzlich möglich. Es können etwa Befreiungszusagen, Verlustausgleichszusagen, Verlustdeckungszusagen und andere Vereinbarungen getroffen werden.

Neben einem Ersatzanspruch des Gesellschafters für Aufwendungen, die er den Umständen nach für erforderlich halten durfte, enthält § 110 HGB auch einen **Ersatzanspruch für Verluste**, die der Gesellschafter durch die Geschäftsführung oder aus Gefahren, die mit ihr untrennbar verbunden sind, erleidet.

212 MünchKomm-HGB/K. Schmidt § 128 Rn. 34.
213 Baumbach/Hopt/Roth § 128 Rn. 27.
214 Hier und zum Folgenden: Oetker/Boesche § 128 Rn. 47.

**Fall 6: Finanzschwache oHG**

Der Gesellschafter A der A & Co. oHG wird auf einer Geschäftsreise nach Hamburg bei einem Verkehrsunfall durch Verschulden des D erheblich verletzt. Der Wagen des A, der diesem selbst gehört, ist schrottreif. Da D seine Ersatzpflicht bestreitet, nimmt A die oHG in Anspruch. Diese verweigert wegen der angespannten Wirtschaftslage jegliche Zahlung.

1. Besteht ein Anspruch des A gegen die oHG?
2. Kann A von seinen Mitgesellschaftern B und C Ausgleich seiner Schäden verlangen?

A. Der Ersatzanspruch des A **gegen die oHG** könnte sich aus **§ 110 Abs. 1 HGB** ergeben. 95

I. A müsste bei der Wahrnehmung einer Gesellschaftsangelegenheit den Umständen nach erforderliche Aufwendungen gemacht haben oder unmittelbar durch seine Geschäftsführung oder aus Gefahren, die mit dieser untrennbar verbunden sind, Verluste erlitten haben.

1. **Aufwendungen** i.S.d. § 110 HGB sind **freiwillige Vermögensopfer, die ein Gesellschafter im Interesse der Gesellschaft gemacht hat**. Nicht zu den Aufwendungen i.S.d. § 110 HGB gehören danach einerseits Leistungen, die der Gesellschafter nach dem Gesellschaftsvertrag ohnehin zu erbringen hat (z.B. Geld- oder Sacheinlagen, Tätigkeit als Geschäftsführer etc.), andererseits Vermögenseinbußen, die der Gesellschafter unfreiwillig (z.B. durch Zufall oder Einwirkungen Dritter) erleidet. Die durch die Körperverletzung sowie die Beschädigung seines Pkw erlittenen Vermögenseinbußen des A sind danach mangels Freiwilligkeit keine Aufwendungen i.S.d. § 110 HGB. 96

   ***Hinweis:*** *Im Rahmen des § 110 HGB besteht kein Bedürfnis, den Aufwendungsbegriff wie bei § 670 BGB auch auf Schäden zu erstrecken, da sich Schäden als Verluste einordnen lassen.*

2. **Verluste** i.S.d. § 110 HGB sind **unfreiwillige Vermögensnachteile jedweder Art, insbesondere Personen- oder Sachschäden, nicht jedoch immateriellen Schäden.**[215] Die Verluste müssen entweder „unmittelbar durch die Geschäftsführung" entstanden sein, ihre Ursache also in einer Handlung der Geschäftsführung haben, oder aus Gefahren herrühren, „die mit ihr untrennbar verbunden sind". Es ist ein **unmittelbarer Zusammenhang** zwischen den Verlusten und der Geschäftsführung erforderlich; der Verlust muss aufgrund einer **tätigkeitsspezifischen Gefahrenlage** (im Gegensatz zum allgemeinen Lebensrisiko) eingetreten sein.[216] 97

   Hier standen die Körperverletzung sowie die Beschädigung des Pkw in einem unmittelbaren Zusammenhang mit der Geschäftsreise des A, die ihrerseits untrennbar mit dessen Stellung als geschäftsführendem Gesellschafter der oHG

215 Schmerzensgeld kann folglich nach § 110 HGB nicht verlangt werden (MünchKomm-HGB/Langhein § 110 Rn. 17).

216 MünchKomm-HGB/Langhein § 110 Rn. 18 f.

verbunden war. Es handelte sich bei den von A erlittenen Verlusten um solche, die aufgrund einer tätigkeitsspezifischen Gefahrenlage eingetreten sind. Die Voraussetzungen des § 110 HGB sind gegeben.

II. Die Tatsache, dass A Ansprüche gegen D als unmittelbar Verantwortlichen hat, hindert die Durchsetzung des Anspruchs gegen die Gesellschaft nicht. **§ 110 HGB beinhaltet keine nur subsidiäre Haftung der Gesellschaft.**[217] Allenfalls dann, wenn der geschädigte Gesellschafter von einem Dritten ohne Weiteres Ersatz zu erhalten vermag – etwa, weil dieser die Ansprüche anerkannt hat –, kann die unmittelbare Inanspruchnahme der Gesellschaft **unter Umständen gegen die Treuepflicht verstoßen**. Hier bestreitet D jedoch gerade seine Ersatzpflicht, sodass A von ihm nicht ohne weiteres Ersatz zu erhalten vermag. Die unmittelbare Inanspruchnahme der Gesellschaft verstößt folglich nicht gegen die Treuepflicht.

***Hinweis:*** *Wenn A die Gesellschaft in Anspruch nimmt, ist er ihr allerdings nach dem Rechtsgedanken des* ***§ 255 BGB*** *zur Abtretung aller ihm aus dem schädigenden Ereignis gegen Dritte zustehenden Ansprüche – hier also gegen D und dessen Kfz-Haftpflichtversicherung – verpflichtet.*[218]

98 B. Ein Ausgleichsanspruch des A **gegen seine Mitgesellschafter** B und C könnte sich aus **§ 128 S. 1 HGB** ergeben.

Nach dem Wortlaut des § 128 S. 1 HGB haften die Gesellschafter für alle Verbindlichkeiten der oHG persönlich als Gesamtschuldner. **Auf die Sozialverpflichtungen** – und damit auch auf den Anspruch aus § 110 HGB – ist § 128 HGB jedoch **grundsätzlich unanwendbar**. Die Bejahung einer Haftung aus § 128 S. 1 HGB würde die Gesellschafter zu Leistungen für die Gesellschaft über die Einlage hinaus verpflichten und damit gegen das Verbot der Einlagenerhöhung aus § 707 BGB verstoßen.[219]

A hat gegen seine Mitgesellschafter B und C damit keinen Anspruch aus § 128 S. 1 HGB i.V.m. § 110 Abs. 1 HGB auf Ersatz seiner bei dem Verkehrsunfall erlittenen Schäden.

---

## VI. Geltendmachung der Gesellschafterhaftung in der Insolvenz der oHG

99 In der Insolvenz der oHG – deren Insolvenzfähigkeit sich aus § 11 Abs. 2 Nr. 1 InsO ergibt – wird die **persönliche Haftung der Gesellschafter gemäß §§ 128 ff. HGB**[220] für Altverbindlichkeiten, die bereits im Zeitpunkt der Eröffnung des Insolvenzverfahrens vorhanden waren,[221] während der Dauer des Insolvenzverfahrens über das Vermögen der Gesellschaft **allein durch den Insolvenzverwalter geltend gemacht (§ 93 InsO)**.

---

217 MünchKomm-HGB/Langhein § 110 Rn. 9.

218 OLG Düsseldorf NJW 1956, 1802, 1803.

219 BGH NJW 1962, 1863, 1864; MünchKomm-HGB/K. Schmidt § 128 Rn. 33.

220 § 93 InsO ist keine Anspruchsgrundlage (Uhlenbruck/Hirte § 93 Rn. 3).

221 Uhlenbruck/Hirte § 93 Rn. 36; K. Schmidt/Bitter ZIP 2000, 1077, 1086. Für Neuverbindlichkeiten haftet der Gesellschafter einer im Insolvenzverfahren befindlichen Gesellschaft überhaupt nicht (Uhlenbruck/Hirte § 93 Rn. 37).

§ 93 InsO begründet – wie § 171 Abs. 2 HGB[222] – eine **Einziehungs- und Prozessführungsbefugnis**, bildet aber keinen Fall eines gesetzlichen Forderungsübergangs.[223] Zweck der Regelung des § 93 InsO ist es, einen Wettlauf der Gläubiger um die Abschöpfung der Haftsumme zu verhindern, den Haftungsanspruch der Insolvenzmasse zuzuführen und auf diese Weise den Grundsatz der gleichmäßigen Befriedigung der Insolvenzgläubiger auf die Gesellschafterhaftung auszudehnen.[224]

# 4. Abschnitt: Die Organisation der oHG

## A. Grundlagen

**100** Der Abschluss des Gesellschaftsvertrages begründet zwischen den Gesellschaftern untereinander und zwischen den Gesellschaftern und der Gesellschaft ein Gesellschaftsverhältnis.[225] Die Mitgliedschaft des Gesellschafters bündelt alle persönlichen, vermögensrechtlichen und korporativen Rechte und Pflichten.[226] Anders als bei Kapitalgesellschaften, bei denen die Gesellschafter gleichzeitig mehrere Gesellschaftsanteile halten können, kann bei einer Personengesellschaft jeder Gesellschafter immer nur eine Mitgliedschaft halten (**Grundsatz der Einheitlichkeit des Gesellschaftsanteils**).

**101** Für das **Innenverhältnis** der oHG gelten die §§ 109–122 HGB.[227] Dabei räumt das Gesetz den Gesellschaftern aber einen **erheblichen Gestaltungsspielraum** ein: Die Vorschriften der §§ 110–122 HGB finden nur insoweit Anwendung, als nicht durch den Gesellschaftsvertrag ein anderes bestimmt ist (§ 109 HGB). Die Gesellschafter können ihr Verhältnis untereinander und dasjenige der Gesellschafter zur Gesellschaft also **weitestgehend privatautonom** regeln. Dies ist dadurch gerechtfertigt, dass die Gläubiger der oHG durch die persönliche Haftung der Gesellschafter (§§ 128 ff. HGB) geschützt sind. Soweit der Gesellschaftsvertrag und das HGB keine abweichenden Bestimmungen treffen, ist nach § 105 Abs. 3 HGB ergänzend das Recht der GbR (§§ 705 ff. BGB) heranzuziehen.

**102** Das **Außenverhältnis** der oHG zu Dritten ist in den §§ 123–130a HGB geregelt.[228] Diese Vorschriften betreffen die Entstehung und Teilrechtsfähigkeit der oHG (§§ 123, 124 HGB), deren Vertretung (§§ 125–127 HGB) und Haftungsverfassung (§§ 128–130 HGB) sowie Sonderregeln für Gesellschaften, bei denen kein Gesellschafter eine natürliche Person ist (§ 130 a HGB). Anders als die §§ 109–122 HGB für das Innenverhältnis sind **die meisten Regeln** zum Außenverhältnis zwingend (z.B. §§ 123 Abs. 3, 126 Abs. 2, 128 S. 2, 130 Abs. 2 HGB).

---

222 S. hierzu Rn. 263.
223 Uhlenbruck/Hirte § 93 Rn. 3.
224 BGH RÜ 2012, 633, Rn. 7.
225 Hier und zum Folgenden: Bitter/Heim § 5 Rn. 51.
226 Palandt/Sprau § 717 Rn. 1.
227 Hier und zum Folgenden: Bitter/Heim § 6 Rn. 29.
228 Hier und zum Folgenden: Bitter/Heim § 6 Rn. 30.

## B. Rechte und Pflichten der Gesellschafter

103 Der Abschluss eines (wirksamen) Gesellschaftsvertrages begründet verschiedene Rechte und Pflichten der Gesellschafter. Die **Rechte der Gesellschafter** lassen sich allgemein in **Verwaltungs- und Vermögensrechte** unterteilen:

| Verwaltungsrechte | Vermögensrechte |
|---|---|
| ▪ Teilnahme an der Gesellschafterversammlung und Stimmrecht (vgl. § 119 HGB) | ▪ Gewinnanspruch (§§ 120–122 HGB) |
| ▪ Kontroll- und Einsichtsrecht (§ 118 HGB) | ▪ Aufwendungsersatzanspruch bei für die oHG vorgenommenen Geschäften (§ 110 HGB)[229] |
| ▪ Recht zur Geschäftsführung und Vertretung (§§ 114, 125 HGB) | ▪ Teilnahme am Liquidationserlös (§ 155 HGB) |

104 Der **Gewinnanspruch** der oHG-Gesellschafter hat in den §§ 120 ff. HGB – im Gegensatz zur GbR – eine konkrete Ausformung erfahren. Auch für diesen Bereich gilt der Grundsatz der Privatautonomie, sodass die Gesellschafter – wie regelmäßig in der Praxis – im Gesellschaftsvertrag von den §§ 120 ff. HGB abweichende Regel vereinbaren können.[230] Für die Verteilung von Gewinn und Verlust zwischen den Gesellschaftern gilt nach § 121 Abs. 1 HGB, dass jeder Gesellschafter grundsätzlich einen Anteil i.H.v. 4 % seines Kapitalanteils erhält. Sofern der Jahresgewinn nicht ausreicht, erhält jeder Gesellschafter gemäß § 121 Abs. 1 S. 2 HGB einen entsprechend niedrigeren Teil. Gemäß § 121 Abs. 3 HGB wird der § 121 Abs. 1 und 2 HGB übersteigende Gewinnteil sowie ein Verlust nach Köpfen verteilt.

Der dem Gesellschafter zukommende Gewinn wird ihm nicht automatisch ausgezahlt, sondern wird nach § 120 Abs. 2 HGB seinem Kapitalanteil zugeschrieben. Den auf seinem Kapitalanteil verbuchten Gewinn darf der Gesellschafter gemäß § 122 Abs. 1 HGB entnehmen. Er ist hierbei jedoch an die sich aus § 122 Abs. 1 Alt. 2 HGB ergebenden Einschränkungen gebunden, sodass eine Gewinnentnahme zu unterbleiben hat, wenn dies „zum offfenbaren Schaden der Gesellschaft gereicht".

Von der Gewinnentnahme, die nur unter der o.g. Einschränkung und nur in dem Fall, dass die Gesellschaft überhaupt einen Gewinn erwirtschaftet hat, möglich ist muss die sonstige Kapitalentnahme nach § 122 Abs. 1 Alt. 1 unterschieden werden. Diese ist (i.H.v. 4 % des Kapitalanteils) auch dann möglich, wenn kein Gewinn erwirtschaftet wurde.

105 Zu den wesentlichen **Pflichten der Gesellschafter** zählen die Förderungs- und Beitragspflicht (§ 105 Abs. 3 HGB i.V.m. § 705 BGB; vgl. auch § 11 HGB), die Pflicht zur Geschäftsführung (§ 114 HGB) und Vertretung (§ 125 HGB) und die allgemeine gesellschafterliche Treuepflicht.[231]

106 Der nach dem Gesellschaftsvertrag geschuldete Beitrag (vgl. § 705 BGB) kann insbesondere in einer **Einlage** bestehen.[232] Einlagen sind **Beiträge, die in das Gesellschaftsvermögen (§ 718 BGB) zu leisten sind**. Einlagefähig sind nur bewertungsfähige Ver-

229 Zum Aufwendungsersatzanspruch gemäß § 110 HGB s. Rn. 84.

230 Mock § 7 Rn. 324.

231 Bitter/Heim § 6 Rn. 47.

232 Zum Folgenden: Bitter/Heim § 5 Rn. 69 ff.

mögensgegenstände. Eine Einlage kann durch Einbringung zu Eigentum („*quod dominium*") erfolgen.

Neben der Einbringung zu Eigentum ist außerdem noch eine Einbringung zur Nutzung („*quod usum*") oder dem Werte nach („*quod sortem*") denkbar. Diese Arten der Einbringung stellen zwar einen Beitrag dar, fallen aber nicht unter den Begriff der Einlage. Im Zweifel ist daher anzunehmen, dass Einbringung zu Eigentum geschuldet ist (§ 706 Abs. 2 BGB).

Der Unterschied zwischen einer Einbringung zu Eigentum und einer solchen dem Werte nach („*quod sortem*") liegt darin, dass bei letzterer der Gesellschaft nur das „wirtschaftliche Eigentum" verschafft wird, während der Gesellschafter dinglicher Eigentümer bleibt. Der Gesellschafter hält den Gegenstand dann treuhänderisch für die Gesellschaft.

Hat ein Gesellschafter den von ihm versprochenen Beitrag bzw. seine Einlage geleistet, ist er zu Nachschüssen grundsätzlich nicht verpflichtet (§ 707 BGB). Etwas anderes gilt nur bei einer anderslautenden vertraglichen Regelung oder nach § 735 BGB infolge der Auflösung der Gesellschaft.[233]

**Verletzt** ein Gesellschafter schuldhaft seine aus dem Gesellschaftsverhältnis folgenden **Pflichten**, ist er **der Gesellschaft und ggf. auch seinen Mitgesellschaftern zum Ersatz des dadurch entstandenen Schadens verpflichtet** (§ 280 Abs. 1 BGB).[234] Der Gesellschafter hat jedoch bei der Erfüllung der ihm im Innenverhältnis obliegenden Pflichten nur die **eigenübliche Sorgfalt** anzuwenden (§ 708 BGB). Die Gesellschafter sollen sich „so nehmen, wie sie sind".[235] § 708 BGB greift allerdings nicht im Verhältnis zu Dritten ein und schließt nach § 277 BGB auch nicht die Haftung für grobe Fahrlässigkeit oder gar (bedingten) Vorsatz aus.

Bei **Publikumsgesellschaften** findet § 708 BGB keine Anwendung, weil dort aufgrund der Vielzahl an Gesellschaftern das für die Personengesellschaften typische enge persönliche Verhältnis untereinander fehlt (teleologische Reduktion).[236] Die Vorschrift ist zudem abdingbar.[237]

Die **Treuepflichten in der oHG** sind wegen deren regelmäßig personalistischer Struk- **107**
tur tendenziell stärker ausgeprägt als bei Kapitalgesellschaften.[238] Der Gesellschafter hat alles zu tun, was den Gesellschaftszweck fördert, und alles zu unterlassen, was ihm schadet. Auch hat er bei der Ausübung seiner gesellschaftsrechtlichen Rechte Rücksicht auf die GbR und seine Mitgesellschafter zu nehmen. Die Treuepflichten bestehen also gegenüber der Gesellschaft und den Mitgesellschaftern.[239]

Ausfluss der allgemeinen Treuepflicht ist das für die oHG ausdrücklich in § 112 HGB nor- **108**
mierte **Wettbewerbsverbot**.[240] Danach darf ein Gesellschafter ohne Einwilligung der anderen Gesellschafter weder in dem Handelszweig der Gesellschaft Geschäfte machen noch an einer anderen gleichartigen Handelsgesellschaft als persönlich haftender Ge-

233 Bitter/Heim § 5 Rn. 72.
234 Hier und zum Folgenden: Bitter/Heim § 5 Rn. 75.
235 Hk-BGB/Saenger § 708 Rn. 1.
236 BGH NJW 1980, 589, Ls. 2; Bitter/Heim § 5 Rn. 77.
237 Erman/Westermann § 708 Rn. 9.
238 Hier und zum Folgenden: Bitter/Heim § 5 Rn. 74.
239 BGH RÜ 2014, 279 Rn. 16.
240 Zum Folgenden: Bitter/Heim § 5 Rn. 69 ff.

sellschafter teilnehmen (§ 112 Abs. 1 HGB). Die bereits oben erwähnte allgemeine Dispositivität der Regelungen zum Innenverhältnis gilt auch für das gesetzliche Wettbewerbsverbot des § 112 Abs. 1 HGB. Dieses kann durch den Gesellschaftsvertrag aufgehoben, abgeschwächt oder auch verschärft werden.[241]

Im **Handelszweig** der Gesellschaft betätigt sich ein Gesellschafter, wenn er innerhalb des für die Gesellschaft sachlich und räumlich relevanten Marktes, also im Betätigungsfeld der Gesellschaft, geschäftlich tätig wird.[242] Eine **Beteiligung an einer anderen „gleichartigen Handelsgesellschaft"** setzt voraus, dass eine (rechtsformunabhängig) andere Handelsgesellschaft auf dem gleichen Geschäftsfeld wie die oHG und in dem für die oHG relevanten Markt tätig wird.[243]

Die **Einwilligung** der anderen Gesellschafter gilt als erteilt, wenn den übrigen Gesellschaftern bei Eingehung der Gesellschaft, also bei Abschluss des Gesellschaftsvertrages, bekannt war, dass der Gesellschafter an einer anderen Handelsgesellschaft als persönlich haftender Gesellschafter teilnimmt und gleichwohl nicht ausdrücklich auf die Aufgabe dieser Beteiligung bestanden haben (§ 112 Abs. 2 HGB).

Ein Verstoß gegen das Wettbewerbsverbot löst die **Rechtsfolgen des § 113 Abs. 1 HGB** aus. Die oHG kann von dem Gesellschafter den **Ersatz ihres** durch die verbotene Tätigkeit entstandenen **Schadens** verlangen **oder** diesem gegenüber ein **Eintrittsrecht** ausüben, das den Gesellschafter im Innenverhältnis dazu verpflichtet, die oHG so zu stellen, als hätte der Gesellschafter das Geschäft nicht im eigenen Namen, sondern im Namen der oHG abgeschlossen. Parallel hierzu hat die oHG gegen den Gesellschafter einen **Unterlassungsanspruch** aus dem Gesellschaftsvertrag, der – im Gegensatz zu den Ansprüchen aus § 113 Abs. 1 HGB – verschuldensunabhängig ist.[244] Auch hinsichtlich der Rechtsfolgen eines Verstoßes gegen das Wettbewerbsverbot kann im Gesellschaftsvertrag allerdings abweichendes vereinbart werden (beispielsweise eine Vertragsstrafe gemäß §§ 340 ff. BGB).[245]

Die Entscheidung über die Verfolgung dieser Ansprüche obliegt den übrigen Gesellschaftern (§ 113 Abs. 2 HGB), d.h. der betroffene Gesellschafter ist von der Abstimmung ausgeschlossen.[246]

**109** Das in § 112 HGB geregelte Wettbewerbsverbot gilt nur während der Zeitspanne, in der der Betroffene Gesellschafter der oHG ist.[247] Bei ausgeschiedenen Gesellschaftern ist die Vorschrift nicht einschlägig. Ein **nachvertragliches Wettbewerbsverbot** lässt sich auch nicht ohne Weiteres aus der nachvertraglichen gesellschaftsrechtlichen Treuepflicht ableiten. Deshalb sind entsprechende Klauseln in der Satzung im jeweiligen Einzelfall kritisch zu überprüfen. Eine Unwirksamkeit solcher Klauseln kann sich insbesondere aus § 138 BGB und § 1 GWB ergeben.

---

241 Bitter/Heim § 6 Rn. 54.
242 Bitter/Heim § 6 Rn. 50.
243 Bitter/Heim § 6 Rn. 51.
244 Bitter/Heim § 6 Rn. 55 f.
245 Bitter/Heim § 6 Rn. 57.
246 Bitter/Heim § 6 Rn. 56.
247 Zum Folgenden: Bitter/Heim § 6 Rn. 53.

Mit dem Wettbewerbsverbot nach § 112 HGB eng verknüpft, von diesem aber zu unterscheiden ist die sog. **Geschäftschancenlehre**:[248] Auch wenn dem Gesellschafter eine bestimmte eigennützige Tätigkeit nicht aufgrund eines Wettbewerbsverbots untersagt ist, darf er **eine sich (auch) der oHG bietende Geschäftschance aus deren Betätigungsfeld nicht für eigene Rechnung wahrnehmen**, sondern muss sie zugunsten der Gesellschaft nutzen.[249] Dies folgt aus der allgemeinen gesellschaftsrechtlichen Treuepflicht, die die Gesellschafter in allen Angelegenheiten dazu verpflichtet, das Wohl der Gesellschaft zu beachten und diesem nicht eigene Interessen vorzuziehen. Verstößt ein Gesellschafter gegen diese Vorgabe, macht er sich gegenüber der Gesellschaft schadensersatzpflichtig.[250] **110**

## C. Die Gesellschafterversammlung

Die innere Willensbildung einer Gesellschaft erfolgt in der Gesellschafterversammlung. Da bei der oHG immer mindestens zwei Gesellschafter vorhanden sein müssen, handelt es sich bei der Gesellschafterversammlung um ein **Kollektivorgan**, also um ein Organ mit mehr als nur einem Mitglied. Dementsprechend wird durch Beschluss entschieden. **111**

Nach der heute h.M. ist der Gesellschafterbeschluss ein **mehrseitiger Akt**, der sich aus den verschiedenen Stimmen zusammensetzt, die ihrerseits **Willenserklärungen** sind und den allgemeinen Regeln über Rechtsgeschäfte unterstehen.[251] Eine Vielzahl von gesetzlichen Vorschriften sieht die Notwendigkeit einer Beschlussfassung durch die Gesellschafter vor. Beschlussgegenstände können Maßnahmen der Geschäftsführung (vgl. § 115 Abs. 2 HGB, § 116 Abs. 2 und 3 HGB, §§ 147 und 152 HGB) oder Grundlagengeschäfte (vgl. §§ 131, 146 HGB) sein. Änderungen des Gesellschaftsvertrages bilden den Hauptanwendungsfall für gesetzlich nicht geregelte Beschlussgegenstände.[252] **112**

Dabei sind **grundsätzlich alle Gesellschafter** zur Abstimmung befugt. Etwas anderes gilt dann, wenn das Gesetz für Maßnahmen aus wichtigem Grund gegen den betroffenen Gesellschafter eine Abstimmung allein der „übrigen" Gesellschafter anordnet. Das gilt etwa für die Geltendmachung von Ansprüchen gegen einen Gesellschafter im Zusammenhang mit dem Wettbewerbsverbot (§ 113 Abs. 2 HGB) sowie für die Klageerhebung zur Ausschließung eines Gesellschafters (§ 140 HGB) bzw. zur Entziehung seiner Geschäftsführungsbefugnis (§ 117 HGB) oder Vertretungsmacht (§ 127 HGB). Sinn und Zweck der Regelungen ist die Vermeidung von Interessenkollisionen.[253] Über diese ausdrücklich geregelten Fälle hinaus kann sich ein **Stimmverbot** auch in sonstigen Fällen ergeben, in denen der Gesellschafter durch seine Teilnahme an der Abstimmung zum „Richter in eigener Sache" würde[254] oder wenn ein Insichgeschäft i.S.v. § 181 BGB[255] vorliegt.

---

248 Hier und zum Folgenden: Bitter/Heim § 6 Rn. 58.

249 BGH RÜ 2013, 277 – zur GbR.

250 BGH RÜ 2013, 277 – zur GbR.

251 Henssler/Strohn/Finckh HGB § 119 Rn. 5.

252 Henssler/Stroh/Finckh HGB § 119 Rn. 6 f.

253 Baumbach/Hopt/Roth HGB § 119 Rn. 8; MünchKomm-HGB /Enziger § 119 Rn. 30.

254 BGHZ 97, 28, 33 = NJW 1986, 2051; MünchKomm-HGB /Enziger § 119 Rn. 30.

255 K. Schmidt GesR § 21 II 2.

113 Nach der gesetzlichen Grundkonzeption ist bei Personengesellschaften in der Gesellschafterversammlung grundsätzlich das **Einstimmigkeitsprinzip** maßgeblich (oHG: § 119 Abs. 1 HGB, GbR: § 709 Abs. 1 BGB, KG: § 161 Abs. 2 HGB i.V.m. § 119 Abs. 1 HGB). Jeder Gesellschafter soll grundsätzlich nur an die Beschlüsse gebunden sein, denen er selbst zugestimmt hat.[256]

114 Schließlich können die Regelungen über die Beschlussfassung **durch den Gesellschaftsvertrag modifiziert** werden. Dies gilt etwa für die **Zulassung von Mehrheitsbeschlüssen**. Sind solche im Gesellschaftsvertrag vorgesehen, richtet sich die Mehrheit gemäß § 119 Abs. 2 HGB im Zweifel nach Köpfen[257] (für die GbR § 709 Abs. 2 BGB, für die KG § 161 Abs. 2 HGB i.V.m. § 119 Abs. 2 HGB). Der Gesellschaftsvertrag der Personengesellschaft kann aber auch eine Kapitalmehrheit anordnen. Um einem Machtmissbrauch der Mehrheit vorzubeugen, sind Mehrheitsbeschlüsse bei der GbR – auch und insbesondere wegen der persönlichen Haftung ihrer Gesellschafter für die Verbindlichkeiten der GbR (§§ 128 ff. HGB analog)[258] – nur in engen Grenzen möglich. Dabei ergeben sich sowohl formelle als auch materielle Anforderungen an einen solchen Mehrheitsbeschluss. Es bedarf also einer zweistufigen Prüfung:

- Zunächst einmal muss der Gesellschaftsvertrag für den bestimmten Gegenstand eine Mehrheitsentscheidung vorsehen **(formelle Legitimation)**; dabei bedarf es keiner Einzelaufzählung, es genügt vielmehr, wenn sich durch Auslegung ergibt, dass der in Frage stehende Beschlussgegenstand von einer Mehrheitsklausel erfasst ist.[259] Eine allgemeine Mehrheitsklausel, die keine einzelnen Beschlussgegenstände aufzählt, aber auch keinerlei Ausnahmen zulässt, gilt für sämtliche Beschlussgegenstände,[260] insbesondere auch für Grundlagengeschäfte, ungewöhnliche Vertragsänderungen (z.B. zur Gewinnverteilung oder zu Nachschusspflichten) und Zustimmungsbeschlüsse zu Anteilsübertragungen.[261]
- Auf einer zweiten Stufe erfolgt eine inhaltliche Überprüfung des konkreten Mehrheitsbeschlusses auf seine Rechtmäßigkeit **(materielle Wirksamkeits- und Rechtmäßigkeitsprüfung)**.[262] Diese kann ergeben, dass der konkrete Mehrheitsbeschluss trotz formeller Legitimation rechtswidrig und damit unwirksam ist, weil er die Grenzen der Mehrheitsmacht überschreitet und daher der Zustimmung[263] aller Gesellschafter oder zumindest derjenigen des betroffenen Gesellschafters oder eines wichtigen Grundes bedurft hätte.[264] Auf dieser zweiten Stufe geht es um den **Schutz des (Minderheits-) Gesellschafters**. In materieller Hinsicht kann es der Wirksamkeit einer Mehrheitsentscheidung insbesondere entgegenstehen, wenn sich diese als treuwidrige Ausübung der Mehrheitsmacht gegenüber der Minderheit darstellt.[265]

256 Bitter/Heim § 5 Rn. 81.
257 Saenger § 4 Rn. 282.
258 S. dazu Rn. 268 ff.
259 BGH NJW 2007, 1685, Rn. 10; BGH NJW 2009, 669 Rn. 17, 25; BGH NJW 2012, 1439, Rn. 23.
260 K. Schmidt ZIP 2009, 737, 738: „umfassende Generalklausel".
261 BGH NJW 2009, 669, Rn. 15, 16; BGH NJW 2012, 1439, Rn. 14 f.; BGH ZIP 2013, 65, Rn. 14; BGH RÜ 2014, 764, Rn. 18.
262 BGH NJW 2007, 1685, Rn. 9; BGH NJW 2009, 669, Rn. 15; BGH NJW 2012, 1439, Rn. 16.
263 Zur antizipierten Zustimmung im Gesellschaftsvertrag s. Bitter/Heim § 5 Rn. 89 f.
264 Hier und zum Folgenden: Bitter/Heim § 5 Rn. 87 f.
265 BGH, Urt. v. 15.11.2011 – II ZR 266/09, NJW 2012, 1439, Rn. 23.

Unterschiedlich beurteilt wird die Frage, ob der BGH mit seiner Grundsatzentscheidung vom 15.01. 2007[266] die bis dahin herrschende **Kernbereichslehre** aufgegeben hat.[267] Sie besagt, dass durch einen Mehrheitsbeschluss ohne die Zustimmung des betroffenen Gesellschafters nicht in den Kernbereich individueller Gesellschafterrechte eingegriffen werden kann.[268] Danach gibt es einen unentziehbaren/ mehrheitsfesten Kern von Mitgliedschaftsrechten. Zum Kernbereich zählen etwa das Stimm-, Gewinn- und Informationsrecht, nicht hingegen die Feststellung des Jahresabschlusses[269] oder gesellschaftsvertragliche Regelungen zu Einstimmigkeitserfordernissen oder Sperrminoritäten.[270] Im Rahmen der materiellen Wirksamkeits- und Rechtmäßigkeitsprüfung auf der zweiten Stufe sollte in der Klausur nicht mit der (fehlenden) Zuordnung eines bestimmten Beschlussgegenstandes zum Kernbereich argumentiert werden. Vielmehr sollte eine von diesem (im Gesetz ohnehin nicht auftauchenden!) Begriff unabhängige inhaltliche Überprüfung des Mehrheitsbeschlusses vorgenommen werden. Führt diese zu dem Ergebnis, dass der Mehrheitsbeschluss wirksam ist, wird damit inzident auch eine Zuordnung des Beschlussgegenstandes zum Kernbereich von Mitgliedschaftsrechten verneint.[271] Wird die Wirksamkeit des Mehrheitsbeschlusses hingegen verneint, kann es letztlich dahinstehen, ob der Beschlussgegenstand dem Kernbereich zugeordnet wird oder die Wirksamkeit des Beschlusses auch ohne eine solche (rein begriffliche) Zuordnung zu verneinen ist.

Die stimmberechtigten Gesellschafter sind bei ihrer Stimmabgabe grundsätzlich nicht zu einem bestimmten Stimmverhalten verpflichtet; sie können ihre Stimme frei ausüben **(Grundsatz der Freiheit der Stimmausübung)**.[272] Die gesellschafterlichen Treuepflichten können jedoch **ausnahmsweise** eine **Zustimmungspflicht** begründen, wenn 115

- der Beschluss Maßnahmen betrifft, die mit Rücksicht auf das bestehende Gesellschaftsverhältnis, den Gesellschaftszweck, das Interesse der Gesellschaft oder die bestehenden Rechtsbeziehungen der Gesellschafter untereinander dringend geboten sind und
- dem Gesellschafter die Zustimmung unter Berücksichtigung seiner eigenen Belange zumutbar ist, weil ein vertretbarer Grund für die Ablehnung der betreffenden Maßnahme fehlt.[273]

**Fehlerhafte Beschlüsse** von Personengesellschaften sind nicht – wie bei Kapitalgesellschaften (§§ 241 ff. AktG) – zunächst wirksam und anfechtbar, sondern automatisch **(ipso iure) unwirksam bzw. nichtig**.[274] 116

**Formelle Fehler** führen allerdings nur dann zur Unwirksamkeit des Beschlusses, wenn **nicht ausgeschlossen werden kann, dass sein Zustandekommen durch den Fehler beeinflusst war**.[275]

Will ein Gesellschafter die Unwirksamkeit eines Beschlusses geltend machen, muss er eine **Feststellungsklage (§ 256 Abs. 1 ZPO) gegen seine Mitgesellschafter** erheben, sofern der Gesellschaftsvertrag nicht anordnet, dass eine solche Klage gegen die GbR zu richten ist.[276]

266 BGH NJW 2007, 1685 ff.
267 Dies bejahend: Goette/Goette DStR 2016, 74, 76 ff.; verneinend hingegen: Schäfer ZIP 2015, 1313 ff.
268 BGH 1995, 194, 195.
269 BGH NJW 2007, 1685, Ls. 2 und Rn. 12 ff.
270 Bitter/Heim § 5 Rn. 88; MünchKomm-BGB/Schäfer §709 Rn. 95.
271 So BGH RÜ 2014, 764, Rn. 18 für die Übertragung eines Kommanditanteils.
272 Hier und zum Folgenden: Bitter/Heim § 5 Rn. 91.
273 BGH NJW 2010, 65, Rn. 23; BGH RÜ 2012, 352, Rn. 44.
274 Hier und zum Folgenden: Bitter/Heim § 5 Rn. 92 m.w.N.
275 BGH RÜ 2014, 427, Ls.
276 BGH RÜ 2011, 360, Rn. 19 (zur KG); BGH NZG 2013, 57, Rn. 14 (zur KG).

## D. Sozialansprüche und -verpflichtungen

117 **Sozialverpflichtungen** sind Verbindlichkeiten der Gesellschaft gegenüber einem Gesellschafter.

**Beispiele:** Aufwendungsersatzanspruch; Anspruch auf Gewinn, Abfindungsanspruch.[277]

118 **Sozialansprüche** sind Ansprüche der Gesellschaft gegen einen Gesellschafter aus dem Gesellschaftsverhältnis.

**Beispiele:** Ansprüche auf Beitragsleistung und Geschäftsführung, Schadensersatz bei Treupflichtverstößen.[278]

Für **Sozialansprüche** haften die Mitgesellschafter nicht gemäß § 128 HGB, d.h. sie können **ausschließlich gegen die Gesellschaft** und nicht gegen einzelne Gesellschafter geltend gemacht werden. Das rechtfertigt sich daraus, dass eine Gesellschafterhaftung für Sozialansprüche der über § 105 Abs. 2 HGB auch für die oHG geltenden Bestimmung des § 707 BGB widersprechen würde und die Gesellschafter gezwungen wären, über ihre versprochene Einlage hinaus weitere Beiträge für die Gesellschaft zu leisten.[279]

***Hinweis:*** *Wesentlich häufiger als bei der oHG stellen sich Rechtsfragen und Probleme im Rahmen der Sozialverpflichtungen und Sozialansprüche* ***in Klausuren im Rahmen der GbR****.[280] Deshalb erfolgen diese Ausführungen im Abschnitt der GbR. Besonderheiten gegenüber der GbR gibt es im Grundsatz nicht, sodass auf die dortigen Ausführungen verwiesen werden kann. Insbesondere die* ***Durchsetzung von Sozialansprüchen im Wege der sog. actio pro socio*** *ist beliebtes Klausurthema.*

## E. Geschäftsführung und Vertretung

119 Geschäftsführung und Vertretung regeln unterschiedliche Dinge. Die Vorschriften über die Geschäftsführung regeln die Frage, welche Handlungen ein Gesellschafter im Innenverhältnis vornehmen darf (sog. **rechtliches Dürfen im Innenverhältnis**), während es bei der Vertretung darum geht, ob der Gesellschafter die Gesellschaft im Außenverhältnis berechtigen und verpflichten kann (sog. **rechtliches Können im Außenverhältnis**).[281]

Überschreitet ein Gesellschafter seine **Befugnisse im Innenverhältnis**, ist sein Handeln im Außenverhältnis aber **von seiner Vertretungsbefugnis gedeckt**, hat er die Gesellschaft grundsätzlich wirksam verpflichtet.

120 Der Gesellschafter kann sich aber auch dann, wenn sein Handeln im Außenverhältnis von der Vertretungsbefugnis gedeckt ist, der Gesellschaft gegenüber gemäß § 280 Abs. 1 BGB schadensersatzpflichtig machen. Bei diesem Anspruch handelt es sich um einen Sozialanspruch, den die anderen Gesellschafter im Wege der actio pro socio für die Gesellschaft geltend machen können.

---

277 Schäfer § 9 Rn. 17.
278 Schäfer § 9 Rn. 17.
279 EBJS/Hillmann § 128 Rn. 11.
280 S. hierzu Rn. 206 ff.
281 Hier und zum Folgenden: Kindler § 16 Rn. 1.

Der **Grundsatz der Selbstorganschaft** verbietet es, alle Gesellschafter von der Vertretung auszuschließen.[282] Einer Übertragung der Geschäftsführung auf gesellschaftsfremde Dritte steht das **Abspaltungsverbot** entgegen.[283]

Im Unterschied zur GbR, bei welcher nach der Auslegungsregel § 714 BGB die Vertretungsmacht im Zweifel genauso weit reicht wie die Geschäftsführungsbefugnis, sind bei der oHG die Innen- und Außenverhältnisse unabhängig voneinander geregelt. Die Regelungen über die **Geschäftsführung finden sich in §§ 114–117 HGB**, diejenigen über die **Vertretung in §§ 125–127 HGB**. **121**

## I. Geschäftsführung

Der **Begriff der Geschäftsführung** ist weder im HGB noch im BGB definiert. Man versteht unter ihm **jede auf die Verwirklichung des Gesellschaftszwecks gerichtete Tätigkeit**, die nicht die Grundlagen der Gesellschaft betrifft.[284] **122**

Geschäftsführungsmaßnahmen können **tatsächlicher oder rechtsgeschäftlicher Natur** sein; sie können **Innenwirkung** (z.B. Organisation des Personals, Buchführung, Aufstellung des Jahresabschlusses) und **Außenwirkung** (z.B. Einzug von Forderungen, Abschluss von Verträgen mit Dritten) entfalten.[285]

Sofern der Gesellschaftsvertrag keine abweichende Regelung enthält (vgl. § 109 HGB), sind **alle Gesellschafter** gemäß § 114 Abs. 1 zur Führung der Geschäfte berechtigt und verpflichtet. Im Unterschied zur GbR ergibt sich aus §§ 114 Abs. 1, 115 Abs. 1 Hs. 1 HGB der Grundsatz der **Einzelgeschäftsführungsbefugnis**. Das bedeutet: Jeder Gesellschafter ist berechtigt, im gewöhnlichen Geschäftsbetrieb für sich alleine zu handeln.[286] Die Einzelgeschäftsführung ist für die Mitgesellschafter zwar riskant, ermöglicht aber rasche und schnelle Entscheidungen und gewährt dementsprechend mehr Flexibilität im Handelsverkehr.[287]

**Im Gesellschaftsvertrag** der oHG kann die Geschäftsführung allerdings **einem Gesellschafter oder mehreren Gesellschaftern übertragen** werden, mit der Folge, dass die übrigen Gesellschafter von der Geschäftsführung ausgeschlossen sind (§ 114 Abs. 2 HGB). Ferner kann der Gesellschaftsvertrag vorsehen, dass die Gesellschafter, denen die Geschäftsführung zusteht, **nur zusammen** handeln können (§ 115 Abs. 2 Hs. 1 HGB).

Der **Umfang** der Geschäftsführungsbefugnis ist in § 116 Abs. 1 HGB geregelt. Nach dieser erstreckt sich die Geschäftsführungsbefugnis auf alle Handlungen, die der gewöhnliche Betrieb des Handelsgewerbes der Gesellschaft mit sich bringt (§ 116 Abs. 1 HGB). Zur Vornahme von Handlungen, die darüber hinausgehen, ist ein Beschluss sämtlicher Gesellschafter erforderlich (§ 116 Abs. 2 HGB). Zur Bestellung eines Prokuristen bedarf es der Zustimmung aller geschäftsführenden Gesellschafter (§ 116 Abs. 3 S. 1 HGB). Ausgenommen von der Geschäftsführung sind sog. **Grundlagengeschäfte**, welche die **123**

282 S. hierzu Rn. 127.

283 S. hierzu Rn. 218 zur GbR.

284 MünchKomm-HGB/Rawert, § 114 Rn. 6; Oetker HGB/Lieder § 114 Rn. 4.

285 Baumbach/Hopt/Roth HGB, § 114 Rn. 2; Oetker HGB/Lieder § 114 Rn. 4.

286 Kindler § 16 Rn. 2.

287 Windbichler § 13 Rn. 2.

Grundlage der Gesellschaft selbst oder die Beziehungen der Gesellschafter zueinander betreffen; sie bedürfen stets der Zustimmung aller Gesellschafter.[288]

Sind **mehrere einzelgeschäftsführungsbefugte Gesellschafter** vorhanden, muss das von einem Gesellschafter beabsichtigte Geschäft unterbleiben, wenn einer der anderen geschäftsführungsbefugten Gesellschafter widerspricht (§ 115 Abs. 1 Hs. 2 HGB). Dieses **Widerspruchsrecht** kann im Gesellschaftsvertrag allerdings abbedungen werden.[289]

124 Das **Überschreiten der Geschäftsführungsbefugnis ist kein Fall der Geschäftsführung ohne Auftrag**. Überschreitet ein geschäftsführender Gesellschafter seine Geschäftsführungsbefugnis, liegt eine – ggf. nach § 280 Abs. 1 BGB zum Schadensersatz verpflichtende – Verletzung der Pflichten aus dem Gesellschaftsvertrag, nicht aber eine GoA vor.[290] Bei der Prüfung der Pflichtverletzung und des Verschuldens im Rahmen des § 280 Abs. 1 BGB ist dann allein auf die Überschreitung der Geschäftsführungsbefugnis abzustellen; unerheblich ist, ob das Geschäft selbst günstig ist oder nicht.[291]

125 Das **Recht zur Geschäftsführung** folgt aus der Gesellschafterstellung (§ 114 Abs. 1 HGB) und bedarf keiner gesonderten vertraglichen Vereinbarung. Die Befugnis zur Geschäftsführung kann einem Gesellschafter aber auf Antrag der übrigen Gesellschafter durch **gerichtliche Entscheidung entzogen** werden, wenn ein wichtiger Grund vorliegt; ein solcher Grund ist insbesondere grobe Pflichtverletzung oder Unfähigkeit zur ordnungsgemäßen Geschäftsführung (§ 117 HGB). Anders als bei der GbR (§ 712 BGB) genügt ein Beschluss der übrigen Gesellschafter also nicht, wenn nicht der Gesellschaftsvertrag etwas anderes vorsieht.[292]

## II. Vertretung

126 Da die oHG als juristisches Gedankengebilde selbst nicht handeln kann, muss sie sich zur Vornahme von Rechtsgeschäften eines Vertreters bedienen. Die Vertretung erfolgt in erster Linie durch die Gesellschafter (sog. **organschaftliche Vertretung**).[293]

Für die organschaftliche Vertretung der oHG im Außenverhältnis gilt – spiegelbildlich zur Geschäftsführung im Innenverhältnis – der **Grundsatz der Einzelvertretungsbefugnis jedes Gesellschafters** (§ 125 Abs. 1 HGB).[294] Die Vertretungsmacht ist allerdings – im Gegensatz zur GbR[295] – **nicht an die Geschäftsführungsbefugnis gekoppelt**. Sie erstreckt sich auf alle gerichtlichen und außergerichtlichen Geschäfte und Rechtshandlungen einschließlich der Veräußerung und Belastung von Grundstücken sowie der Erteilung und des Widerrufs der Prokura (§ 126 Abs. 1 HGB) und umfasst dementsprechend auch ungewöhnliche Geschäfte, die im Innenverhältnis nur sämtliche Gesellschafter gemeinsam führen dürfen (§ 116 Abs. 2 HGB).

---

288 Bitter/Heim § 6 Rn. 33.
289 Bitter/Heim § 6 Rn. 34.
290 BGH NJW-RR 1989, 1255, 1256; MünchKomm-HGB/Rawert § 114 Rn. 63 f.
291 BGH NJW 1997, 314.
292 Bitter/Heim § 6 Rn. 35.
293 Windbichler § 14 Rn. 8.
294 Hier und zum Folgenden: Bitter/Heim § 6 Rn. 36.
295 Vgl. Rn. 226 zur GbR.

Eine **Beschränkung des Umfangs der Vertretungsmacht** ist Dritten gegenüber **grundsätzlich unwirksam** (§ 126 Abs. 2 HGB). Lediglich in den Ausnahmefällen der Kollusion und des evidenten Missbrauchs der Vertretungsmacht schlägt das Innenverhältnis auf das Außenverhältnis durch.[296] Von der Vertretungsmacht nicht umfasst sind zudem Grundlagengeschäfte,[297] da diese nicht das Außen-, sondern das Innenverhältnis der Gesellschaft(er) betreffen und dementsprechend nicht in die Zuständigkeit der durch einen Gesellschafter vertretenen Gesellschaft fallen.[298] **127**

**Im Gesellschaftsvertrag** können **abweichende Bestimmungen** getroffen werden. Es kann insbesondere vereinbart werden, dass einzelne Gesellschafter von der Vertretung der oHG ausgeschlossen sind (§ 125 Abs. 1 HGB), dass alle oder mehrere Gesellschafter nur in Gemeinschaft zur Vertretung der oHG ermächtigt sein sollen (Gesamtvertretung, § 125 Abs. 2 HGB) oder dass die Gesellschafter, wenn nicht mehrere zusammen handeln, nur gemeinsam mit einem Prokuristen vertretungsberechtigt sind (unechte Gesamtvertretung, § 125 Abs. 3 S. 1 HGB). Bei allen abweichenden Regelungen zur Vertretung im Gesellschaftsvertrag der oHG ist der **Grundsatz der Selbstorganschaft zu beachten**.[299] Danach ist eine Gestaltung unzulässig, in der eine Vertretung nur unter Mitwirkung eines Nichtgesellschafters möglich ist. Mindestens ein Gesellschafter muss entweder allein oder in Gesamtvertretung mit einem oder mehreren anderen Gesellschafter(n) handeln können. Es muss also mit anderen Worten immer eine Vertretung der oHG allein durch Gesellschafter möglich sein. Die persönlich haftenden Gesellschafter müssen die Geschicke der oHG selbstständig kontrollieren können **(Einheit von Herrschaft und Haftung)**.

***Hinweis:*** *Aus diesem Grund ist bei Personengesellschaften auch die Bestellung eines Notgeschäftsführers in analoger Anwendung des § 29 BGB ausgeschlossen.*[300]

Das **Recht zur Vertretung** folgt aus der Gesellschafterstellung und bedarf keiner gesonderten vertraglichen Vereinbarung. Vielmehr muss umgekehrt der **Ausschluss** eines Gesellschafters von der Vertretung der oHG im Gesellschaftsvertrag vereinbart werden (§ 125 Abs. 1 HGB). Dies entspricht spiegelbildlich der Regelung in § 114 Abs. 2 HGB zur Geschäftsführung im Innenverhältnis. Die Vertretungsmacht kann einem Gesellschafter aber auf Antrag der übrigen Gesellschafter **durch gerichtliche Entscheidung entzogen** werden, wenn ein wichtiger Grund vorliegt; ein solcher Grund ist insbesondere grobe Pflichtverletzung oder Unfähigkeit zur ordnungsgemäßen Vertretung der Gesellschaft (§ 127 HGB). Wie bei der Geschäftsführungsbefugnis (vgl. § 117 HGB) kann der Gesellschaftsvertrag einen Beschluss der übrigen Gesellschafter für ausreichend erklären.[301] **128**

Die Vertretungsmacht der Gesellschafter ist zur Eintragung in das Handelsregister anzumelden (§ 106 Abs. 2 Nr. 4 HGB). Sie ist eine **eintragungspflichtige Tatsache** und fällt als solche in den Anwendungsbereich der Publizitätsvorschrift des § 15 HGB. Eine von der Grundregel des § 125 Abs. 1 HGB abweichende Vertretungsregelung kann Dritten

296 Vgl. AS-Skript BGB AT 1 (2020), Rn. 404 ff.; Bitter/Heim § 6 Rn. 37.
297 S. hierzu Rn. 227 zur GbR.
298 Bitter/Heim § 6 Rn. 38.
299 Hier und zum Folgenden: Bitter/Heim § 6 Rn. 41.
300 BGH RÜ 2015, 15 – zur GbR.
301 Bitter/Heim § 6 Rn. 42.

nicht entgegengehalten werden, wenn die entsprechende Eintragung im Handelsregister nicht erfolgt ist (negative Publizität gemäß § 15 Abs. 1 HGB).[302]

**129** Zusammengefasst ergibt sich für einen potenziellen Vertragspartner der oHG damit aus den §§ 125, 126 HGB folgende Situation:[303] Er muss sich – insbesondere durch die Einsicht in das Handelsregister – vergewissern, wer die oHG wirksam vertreten kann. Ist nichts Abweichendes im Handelsregister eingetragen, kann er von der Einzelvertretungsbefugnis jedes Gesellschafters ausgehen (§ 15 Abs. 1 i.V.m. § 125 Abs. 1 HGB; negative Publizität). Ist eine falsche Vertretungsregel eingetragen oder bekannt gemacht, kann er auf diese vertrauen (§ 15 Abs. 3 HGB; positive Publizität). Daneben kann er sich auch auf die wahre Rechtslage berufen, wenn diese für ihn günstiger ist.

**Fall 7: Alleiniger „Gesamtvertreter"?**

A, B und C sind Gesellschafter einer oHG. Nach dem Gesellschaftsvertrag und ausweislich einer entsprechenden Eintragung im Handelsregister sind A und B gemeinschaftlich zur Vertretung ermächtigt. Außerdem kann jeder Gesellschafter die Gesellschaft zusammen mit dem Prokuristen P vertreten. C ist von der Geschäftsführung und Vertretung ausgeschlossen. Er hat sich damit nur deswegen einverstanden erklärt, weil A und B nicht auf einem Alleinvertretungsrecht bestanden haben. A stirbt. An seine Stelle tritt, wie im Vertrag vorgesehen, sein Sohn S, der entsprechend § 139 HGB auf Wunsch die Stellung eines Kommanditisten erhält. Vor Änderung des Handelsregisters verkauft B notariell ein Grundstück nebst Lagerhalle für 120.000 € an D. C hält den Kaufvertrag mangels Vertretungsmacht für unwirksam. Hat D einen Anspruch auf Übereignung?

**130** D könnte gegen die oHG einen **Anspruch auf Übereignung nach § 433 Abs. 1 S. 1 BGB** haben. Die Einigung des B mit D wirkt nach § 164 Abs. 1 und 3 BGB für und gegen die oHG, wenn B, der im Namen der oHG gehandelt hat, Vertretungsmacht hatte.

**131** I. Der Gesellschaftsvertrag kann nach § 125 Abs. 2 HGB anordnen, dass alle oder mehrere Gesellschafter nur in Gemeinschaft zur Vertretung berechtigt sind **(echte Gesamtvertretung)**. Vorliegend ist daneben noch entsprechend § 125 Abs. 3 HGB angeordnet worden, dass die Gesellschafter, wenn nicht mehrere zusammen handeln, nur in Gemeinschaft mit einem Prokuristen zur Vertretung ermächtigt sind **(unechte Gesamtvertretung)**. Danach hätte B bei Abschluss des Kaufvertrages gemeinsam mit dem Prokuristen P handeln müssen, weil der andere zur Vertretung der Gesellschaft befugte Gesellschafter A gestorben ist und B nach dem Gesellschaftsvertrag nur gemeinsam mit diesem oder mit P vertretungsbefugt war.

**132** II. **Mit dem Tod** des A könnte B jedoch ein **Alleinvertretungsrecht** erhalten haben.

1. Da der Gesellschafter C von der Vertretung ausgeschlossen und Sohn S des verstorbenen A als Kommanditist gemäß § 170 HGB nicht zur Vertretung der Gesellschaft berechtigt ist, besteht nach der im Gesellschaftsvertrag getroffenen Ver-

---

302 Bitter/Heim § 6 Rn. 40.

303 Zum Folgenden AS-Skript Handelsrecht (2019), Rn. 200 ff.; Bitter/Heim § 6 Rn. 43.

einbarung zwar eine unechte Gesamtvertretung des Gesellschafters B mit dem Prokuristen P. Nach dem **Grundsatz der Selbstorganschaft** muss es jedoch stets möglich sein, dass die persönlich haftenden Gesellschafter die Gesellschaft allein (auch ohne den Prokuristen) vertreten. **Die organschaftliche Vertretung der Gesellschaft muss immer gewährleistet sein.**[304] Somit ist im vorliegenden Fall eine unechte Gesamtvertretung von B und P unzulässig und unwirksam. Danach wäre B alleinvertretungsberechtigt, weil A verstorben, der eingetretene S Kommanditist und C von der Vertretung ausgeschlossen ist.

2. C hatte sich jedoch mit dem Ausschluss von der Vertretungsmacht im Gesellschaftsvertrag nur deshalb einverstanden erklärt, weil den beiden anderen Gesellschaftern gleichzeitig ein Gesamtvertretungsrecht eingeräumt worden war. Den Fall, dass an die Stelle eines persönlich haftenden Gesellschafters ein Kommanditist tritt, hatten die Gesellschafter bei Vertragsschluss nicht bedacht. Diese Vertragslücke muss im Wege der **ergänzenden Vertragsauslegung** geschlossen werden, indem der hypothetische Wille der Parteien ermittelt wird. Es kann davon ausgegangen werden, dass die Parteien, falls sie diesen Fall bedacht hätten, den C als Gesamtvertreter bestimmt hätten. Somit kann festgestellt werden, dass nach dem Gesellschaftsvertrag eine Gesamtvertretung B/C besteht und B allein nicht berechtigt war, den Vertrag mit D abzuschließen. Der Vertrag ist von B als Vertreter ohne Vertretungsmacht abgeschlossen worden. Da sich C weigert, seine Genehmigung nach § 177 Abs. 1 BGB zu erteilen, ist der Vertrag endgültig unwirksam.

3. D kann sich insoweit auch nicht gemäß § 15 Abs. 1 HGB darauf berufen, dass C nach dem Handelsregister von der Vertretung der Gesellschaft ausgeschlossen ist: Aus dem Handelsregister ergibt sich, dass B nicht allein, sondern nur zusammen mit einer weiteren Person zur Vertretung befugt ist. Den guten Glauben des D daran, dass B nach dem Tod des A ihm gegenüber alleinvertretungsberechtigt ist, schützt § 15 Abs. 1 HGB nicht (§ 15 Abs. 2 S. 1 HGB).

D hat keinen Anspruch auf Übereignung des Grundstücks aus § 433 Abs. 1 S. 1 BGB.

## F. Änderungen im Bestand der Gesellschafter

Wie bei den anderen Gesellschaftsformen kann sich der Bestand der Gesellschafter auch **133**
bei einer oHG durch das **Ausscheiden** eines (alten) Gesellschafters, den **Eintritt** eines (neuen) Gesellschafters und die Übertragung der Gesellschafterstellung ändern.[305] Bei Personengesellschaften (GbR, oHG und KG), die in ihrer gesetzlichen Grundkonzeption auf einen unveränderten personellen Bestand angelegt sind, sind der Eintritt eines neuen Gesellschafters und der Gesellschafterwechsel Grundlagengeschäfte, die **grundsätzlich der Zustimmung aller Gesellschafter bedürfen.**[306] Demgegenüber bedarf

304 BGH WM 1994, 237, 238; K. Schmidt, GesR, § 48 II 3 c.
305 Hierzu und zum Folgenden: Mock § 7 Rn. 371 ff.
306 BGH RÜ 2014, 764, Rn. 18.

das bloße Ausscheiden eines Gesellschafters jedenfalls dann keiner Zustimmung der übrigen Gesellschafter, wenn ein gesetzlich geregelter Austrittsgrund vorliegt.

## I. Ausscheiden eines Gesellschafters

### 1. Grundsätze

134 Soweit der Gesellschaftsvertrag nicht etwas anderes bestimmt, führen die in § 131 Abs. 3 HGB enumerativ aufgeführten Gründe aus Gründen der Unternehmenskontinuität **lediglich zum Ausscheiden** eines oHG-Gesellschafters, nicht aber zur Auflösung der Gesellschaft selbst.

Dies gilt insbesondere für die Kündigung eines Gesellschafters nach § 132 HGB oder durch Privatgläubiger eines Gesellschafters nach § 135 HGB.

Der Gesellschafter scheidet mit dem Eintritt des jeweiligen Ereignisses aus der Gesellschaft aus (§ 131 Abs. 3 S. 2 HGB). Sein Ausscheiden ist zur **Eintragung in das Handelsregister** anzumelden (§ 143 Abs. 2 HGB).

***Hinweis:*** *Auch insoweit liegt eine eintragungspflichtige Tatsache vor, hinsichtlich derer bei fehlender Eintragung die negative Publizitätswirkung des § 15 Abs. 1 HGB entfaltet wird.*[307]

### 2. Tod eines Gesellschafters

135 Anders als bei der GbR führt der **Tod eines Gesellschafters** bei der oHG nicht zur Auflösung der Gesellschaft, sondern nur zum **Ausscheiden** des betreffenden Gesellschafters (§ 131 Abs. 3 Nr. 1 HGB). Eine **Fortsetzungsklausel**, die bei der GbR erforderlich ist, um die Auflösung der Gesellschaft zu verhindern, ist für die oHG **nicht notwendig.**[308] Gesetzlich sind die Erben des oHG-Gesellschafters damit in derselben Position wie bei einer BGB-Gesellschaft mit Fortsetzungsklausel.[309]

Für den Tod eines Gesellschafters kann der **Gesellschaftsvertrag** der oHG – ebenso wie derjenige einer GbR – eine von § 131 Abs. 3 Nr. 1 HGB **abweichende Regelung** treffen. Um den Bedürfnissen der Praxis Rechnung zu tragen, wurden viele Gestaltungsvarianten entwickelt, die geläufigsten sind die einfache oder qualifizierte erbrechtliche Nachfolgeklausel, die rechtsgeschäftliche Nachfolgeklausel sowie die Eintrittsklauseln.

#### a) Erbrechtliche Nachfolgeklausel

136 Durch ein erbrechtliche Nachfolgeklausel wird die Mitgliedschaft vererblich gestellt. Die Nachfolge tritt dann automatisch ein, indem alle Erben im Wege der Sonderrechtsnachfolge jeweils einzeln **(einfache erbrechtliche Nachfolgeklausel)** oder nur bestimmte Erben **(qualifizierte erbrechtliche Nachfolgeklausel)** anstelle des Verstorbenen Gesellschafter werden.[310]

---

307 Bitter/Heim § 6 Rn. 61.
308 Kindler § 12 Rn. 9.
309 S. hierzu Rn. 236 ff.
310 Koch § 19 Rn. 5 ff.

Der durch die Nachfolgeklausel begünstigte Erbe kann innerhalb einer Frist von drei Monaten ab Kenntnis des Anfalls der Erbschaft unabhängig vom Verhalten der übrigen Erben verlangen, dass ihm die **Stellung eines Kommanditisten eingeräumt** wird (§ 139 Abs. 1 und 3 HGB). Hierdurch wird dem Erben die Möglichkeit eröffnet, der unbeschränkten Haftung eines oHG-Gesellschafters gemäß §§ 128 ff. HGB zu entgehen, ohne die Erbschaft insgesamt ausschlagen zu müssen. Die übrigen Gesellschafter können dieses Verlangen der Erben jedoch ablehnen, weil sich hierdurch die Gesellschaftsform von einer oHG hin zu einer KG verändern würde; in diesem Fall hat der Erbe dann nur die Möglichkeit, entweder (doch) oHG-Gesellschafter zu werden oder durch fristlose Kündigung aus der Gesellschaft auszuscheiden (§ 139 Abs. 3 HGB) und seinen Abfindungsanspruch (§ 105 Abs. 3 HGB i.V.m. § 738 Abs. 1 S. 2 BGB) zu realisieren.

Scheidet der Erbe aus der oHG aus oder wird er Kommanditist, **haftet er als Erbe für die bis zum Erbfall und bis zu seinem Ausscheiden bzw. seiner Beteiligungsumwandlung begründeten Gesellschaftsschulden** (§ 139 Abs. 4 HGB).[311] Diese sind nämlich Nachlassverbindlichkeiten aus § 128 HGB, für die der Erbe auch dann mit seinem Privatvermögen einzustehen hat (§ 1967 BGB), wenn er aus der Gesellschaft ausscheidet bzw. die Kommanditistenstellung einnimmt. Insoweit bestehen aber die erbrechtlichen Möglichkeiten der Haftungsbeschränkung durch Beantragung einer Nachlassverwaltung oder -insolvenz (§§ 1975 ff. BGB). Für später begründete Gesellschaftsverbindlichkeiten haftet der Erbe nicht. Wird er Kommanditist, haftet er als solcher (§ 173 i.V.m. §§ 171, 172 HGB).

### b) Eintrittsklausel

Die **Eintrittsklausel** ist keine erbrechtliche, sondern eine rein gesellschaftsrechtliche Klausel. Die Nachfolge tritt also nicht automatisch kraft Erbrechts ein (§ 1922 BGB), sondern erfolgt durch Rechtsgeschäft unter Lebenden, nämlich durch Aufnahmevertrag zwischen Altgesellschaftern und dem in der Klausel Benannten.[312] Der Gesellschaftsvertrag stellt einen berechtigenden Vertrag zugunsten des Dritten auf den Todesfall i.S.d. §§ 328 Abs. 1, 331 Abs. 1 BGB dar.[313] **137**

### c) Rechtsgeschäftliche Nachfolgeklausel

Ferner kann der Gesellschaftsvertrag vorsehen, dass ein Dritter automatisch in die Gesellschafterstellung des Verstorbenen einrückt **(rechtsgeschäftliche Nachfolgeklausel)**. Die rechtsgeschäftliche Nachfolgeklausel kombiniert den automatischen Eintritt der Nachfolgeklausel mit der rechtsgeschäftlichen Gestaltung der Eintrittsklausel. Dies geht nur unter Beteiligung des Nachfolgers, da im Hinblick auf die mit der Gesellschafterstellung einhergehenden Pflichten ansonsten ein unzulässiger Vertrag zulasten Dritter vorläge.[314] **138**

---

311 Hier und zum Folgenden: Bitter/Heim § 6 Rn. 63.

312 Koch § 19 Rn. 10.

313 MünchKomm-HGB /Schmidt § 139 Rn. 23.

314 Göhner ZJS 2010, 592, 592.

139

**Zusammensetzung der Gesellschaft**

1. **Grundsatz:** Fortbestand der Gesellschaft unter den übrigen Gesellschaftern (muss bei GbR vereinbart werden wegen § 727 BGB)
2. **Ausnahme:**
   - § 177: beim Tod eines Kommanditisten: Fortsetzung mit den Erben
   - sonst: Regelung im Gesellschaftsvertrag (beachte § 9 Abs. 4 PartGG)

**Gestaltungsformen**

**Nachfolgeklausel**
Eine andere Person rückt **automatisch** in die Gesellschafterstellung des Verstorbenen ein

**Eintrittsklausel**
Ein Nicht- oder Mitgesellschafter erhält das **Recht, durch Erklärung** in die Gesellschafterstellung des Verstorbenen einzurücken

**erbrechtliche Nachfolgeklausel**
Der Eintritt der anderen Person vollzieht sich **durch Erbfolge**

- **einfache erbrechtliche Nachfolgeklausel**: Jeder der erbt, wird automatisch Gesellschafter
- **qualifizierte erbrechtliche Nachfolgeklausel**: Nur einer bzw. ein Teil der Erben wird automatisch Gesellschafter

**Bindung des Erblassers**
erst z.Z. des Erbfalls,
weil erst dann Erben feststehen

**rechtsgeschäftliche Nachfolgeklausel**
Der Eintritt der anderen Person vollzieht sich **durch Gesellschaftsvertrag**

- **zugunsten eines Gesellschafters**: Aufschiebend auf den Tod bedingte Anteilsübertragung unter Lebenden
- **zugunsten eines Dritten**: Als Vertrag (auch) zulasten eines Dritten nach h.M. unzulässig (→ evtl. Umdeutung, § 140 BGB → Eintrittsklausel)

**Bindung des Erblassers**
bereits ab Aufnahme der Klausel
in den Gesellschaftsvertrag

## II. Ausschluss eines Gesellschafters

140 Nach § 140 HGB kann ein Gesellschafter aus einer oHG ausgeschlossen werden, sofern in seiner Person ein wichtiger Grund i.S.v. § 133 HGB vorliegt. Die Ausschließung erfolgt nicht, wie bei der Gesellschaft bürgerlichen Rechts, durch Kündigung (§ 737 BGB), sondern durch eine **Gestaltungsklage** (§ 140 HGB) und ein **Gestaltungsurteil**.[315]

## III. Beitritt eines neuen Gesellschafters

141 Der Beitritt eines neuen Gesellschafters erfolgt durch einen **Aufnahmevertrag** der bisherigen Gesellschafter mit dem Neugesellschafter. Leidet dieser an einem Fehler, finden die Grundsätze über die fehlerhafte Gesellschaft Anwendung.[316]

---

315 K. Schmidt, GesR, § 50 III 1; MünchKomm-HGB /Schmidt § 140 Rn. 2.

316 BGH NJW 2016, 2492, Rn. 22.

## IV. Gesellschafterwechsel

Ein Gesellschafterwechsel erfolgt regelmäßig durch **Abtretung des Gesellschaftsanteils** des Altgesellschafters an den Neugesellschafter. Die Abtretung eines Gesellschaftsanteils gemäß §§ 413, 398 BGB ist ein **Verfügungsgeschäft**. Da die oHG zu denjenigen Personengesellschaften zählt, die nach ihrer gesetzlichen Grundkonzeption eigentlich auf unveränderten personellen Fortbestand angelegt sind, stellt der Gesellschafterwechsel ein Grundlagengeschäft dar, das grundsätzlich der Zustimmung aller Gesellschafter bedarf. Eine zunächst ohne eine erforderliche Zustimmung der übrigen Gesellschafter vorgenommene Verfügung ist solange schwebend unwirksam, bis der letzte Gesellschafter zugestimmt hat. Verweigert ein Gesellschafter seine Zustimmung, ist die Übertragung endgültig unwirksam. § 719 Abs. 1 BGB steht der Übertragung nicht entgegen, weil der Gesellschafter nicht über seinen Anteil am Gesellschaftsvermögen, sondern über die Mitgliedschaft als solche verfügt. Dem Verfügungsgeschäft **liegt ein Verpflichtungsgeschäft** zwischen dem alten und dem neuen Gesellschafter **zugrunde**, bei dem es sich entweder um einen Rechtskauf (§ 453 Abs. 1 1. Var. BGB) oder eine Schenkung (§ 516 BGB) handelt. 142

Der Gesellschafterwechsel kann sich auch durch eine **Kombination von Austritt des alten und Eintritt des neuen Gesellschafters** vollziehen: Zunächst wird ein Austrittsvertrag zwischen dem Altgesellschafter und den übrigen Gesellschaftern geschlossen, mit der Folge, dass der Gesellschaftsanteil des ausscheidenden Gesellschafters den verbleibenden Gesellschaftern nach § 738 Abs. 1 S. 1 BGB anwächst. Anschließend wird der neue Gesellschafter durch Aufnahmevertrag mit den verbliebenen Gesellschaftern in die Gesellschaft aufgenommen. Dieser Weg ist deutlich komplizierter als die Abtretung und kommt in der Praxis deshalb nur selten vor.

Bei der oHG ist zusätzlich zu beachten, dass der Gesellschafterwechsel gemäß §§ 107, 143 Abs. 2 HGB **im Handelsregister einzutragen** ist.

## V. Rechtsfolgen der Veränderung des Gesellschafterbestandes

Der **Altgesellschafter haftet** für die bis zu seinem Ausscheiden begründeten **Altverbindlichkeiten** gemäß § 128 HGB weiterhin persönlich § 128 HGB (Nachhaftung). In zeitlicher Hinsicht haftet der ausgeschiedene Gesellschafter nach § 160 HGB für Altverbindlichkeiten, wenn sie vor dem Ablauf von fünf Jahren nach seinem Ausscheiden fällig und gerichtlich gegen ihn geltend gemacht worden sind.[317] Die Frist beginnt nach § 160 Abs. 1 S. 2 HGB erst, wenn das Ausscheiden des Gesellschafters in das Handelsregister eingetragen worden ist. Für nach seinem Ausscheiden begründete Neuverbindlichkeiten haftet der ausgeschiedene Gesellschafter nicht. 143

Der in eine OHG **eintretende Gesellschafter** haftet für Gesellschaftsschulden, die nach seinem Eintritt in die Gesellschaft entstanden sind **(Neuverbindlichkeiten)**, nach den allgemeinen Regeln (§§ 128, 129 HGB). Für Verbindlichkeiten der Gesellschaft, die bereits vor dem Eintritt entstanden sind **(Altverbindlichkeiten)**, ergibt sich – auch bei Änderung der Gesellschaftsfirma – eine persönliche Haftung des neuen Gesellschafters aus § 130 Abs. 1 HGB.[318] 144

---

317 Kindler § 12 Rn. 10.

318 Kindler § 12 Rn. 33.

Die oHG wird -sofern nach dem Ausscheiden **noch mindestens zwei Gesellschafter** vorhanden sind - **fortgeführt**. Scheidet hingegen der vorletzte Gesellschafter einer oHG aus dieser aus, führt dies zur Auflösung der oHG.[319]

## 5. Abschnitt: Die Auflösung und Abwicklung der oHG

**145** Die Beendigung einer oHG verläuft – wie bei den anderen Gesellschaftsformen auch – **in drei Schritten**:[320]

- Auflösung
- Abwicklung (Liquidation)
- Vollbeendigung

**146** Für die **Auflösung** der oHG kann es unterschiedliche Gründe geben. Sie erfolgt – vorbehaltlich abweichender Regelungen im Gesellschaftsvertrag – nach § 131 Abs. 1 HGB insbesondere durch Zeitablauf (Nr. 1), Auflösungsbeschluss der Gesellschafter (Nr. 2), Eröffnung des Insolvenzverfahrens über das Vermögen der oHG (Nr. 3) oder gerichtliche Entscheidung (Nr. 4, § 133 HGB). Für Gesellschaften, bei denen kein persönlich haftender Gesellschafter eine natürliche Person ist (z.B. GmbH & Co. oHG), ordnet § 131 Abs. 2 HGB weitere Auflösungsgründe an.

Die oHG erlischt ferner ohne Liquidation und unter Gesamtrechtsnachfolge durch Vereinigung aller Gesellschaftsanteile in einer Hand.[321] Die Auflösung der oHG ist grundsätzlich von sämtlichen Gesellschaftern zur Eintragung in das Handelsregister anzumelden (§ 143 Abs. 1 S. 1 HGB) – es handelt sich also um eine eintragungspflichtige Tatsache, die die Publizitätswirkungen des § 15 HGB auslöst.

Die Eintragungspflicht durch sämtliche Gesellschafter gilt nicht in den Fällen der § 131 Abs. 1 Nr. 3 und Abs. 2 Nr. 1 HGB (Eröffnung des Insolvenzverfahrens über das Vermögen der oHG oder Ablehnung mangels Masse); in diesen Fällen hat das Insolvenzgericht die Auflösung und ihren Grund von Amts wegen einzutragen (§ 143 Abs. 1 S. 2 und 3 HGB). Im Falle der Löschung der Gesellschaft (§ 131 Abs. 2 Nr. 2 HGB) entfällt die Eintragung der Auflösung (§ 143 Abs. 1 S. 4 HGB).

Die oHG enthält im Handelsregister den Zusatz „i.L." (= „in Liquidation"). Durch die Auflösung wird die oHG nicht inexistent; vielmehr ändert sich ihr Zweck von einer werbenden in eine auf Auseinandersetzung gerichtete Gesellschaft.[322]

**147** Die **Abwicklung** (Liquidation) der oHG richtet sich nach den §§ 145 ff. HGB. Danach haben die Liquidatoren – vorbehaltlich abweichender Vereinbarungen der Gesellschafter (vgl. § 145 Abs. 1 HGB) die laufenden Geschäfte zu beendigen, die Forderungen einzuziehen, das übrige Vermögen der oHG in Geld umzusetzen und die Gläubiger zu befriedigen (§ 149 HGB). Das nach der Berichtigung der Schulden verbleibende Vermögen der Gesellschaft ist nach dem Verhältnis der Kapitalanteile unter die Gesellschafter zu verteilen (§ 155 Abs. 1 HGB). Über den Verweis in § 105 Abs. 3 HGB gilt für die oHG-Gesellschafter die Nachschusspflicht des § 735 BGB.

---

319 Mock § 7 Rn. 390.
320 Mock § 7 Rn. 393.
321 Vgl. zur GbR Rn. 242.
322 Mock § 7 Rn. 394.

Die Gesellschafter haben aber während des gesamten Beendigungsvorgangs die Möglichkeit, die bereits aufgelöste Gesellschaft durch einen grundsätzlich einstimmig zu fassenden **Fortsetzungsbeschluss** wieder zu einer werbenden Gesellschaft zu machen.[323]

Die **Vollbeendigung** der oHG tritt erst ein, wenn die Abwicklung abgeschlossen ist. **148**
Dies ist der Fall, wenn die oHG infolge der Schlussverteilung an die Gesellschafter (§ 155 Abs. 1 HGB) kein Aktivvermögen mehr hat. Nach der Beendigung der Liquidation ist das Erlöschen der Firma in das Handelsregister anzumelden (§ 157 Abs. 1 HGB). Auch nach der Vollbeendigung haften die Gesellschafter für unbeglichene (vergessene/unbekannte) Verbindlichkeiten der oHG persönlich (§§ 128 ff. HGB); die Ansprüche verjähren gemäß § 159 HGB in fünf Jahren ab Kenntnis des Gläubigers von der Auflösung.

323 Bitter/Heim § 5 Rn. 162.

149

## Die offene Handelsgesellschaft (oHG)

### Grundlagen

- Keine juristischen Personen, mindestens zwei Gesellschafter
- Gesamthandsgemeinschaften
- Rechtsfähigkeit folgt aus § 124 Abs. 1 HGB

### Entstehung

- Gründung
  - Entstehung im Innenverhältnis durch Abschluss des Gesellschaftsvertrages i.S.v. § 705 BGB
  - Entstehung im Außenverhältnis durch Eintragung in das Handelsregister (§ 123 Abs. 1 HGB) oder mit der einvernehmlichen Aufnahme der Geschäfte (§ 123 Abs. 2 HGB)
- Umwandlung

### Organisation

- Es gilt der Grundsatz der Einzelgeschäftsführungsbefugnis aller Gesellschafter (§§ 114, 115 Abs. 1 HGB). Sind mehrere einzelgeschäftsführungsbefugte Gesellschafter vorhanden, muss das von einem Gesellschafter beabsichtigte Geschäft unterbleiben, wenn einer der anderen geschäftsführungsbefugten Gesellschafter widerspricht (§ 115 Abs. 1 Hs. 2 HGB). All dies kann gesellschaftsvertraglich abbedungen werden.
- Für die Vertretung im Außenverhältnis gilt der Grundsatz der Einzelvertretungsbefugnis jedes Gesellschafters (§ 125 Abs. 1 HGB). Eine Beschränkung des Umfangs der Vertretungsmacht ist Dritten gegenüber grundsätzlich unwirksam (§ 116 Abs. 2 HGB). Im Gesellschaftsvertrag können abweichende Bestimmungen getroffen werden.

### Haftungsverfassung

- Rechtsfähige oHG/KG haftet für Gesellschaftsschulden mit ihrem eigenen Gesellschaftsvermögen
- Daneben haften die oHG-Gesellschafter für die Erfüllung der Gesellschaftsschulden persönlich, unbeschränkt und akzessorisch (§§ 128–130 HGB analog)
- Unter den Gesellschaftern besteht ein echtes Gesamtschuldverhältnis, im Verhältnis zwischen oHG und Gesellschaftern hingegen nicht.

### Abwicklung, Auflösung und Abwicklung

- Auflösung (§§ 131 ff. HGB)
- Abwicklung (Liquidation, §§ 145 ff. HGB)
- Vollbeendigung: mit Abschluss der Abwicklung; dies ist der Fall, wenn die oHG infolge der Schlussverteilung an die Gesellschafter (§ 155 Abs. 1 HGB) kein Aktivvermögen mehr hat.

# 3. Teil: Die Gesellschaft bürgerlichen Rechts (GbR)

Die in den §§ 705 ff. BGB geregelte Gesellschaft bürgerlichen Rechts (GbR) ist die **Grundform der Personengesellschaften**.[324] Für die oHG verweist § 105 Abs. 3 HGB ergänzend auf die §§ 705 ff. BGB, für die KG § 161 Abs. 2 HGB i.V.m. § 105 Abs. 3 HGB.[325] **150**

## 1. Abschnitt: Grundlagen

Bei einer GbR verpflichten sich die Gesellschafter im Gesellschaftsvertrag gegenseitig, die **Erreichung eines gemeinsamen Zweckes** in der durch den Vertrag bestimmten Weise zu fördern, insbesondere die vereinbarten Beträge zu leisten (§ 705 BGB). Von den anderen beiden Personengesellschaften – der oHG und KG unterscheidet sich die GbR dadurch, dass ihr Gesellschaftszweck **nicht auf den Betrieb eines Handelsgewerbes ausgerichtet** ist (§§ 105 Abs. 1, 161 Abs. 2 HGB). **151**

Da die GbR eine Personengesellschaft ist, müssen an ihr **wenigstens zwei Gesellschafter** beteiligt sein. Beteiligen können sich – wie bei der oHG – alle natürlichen und juristischen Personen sowie rechtsfähige Personengesellschaften i.S.v. § 14 BGB. Die auf Auflösung gerichtete und u.a. deshalb weder rechts- noch parteifähige[326] Erbengemeinschaft kann hingegen nicht Gesellschafterin einer GbR sein. Auch bei der GbR gilt – ebenso wie bei der oHG – der **Grundsatz der Einheitlichkeit der Mitgliedschaft**, d.h. jeder Gesellschafter kann nur einen Gesellschaftsanteil an der GbR halten.[327]

Die GbR ist eine **Gesamthandsgemeinschaft**. Zu diesen zählen neben der GbR aus dem BGB noch die eheliche Gütergemeinschaft (§ 1419 BGB) und die Erbengemeinschaft (§ 2032 BGB). Von beiden unterscheidet sich die (Außen-)GbR allerdings durch ihre Rechtsfähigkeit (s. dazu sogleich).[328] **152**

Ebenso wie die Personenhandelsgesellschaften ist die GbR **keine juristische Person**, sondern eine rechtsfähige Personengesellschaft i.S.v. § 14 BGB, die mit der Fähigkeit ausgestattet ist, Rechte zu erwerben und Verbindlichkeiten einzugehen.

Zu den rechtsfähigen Personengesellschaften i.S.v. § 14 BGB zählen neben der (Außen-)GbR die oHG (§ 124 Abs. 1 HGB), die KG (§§ 124 Abs. 1, 161 Abs. 2 HGB), die Partnerschaft (§ 7 Abs. 2 PartGG) und die EWIV.[329]

Die GbR nimmt regelmäßig durch ihre Vertreter am Rechtsverkehr teil. Man spricht dann von einer **Außengesellschaft**. Fehlt hingegen die Vertretungsmacht nach außen und tritt im Rechtsverkehr lediglich ein Gesellschafter im eigenen Namen auf, liegt eine **Innengesellschaft** vor. **153**

**Beispiel:**[330] Eine unter eigenem Namen nach außen im Rechtsverkehr auftretende Arbeitsgemeinschaft („ARGE") ist eine Außengesellschaft, eine nach außen hin nicht in Erscheinung tretende Lotto-Tippgemeinschaft hingegen eine Innengesellschaft.

---

324 Hier und zum Folgenden: Bitter/Heim § 5 Rn. 1.

325 Vgl. den auch komprimierten Überblick bei Lange Jura 2015, 547.

326 BGH NJW 2006, 3715, Ls. und Rn. 7.

327 Erman/Westermann § 705 Rn. 23.

328 Jacoby/v. Hinden Vor § 705 Rn. 2.

329 Hk-BGB/Dörner § 14 Rn. 4.

330 Bitter/Heim § 5 Rn. 29.

154 Anders als bei der oHG (§ 124 Abs. 1 HGB) hat der Gesetzgeber die Rechtsfähigkeit der GbR nicht ausdrücklich gesetzlich normiert. Aus diesem Grunde war die Frage der **Rechtsfähigkeit der GbR lange Zeit umstritten**.

Nach der überkommenen sog. **individualistischen Theorie** sind ausschließlich die Gesellschafter selbst als Zuordnungssubjekte der die Gesellschaft betreffenden Rechte und Pflichten anzusehen.[331] Die Gesellschaft als Rechtsträgerin existiert nicht.

Durchgesetzt hat sich die sog. **kollektivistische Theorie** (oder auch **Gruppenlehre** genannt). Ihr zufolge ist die durch die gesamthänderische Bindung zusammengeschweißte Gruppe der Gesellschafter selbst Trägerin von Rechten und Pflichten.[332]

Der kollektivistischen Theorie hat sich auch der BGH in der Grundsatzentscheidung ARGE Weißes Ross vom 29.01.2001[333] angeschlossen.

Nach der heute ganz h.M. ist damit zumindest die (Außen-)GbR **rechtsfähig**, soweit sie durch Teilnahme am Rechtsverkehr eigene Rechte und Pflichten begründen kann. In diesem Rahmen ist sie zugleich **aktiv und passiv parteifähig**.[334]

Zwar spricht auf den ersten Blick für die individualistische Theorie, dass sich in den Vorschriften der GbR **eine § 124 HGB vergleichbare Regelung nicht findet**. Die Gesetzesverfasser haben jedoch ganz bewusst davon abgesehen dazu Stellung zu nehmen und die **Klärung dieser Frage vielmehr Wissenschaft und Rechtsprechung überlassen**.[335]

Zudem trägt die kollektivistische Theorie dem Grundsatz der **Identität der Personengesellschaften** Rechnung, indem sie eine **identitätswahrende Umwandlung** der GbR in andere Gesellschaftsformen (z.B. kraft Gesetzes in eine oHG durch Betrieb eines Handelsgewerbes i.S.v. § 1 Abs. 2 HGB) ermöglicht.[336] Ferner spricht der **Gläubigerschutz** für die kollektivistische Theorie. Denn infolge der Rechtssubjektivität der GbR hat ein Wechsel im Mitgliederbestand keinen Einfluss auf den Fortbestand der mit der GbR bestehenden Rechtsverhältnisse, sodass ein neu in die GbR eintretender Gesellschafter auch mit seinem Privatvermögen analog § 130 HGB für Altverbindlichkeiten haftet.[337] Ferner wird die Rechtsfähigkeit der GbR beispielsweise in § 11 Abs. 2 Nr. 1 InsO (Insolvenzfähigkeit der GbR, die neben anderen (eindeutig rechtsfähigen) Personengesellschaften aufgezählt wird) und in § 191 Abs. 2 Nr. 1 UmwG (GbR als neuer „Rechtsträger" nach Umwandlung) vorausgesetzt, sodass die Rechtsfähigkeit auch **durch „neuere Gesetze" anerkannt** wird.[338]

***Klausurhinweis:*** *In der Klausur sollten sie die beiden Ansichten lediglich kurz skizzieren und unbedingt der herrschenden Meinung folgen.*

---

331 Kindler § 10 Rn. 63.
332 Kindl § 6 Rn. 4.
333 BGH, RÜ 2001, 160.
334 Bitter/Heim § 5 Rn. 30.
335 Kindl § 6 Rn. 10.
336 Jacoby/v. Hinden vor § 705 Rn. 5.
337 BGH NJW 2003, 1803, 1804 f.
338 Bitter/Heim § 5 Rn. 31.

Für die Innen-GbR ist nach wie vor die individualistische Theorie maßgeblich, die Gesellschafter sind Träger von Rechten und Pflichten und somit auch des Gesellschaftsvermögens. Die Innen-GbR ist somit nicht rechtsfähig.[339] **155**

Die GbR ist **infolge ihrer Teilrechtsfähigkeit** wechsel- und scheckfähig[340] sowie erbfähig.[341] Sie kann Inhaberin einer Marke[342] und Arbeitgeberin[343] sein und sich als Gesellschafterin an anderen Gesellschaften beteiligen.[344] **156**

Die GbR ist „formell" **grundbuchfähig**, weil sie aufgrund ihrer Rechtsfähigkeit „materiell" grundbuchfähig ist, also Eigentümerin eines Grundstücks sein kann, und sich die formelle nach der materiellen Grundbuchfähigkeit richtet.[345] Dies kommt auch in § 899 a BGB zum Ausdruck.[346] Damit die hinter der GbR stehenden Personen erkennbar sind, müssen neben der GbR allerdings auch deren Gesellschafter im Grundbuch eingetragen werden (§ 47 Abs. 2 S. 1 GBO). **157**

Trotz ihrer Rechtsfähigkeit kann die (Außen-)GbR aber **nicht Verwalter einer Wohnungseigentümergemeinschaft** (WEG) sein.[347] Der WEG-Verwalter muss die in § 27 Abs. 2 WEG genannten Aufgaben erfüllen, insbesondere Zahlungen entgegennehmen und Willenserklärungen, die für und gegen die Gemeinschaft wirken, abgeben und empfangen. Diese Vertrauensposition kann eine GbR anders als eine juristische Person nicht wahrnehmen, da für sie kein Register geführt wird, dem entnommen werden kann, wer für die Gesellschaft vertretungsberechtigt ist. Lediglich die „vollrechtsfähigen" juristischen Personen (z.B. GmbH, AG) können diese Aufgabe wahrnehmen, sodass man die GbR insoweit auch immer noch als nur „teilrechtsfähig" bezeichnen kann. **158**

Die (Außen-)GbR ist jedenfalls dann **keine Verbraucherin i.S.v. § 13 BGB**, wenn zu den Gesellschaftern neben natürlichen Personen auch zumindest eine juristische Person zählt; dann kann das Handeln der GbR nicht als gemeinschaftliches Handeln natürlicher Personen angesehen werden.[348] Ob eine GbR einem Verbraucher hingegen gleichzustellen ist, wenn Gesellschafter ausschließlich natürliche Personen sind, wird unterschiedlich beurteilt.[349] **159**

***Hinweis:*** *Hinsichtlich dieser Systematik könnten sich in absehbarer Zeit durch den bereits vorgelegten Gesetzentwurf zur Modernisierung des Personengesellschaftsrechts („MoPeG") erhebliche Änderungen ergeben (s. ausführlich hierzu Rn. 560 f.).*

Das **Gesellschaftsvermögen** ist nach dem Wortlaut des Gesetzes „gemeinschaftliches Vermögen der Gesellschafter" (§ 718 Abs. 1 BGB) und unterliegt einer gesamthänderischen Bindung (§ 719 Abs. 1 BGB).[350] Rechtsträgerin dieses Vermögens ist infolge der Anerkennung ihrer Rechtsfähigkeit demnach die (Außen-)GbR. **160**

Vor diesem Rechtsprechungswandel im Jahr 2001 galten die Gesellschafter in ihrer gesamthänderischen Verbundenheit als Träger des Gesellschaftsvermögens.

Das Gesellschaftsvermögen ist als Gesamthandsvermögen ein gebundenes Sondervermögen, das von dem Privatvermögen der Gesellschafter zu trennen ist und ausschließ-

339 Kindler § 11 Rn. 92.
340 BGH NJW 1997, 2754, Ls.
341 Koch § 3 Rn. 18; Ulmer ZIP 2001, 585, 596.
342 BPatG GRUR 2008, 448.
343 LAG Köln NZA-RR 2004, 491.
344 BGH NJW 1992, 499, Ls.: GbR als Mitglied einer Genossenschaft; BGH NJW 1992, 2222, Ls. 4: GbR als Mitglied einer AG; BGH NJW 1998, 376, Ls. 1: GbR als Gesellschafterin einer anderen GbR; BGH NJW 2001, 3121, Ls. 1: GbR als Kommanditistin einer KG.
345 Zur Grundbuchfähigkeit der GbR s. BGH RÜ 2009, 147, Rn. 9 ff.
346 S. zu § 899 a BGB ausführlich Rn. 229 ff.; s. auch AS-Skript Sachenrecht 2 (2019), Rn. 116 ff.
347 BGH NJW 2006, 2189, Ls.
348 BGH RÜ 2017, 485, Rn. 25; vgl. auch AS-Skript Schuldrecht AT 2 (2020), Rn. 174.
349 Die Verbrauchereigenschaft in einem solchen Fall bejahend BGH NJW RÜ 2002, 74; zum Meinungsstand s. Erman/Saenger § 13 Rn. 6.
350 Hier und zum Folgenden: Bitter/Heim § 5 Rn. 37 f.

lich der Verwirklichung des Gesellschaftszwecks dient. Der dem einzelnen Gesellschafter zustehende Anteil am Gesellschaftsvermögen ist ein Bestandteil seiner Mitgliedschaft. Nur über diese, nicht aber über einen Anteil am Gesellschaftsvermögen oder gar über einzelne dazu gehörende Gegenstände kann der einzelne Gesellschafter verfügen (vgl. § 719 Abs. 1 BGB).

Bei der GbR existieren – wie grundsätzlich[351] bei allen Personengesellschaften und anders als bei Kapitalgesellschaften[352] – **keine Kapitalerhaltungsvorschriften** (näher zu solchen Rn. 301). Die Gesellschafter sind also nicht verpflichtet, im Wege der Innenhaftung Kapital in die GbR nachzuschießen, wenn ein Gläubiger diese in Anspruch nimmt. Der Gläubigerschutz erfolgt stattdessen über eine betragsmäßig unbegrenzte **Außenhaftung der Gesellschafter** analog §§ 128 ff. HGB.[353]

## 2. Abschnitt: Die Entstehung der GbR

161 Auch die GbR kann – wie die oHG – durch **Gründung** oder durch **Umwandlung** entstehen.

### A. Entstehung durch Gründung

162 Die GbR ist als Grundform der Personengesellschaften gekennzeichnet durch den **Gesellschaftsvertrag**, der den **gemeinschaftlichen Zweck** bezeichnet und die Vertragspartner zur gemeinschaftlichen **Förderung** dieses Zwecks verpflichtet.[354]

#### I. Der Gesellschaftsvertrag der GbR

163 Der Gesellschaftsvertrag begründet die Pflicht der Gesellschafter, einen gemeinsamen Zweck in der vereinbarten Weise zu fördern (§ 705 BGB).[355] Der **Zeitpunkt der Entstehung der GbR** entspricht dann dem Zeitpunkt, in dem der Gesellschaftsvertrag voll wirksam wird.

Eine Entstehung der Gesellschaft **durch Außenhandeln** in Verfolgung eines kaufmännischen Zwecks wie bei der oHG gemäß § 123 Abs. 2 HGB[356] ist **bei der GbR nicht möglich**; allerdings kann durch eine einverständliche Aufnahme der Zweckverfolgung ein bis dahin noch nicht finalisierter Vertragsschluss vollendet werden.[357]

Wie im Recht der oHG erfordert der Abschluss eines Gesellschaftsvertrages bei der GbR die Beachtung der **allgemeinen Regeln** des BGB.[358]

164 Der Gesellschaftsvertrag kann grundsätzlich **formlos und konkludent** geschlossen werden. Ausnahmsweise ist seine **notarielle Beurkundung** erforderlich, wenn sich ein

---

351 Bei der KG trifft diese betragsmäßige unbegrenzte Außenhaftung nur die Komplementäre, während die Haftung der Kommanditisten auf ihre Einlage beschränkt ist (s. hierzu Rn. 251).

352 S. hierzu Rn. 507 ff. für die AG und Rn. 444 ff. für die GmbH.

353 S. hierzu Rn. 172 ff.

354 Ermann/Westermann, Vor § 705 Rn. 3.

355 Zum Folgenden: Erman/Westermann Vor § 705 Rn. 1.

356 S. hierzu Rn. 28.

357 Ermann/Westermann, § 705 Rn. 1.

358 S. hierzu Rn. 38.

Gesellschafter dazu verpflichtet, der GbR ein Grundstück zu übereignen (§ 311 b Abs. 1 BGB) oder ihr einen GmbH-Anteil abzutreten (§ 15 Abs. 4 GmbHG).[359]

Auf fehlerhafte GbR-Verträge finden aus Gründen des Verkehrs- und Bestandsschutzes die **Grundsätze der fehlerhaften Gesellschaft** Anwendung.[360]

## II. Der gemeinsame Zweck

### 1. Grundlagen

Der gemeinsame Zweck ist die **Grundvoraussetzung der Gesellschaft** und grenzt den Gesellschaftsvertrag von sonstigen vertraglichen Schuldverhältnissen, namentlich von den Austauschverträgen ab.[361] 165

In den §§ 705 ff. BGB ist nicht gesetzlich festgelegt, worauf der gemeinsame Zweck gerichtet sein muss. Deshalb kann **jeder erlaubte Zweck** Gegenstand des Gesellschaftsvertrages sein. Gemeinsamer Zweck i.S.d. § 705 BGB kann ein dauernder oder vorübergehender sein; er kann vermögensrechtlicher oder ideeller Natur sein; er braucht nicht notwendig ein eigennütziger der Gesellschafter zu sein, vielmehr ist auch die gemeinsame Förderung der Interessen anderer möglich.[362]

Bei der OHG oder der KG ist – im Unterschied zur GbR – der gemeinsame Zweck kraft Gesetzes auf den Betrieb eines Handelsgewerbes festgelegt, vgl. § 105 Abs. 1 HGB. Demzufolge **kann eine GbR nicht auf den Betrieb eines (vollkaufmännischen) Handelsgewerbes i.S.v. § 1 Abs. 2 HGB gerichtet sein**. Liegt der gemeinsame Zweck im Betrieb eines Handelsgewerbes, ist die Gesellschaft qua Gesetz (also unabhängig vom Willen der Gesellschafter) keine GbR, sondern eine oHG oder KG (§§ 105 Abs. 1, 161 Abs. 1 HGB). Ändert sich der Zweck einer GbR hin zum Betrieb eines Handelsgewerbes, bleibt die Gesellschaft zwar dieselbe **(Grundsatz der Identität der Personengesellschaften)**, weshalb Rechte und Pflichten nicht (einzeln) übertragen werden müssen; die Gesellschaft ändert aber ihr „Rechtskleid", ist von nun an entweder eine oHG oder eine KG.[363] 166

Somit taugt **jeder erlaubte Zweck für eine GbR mit Ausnahme des Betriebes eines Handelsgewerbes**, welcher den Personenhandelsgesellschaften vorbehalten ist.

Der Zweck muss ferner von allen Gesellschaftern **gemeinsam verfolgt** werden. Die Gemeinsamkeit des Zwecks ist, wie schon bei dem Recht der oHG ausgeführt, immer dann gegeben, wenn jeder Vertragspartner vom anderen seine Förderung verlangen kann und die fördernde Tätigkeit des einen dem anderen zugutekommen soll. Ein **bloß gleichgerichtetes Interesse der Beteiligten genügt nicht**.

Anders als die oHG, welche stets eine Außengesellschaft ist, kann die GbR sowohl als Außen- als auch als Innengesellschaft bestehen. In der Regel wird die Gesellschaft zur Erreichung des gemeinsamen Zwecks nach außen hin auftreten **(Außengesellschaft)**. Ein

---

359 Bitter/Heim § 5 Rn. 9.

360 S. hierzu Rn. 31 ff.

361 K. Schmidt, GesR, § 4 I 2.

362 Palandt/Sprau § 705 Rn. 20.

363 Bitter/Heim § 5 Rn. 4.

gemeinsamer Zweck kann aber auch in der Weise verfolgt werden, dass die Gesellschafter lediglich im Innenverhältnis, d.h. im Verhältnis untereinander, eine Gesellschaft bilden, die nach außen im Rechtsverkehr nicht in Erscheinung tritt **(Innengesellschaft).** Innengesellschaften sind die BGB-Innengesellschaft („Innen-GbR") und die stille Gesellschaft (§§ 230–236 HGB).[364]

Insbesondere die GbR ist **von anderen Formen gemeinschaftlichen Handelns abzugrenzen**.[365]

## 2. Der Name der GbR

167 Für die GbR existiert kein dem Handelsregister (für die AG, GmbH, oHG und KG) vergleichbares Register. Ihre Gesellschafter müssen die GbR daher nicht zur Eintragung in ein Register anmelden. Gleichwohl kann die GbR einen eigenen Namen führen, der allerdings **nicht Firma im Sinne der §§ 17 ff. HGB** ist. [366]

## B. Entstehung durch Umwandlung

168 Eine GbR kann – ebenso wie die oHG – auch durch Umwandlung entstehen. Die §§ 190 ff., 226, 228-237 UmwG erlauben insbesondere einen **Formwechsel einer AG, KGaA oder GmbH in eine GbR**, sofern der Unternehmensgegenstand nicht handelsgewerblicher Natur ist.[367]

# 3. Abschnitt: Die Haftungsverfassung der GbR

## A. Die Haftung der Gesellschaft

169 Seit dem Grundsatzurteil des BGH[368] wird die (Außen-)GbR als eigenständiges Rechtssubjekt angesehen, das selbst Träger von Rechten und Pflichten ist und dementsprechend auch **selbst Gläubiger und Schuldner** sein kann. Wird die GbR beim Abschluss eines Vertrages wirksam vertreten, schuldet sie selbst dessen Erfüllung.

## 1. Verschuldenszurechnung

170 Zum Schadensersatz verpflichtendes Verhalten ihrer „verfassungsmäßig berufenen Vertreter" muss sich die GbR nach h.M. **analog § 31 BGB (sog. Organtheorie)**,[369] nach m.M. **analog § 278 (sog. Vertretertheorie)** zurechnen lassen.[370] Verfassungsmäßig berufene Vertreter der GbR sind neben den **geschäftsführenden Gesellschaftern** nach h.M. auch **eigenverantwortliche Repräsentanten**,[371] also solche Personen, denen z.B. durch allgemeine Betriebsregelung und Handhabung bedeutsame Funktionen zur selbstständigen und eigenverantwortlichen Erfüllung zugewiesen sind.

---

364 S. hierzu Rn. 515 ff.
365 S. hierzu Rn. 166.
366 Bitter/Heim § 5 Rn. 8.
367 MünchKomm-BGB /Schäfer, § 705 Rn. 8.
368 BGH RÜ 2001, 160.
369 BGH NJW 2003, 144, Palandt/Ellenberger § 31 Rn. 1, 3.
370 MünchKomm-BGB/Leuschner § 31 Rn. 28 f.; Staudinger/Schwennicke § 31 Rn. 3 ff.
371 S. hierzu Rn.

**Beispiel:** Der Filialleiter oder vergleichbare Leiter eigener Betriebseinheiten

Das Verhalten von Erfüllungsgehilfen muss sich die GbR – wie jeder andere Rechtsträger auch – nach **§ 278 S. 1 Var. 2 BGB** zurechnen lassen.

### 2. Wissenszurechnung

Die GbR muss sich das Wissen ihrer Gesellschafter und anderer Personen **im gleichen** **171**
**Umfang wie eine oHG** zurechnen lassen. Insoweit gilt das zur oHG Ausgeführte entsprechend.[372]

## B. Die Haftung der Gesellschafter

Nach neuerer Rechtsprechung des BGH haften die Gesellschafter in analoger Anwen- **172**
dung der §§ 128–130 HGB persönlich, unbeschränkt und akzessorisch für die Verbindlichkeiten der GbR.[373] Dabei ergibt sich folgendes Prüfungsschema für eine Gesellschafterhaftung gegenüber einem Gläubiger der GbR:[374]

**Haftung der Gesellschafter für Verbindlichkeiten der GbR**

1. Bestehen einer **Gesellschaftsverbindlichkeit**, für die der **Gesellschafter haftet**
   - Gesellschafterstellung im Zeitpunkt der Schuldbegründung (§ 128 HGB analog), oder
   - Eintritt des Gesellschafters nach Schuldbegründung (§ 130 HGB analog)
2. Keine **Einwendungen** und **Einreden**
   - Eigene Einwendungen oder Einreden des Gesellschafters
   - Einwendungen und Einreden der Gesellschaft analog der Maßgabe des § 129 HGB
3. Kein ausnahmsweiser **Haftungsausschluss** durch Individualvereinbarung mit dem jeweiligen Gläubiger
4. **Rechtsfolge:** grundsätzlich Erfüllung in Natur

***Klausurhinweis:*** *Im Anschluss an die Feststellung der Gesellschafterhaftung ergeben sich dann häufig Fragen des* ***Regresses*** *und der* ***Freistellung****.*

### I. Haftung für Neu- und Altverbindlichkeiten (§§ 128, 130 HGB analog)

Die GbR hat im Gegensatz zur AG und GmbH **kein Grund- bzw. Stammkapital.**[375] **173**
Dementsprechend gibt es auch keine dem Recht der Kapitalgesellschaften vergleichbaren Regeln über die Kapitalaufbringung, -erhaltung, -erhöhung und -herabsetzung. Der **Gläubigerschutz erfolgt über eine persönliche Außenhaftung der Gesellschafter**

372 Vgl. Rn. 57.

373 Zur Haftungsverfassung der GbR s. Kliebisch, ZJS 2011, 445 ff.

374 Zum Folgenden: Bitter/Heim § 5 Rn. 44.

375 Hier und zum Folgenden: Bitter/Heim § 5 Rn. 142.

**für die Verbindlichkeiten der Gesellschaft**. Gläubiger, die einen Anspruch gegen die GbR haben, können nicht nur auf das Vermögen der Gesellschaft zugreifen; ihnen steht vielmehr grundsätzlich auch ein Anspruch gegen die Gesellschafter zu.

174 Früher wurde die Gesellschafterhaftung dadurch begründet, dass der geschäftsführende Gesellschafter neben dem Gesellschaftsvermögen auch alle Gesellschafter persönlich verpflichtete (sog. **Doppelverpflichtungstheorie**).[376] Seit seinem Grundsatzurteil[377] geht der BGH hingegen davon aus, dass nur die (Außen-)GbR als eigenständiges Rechtssubjekt durch den geschäftsführenden Gesellschafter vertreten und verpflichtet wird und deren Gesellschafter analog § 128 HGB akzessorisch mithaften (sog. **Akzessorietätstheorie**). Nach § 128 S. 1 HGB haften die Gesellschafter den Gläubigern für die Verbindlichkeiten der Gesellschaft als Gesamtschuldner persönlich.

Weiterhin hat der BGH durch Urteil vom 24.02.2003[378] entschieden, dass sich die GbR zu Schadensersatz verpflichtendes (auch deliktisches!) Verhalten ihrer geschäftsführenden Gesellschafter analog § 31 BGB zurechnen lassen muss und ihre Gesellschafter deshalb **auch** für **gesetzlich begründete Verbindlichkeiten der GbR** analog § 128 S. 1 HGB persönlich und als Gesamtschuldner haften. Dies betrifft etwa deliktische Ansprüche und Leistungskondiktionen.[379]

Mit Urteil vom 07.04.2003[380] hat der BGH entschieden, dass auch der in eine GbR **eintretende Gesellschafter** neben den Altgesellschaftern grundsätzlich auch für vor seinem Eintritt begründete vertragliche und gesetzliche **(Alt-)Verbindlichkeiten** der GbR haftet. Dies ergibt sich aus einer analogen Anwendung des § 130 HGB.

175 Scheidet ein Gesellschafter aus der GbR aus, so trifft ihn eine **fünfjährige Nachhaftung** für vor seinem Ausscheiden begründete Verbindlichkeiten (§ 736 Abs. 2 BGB i.V.m. § 160 HGB). Begründet ist eine Verbindlichkeit vor dem Ausscheiden, wenn ihr Rechtsgrund noch vorher gelegt wurde.[381] Nach Ablauf von fünf Jahren erlischt die Nachhaftung (§ 736 Abs. 2 BGB i.V.m. § 160 Abs. 1 HGB). Da § 160 Abs. 1 HGB (für die oHG) hinsichtlich des Beginns der Enthaftungsfrist auf die Eintragung des Ausscheidens im Handelsregister abstellt und für die GbR ein vergleichbares Register nicht existiert, ist bei einem GbR-Gesellschafter **im Unterschied zum OHG-/KG-Gesellschafter auf den Zeitpunkt der Kenntniserlangung des Gläubigers vom Ausscheiden abzustellen.**[382]

176 Im Übrigen kann sich eine mit §§ 128, 129 HGB vergleichbare Haftung nach **allgemeinen Rechtsscheingesichtspunkten** sogar dann ergeben, wenn die betreffende Person in Wahrheit gar nicht Gesellschafter ist.[383]

---

376 BGHZ 74, 240, 242; BGHZ 117, 168, 176; BGHZ 136, 254, 257 f.

377 Grundlegend: BGH, RÜ 2001, 160.

378 BGH NJW 2003, 1445, Ls. 2.

379 BGH ZIP 2008, 1317, Rn. 17.

380 BGH NJW 2003, 1803.

381 BGH NZG 2012, 221, Rn. 14.

382 BGH 1992, 1615, Ls. 2; Hk-BGB/Saenger § 736 Rn. 4.

383 BGH RÜ 2012, 693; ausführlich zur Rechtsscheinhaftung Rn. 50.

**Fall 8: Nachlässiger Gesellschafter**

Die Rechtsanwälte A, B, C und D haben sich zu einer Anwaltssozietät zusammengeschlossen, wobei nach dem Gesellschaftsvertrag jeder von ihnen alleine zur Führung von Geschäften befugt sein soll. Da sich A beim Kauf eines Hauses finanziell übernommen hat, geht er dazu über, seinen Mandanten überhöhte, nach dem RVG nicht gerechtfertigte Rechnungen zu stellen. Auch Mandant M, der sich von A in einem Prozess hatte vertreten lassen, erhält eine überhöhte Rechnung. Später stellt er fest, dass er 4.300 € zu viel gezahlt hat. Da A mittlerweile vermögenslos ist, verlangt M Schadensersatz von B. B meint, er habe von den Unregelmäßigkeiten nichts gewusst und brauche dafür auch nicht einzustehen. Zu Recht?

A. M könnte gegen B einen Anspruch auf Schadensersatz gemäß § 280 Abs. 1 BGB i.V.m. **177**
§ 128 S. 1 HGB analog haben.

Bei der Anwaltssozietät handelt es sich um eine **GbR**. Diese wird Partei der Vertragsverhältnisse zu den Mandanten, wobei sie durch die jeweiligen Gesellschafter vertreten wird (im Gesellschaftsvertrag ist – abweichend zu §§ 714, 709 BGB – eine Alleinvertretungsbefugnis aller geregelt). Indem A, dessen Verhalten und Verschulden der GbR wegen seiner Funktion als geschäftsführender Gesellschafter analog § 31 BGB (a.A. § 278 BGB) zugerechnet wird, Pflichten aus dem Anwaltsvertrag verletzt hat und M in der Folge ein Schaden entstanden ist, haftet die GbR nach § 280 Abs. 1 BGB. Für diese Verbindlichkeit haftet B analog § 128 S. 1 HGB.

B. M könnte gegen B ferner einen Anspruch gemäß §§ 823 Abs. 2 BGB, 352 StGB i.V.m. § 128 S. 1 HGB analog haben.

I. Voraussetzung ist zunächst, dass eine Verbindlichkeit der Gesellschaft vorliegt. **178**
Die GbR haftet gegenüber M nach § 823 Abs. 2 BGB i.V.m. § 352 StGB, da ihr das **schuldhafte Handeln des A analog § 31 BGB** zugerechnet wird.

***Klausurhinweis:*** *Auf die umstrittene Frage, ob sich die Gesellschaft im Rahmen von Schuldverhältnissen Handeln und Verschulden ihrer Organe analog § 31 BGB oder eher nach § 278 zurechnen lassen muss, kommt es im Deliktsrecht gar nicht erst an, da ein für § 278 erforderliches bestehendes Schuldverhältnis erst mit der schädigenden Handlung entsteht, sodass eine Anwendung dieser Zurechnungsnorm ohnehin ausscheidet.*

II. Umstritten ist, ob ein Gesellschafter **analog § 128 S. 1 HGB auch für Verbind-** **179**
**lichkeiten** der Gesellschaft haftet, die auf einer **unerlaubten Handlung** eines Mitgesellschafters beruhen und der Gesellschaft analog § 31 BGB zugerechnet werden.

1. **Teilweise** wird die Haftung der Mitgesellschafter für deliktisches Verhalten eines Gesellschafters analog § 128 HGB **abgelehnt**.[384] Diese Ansicht wird damit begründet, dass der Gesetzgeber an eine Deliktshaftung der Gesellschafter nach § 128 HGB nicht gedacht habe. Die Norm enthalte daher keine Begrün-

384 Altmeppen NJW 2003, 1553, 1557; Schäfer ZIP 2003, 1225, 1227 ff.

dung für eine Deliktshaftung. Zwar spreche der Wortlaut des § 128 HGB für eine persönliche Haftung der Gesellschafter der GbR. Der Rechtsgrundsatz, dass niemand für ein fremdes Delikt hafte, gebiete es aber, dass durch teleologische Reduktion die Haftung für Delikte nach § 128 HGB ausgenommen werde.[385] Nach dieser Ansicht haftet B nicht analog § 128 S. 1 HGB für die Verbindlichkeit der Gesellschaft aus § 823 Abs. 2 BGB i.V.m. § 352 StGB.

2. Nach **h.M.** haften die Gesellschafter einer GbR **auch für Verbindlichkeiten der Gesellschaft, die durch eine unerlaubte Handlung eines Mitgesellschafters entstanden** sind.[386] Es gebe keinen überzeugenden Grund, die Haftung, anders als bei der oHG, auf rechtsgeschäftlich begründete Verbindlichkeiten zu beschränken. Bei der oHG sei die Haftung der Gesellschaft auch für gesetzliche Verbindlichkeiten, insbesondere auch für ein zum Schadensersatz verpflichtendes Verhalten ihrer Gesellschafter und die analoge Anwendbarkeit des § 31 BGB allgemein anerkannt. Für die Ausdehnung der Haftung auf gesetzliche Verbindlichkeiten spreche insbesondere der Gedanke des Gläubigerschutzes. Anders als bei rechtsgeschäftlicher Haftungsbegründung könnten sich Gläubiger einer gesetzlichen Verbindlichkeit ihren Schuldner nicht aussuchen. Dann müsse erst recht das Privatvermögen der Gesellschafter als Haftungsmasse zur Verfügung stehen. Die persönliche Haftung sei den Gesellschaftern auch zuzumuten, weil sie in aller Regel auf die Auswahl und Tätigkeit der Organmitglieder entscheidenden Einfluss haben.[387] Nach dieser Ansicht haftet B analog § 128 S. 1 HGB auch mit seinem Privatvermögen für die Verbindlichkeit der GbR.

3. **Für die h.M.** sprechen die Klarheit und Stimmigkeit des Haftungssystems bei der GbR im Vergleich mit der oHG. Denn eine GbR wird von Gesetzes wegen ohne jeden Publizitätsakt zu einer personen- und strukturgleichen oHG, sobald das Unternehmen nach Art und Umfang einen in kaufmännischer Weise eingerichteten Gewerbebetrieb erfordert (§ 105 Abs. 1 S. 1 HGB). Da sich dieser Übergang oft gleitend vollzieht und die Erforderlichkeit kaufmännischer Einrichtungen nur durch eine wertende Betrachtung festzustellen ist, lässt sich der Zeitpunkt, ab dem es sich nicht mehr um eine GbR, sondern um eine oHG handelt, selten exakt bestimmen. Da sich zudem die Umwandlung auch in umgekehrter Richtung vollziehen kann, wäre es mit dem Grundsatz der Rechtssicherheit für die Gläubiger unvereinbar, oHG und GbR unterschiedlich zu beurteilen.[388]

Somit haftet B gemäß § 128 S. 1 HGB analog. M hat folglich einen Anspruch gegen B aus § 823 Abs. 2 BGB, § 352 StGB i.V.m. § 128 S. 1 HGB analog.

---

385 Altmeppen NJW 2003, 1553, 1557.
386 BGH NJW 2003, 1445; Hadding ZGR 2001, 712, 725; Ulmer ZIP 2003, 1113, 1115.
387 Ulmer ZIP 2003, 1113, 1114.
388 BGH NJW 2003, 1445.

## II. Einwendungen und Einreden

Der Gesellschafter kann dem Gläubiger neben **eigenen Einwendungen und Einreden** in analoger Anwendung des § 129 HGB auch bestimmte **Einwendungen und Einreden der Gesellschaft** entgegenhalten. Insoweit gelten die diesbezüglichen Ausführungen zur oHG[389] für die GbR entsprechend. **180**

## III. Haftungsausschluss

Die Angleichung der Haftungsverfassung der GbR an diejenige der oHG im Wege der analogen Anwendung der §§ 128–130 HGB führt zu einer im Grundsatz **umfassenden Haftung der Gesellschafter mit ihrem gesamten Privatvermögen** für die Verbindlichkeiten der GbR. Dies ist gut für die Gläubiger der Gesellschaft, aber ebenso misslich für die Gesellschafter und wirft für Letztere die Frage auf, ob und ggf. wie sie sich dieser umfassenden persönlichen Haftung für die Gesellschaftsschulden entziehen können. **181**

Noch auf der Grundlage der seinerzeit von ihm vertretenen Doppelverpflichtungstheorie hat der BGH entschieden, dass die Gesellschafterhaftung **nicht dadurch ausgeschlossen werden kann**, dass die GbR im Rechtsverkehr die Bezeichnung **„GbR mbH"** bzw. „Gesellschaft bürgerlichen Rechts mit beschränkter Haftung" führt.[390] Die Gesellschafter haften für die im Namen der GbR begründeten Verpflichtungen kraft Gesetzes auch persönlich und eine solche Haftung könne nicht durch einen Namenszusatz oder einen anderen den Willen, nur beschränkt für diese Verpflichtungen einzustehen, verdeutlichenden Hinweis beschränkt werden.

***Merke:*** *„Man haftet nicht, wo man will, sondern wo man soll."*

Die Begründung lässt sich zwangslos – sogar im Wege eines Erst-Recht-Schlusses – auf die nunmehr vom BGH vertretene Akzessorietätstheorie übertragen.

Auch eine die Gesellschafterhaftung beschränkende oder ausschließende **Vereinbarung im Gesellschaftsvertrag** scheidet aus. Nach § 128 S. 2 HGB ist eine entgegenstehende Vereinbarung **Dritten gegenüber unwirksam**. In analoger Anwendung dieser Vorschrift gilt dies auch für die GbR.[391]

**Einzig möglicher Weg** ist daher eine **Individualvereinbarung mit dem betreffenden Gläubiger**.[392] Eine Vereinbarung in **AGB** ist hingegen grundsätzlich **unwirksam**, weil ein Haftungsausschluss mit einem wesentlichen Grundgedanken des Rechtes der GbR unvereinbar ist (§ 307 Abs. 2 Nr. 1 BGB).[393]

Etwas anderes gilt aber, wenn es sich bei der GbR um einen **geschlossenen Immobilienfonds** handelt, dem die Gesellschafter allein zum Zwecke der Kapitalanlage beigetreten sind.[394] Die Übernahme der persönlichen Haftung des Kapitalanlegers für das gesamte Investitionsvolumen ist dem einzelnen Anleger nicht zumutbar und kann vom Rechtsverkehr auch nicht erwartet werden. Daher genügt in diesen

389 S. hierzu Rn. 69 ff.

390 BGH NJW 1999, 3483, 3484 f.

391 Bitter/Heim § 5 Rn. 44.

392 BGH 1999, 3483, Ls. 1.

393 Bitter/Heim § 5 Rn. 44.

394 Hier und zum Folgenden: Bitter/Heim § 5 Rn. 44.

Fällen ausnahmsweise eine formularmäßige Vereinbarung mit dem Gesellschaftsgläubiger.[395] Auch ohne eine haftungsbeschränkende Klausel kann die persönliche Haftung der Gesellschafter eines in der Rechtsform der GbR geführten geschlossenen Immobilienfonds im Einzelfall gemäß § 242 BGB ausgeschlossen sein.[396]

## IV. Inhalt der Haftung

182 Mit der Qualifizierung der Schuld der Gesellschafter aus § 128 HGB (analog) als **selbstständiger akzessorischer Schuld** ist nicht bestimmt, wie die Gesellschafter haften, ob sie in gleicher Weise wie die Gesellschaft zur Erfüllung verpflichtet sind (sog. **Erfüllungstheorie**) oder ob lediglich eine Haftung auf das Wertinteresse (sog. **Haftungstheorie**) besteht. Nach heute einhelliger Auffassung sind die Gesellschafter aus § 128 S. 1 HGB (analog) **grundsätzlich** in gleicher Weise wie die Gesellschaft (GbR, oHG, KG) zur **Erfüllung** verpflichtet. **Ausnahmen** von der grundsätzlichen Erfüllungspflicht bestehen dann, wenn die Erfüllung dem Gesellschafter **unmöglich** oder **unzumutbar** ist. Zu den Einzelheiten gilt das zur oHG Gesagte.[397]

## V. Regress und Freistellung

### 1. Regressanspruch gegen die Gesellschaft

183 Wird ein Gesellschafter durch einen Gläubiger der GbR aus § 128 HGB analog persönlich in Anspruch genommen, hat er einen **Rückgriffsanspruch gegen die GbR** aus **§§ 713, 670 BGB**, weil die Zahlung an den Gläubiger im Verhältnis zur GbR eine erstattungsfähige Aufwendung ist (Haftungsregress).[398]

§§ 713, 670 entspricht dem **Rückgriffsanspruch** gegen die oHG/KG aus § 110 HGB.

184 Ein Regressanspruch des zahlenden Gesellschafters gegen die GbR ergibt sich indes i.d.R. nicht aus § 426 Abs. 1 und 2. (i.V.m. der Forderung des Gläubigers gegen die Gesellschaft). **Im Verhältnis** der Gesellschafter **zur GbR** besteht **kein echtes Gesamtschuldverhältnis**, weil die Gesellschafterhaftung akzessorisch zur Haftung der Gesellschaft ist (vgl. zu abweichenden Auffassungen oben unter Rn. 88). Auch findet kein Forderungsübergang analog § 774 Abs. 1 BGB statt (vgl. auch hierzu oben).

Zur Veranschaulichung dient das nachfolgende Schaubild:

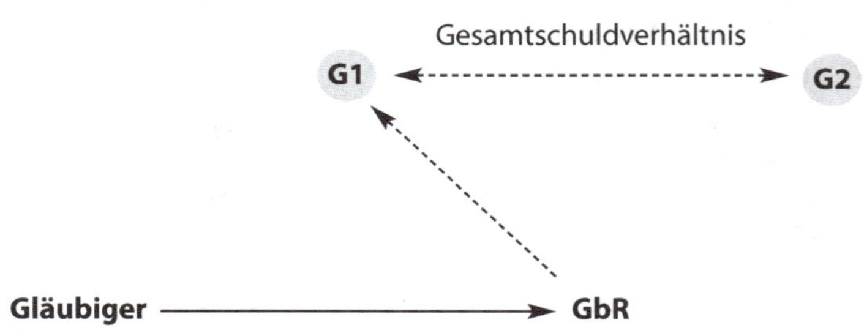


395 BGH NJW 2002, 1642, Ls. 2.
396 BGH ZIP 2008, 1317, Rn. 18 ff.
397 S. hierzu Rn. 73 ff.
398 Hier und zum Folgenden: Bitter/Heim § 5 Rn. 100.

## 2. Regressansprüche gegen die Mitgesellschafter

Die Gesellschafter haften nicht nur anteilig, sondern jeweils auf die ganze Leistung und sind damit **untereinander Gesamtschuldner** i.S.v. §§ 421 ff. BGB. **185**

Ist die Gesellschaft nicht in der Lage, den Aufwendungsersatzanspruch aus §§ 713, 670 BGB zu erfüllen, kommt ein **(anteiliger) Ausgleichsanspruch gegen die Mitgesellschafter** in Höhe deren jeweiligen Verlustanteils in Betracht.[399] -> subsidiäre Haftung?

### a) § 128 S. 1 HGB

Eine Gesellschafterhaftung **analog § 128 HGB scheidet aber aus**, weil es sich bei dem Aufwendungsersatzanspruch um eine **Sozialverbindlichkeit**[400] der GbR handelt, für die die Mitgesellschafter nicht persönlich haften.[401] **186**

### b) § 426 Abs. 1, 2 BGB

Der durch den Gläubiger der GbR persönlich in Anspruch genommene Gesellschafter hat allerdings einen **Ausgleichsanspruch gegen die weiteren Gesellschafter gemäß § 426 Abs. 1 und 2 BGB**,[402] weil unter den Gesellschaftern ein **(echtes) Gesamtschuldverhältnis** besteht. Danach kann der betroffene Gesellschafter **subsidiär** von seinen Mitgesellschaftern entsprechend ihrer Beteiligung am Verlust (vgl. § 722 BGB) **anteilsmäßig (d.h. pro rata) Ersatz** verlangen. Die lediglich subsidiäre Inanspruchnahme ist Ausfluss der gesellschafterlichen Treuepflicht.[403] **187**

Zu unterscheiden sind sofern also folgende Regressmöglichkeiten:

- Originärer Regressanspruch des Gesellschafters gegen seine Mitgesellschafter aus **§ 426 Abs. 1 BGB** **188**

  Der **Ausgleichsanspruch gemäß § 426 Abs. 1 BGB** entsteht nicht erst mit der Befriedigung des Gläubigers, sondern als **Freistellungsanspruch** bereits **mit der Entstehung der Gesamtschuld** im Außenverhältnis.[404]

- Anspruch des Gläubigers gegen den nicht in Anspruch genommenen Gesellschafter nach § 128 S. 1 HGB analog, welcher gemäß § 426 Abs. 2 BGB auf den zahlenden Gesellschafter übergeht.[405] -> gesetzlicher Forderungsübergang: cessio legis **189**

**Gesellschafter, die (ausnahmsweise) nicht im Außenverhältnis zur Zahlung verpflichtet sind**, können auch im Innenverhältnis der Gesellschafter nicht in Anspruch genommen werden, weil dann insoweit kein Gesamtschuldverhältnis besteht.[406] **190**

---

399 BGH RÜ 2008, 689, Rn. 2; BGH RÜ 2011, 349, Rn. 13.
400 S. hierzu Rn. 85.
401 S. hierzu Rn. 191.
402 BGH RÜ 2014, 17, Rn. 35.
403 S. hierzu Rn. 86.
404 BGH RÜ 2017, 78, Ls. 1 und Rn. 11; BGH NJW-RR 2008, 256, Ls. 1; Bitter/Heim § 5 Rn. 104.
405 Vgl. dazu ausführlich AS-Skript Schuldrecht AT 2 (2020), Rn. 451.
406 Bitter/Heim § 5 Rn. 105.

Der Ausgleich gegen die Mitgesellschafter gemäß § 426 BGB entfällt, wenn den zahlenden Gesellschafter im Innenverhältnis die **alleinige Verantwortung für die Gesellschaftsverbindlichkeit** trifft.[407] Dies gilt etwa dann, wenn es der zahlende Gesellschafter schuldhaft verursacht hat, dass die GbR durch einen Dritten auf Schadensersatz in Anspruch genommen worden ist.[408]

Zur Veranschaulichung der vorstehend beschriebenen Haftungsverhältnisse dient das folgende Schaubild:

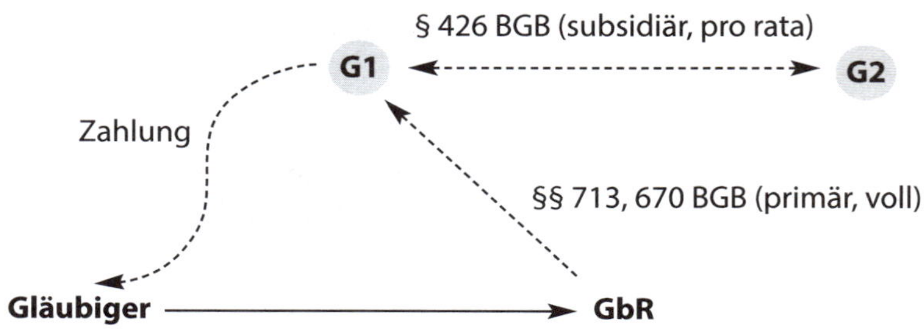


**191** Ist ein Gesellschafter selbst Gläubiger der GbR **(Gesellschafter-Gläubiger)**, ist für die Frage der Haftung der Mitgesellschafter zwischen Sozial- und Drittverpflichtungen der Gesellschaft zu differenzieren.[409] Für **Sozialverpflichtungen der GbR** (Verbindlichkeiten der Gesellschaft gegenüber einem Gesellschafter, die gerade aus dem Gesellschaftsverhältnis herrühren) haften die Mitgesellschafter grundsätzlich nicht analog § 128 HGB persönlich, weil dies dem Grundgedanken des § 707 BGB widersprechen und faktisch auf eine Nachschusspflicht hinauslaufen würde. Für **Verpflichtungen aus Drittgeschäften** (jedes Geschäft, das seinen Rechtsgrund nicht im Gesellschaftsverhältnis, sondern in einem davon zu unterscheidenden Rechtsverhältnis hat)[410] haften die Mitgesellschafter dem Gesellschafter-Gläubiger hingegen analog § 128 HGB persönlich als Gesamtschuldner.[411] Allerdings muss der Gesellschafter-Gläubiger seinen eigenen Verlustanteil abziehen.[412] Denn anderenfalls würde der Gesellschafter-Gläubiger etwas fordern, was er – in Höhe seines eigenen Verlustanteils – den in Regress genommenen Mitgesellschaftern über § 426 BGB wieder erstatten müsste („dolo agit, qui petit, quod statim redditurus est", § 242 BGB).

**Fall 9: Rücksichtsloser Mitgesellschafter**

Die A & Co. GbR ist in Geldverlegenheit. Daraufhin gewährt A der Gesellschaft ein Darlehen über 120.000 €. Bei Fälligkeit möchte er wissen, inwieweit er die GbR, die ihre damaligen Solvenzschwierigkeiten inzwischen wieder überwunden hat, sowie seine Mitgesellschafter B und C auf Rückzahlung in Anspruch nehmen kann.

**192** A. Der **Anspruch** auf Rückzahlung **gegen die GbR** ist aus § 488 Abs. 1 S. 2 BGB begründet und kann in voller Höhe durchgesetzt werden. Im Einzelfall kann es allerdings die

---

407 Bitter/Heim § 5 Rn. 103.

408 BGH NZG 2008, 777, Ls.: Heranziehung des Gedankens des § 254 BGB.

409 Hier und zum Folgenden: Bitter/Heim § 5 Rn. 98.

410 BGH RÜ 2014, 17, Rn. 18.

411 Vgl. BGH RÜ 2014, 17, Rn. 18 – zur Kommanditistenhaftung.

412 BGH RÜ 2014, 17, Rn. 33.

**Treuepflicht** gebieten, auch bei Ansprüchen aus Drittbeziehungen gegen die Gesellschaft Rücksicht auf deren Interessen zu nehmen, insbesondere dann, wenn die Forderung durch Zuwarten mit der Beitreibung nicht gefährdet ist und andererseits durch rücksichtsloses Vorgehen der Gesellschaft erheblicher Schaden droht.[413]

Vorliegend bestehen keine besonderen Umstände, die den A mit Blick auf seine Treuepflicht an der Geltendmachung seiner Forderung hindern, sodass sein Anspruch durchsetzbar ist

B. Ein Anspruch **gegen B und C** könnte sich aus § 128 S. 1 HGB analog ergeben.

I. B und C sind **Gesellschafter der GbR**, die dem A 120.000 € schuldet (s.o.).

II. § 128 HGB ist **unanwendbar bei Sozialverpflichtungen**. Eine solche liegt vor, **193**
wenn die konkrete Verbindlichkeit gerade aus dem besonderen Gesellschaftsverhältnis herrührt. Hier ergibt sich die Verpflichtung der Gesellschaft jedoch aus einem anderen Rechtsgrund, nämlich aus dem Darlehensvertrag mit A und stellt daher vielmehr eine **Verpflichtung aus einer Drittbeziehung** dar. Diese werden behandelt wie solche einem Dritten gegenüber. Demzufolge hat der **Gesellschafter-Gläubiger** bei einer Drittbeziehung grundsätzlich auch die **gleiche Stellung wie jeder andere Gläubiger** der Gesellschaft. Insbesondere kann er die anderen Gesellschafter nach § 128 S. 1 HGB in Anspruch nehmen. B und C haften damit grundsätzlich für die Darlehensschuld der GbR analog § 128 S. 1 HGB als Gesamtschuldner.

III. Bei der Geltendmachung des Anspruchs gegen seine Mitgesellschafter muss der **194**
Gesellschafter-Gläubiger jedoch **gewisse Einschränkungen** hinnehmen.

1. Umstritten ist, ob der Gesellschafter-Gläubiger zunächst versuchen muss, eine Befriedigung aus dem Gesellschaftsvermögen zu erlangen, bevor er gegen seine Mitgesellschafter vorgeht. Nach h.M. kann der **Gesellschafter-Gläubiger nicht auf die vorrangige Inanspruchnahme des Gesellschaftsvermögens verwiesen** werden.[414] Eine generell nur subsidiäre Haftung der Gesellschafter für Verbindlichkeiten der Gesellschaft aus Drittgeschäften mit anderen Gesellschaftern lasse sich aus der Treuepflicht, die grundsätzlich auch im Verhältnis der Gesellschafter untereinander besteht,[415] mangels Schutzbedürftigkeit der Mitgesellschafter nicht ableiten.[416] Die Gegenauffassung geht von der Subsidiarität der Gesellschafterhaftung aus; der Gesellschafter-Gläubiger könne nur dann gegen seine Mitgesellschafter vorgehen, wenn eine Befriedigung aus dem Gesellschaftsvermögen nicht zu erwarten ist.[417]

   Letztlich gibt es aber insbesondere dann, wenn – wie hier – keine außergewöhnlichen Umstände vorliegen, keinen hinreichenden Grund, den Gesellschafter-Gläubiger, der nach dem o.g. wie ein Dritter zu behandeln ist, hier

413 MünchKomm-HGB/K. Schmidt § 105 Rn. 191.

414 BGH RÜ 2014, 17, Rn. 34; MünchKomm-BGB/Schäfer § 705 Rn. 227; Staudinger/Habermeier § 705 Rn. 43.

415 BGH RÜ 2014, 17, Rn. 37.

416 BGH RÜ 2014, 17, Rn. 34.

417 K. Schmidt, GesR, § 49 I 2 b.

doch in seinen Gläubigerrechten zu beschränken. Der zweitgenannten Auffassung ist deshalb nicht zu folgen. A muss mithin nicht zunächst versuchen, seinen Anspruch gegen die GbR geltend zu machen.

195 2. Wenn die Gesellschaft nicht zahlen kann, würden nach dem **Wortlaut des § 128 S. 1 HGB** dem A seine Mitgesellschafter **auf das Ganze als Gesamtschuldner haften**. Auch insoweit sind aber wegen der Gesellschafterstellung des A Einschränkungen zu machen, die im Einzelnen umstritten sind.

a) Teilweise wird angenommen, die Mitgesellschafter würden dem Gesellschafter-Gläubiger nur **pro rata**, d.h. nur in Höhe des jeweils auf den einzelnen entfallenden Verlustanteils haften.[418] Der Gesellschafter-Gläubiger solle nicht besser stehen als ein Gesellschafter im Regressfall. Überdies solle ein weiterer Regress zwischen den Mitgesellschaftern vermieden werden. Geht man hier von einer gleichen Verlustbeteiligung aus, so würde danach A von B und C jeweils nur deren Verlustanteil (40.000 €) verlangen können.

b) Nach h.M. muss sich der Gesellschafter-Gläubiger jedoch lediglich seinen **eigenen Verlustanteil abziehen** lassen.[419] Andernfalls würde er nämlich etwas fordern, was er seinerseits zurückgewähren müsste (**Dolo-agit** Einrede aus § 242 BGB).[420] Danach kann A – eine gleiche Verlustbeteiligung unterstellt – von seinen Mitgesellschaftern 80.000 € (120.000 € Darlehensschuld abzüglich 40.000 € eigener Verlustanteil) verlangen, wobei B und C als Gesamtschuldner haften. A könnte also von B oder von C 80.000 € fordern.

c) Gegen die erstgenannte Auffassung spricht auch hier, dass der Gesellschafter-Gläubiger dem Grunde nach so stehen soll, wie jeder andere Gesellschaftsgläubiger. Ein Dritter müsste sich von den einzelnen Gesellschaftern, wenn er sie analog § 128 S. 1 HGB in Anspruch nimmt, auch nicht auf deren jeweilige Beteiligungsquote verweisen lassen. Einen besonderen Grund, den Gesellschafter-Gläubiger insofern schon prinzipiell schlechter zu stellen, gibt es nicht. Für die von der h.M. angenommene Einschränkung nach § 242 hingegen gibt es bei Betrachtung der Tatsache, dass der Gesellschafter-Gläubiger diesen Teil im Innenregress zurückgewähren müsste, einen entsprechenden Grund.

Zu folgen ist demnach der h.M., sodass A sowohl von B als auch von C Zahlung i.H.v. 80.000 € verlangen kann.

---

418 MünchKomm-HGB/K. Schmidt § 128 Rn. 18.

419 BGH NJW 1983, 749; Erman/Westermann § 705 Rn. 61.

420 BGH RÜ 2014, 17.

## VI. Geltendmachung der Gesellschafterhaftung in der Insolvenz der GbR

In der Insolvenz der GbR, die nach § 11 Abs. 2 Nr. 1 InsO **insolvenzfähig** ist, wird die persönliche Haftung der Gesellschafter analog §§ 128 ff. HGB[421] für **Altverbindlichkeiten**, die bereits im Zeitpunkt der Eröffnung des Insolvenzverfahrens vorhanden waren,[422] während der Dauer des Insolvenzverfahrens über das Vermögen der Gesellschaft durch den Insolvenzverwalter geltend gemacht **(§ 93 InsO)**. Für **Neuverbindlichkeiten** haftet der Gesellschafter einer im Insolvenzverfahren befindlichen Gesellschaft überhaupt nicht.[423] Ferner gilt das zur oHG Ausgeführte entsprechend.[424] **196**

# C. Gesellschafts- und Gesellschafterhaftung im Prozess und in der Zwangsvollstreckung

Die (Außen-)GbR ist sowohl aktiv als auch passiv parteifähig (§ 50 ZPO). **197**

Dies gilt nicht nur im Zivil-, sondern auch im Arbeitsgerichtsprozess.[425]

Die **Parteifähigkeit** der GbR ist die notwendige prozessrechtliche Konsequenz der Anerkennung der Rechtssubjektivität der Gesellschaft im Verhältnis zu Dritten.[426] Die GbR selbst kann also klagen und verklagt werden. Im Zivilprozess ist aktivlegitimiert, also „richtiger" Kläger, wer Inhaber des geltend gemachten Rechts ist; passivlegitimiert, also „richtiger" Beklagter, ist derjenige, der Verpflichteter aus dem geltend gemachten Recht ist.[427]

Dieser Sachbefugnis entspricht – von den Fällen der Prozessstandschaft abgesehen – grundsätzlich auch die **Prozessführungsbefugnis**. Da nicht die einzelnen Gesellschafter, sondern die GbR als solche materiell Rechtsinhaberin oder Verpflichtete ist, ist diese „richtige" Partei eines Rechtsstreits um eine Gesellschaftsforderung oder Gesellschaftsverpflichtung und insoweit parteifähig und prozessführungsbefugt. **198**

**Aktivprozesse** der GbR werden durch die geschäftsführenden Gesellschafter für die Gesellschaft betrieben.[428] Die Prozessführungsbefugnis gehört zur Geschäftsführung; im Prozess müssen alle geschäftsführungsbefugten Gesellschafter für die Gesellschaft auftreten, falls nicht der Gesellschaftsvertrag – was dann vorgetragen werden muss – etwas anderes bestimmt.[429] Es werden nur solche Prozesshandlungen wirksam, die mit den Vertretungsregeln der konkreten Gesellschaft übereinstimmen.[430] Die GbR tritt im Prozess unter ihrem Namen mit Bezeichnung ihrer Vertreter auf.

421 § 93 InsO ist keine Anspruchsgrundlage (Uhlenbruck/Hirte § 93 Rn. 3).
422 Uhlenbruck/Hirte § 93 Rn. 36; K. Schmidt/Bitter ZIP 2000, 1077, 1086.
423 Uhlenbruck/Hirte § 93 Rn. 37.
424 S. hierzu Rn. 99.
425 BAG NJW 2005, 1004, Ls.
426 BGH RÜ 2011, 160.
427 Hier und zum Folgenden: BGH RÜ 2011, 160.
428 Hier und zum Folgenden: Erman/Westermann § 718 Rn. 12.
429 Erman/Westermann § 714 Rn. 7.
430 Westermann NZG 2001, 289, 292.

Im **Passivprozess** ist zwischen der Klage gegen die Gesellschaft aus der Gesellschaftsschuld und der Geltendmachung der Haftung der Gesellschafter zu unterscheiden.[431] Dem Gläubiger steht es dabei grundsätzlich frei, ob er nur die GbR, nur die persönlich haftenden Gesellschafter oder sowohl die GbR als auch einen, mehrere oder alle persönlich haftenden Gesellschafter verklagt. Auch seit der GbR Rechts- und Parteifähigkeit zuerkannt wird, besteht keine Pflicht, diese und nicht die einzelnen Gesellschafter zu verklagen.[432] In aller Regel ist es ratsam, neben der GbR auch die analog § 128 HGB persönlich haftenden Gesellschafter zu verklagen.[433] Die Gesellschafter sind untereinander einfache Streitgenossen nach § 59 ZPO; dasselbe gilt auch für das Verhältnis der GbR und den gemäß § 128 HGB (analog) in Anspruch genommenen Gesellschaftern.[434] Da zwischen GbR und Gesellschaftern kein echtes Gesamtschuldverhältnis besteht, sind sie „wie" Gesamtschuldner zu verklagen.[435] Ergeht ein rechtskräftiges Urteil (nur) gegen die GbR, kann der anschließend in Anspruch genommene Gesellschafter analog § 129 Abs. 1 HGB all diejenigen Einwendungen nicht mehr geltend machen, die auch die GbR selbst infolge der Rechtskraft des Urteils verloren hat.[436] Umgekehrt erstreckt sich jedoch die Rechtskraft eines Urteils (nur) gegen die Gesellschafter nicht auf einen Prozess gegen die GbR: Nimmt ein Dritter in einem Rechtsstreit die Gesellschafter einer GbR aus ihrer persönlichen Haftung für eine Gesellschaftsschuld in Anspruch, entfaltet die Rechtskraft eines in diesem Prozess ergangenen Urteils keine Wirkung in einem weiteren Prozess, in dem er nunmehr den Anspruch gegen die Gesellschaft verfolgt; dies gilt auch dann, wenn alle Gesellschafter am Vorprozess beteiligt waren.[437]

**199** Die **Zwangsvollstreckung** in das Vermögen eines Schuldners setzt einen Titel voraus.[438] Zur Zwangsvollstreckung in das Gesellschaftsvermögen einer GbR ist nach dem Wortlaut des **§ 736 ZPO** „ein gegen alle Gesellschafter ergangenes Urteil erforderlich." Dies ist missverständlich. Zunächst einmal legitimiert nicht nur ein „Urteil", sondern auch jeder andere Vollstreckungstitel (z.B. einer der in § 794 ZPO genannten) zur Zwangsvollstreckung. Zum anderen genügt – nach Anerkennung der Rechts- und Parteifähigkeit der (Außen-)GbR – auch ein (nur) gegen die GbR gerichteter Titel. Der Regelungsgehalt des § 736 ZPO, dessen Wortlaut der Anerkennung der Parteifähigkeit nicht entgegensteht,[439] besteht darin festzulegen, dass für eine Vollstreckung in das Gesellschaftsvermögen (§ 718 ZPO) auch ein Titel (nur) gegen *alle* Gesellschafter genügt. Dabei muss es sich nicht um ein und denselben Titel handeln, es kann sich auch um mehrere Titel handeln.[440] Erforderlich ist lediglich, dass (je) ein Titel gegen sämtliche Gesellschafter vorliegt. Anderenfalls kann nur in das Privatvermögen der Gesellschafter (wozu auch der Gesellschaftsanteil gehört)[441] vollstreckt werden, gegen die ein Titel besteht.

---

431 Erman/Westermann § 718 Rn. 12a.
432 BGH NJW 2007, 2257, Rn. 16.
433 BGH RÜ 2011, 160.
434 Oetker/Boesche § 128 Rn. 83 (zur oHG).
435 MünchKomm-HGB/K. Schmidt § 128 Rn. 23 (zur oHG).
436 BGH NZG 2006, 459, Rn. 15.
437 BGH RÜ 2011, 501, Ls.
438 Zum Folgenden: Bitter/Heim § 5 Rn. 48.
439 BGH RÜ 2001, 160.
440 OLG Schleswig WM 2006, 584; T/P-Seiler § 736 Rn. 2.
441 § 859 Abs. 1 ZPO; T/P-Seiler § 736 Rn. 3.

Umgekehrt kann aber aus einem Titel (nur) gegen die GbR nicht zugleich in das Privatvermögen der Gesellschafter vollstreckt werden;[442] hierzu bedarf es stets eines Titels gegen den jeweiligen Gesellschafter selbst.[443]

Bei einem Vollstreckungstitel nur gegen die GbR steht ausschließlich der GbR und nicht auch den Gesellschaftern die Befugnis zur Erhebung einer Vollstreckungsabwehrklage der Gesellschaft zu.[444]

# 4. Abschnitt: Die Organisation der GbR

## A. Das Gesellschaftsverhältnis

Der Abschluss des Gesellschaftsvertrages begründet zwischen den Gesellschaftern untereinander und zwischen den Gesellschaftern und der Gesellschaft ein Gesellschaftsverhältnis.[445] Die Mitgliedschaft des Gesellschafters bündelt alle persönlichen, vermögensrechtlichen und korporativen Rechte und Pflichten.[446] Anders als bei Kapitalgesellschaften, bei denen die Gesellschafter gleichzeitig mehrere Gesellschaftsanteile halten können, kann bei einer Personengesellschaft jeder Gesellschafter immer nur eine Mitgliedschaft halten **(Grundsatz der Einheitlichkeit des Gesellschaftsanteils)**. **200**

## B. Rechte und Pflichten der Gesellschafter

Der Abschluss eines (wirksamen) Gesellschaftsvertrages begründet verschiedene Rechte und Pflichten der Gesellschafter.[447] Ebenso wie bei der oHG[448] lassen sich die **Rechte der Gesellschafter** in Verwaltungs- und Vermögensrechte unterteilen:[449] **201**

| Verwaltungsrechte | Vermögensrechte |
|---|---|
| ■ Teilnahme an der Gesellschafterversammlung und Stimmrecht<br>■ Kontrollrecht (§ 716 BGB)<br>■ Recht zur Geschäftsführung und Vertretung | ■ Gewinnanspruch (§ 721 BGB)<br>■ Aufwendungsersatzanspruch bei für die GbR vorgenommenen Geschäften (§§ 713, 670 BGB)<br>■ Teilnahme am Liquidationserlös (§ 734 BGB) |

Sind die Anteile der Gesellschafter am Gewinn und Verlust **nicht durch gesellschaftsvertragliche Regelung anderweitig bestimmt**, hat jeder Gesellschafter ohne Rücksicht auf die Art und die Größe seines Beitrags einen **gleichen Anteil am Gewinn und Verlust** der Gesellschaft (§ 722 Abs. 1 BGB). Aus dem Gesellschaftsvertrag ergibt sich für die Gesellschafter ein Anspruch auf Feststellung und Verteilung des Gewinns.[450] Dieser Anspruch besteht bei Gelegenheitsgesellschaften erst nach deren Auflösung (§ 721 Abs. 1 BGB) und bei Dauergesellschaften vorbehaltlich einer abweichenden gesell- **202**

442 BGH NJW 2007, 2257, Rn. 18.
443 Bitter/Heim § 5 Rn. 48 f. – mit Hinweis auf § 129 Abs. 4 HGB (analog).
444 BGH NZG 2016, 221.
445 Hier und zum Folgenden: Bitter/Heim § 5 Rn. 51.
446 Palandt/Sprau § 717 Rn. 1.
447 Bitter/Heim § 5 Rn. 65.
448 S. hierzu Rn. 103.
449 Zum Folgenden: Bitter/Heim § 5 Rn. 66.
450 Bitter/Heim § 5 Rn. 147; Palandt/Sprau § 721 Rn. 2.

schaftsvertraglichen Regelung jährlich (§ 721 Abs. 2 BGB). Verluste müssen erst nach Auflösung der Gesellschaft bzw. bei Ausscheiden eines einzelnen Gesellschafters ausgeglichen werden (§§ 735, 739 BGB); vorher besteht keine Nachschusspflicht der Gesellschafter (arg. ex § 707 BGB).

203 Zu den wesentlichen **Pflichten der Gesellschafter** zählen:

- Förderungs- und Beitragspflicht (§ 705 BGB)

  Der Anspruch auf Beitragsleistung ist ein Sozialanspruch, Anspruchsinhaber ist die Gesellschaft.[451] Wenn der Gesellschaftsvertrag nichts Abweichendes regelt, sind die Beitragspflichten aller Gesellschafter identisch (§ 706 BGB).

- Pflicht zur Geschäftsführung (§ 709 BGB)
- Pflicht zur Herausgabe des Erlangten bei für die GbR vorgenommenen Geschäften (§§ 713, 667 BGB)
- Auskunfts- und Rechenschaftspflicht (§§ 713, 666 BGB)
- allgemeine gesellschafterliche Treuepflicht.[452]

Überschreitet der Gesellschafter einer Innen- oder Außengesellschaft seine Geschäftsführungsbefugnis, liegt darin ein **Pflichtverstoß**, der bei Vorliegen eines am Maßstab des § 708 BGB orientierten Verschuldens einen **Schadensersatzanspruch (§ 280 Abs. 1 BGB)** begründet, wenn er nicht darlegt und gegebenenfalls beweist, dass durch den Pflichtverstoß kein Schaden eingetreten ist.[453] → Verschulden vermutet, Exkulpation notwendig

## C. Die Gesellschafterversammlung

204 Die innere Willensbildung der Gesellschaft erfolgt in der Gesellschafterversammlung. Da bei der GbR immer mindestens zwei Gesellschafter vorhanden sein müssen, handelt es sich bei der Gesellschafterversammlung um ein **Kollektivorgan**, also um ein Organ mit mehr als nur einem Mitglied. Dementsprechend wird durch Beschluss entschieden.

205 Nach der heute h.M. ist der Gesellschafterbeschluss ein **mehrseitiger Akt**, der sich aus den verschiedenen Stimmen zusammensetzt, die ihrerseits **Willenserklärungen** sind und den allgemeinen **Regeln über Rechtsgeschäfte** unterstehen.[454] Beschlüsse sind bei allen Grundlagengeschäften (z.B. Änderung des Gesellschaftsvertrags) sowie immer dann erforderlich, wenn sie vertraglich oder gesetzlich (§§ 709, 710 S. 2, 712, 715, 737 BGB, 116 Abs. 2 HGB) vorgesehen sind.[455]

Dabei sind **grundsätzlich alle Gesellschafter** zur Abstimmung befugt. Etwas anderes gilt dann, wenn das Gesetz für **Maßnahmen aus wichtigem Grund gegen den betroffenen Gesellschafter** eine Abstimmung allein der „übrigen" Gesellschafter anordnet (§§ 712 Abs. 1, 715, 737 S. 2 BGB). Es handelt sich bei diesen Vorschriften um Ausprägungen des allgemeinen Grundsatzes, dass niemand „Richter in eigener Sache" sein darf.[456]

---

451 Hk-BGB/Saenger § 706 Rn. 2.
452 Henssler/Strohn/Finckh HGB § 119 Rn. 5.
453 BGH RÜ 2019, 83.
454 Henssler/Strohn/Finckh HGB § 119 Rn. 5.
455 Hier und zum Folgenden: Bitter/Heim § 5 Rn. 79.
456 S. Rn. 416 zur GmbH.

Über diese ausdrücklich geregelten Fällen hinaus kann sich ein **Stimmverbot** auch in sonstigen Fällen ergeben, in denen der Gesellschafter durch seine Teilnahme an der Abstimmung zum „Richter in eigener Sache" würde oder wenn ein **Insichgeschäft** i.S.v. § 181 BGB vorliegt.[457] Ein Insichgeschäft liegt insbesondere vor, wenn über ein Rechtsgeschäft der GbR mit einem ihrer Gesellschafter ein Beschluss gefasst wird. Ob dann ein Stimmverbot des betreffenden Gesellschafters besteht, ist umstritten.[458]

Im Übrigen wird auf die Ausführungen zu den Mehrheitserfordernissen sowie dem Beschlussmängelrecht im Rahmen der oHG verwiesen.[459]

## D. Sozialansprüche und -verpflichtungen und deren Geltendmachung

In einem Zweipersonenverhältnis ist das Bestehen von Rechten und Pflichten in aller Regel mit einer eindeutigen Anspruchssituation verbunden. Der Berechtigte ist Anspruchsinhaber, der Verpflichtete Anspruchsgegner. Bei einer Gesellschaft entstehen aber nicht nur Rechtsbeziehungen zwischen zwei Personen, auch die **Gesellschaft** (die Gesellschafter in ihrer gesamthänderischen Verbundenheit) ist **Zuordnungssubjekt von Rechten und Pflichten**. 206

Es muss zwischen folgenden Ansprüchen unterschieden werden:

- Ansprüche der Gesellschaft gegen den einzelnen Gesellschafter aus dem Gesellschaftsverhältnis **(Sozialansprüche)**, 207

  **Beispiele:** Anspruch auf Beitragsleistung, Erfüllung der Geschäftsführungspflicht, Einhaltung der Treuepflicht, Schadensersatz bei Verletzung dieser Pflichten.

- Ansprüche des Gesellschafters gegen die Gesellschaft sowie die sich dabei ggf. ergebenden Ausgleichsansprüche gegen die übrigen Gesellschafter **(Sozialverpflichtungen)**. 208

  **Beispiele:** Anspruch auf Gewinnauszahlung, Erstattung der Aufwendungen, Beachtung des Stimmrechts.

  Zu den Sozialverpflichtungen zählen auch die Rechte der Gesellschafter, an der Willensbildung der Gesellschaft mitzuwirken (Mitverwaltungsrechte). Auch sie richten sich gegen die GbR.

- Ansprüche der Gesellschafter untereinander **(Individualansprüche und -verpflichtungen)**. 209

  **Beispiele:** Ausgleichsansprüche sowie Ansprüche wegen Verletzung der gesellschaftlichen Treuepflicht. Die Sozialansprüche sind nicht zugleich auch Individualansprüche.

- Gesellschafter können der Gesellschaft auch wie Dritte, d.h. nicht in ihrer Eigenschaft als Gesellschafter, gegenüberstehen **(Drittbeziehungen)**, 210

  **Beispiele:** Kauf-, Miet- oder Werkverträge des Gesellschafters mit der Gesellschaft.

---

457 K. Schmidt GesR § 21 II 2.

458 Vgl. BGH RÜ 2012, 352, Rn. 30 m.w.N. – dort allerdings offen gelassen.

459 S. hierzu Rn. 111 ff.

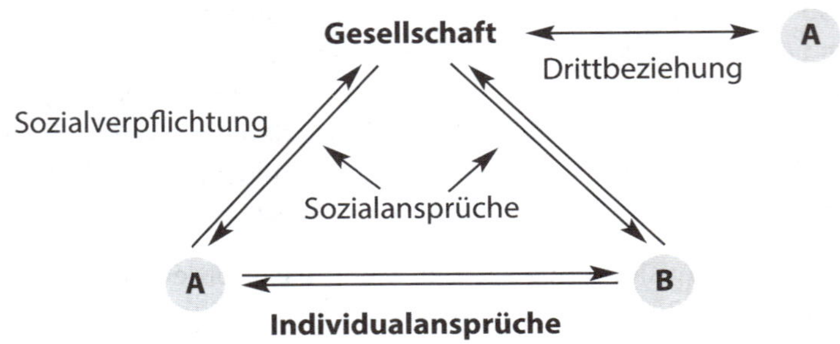


## I. Sozialansprüche und actio pro socio

211 Die **Sozialansprüche** bilden einen Teil des Gesamthandvermögens.[460] Für sie hat der verpflichtete **Gesellschafter nach dem Maßstab des § 708 BGB einzustehen**.

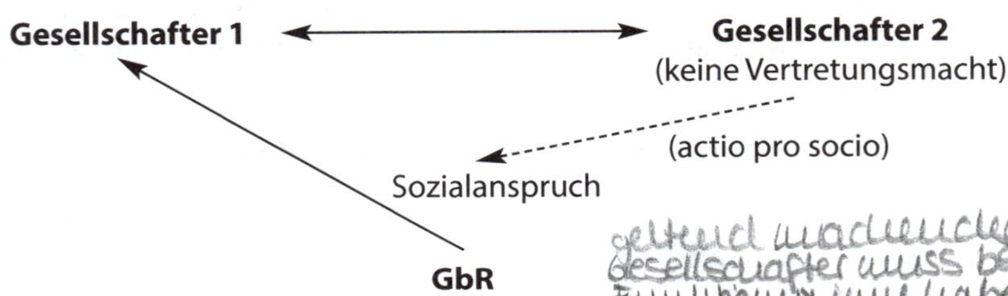


Die Sozialansprüche sind **von den geschäftsführungs- und vertretungsberechtigten Gesellschaftern** (§§ 709, 714 BGB) **geltend zu machen**. Wenn die Geschäftsführung, die nach der allgemeinen Zuständigkeitsordnung eigentlich Ansprüche der Gesellschaft geltend macht, nicht handelt, kann die Erfüllung von Sozialansprüchen durch Leistung an die GbR auch **von jedem sonstigen Gesellschafter** im Wege der sog. ***actio pro socio*** begehrt werden.[461] Die *actio pro socio* (= Klage als Gesellschafter; nicht: Klage für die Gesellschaft = *actio pro societate*) ermöglicht es einem Gesellschafter, unabhängig von seiner Geschäftsführungsbefugnis, Sozialansprüche der Gesellschaft gegen seine Mitgesellschafter einzuklagen.[462] Hierdurch kann es also zu einer **Durchbrechung der organisationsrechtlichen Zuständigkeitsordnung** zu Gunsten eines einzelnen Gesellschafters kommen.

212 Durch die *actio pro socio* soll also **verhindert werden**, dass Sozialansprüche der Gesellschaft gegenüber (Mehrheits-)Gesellschaftern aus zumeist kollegialen Gründen nicht geltend gemacht werden und damit das **Vermögen der Gesellschaft geschädigt** wird.[463]

Bei **Ansprüchen der Gesellschaft gegen Gesellschafter aus Drittgeschäften** besteht die Möglichkeit der ***actio pro socio*** **hingegen grundsätzlich nicht**; diese Ansprüche

460 BGH NJW 1983, 749; Erman/Westermann § 705 Rn. 53.
461 Erman/Westermann § 705 Rn. 57 ff.
462 Bitter/Heim § 5 Rn. 95.
463 Schäfer § 9 Rn. 19.

kann nur der geschäftsführungs- und damit vertretungsberechtigte Gesellschafter (vgl. § 709, 714 BGB) im Namen der Gesellschaft einklagen.[464]

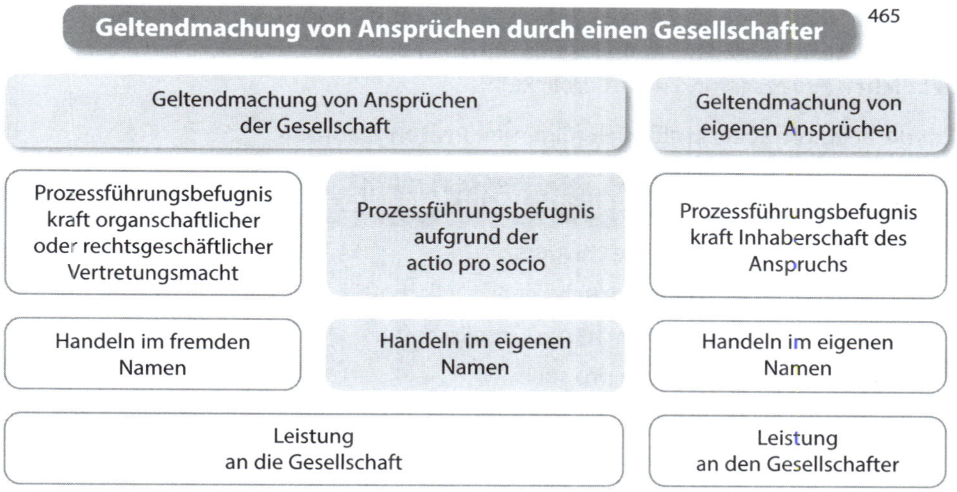


Es geht bei der actio pro socio um die Einräumung einer **Prozessführungsbefugnis** für den klagenden Gesellschafter, der damit eine (mangels Zuständigkeit eigentlich nicht bestehende) **Aktivlegitimation** erhält.

***Klausurhinweis:*** *In der Klausur ist die actio pro socio sowohl im Rahmen der Zulässigkeit (Prozessführungsbefugnis) als auch – dann nach oben verweisend und kurz – bei der Begründetheit (Aktivlegitimation) anzusprechen.*

Die *actio pro socio* hat einen normativen Niederschlag lediglich im Aktienrecht (§ 148 **213**
AktG) erhalten, ist aber **als allgemeines Rechtsinstitut auch für andere Gesellschaftsformen anerkannt**.[466] Gleichwohl hat sie für die verschiedenen Gesellschaftsformen unterschiedliche Ausprägungen erfahren. Zu differenzieren ist insbesondere zwischen Personen- und Kapitalgesellschaften:

Für die reine **Innen-GbR** kann sich die Problematik der *actio pro socio* nicht stellen, weil **214**
sie nicht als eigenständiges Rechtssubjekt am Rechtsverkehr teilnimmt und sich die durch einen Gesellschafter geltend zu machenden Ansprüche dementsprechend nur aus dem Innenverhältnis der Gesellschafter ergeben können; bei diesen Ansprüchen handelt es sich um eigene Ansprüche der Gesellschafter, die diese im eigenen Namen geltend machen.

Bei der **Außen-GbR** und den **Personenhandelsgesellschaften** (oHG, KG) kann es hin- **215**
gegen zu Fällen der actio pro socio immer dann kommen, wenn ein nicht geschäftsführungs- und vertretungsberechtigter Gesellschafter Ansprüche der Gesellschaft geltend

464 Bitter/Heim § 5 Rn. 97. Der einzelne Gesellschafter kann analog §§ 432, 2039 BGB ausnahmsweise dann auf Leistung an die GbR klagen, wenn der Gesellschaftsvertrag keine Vertretungsregelung enthält und damit Gesamtvertretungsbefugnis nach §§ 709, 714 BGB besteht (K. Schmidt, GesR, § 21 IV 7).

465 Mock JuS 2015, 590, 591.

466 Vgl. grundlegend BGHZ 10, 91, 103.

machen möchte. Diese Gesellschaftsformen zeichnen sich durch eine gesetzlich oder gesellschaftsvertraglich vorgegebene Organisationsverfassung aus, nach der einzelne Gesellschafter von einer Geltendmachung von Ansprüchen der Gesellschaft oft ausgeschlossen sind. Die Annahme einer *actio pro socio* steht dazu im Widerspruch. Dieser wird dadurch dogmatisch aufgelöst, dass man in der actio pro socio einen **Fall der gesetzlichen Prozessstandschaft** erblickt.[467]

216 Für die actio pro socio ergibt sich folgender **Prüfungsaufbau**:

| Voraussetzungen und Rechtsfolge der actio pro socio |
| --- |
| 1. **Gesellschafterstellung** des Klägers |
| 2. Bestehen eines **Sozialanspruchs** der Gesellschaft |
| 3. **Fehlende Vertretungsmacht** des Gesellschafters |
| 4. **Kein Ausschluss** der actio pro socio |
| 5. **Rechtsfolge:** Liegen die Voraussetzungen 1. bis 4. vor, kann der Gesellschafter als gesetzlicher Prozessstandschafter den Sozialanspruch der Gesellschaft im eigenen Namen mit Leistung an die Gesellschaft geltend machen. |

Die den Anspruch der Gesellschaft geltend machende Person muss **Gesellschafter** sein. Auf dessen persönliche Haftung für die Verbindlichkeiten der Gesellschaft kommt es nicht an. Auch der Kommanditist einer KG kann die actio pro socio erheben.

Gläubiger und Vertragspartner der Gesellschaft sind zur Erhebung einer *actio pro socio* **nicht befugt**. Gleiches gilt für den stillen Gesellschafter.[468]

Bei der Außen-GbR und den Personenhandelsgesellschaften ist die Geltendmachung von Ansprüchen der Gesellschaft auf **Sozialansprüche** beschränkt, also auf Ansprüche, die sich gegen die Gesellschafter richten und ihren Ursprung im Gesellschaftsverhältnis haben.

Diese Beschränkung ergibt sich daraus, dass die *actio pro socio* nur der Überwindung eines Interessenkonflikts der zuständigen Gesellschaftsorgane dient. Zudem soll vermieden werden, dass bei der Geltendmachung von Ansprüchen gegen gesellschaftsfremde Dritte gesellschaftsinterne Streitigkeiten auf diese ausgeweitet werden. In diesen Fällen kann vielmehr im Wege der *actio pro socio* ein Schadensersatzanspruch der Gesellschaft gegen das untätige Gesellschaftsorgan geltend gemacht und der Streit gesellschaftsintern ausgetragen werden.

Der Gesellschafter, der von der actio pro socio Gebrauch macht, darf selbst **keine Vertretungsmacht** haben. Hat der Gesellschafter selbst organschaftliche oder rechtsgeschäftliche Vertretungsmacht zur Geltendmachung des Anspruchs der Gesellschaft, kann er diese selbst im fremden Namen geltend machen und es bedarf der *actio pro socio* nicht. Macht ein vertretungsbefugter Gesellschafter einen (Sozial-)Anspruch der Gesellschaft dennoch in seinem eigenen, statt im Namen der Gesellschaft geltend, so wird die Klage mangels Prozessführungsbefugnis als unzulässig abgewiesen.

467 BGH NJW 2000, 505, 506; Mock JuS 2015, 590, 592.

468 BGH NJW 1995, 1353, 1355; s. zur stillen Gesellschaft Rn. 372 ff.

Die *actio pro socio* darf schließlich **nicht ausgeschlossen** sein. Die actio pro socio hat ihre Grundlage im Gesellschaftsverhältnis und ist Ausfluss des Mitgliedschaftsrechts des Gesellschafters; die Ausübung der Klagebefugnis unterliegt daher der gesellschaftlichen Treuepflicht.[469] Diese gesellschafterliche Treuepflicht verbietet eine actio pro socio immer dann, wenn die **unterbliebene Geltendmachung** des Sozialanspruchs durch den geschäftsführenden Gesellschafter **sachlich gerechtfertigt** ist oder der geschäftsführende Gesellschafter **noch nicht ausdrücklich zur Geltendmachung aufgefordert** worden ist. Auch **die zeitgleiche gemeinsame Klageerhebung** eines Gesellschafters im Wege der actio pro socio mit der Klage der Gesellschaft, die lediglich die Kosten der Rechtsdurchsetzung der Sozialverpflichtung erhöht, verstößt gegen die gesellschaftsrechtliche Treuepflicht und ist damit unzulässig.[470]

Liegen die vorstehenden Voraussetzungen der *actio pro socio* vor, kann der Gesellschafter als gesetzlicher Prozessstandschafter den Sozialanspruch außergerichtlich und gerichtlich **im eigenen Namen mit Leistung an die Gesellschaft** geltend machen. Ihm ist aber nicht gestattet, sich über den Anspruch zu vergleichen.

## II. Sozialverpflichtungen

Für die **Erfüllung von Sozialverpflichtungen haftet** grundsätzlich nur die **GbR** und nicht die einzelnen Mitgesellschafter;[471] denn eine persönliche Haftung der Gesellschafter für diese aus dem Gesellschaftsvertrag folgenden Schulden liefe auf eine durch § 707 BGB ausgeschlossene Nachschusspflicht hinaus.[472] **217**

Eine Ausnahme von diesem Grundsatz besteht dann, wenn ein Gesellschafter einen Dritten wegen einer rechtsgeschäftlichen Schuld der GbR aus seinem Privatvermögen befriedigt hat. Der Ersatzanspruch des Gesellschafters (§ 670 BGB) richtet sich zwar primär gegen die GbR; reicht deren Vermögen jedoch nicht aus, so wird dem Gesellschafter ein subsidiärer Ausgleichsanspruch gegen jeden Mitgesellschafter in Höhe des auf diesen entfallenden Anteils gewährt.[473]

## III. Abspaltungsverbot und Anwendbarkeit allgemeiner Vorschriften

### 1. Abspaltungsverbot gemäß § 717 S. 1 BGB

Nach **§ 717 S. 1 BGB** sind „Ansprüche, die den Gesellschaftern aus dem Gesellschafts- **218**
verhältnis gegeneinander zustehen", **nicht übertragbar**. Erkennt man mit dem BGH die Rechtsfähigkeit der GbR an, greift der Wortlaut zu kurz. Erfasst sind eben nicht (nur) die **Ansprüche der Gesellschafter untereinander**, sondern auch und insbesondere die **Sozialverpflichtungen** der GbR. Demgegenüber ist § 717 S. 1 BGB allerdings nicht auf die Sozialansprüche anwendbar, die der GbR gegen ihre Gesellschafter zustehen.[474] Ferner greift auch die Beschränkung auf „Ansprüche" zu kurz; erfasst sind die **Mitverwaltungsrechte** der Gesellschafter, die nach dem o.g. ebenfalls zu den Sozialverpflich-

469 BGH RÜ 2019, 428, Ls. 1; BGH RÜ 2010, 497, Ls.
470 BGH RÜ 2019, 428.
471 OLG Celle WM 2001, 2444.
472 BGH NJW 1962, 1863, 1864; Jacoby/v. Hinden § 714 Rn. 6; Hk-BGB/Saenger § 714 Rn. 9; Erman/Westermann § 705 Rn. 54.
473 So BGH NJW 1962, 1863 zur KG; vgl. auch Jacoby/v. Hinden § 714 Rn. 7 m.w.N.
474 Erman/Westermann § 717 Rn. 2.

tungen gehören.[475] Grundsätzlich unübertragbar sind das Stimmrecht, das Recht auf Teilnahme an der Gesellschafterversammlung und auf Mitwirkung an der Geschäftsführung, ggf. das hieraus resultierende Widerspruchsrecht (§ 711 BGB), das Recht auf Mitwirkung an Abberufungsbeschlüssen (§§ 712, 715 BGB), das Informations- und Kontrollrecht (§ 716 BGB), das Kündigungsrecht sowie das Recht auf Teilhabe und Mitwirkung an der Auseinandersetzung.[476]

In diesem Grundsatz kommt das sog. **Abspaltungsverbot** zum Ausdruck, wonach in der Gesamthandsgemeinschaft Mitverwaltungsrechte nur Personen zustehen können, die als Gesellschafter an Chancen und Risiken der Geschäfte teilnehmen und Miteigentümer des dem Gesellschaftszweck gewidmeten Vermögens sind. Ein Fremder soll nicht ohne Zustimmung der übrigen Gesellschafter in das Gesellschaftsverhältnis eindringen können.[477]

Nach § 717 S. 1 BGB nicht abtretbare Ansprüche sind grundsätzlich auch **nicht pfändbar** (§ 851 Abs. 1 ZPO). Nur die in § 717 S. 2 BGB genannten Ansprüche kann ein Gläubiger des Gesellschafters aufgrund eines gegen ihn gerichteten Titels pfänden. Pfändbar ist aber stets der gesamte Gesellschaftsanteil (§§ 859 Abs. 1 ZPO, 725 BGB).

## 2. §§ 241 ff. BGB

219 Die **§§ 241 ff. BGB** – insbesondere die §§ 275 ff. BGB –, die auch für einseitige Verpflichtungen gelten, sind grundsätzlich auch auf gesellschaftsrechtliche Einzelverpflichtungen **anwendbar**.

**Beispiel:** Der Gesellschafter, der als Beitrag die Übertragung eines Wagens schuldet, muss im Falle fehlender Vereinbarung den Wagen an seinem Wohnsitz (§ 269 BGB) sofort (§ 271 BGB) übereignen. Wird der Wagen vor der Übereignung zerstört, so wird der Gesellschafter gemäß § 275 Abs. 1 BGB von seiner Leistungspflicht befreit. Leistet er verspätet, so muss er ggf. nach §§ 280 Abs. 1 und 2, 286 BGB den Verzögerungsschaden ersetzen.

## 3. §§ 320 ff. BGB

220 Gegen die Anwendung der **§§ 320 ff. BGB** auf die Verpflichtungen aus dem Gesellschaftsverhältnis **bestehen hingegen Bedenken**: Der Gesellschaftsvertrag ist zwar insofern ein gegenseitig verpflichtender Vertrag, als sich jeder Gesellschafter zur Förderung des Gesellschaftszwecks nur deshalb bereit erklärt, weil auch der andere diese Pflicht übernimmt. Im Gegensatz zum zweiseitigen Austauschvertrag, auf den die §§ 320 ff. BGB zugeschnitten sind, bestehen jedoch Besonderheiten: Zum einen wollen die Gesellschafter **keinen Austausch von zwei Leistungen**, sondern durch die Leistungen den **gemeinsamen Zweck fördern**. Die zur Zweckerreichung erforderlichen Leistungen kann die Gesellschaft (die Gesellschafter in ihrer gesamthänderischen Bindung) als Sozialanspruch von jedem einzelnen Gesellschafter verlangen. Auf dieses **mehrseitige Verhältnis** von Sozialansprüchen, Sozialverpflichtungen und Individualverpflichtungen sind die §§ 320 ff. BGB nicht zugeschnitten.

---

475 Erman/Westermann § 717 Rn. 2.

476 Hier und zum Folgenden: Erman/Westermann § 717 Rn. 3.

477 BGH NJW 1952, 178, 179; Bitter/Heim § 5 Rn. 52.

Nach der h.M. sind die §§ 320–326 BGB **jedenfalls insoweit unanwendbar**, als es um den **Bestand des Gesellschaftsverhältnisses**, also insbesondere um die **Rücktrittsbestimmungen** geht. Für den Fortbestand oder die Abwicklung des Gesellschaftsverhältnisses sind die §§ 723 ff. BGB bzw. die §§ 131 ff. HGB jedenfalls Sondervorschriften. Die Anwendung der §§ 323–326 BGB mit der Rechtsfolge des Rücktritts scheidet daher aus.[478]

Besonders umstritten ist die Anwendung des § 320 BGB auf die **Beitragsleistung**. **221**

**Teilweise** wird eine Anwendbarkeit der §§ 320 ff. BGB insgesamt abgelehnt.[479]

Nach einer **anderen Ansicht** kommt insbesondere ein Zurückbehaltungsrecht aus § 320 BGB prinzipiell in Betracht.[480] Ein Gegenseitigkeitsverhältnis bestehe aber lediglich zwischen den Ansprüchen zwischen der Gesellschaft und den Gesellschaftern, also denen auf Beitragsleistung einerseits und auf Gewinnausschüttung andererseits. Dabei ist zu beachten, dass der Gesellschafter in der Regel vorleistungspflichtig sein wird, da ein Gewinn zumeist erst erzielt werden kann, wenn die Beiträge geleistet sind. Im Verhältnis zwischen den Gesellschaftern ist § 320 BGB auch nach dieser Ansicht unanwendbar. Ein Gesellschafter kann sich nicht darauf berufen, dass ein anderer Gesellschafter die Leistung noch nicht erbracht hat.

Die **h.M.** stellt demgegenüber auf die konkrete Zusammensetzung der Gesellschaft ab. Eine Anwendung des § 320 BGB auf Beitragsleistungen kommt demnach (nur) dann in Betracht, wenn es sich um eine **zweigliedrige Gesellschaft** handelt.[481] Könnte sich bei einer mehrgliedrigen Gesellschaft ein Gesellschafter darauf berufen, dass auch nur einer der anderen Gesellschafter noch nicht erfüllt habe, so hätte es jeder einzelne Gesellschafter in der Hand, die Erfüllung des Vertrages unmöglich zu machen und die schon nach außen in den Rechtsverkehr getretene Gesellschaft lahmzulegen. Bei einer zweigliedrigen Gesellschaft besteht diese die Anwendung des § 320 BGB hindernde Interessenlage nicht.

Unabhängig von § 320 BGB kann ein auf Beitragsleistung in Anspruch genommener Gesellschafter dann, wenn ohne sachlich vertretbaren Grund nur von ihm, aber nicht auch von den übrigen Gesellschaftern der Beitrag verlangt wird, einwenden, dass die Inanspruchnahme gegen den **Grundsatz der Gleichbehandlung der Gesellschafter** verstößt. Dieser Einwand führt aber im Gegensatz zu der Einrede des § 320 BGB im Prozess nicht zu einer Zug-um-Zug-Verurteilung; er entfällt vielmehr schon dann, wenn auch der andere Gesellschafter in Anspruch genommen wird. **222**

**Beispiel:** A, B, C und D sind Gesellschafter einer GbR. Als B von dem allein geschäftsführungsbefugten A auf Leistung des vereinbarten Beitrags von 5.000 € in Anspruch genommen wird, verweist er darauf, dass auch C und D ihre Beiträge noch nicht erbracht haben.

**I.** Einrede des § 320 BGB

**1.** Soweit man eine Anwendung der §§ 320 ff. BGB für die Gesellschaft insgesamt ablehnt, kommt ein Zurückbehaltungsrecht aus § 320 BGB generell nicht in Betracht.

---

478 OLG München ZIP 2000, 2255, 2256.

479 Staudinger/Habermeier § 706 Rn. 24.

480 Erman/Westermann § 705 Rn. 43.

481 Windbichler § 6 Rn. 4; Palandt/Sprau § 705 Rn. 13.

**2.** Nach der **h.M.** kommt es hingegen auf die Zusammensetzung der Gesellschaft an. Hier handelt es sich um eine mehrgliedrige Gesellschaft – es sind mehr als zwei Gesellschafter beteiligt –, sodass auch nach dieser Ansicht B nicht die Einrede aus § 320 BGB geltend machen kann.
**3.** Nach teilweise vertretener Ansicht kommt auch bei mehrgliedrigen Gesellschaften eine Anwendung des § 320 BGB für die Beitragsleistung in Betracht. Dies gilt jedoch nur im Verhältnis zwischen der Gesellschaft und den Gesellschaftern. Hier beruft sich B allerdings gerade darauf, dass andere Gesellschafter ihre Beiträge noch nicht erbracht haben. Es geht also um das Verhältnis zwischen den Gesellschaftern. Auch nach dieser Ansicht scheidet § 320 BGB deshalb aus.
**II.** Schließlich steht auch der **Grundsatz der Gleichbehandlung der Gesellschafter** einer Inanspruchnahme des B hier nicht entgegen. Es liegen keine Anhaltspunkte dafür vor, dass ohne sachlich vertretbaren Grund nicht auch die anderen Gesellschafter in Anspruch genommen werden.

## E. Geschäftsführung und Vertretung

223 Für das Verhältnis zwischen **Geschäftsführung (= rechtliches Dürfen im Innenverhältnis)** und **Vertretung (= rechtliches Können im Außenverhältnis)** gelten grundlegend die Ausführungen zur oHG entsprechend.[482] Während jedoch bei der oHG das Innen- und Außenverhältnis streng voneinander zu trennen sind, besteht bei der GbR im Grundsatz ein Gleichlauf von Geschäftsführungs- und Vertretungsbefugnis (§§ 709, 714 BGB).[483]

224 Die Geschäftsführungsbefugnis ist in den **§§ 709–713 BGB** geregelt. Diese Vorschriften sind dispositiv. Die vertragliche Gestaltungsfreiheit der Gesellschafter ist weit gefasst und lediglich durch den **Grundsatz der Selbstorganschaft**[484] in der Weise begrenzt, dass nicht sämtliche Gesellschafter von der Geschäftsführung (und auch Vertretung) der Gesellschaft ausgeschlossen werden dürfen.[485] Wenn der Gesellschaftsvertrag nichts Abweichendes regelt, steht den Gesellschaftern die Führung der Geschäfte der Gesellschaft gemeinschaftlich zu **(Gesamtgeschäftsführungsbefugnis)**; dann ist für jedes Geschäft die Zustimmung aller Gesellschafter erforderlich (§ 709 Abs. 1 BGB).[486]

Dies **unterscheidet die GbR von der oHG und KG**: bei letzteren gilt der Grundsatz der Einzelgeschäftsführungsbefugnis aller Gesellschafter (§§ 114, 115 Abs. 1 HGB).

Die **Gesellschafter können alternativ dazu bestimmen**, dass bei der gemeinschaftlichen Geschäftsführung Mehrheitsbeschlüsse genügen (§ 709 Abs. 2 BGB). Sie können die Geschäftsführungsbefugnis auch mehreren Gesellschaftern übertragen und die übrigen von der Geschäftsführung ausschließen (§ 710 S. 1 BGB). Die Geschäftsführung durch mehrere Gesellschafter kann dabei dem Einstimmigkeits- oder dem Mehrheitsprinzip unterstellt werden (§ 710 S. 2 BGB). Es können aber auch mehrere oder alle Gesellschafter jeweils einzeln zur Geschäftsführung befugt sein (Einzelgeschäftsführungsbefugnis); dann steht den weiteren Geschäftsführern das Widerspruchsrecht nach § 711 BGB zu, während die von der Geschäftsführung ausgeschlossenen Gesellschafter lediglich nach §§ 712, 716 BGB die Möglichkeit haben, auf die Geschäftsführung Einfluss zu nehmen.[487]

---

482 S. hierzu Rn. 119 ff.
483 Bitter/Heim § 6 Rn. 31.
484 S. hierzu Rn. 120, 127.
485 BGH NJW-RR 1994, 98; Hk-BGB/Saenger Vor § 709 Rn. 3.
486 Zum Folgenden: Hk-BGB/Saenger Vor § 709 Rn. 4.
487 Hk-BGB/Saenger § 711 Rn. 1.

Das **Recht zur Geschäftsführung** folgt aus der Gesellschafterstellung (§ 709 BGB) und bedarf keiner gesonderten vertraglichen Vereinbarung. Die Rechte und Pflichten der geschäftsführenden Gesellschafter bestimmen sich, sofern nichts Abweichendes im Gesellschaftsvertrag geregelt ist, gemäß § 713 BGB nach den für den Auftrag geltenden Vorschriften der §§ 664–670, freilich unter Beachtung gesellschaftsrechtlicher Besonderheiten.[488] Daraus folgt: **225**

- Die Geschäftsführung ist **grundsätzlich nicht auf Dritte übertragbar** (§§ 713, 664 BGB);
- **Weisungen** für den Geschäftsführer sind nur bindend, soweit sie sich aus dem Gesellschaftsvertrag, aus seiner Bestellung zum Geschäftsführer oder aus einem wirksamen Gesellschafterbeschluss ergeben (§§ 713, 665 BGB);
- der Geschäftsführer ist der Gesellschaft verpflichtet, **Auskunft** zu geben und **Rechenschaft**[489] abzulegen (§§ 713, 666 BGB);

  Ein einzelner Gesellschafter kann den Anspruch aus §§ 713, 666 BGB nur für die Gesellschaft im Wege der *actio pro socio* geltend machen.[490]
- der Geschäftsführer hat der Gesellschaft das aus der Geschäftsführung **Erlangte herauszugeben** und herauszugebendes Geld im Falle der Verwendung für den Geschäftsführer zu **verzinsen** (§§ 713, 667, 668 BGB);
- der Geschäftsführer kann von der Gesellschaft die **Erstattung von Aufwendungen**, die er den Umständen nach für erforderlich halten durfte, verlangen bzw. einen entsprechenden Vorschuss für die erforderlichen Aufwendungen verlangen (§§ 713, 669, 670 BGB).

  ***Hinweis:*** *Anders als an anderer Stelle gilt die Arbeitsleistung des Geschäftsführers dabei nicht als Aufwendung i.S.d. § 670 BGB. Ein Anspruch auf Vergütung besteht dementsprechend nur, wenn dies ausdrücklich oder konkludent vereinbart worden ist.*

Die einem Gesellschafter durch den Gesellschaftsvertrag übertragene Befugnis zur Geschäftsführung kann ihm durch einstimmigen Beschluss oder, falls nach dem Gesellschaftsvertrag die Mehrheit der Stimmen entscheidet, durch Mehrheitsbeschluss der übrigen Gesellschafter **entzogen** werden, wenn ein **wichtiger Grund** vorliegt (§ 712 Abs. 1 BGB). Ein wichtiger Grund liegt vor, wenn den Gesellschaftern nach Treu und Glauben nicht zugemutet werden kann, die Geschäftsführungsbefugnis bei ihrem Mitgesellschafter zu belassen.[491] Dies ist insbesondere dann der Fall, wenn dem Geschäftsführer eine grobe Pflichtverletzung zur Last fällt oder wenn er zur ordnungsgemäßen Geschäftsführung unfähig ist (§ 712 Abs. 1 letzter Hs. BGB).

488 Hier und zum Folgenden: Hk-BGB/Saenger § 713 Rn. 1 ff.
489 Der Inhalt der Rechenschaftspflicht bestimmt sich nach § 259 BGB.
490 Hk-BGB/Saenger § 713 Rn. 2.
491 Hk-BGB/Saenger § 712 Rn. 1.

## F. Vertretung

226 Die organschaftliche Vertretung der Gesellschaft richtet sich gemäß § 714 BGB nach der Geschäftsführung. Die Vorschrift statuiert einen **Gleichlauf von Geschäftsführungsbefugnis** (Innenverhältnis, §§ 709–713 BGB) **und (aktiver) Vertretungsmacht** (Außenverhältnis).[492]

**Demgegenüber** sind **bei der oHG und der KG** Geschäftsführungsbefugnis und Vertretungsmacht voneinander unabhängig und es besteht grundsätzlich Einzelvertretungsmacht (§§ 125 Abs. 1, 161 Abs. 2 HGB).[493]

Neben der organschaftlichen (aus der Gesellschafterstellung resultierenden) Vertretungsmacht ist auch eine rechtsgeschäftliche Vertretungsmacht durch Bevollmächtigung (§ 167 BGB) möglich. Dann stellt sich aber bei der Vollmachtserteilung die Frage der wirksamen (organschaftlichen) Vertretung der GbR.[494]

227 Sind – dem gesetzlichen Regelfall entsprechend – alle Gesellschafter gemeinschaftlich zur Geschäftsführung befugt (§ 709 Abs. 1 BGB), haben sie nach § 714 BGB auch gemeinschaftliche Vertretungsmacht i.S.v. §§ 164 ff. BGB (sog. **Gesamtvertretung**).[495] Schließt in einem solchen Fall ein einzelner Gesellschafter ein Geschäft im Namen der GbR alleine ab, wird die GbR nicht verpflichtet.

Anderes gilt für die **Passivvertretung**: Ist der GbR gegenüber eine Willenserklärung abzugeben, genügt auch bei bestehender Gesamtvertretung ein Zugang der Willenserklärung bei einem vertretungsberechtigten Gesellschafter.[496]

228 Ist **Einzelgeschäftsführungsbefugnis** vereinbart (§ 710 BGB), gilt über § 714 BGB auch eine **Einzelvertretungsmacht** im Außenverhältnis. Ist die Geschäftsführungsbefugnis nach Geschäftsbereichen aufgeteilt, gilt dasselbe für die Vertretungsmacht.[497]

Möglich ist es auch, die Vertretungsmacht von der Geschäftsführungsbefugnis zu **entkoppeln**, also beispielsweise Einzelgeschäftsführung, aber Gesamtvertretung zu vereinbaren.[498]

**Gerichtlich** wird eine GbR durch alle Gesellschafter vertreten, denen die Geschäftsführungsbefugnis zusteht, soweit der Gesellschaftsvertrag keine abweichenden Regelungen enthält; die Gesellschafter können einen Vertretungsmangel durch Eintritt in den Prozess als gesetzliche Vertreter und Genehmigung der bisherigen Prozessführung genehmigen.[499]

229 **Besonderheiten** gelten, wenn das Vertretergeschäft eine **Verfügung über ein Grundstück** oder Grundstücksrecht ist, als dessen Eigentümer die GbR im Grundbuch eingetragen ist.[500] Nach § 899 a S. 1 BGB wird in Ansehung des eingetragenen Rechts vermu-

492 Bitter/Heim § 5 Rn. 60; Jacoby/v. Hinden § 714 Rn. 1.

493 S. hierzu.Rn. 126, 287.

494 Bitter/Heim § 5 Rn. 64.

495 Hier und zum Folgenden: Bitter/Heim § 5 Rn. 61.

496 BGH ZIP 2012, 581, Rn. 34 u. 37: Allgemeiner Rechtsgedanke aus § 125 Abs. 2 S. 3 HGB, § 78 Abs. 2 S. 2 AktG, § 35 Abs. 2 S. 3 GmbHG, § 25 Abs. 1 S. 3 GenG und §§ 26 Abs. 2, 1629 Abs. 1 S. 2 BGB.

497 Bitter/Heim § 5 Rn. 61.

498 Bitter/Heim § 5 Rn. 62.

499 BGH RÜ 2010, 631, Ls. 1 u. 2.

500 Hier und zum Folgenden: Bitter/Heim § 5 Rn. 63. S. zur Teilungsversteigerung des Grundstücks einer GbR s. BGH RÜ 2013, 769.

tet, dass die gemäß § 47 Abs. 2 S. 1 GBO im Grundbuch eingetragenen Personen Gesellschafter der GbR sind (positive Vermutung) und dass darüber hinaus keine weiteren Gesellschafter vorhanden sind (negative Vermutung). Das Grundbuch verlautbart somit nicht nur den Berechtigten selbst (die GbR, wobei als notwendiger Zwischenschritt auch deren Existenz vermutet wird),[501] sondern auch dessen Gesellschafter und damit auch deren Vertretungsbefugnis nach §§ 709, 714 BGB.[502] Nach § 899 a S. 2 BGB gelten die §§ 892–899 BGB bezüglich der Eintragung der Gesellschafter entsprechend; ein zu Unrecht im Grundbuch nicht als Gesellschafter Eingetragener kann also nach § 894 BGB Grundbuchberichtigung verlangen.[503]

Dementsprechend wird die GbR gemäß §§ 899 a S. 2, 892 BGB bei der Verfügung über das Grundstück wirksam vertreten, wenn sämtliche als Gesellschafter eingetragenen Personen mitwirken, auch wenn die GbR in Wirklichkeit andere oder weitere Gesellschafter hat und daher wegen des Grundsatzes der gemeinschaftlichen Geschäftsführung und Vertretung eigentlich die Vertretungsmacht fehlt. Etwas anderes gilt nur dann, wenn der andere Teil die abweichenden Beteiligungsverhältnisse und damit die fehlende Vertretungsmacht kennt. **§ 899 a BGB schützt** somit **den guten Glauben an die Vertretungsmacht**. Hintergrund dieser Regelung ist, dass die Gesellschafter einer GbR – anders als diejenigen einer Personenhandelsgesellschaft (oHG, KG) – nicht in ein öffentliches Register eingetragen werden und ein Geschäftspartner der Gesellschaft daher ohne den Gutglaubensschutz wegen des Grundsatzes der gemeinschaftlichen Vertretung durch alle Gesellschafter niemals sicher sein könnte, ob die GbR bei der Verfügung wirksam vertreten wurde; dies erscheint dem Gesetzgeber bei Grundstücksgeschäften unzumutbar.

Umstritten ist, ob § 899 a BGB auch das der Verfügung zugrunde liegende **schuldrechtliche Kausalgeschäft** erfasst bzw. – falls dies nicht der Fall sein sollte – ob sich aus allgemeinen Erwägungen ein Rechtsgrund dafür herleiten lässt, dass der Erwerber das gutgläubig erworbene Eigentum auch behalten darf.[504] Würde man die Vertretungsmacht der im Grundbuch eingetragenen Gesellschafter der GbR nur für das dingliche Verfügungsgeschäft, nicht aber zugleich für das diesem zugrunde liegende schuldrechtliche Verpflichtungsgeschäft vermuten, wäre das gutgläubig vom Dritten erworbene Eigentumsrecht immer dann, wenn es auf den guten Glauben ankommt (eben weil die im Grundbuch eingetragenen Gesellschafter nicht personenidentisch mit allen tatsächlichen Gesellschaftern sind), mangels Rechtsgrundes nach § 812 Abs. 1 S. 1 Var. 1 BGB kondizierbar.[505] 230

Die Vermutungen des § 899 a BGB gelten „in Ansehung des eingetragenen Rechts", d.h. in Bezug auf die im Grundbuch eingetragenen Rechte an unbeweglichen Sachen.

Die Verpfändung eines Anteils an einer Grundbesitz haltenden GbR ist demgegenüber nicht im Grundbuch einzutragen.[506]

---

501 Jacoby/v. Hinden § 899 a Rn. 2; a.A. Krüger NZG 2010, 801, 805; MünchKomm-BGB/Kohler § 899 a Rn. 22 m.w.N.

502 Jacoby/v. Hinden § 899 a Rn. 2.

503 Jacoby/v. Hinden § 899 a Rn. 2.

504 Instruktiv zu § 899 a BGB: Happ, Milione JA 2019, 653.

505 Jacoby/v. Hinden § 899 a Rn. 3; MünchKomm-BGB/Kohler § 899 a Rn. 16.

506 BGH RÜ 2017, 14, Rn. 10 ff.

Hinsichtlich anderer Rechtsverhältnisse soll das **Grundbuch nicht** zum **Ersatzregister für die GbR** werden.[507] Daher hilft die Regelung des § 899 a BGB nicht, wenn es um den Erwerb beweglicher Sachen geht, selbst wenn diese im Rahmen eines einheitlichen Geschäfts gemeinsam mit einer Immobilie veräußert wurden (z.B. Inventar eines Hauses). § 899 a BGB ermöglicht auch nicht den gutgläubigen Erwerb eines GbR-Anteils von einem im Grundbuch eingetragenen, in Wirklichkeit aber nicht berechtigten GbR-Gesellschafter.

Auch für den **Erwerb einer Immobilie durch eine bestehende GbR** gilt eine verfahrensrechtliche Erleichterung bezüglich des Nachweises der Existenz der GbR und der Vertretungsberechtigung ihrer Gesellschafter: Als Nachweis in grundbuchtauglicher Form (§ 29 GBO) reicht es aus, wenn die Gesellschafter der erwerbenden GbR in der notariellen Kaufvertragsurkunde bestätigen, dass sie die GbR gegründet haben und sich deren Gesellschafterbestand seither nicht verändert hat.[508]

**Umstritten** ist, ob § 899 a BGB auch dann eingreift, wenn aus einer zweigliedrigen GbR ein Gesellschafter ausgeschieden und damit die **Gesellschaft erloschen** ist.[509]

**Fall 10: Erwerb eines Grundstücks von der GbR**

Die V-GbR ist Eigentümerin eines Grundstücks. Sie ist mit ihren Gesellschaftern A und B im Grundbuch eingetragen. Später tritt C in die Gesellschaft ein. Das Grundbuch bleibt unverändert. Im Namen der Gesellschaft verkaufen A und B in notarieller Form das Grundstück an K und erklären die Auflassung. Nachdem K das Grundstück in Besitz genommen hat und im Grundbuch eingetragen wurde, verlangt die V-GbR, vertreten durch ihre Gesellschafter A, B und C, das Grundstück von K heraus. K weigert sich, denn bei einer Grundbucheinsicht vor Abschluss des Kaufvertrags hätten nur A und B als Gesellschafter der V-GbR im Grundbuch gestanden. Hat die GbR gegen K einen Herausgabeanspruch?

231 I. Ein Herausgabeanspruch der GbR kann sich aus § 985 BGB ergeben. Dafür müsste die GbR Eigentümerin des Grundstücks sein. Ursprünglich war sie Eigentümerin. Sie könnte das **Eigentum aber auf K übertragen** haben.

1. A und B haben im Namen der GbR die **Auflassung** gemäß §§ 873 Abs. 1, 925 Abs. 1 S. 1 BGB erklärt. Fraglich ist, ob sie mit **Vertretungsmacht** handelten. Nach §§ 714, 709 Abs. 1 BGB besteht bei der GbR mangels einer abweichenden Regelung **Gesamtvertretungsmacht**. Die GbR musste von allen Gesellschaftern vertreten werden.

   a) Da nur A und B, nicht aber C die Gesellschaft bei der Auflassung vertreten haben, haben **nicht alle Gesellschafter gehandelt**.

   b) Gemäß **§ 899 a S. 1 Hs. 2 BGB** wird in Ansehung des eingetragenen Rechts vermutet, dass über die eingetragenen Gesellschafter hinaus keine weiteren Gesellschafter vorhanden sind. Wenn – wie im Grundbuch eingetragen – nur A und B Gesellschafter gewesen wären, wäre die Gesellschaft ordnungsgemäß

507 Hier und zum Folgenden: Jacoby/v. Hinden § 899 a Rn. 3.

508 BGH NJW 2011, 1958, Ls.

509 Koch § 6 Rn. 50; ferner Vieweg/Werner § 13 Rn. 43 m.w.N.

vertreten worden. Die Vermutung des § 899 a S. 1 Hs. 2 BGB ist aber **widerleglich**. Im vorliegenden Fall steht fest, dass bei der Auflassung auch C Gesellschafter war. Die Vermutung des § 899 a S. 1 Hs. 2 BGB greift daher nicht ein.

c) Nach **§ 899 a S. 2 BGB** gilt auch § 892 BGB bezüglich der Eintragung der Gesellschafter entsprechend. Damit wird der gute Glaube an die Eintragung der Gesellschafter und an die Vollständigkeit dieser Eintragung geschützt. Es müssten die Voraussetzungen des § 892 BGB bezüglich der Eintragung der Gesellschafter gegeben sein.

aa) Bei der Übertragung des Eigentums von der GbR auf K handelt es sich um ein Rechtsgeschäft im Sinne eines **Verkehrsgeschäfts**, da Veräußerer und Erwerber weder rechtlich noch wirtschaftlich identisch sind.

bb) Da C trotz seines zwischenzeitlichen Eintritts in die Gesellschaft nicht als Gesellschafter im **Grundbuch** eingetragen war, ist dieses **unrichtig**.

cc) Aus dem Grundbuch muss sich die **Legitimation des Verfügenden** ergeben. Wenn, wie im Grundbuch angegeben, A und B die einzigen Gesellschafter gewesen wären, hätten alle Gesellschafter als Gesamtvertreter gehandelt und die Gesellschaft wäre ordnungsgemäß vertreten worden.

dd) K hatte **keine Kenntnis von der Unrichtigkeit** des Grundbuchs und es war auch **kein Widerspruch eingetragen**.

Gemäß §§ 899 a S. 2, 892 BGB gilt das Grundbuch zugunsten des K als richtig. Damit ist die Auflassung ihm gegenüber wirksam.

2. K ist **im Grundbuch eingetragen** worden.

3. Die GbR war **verfügungsbefugte Eigentümerin** des Grundstücks.

K hat das Eigentum von der GbR erworben. Die GbR hat deshalb keinen Herausgabeanspruch aus § 985 BGB.

II. Ein Herausgabeanspruch der GbR könnte sich aber aus § 812 Abs. 1 S. 1 Var. 1 BGB ergeben.

1. K hat **Eigentum und Besitz** an dem Grundstück **erlangt**.

2. Dies geschah **durch Leistung** zum Zweck der Erfüllung des Kaufvertrags (solvendi causa).

3. Der Erwerb erfolgte ohne rechtlichen Grund, wenn der Leistungszweck – die Erfüllung einer Verbindlichkeit – verfehlt wurde. Dies ist der Fall, wenn **kein wirksamer Kaufvertrag** zwischen der V-GbR und K zustande gekommen ist. A und B haben bei Abschluss des Kaufvertrags im Namen der GbR gehandelt. Das gemäß §§ 714, 709 Abs. 1 BGB bestehende Erfordernis der **Gesamtvertretung ist nicht eingehalten worden**, da C auch bei dem Kaufvertrag nicht beteiligt war.

a) Möglicherweise kann dieser Fehler hinsichtlich der (organschaftlichen) Vertretungsmacht aber mit Blick auf **§ 899 S. 1 Hs. 2 BGB** überwunden werden.

aa) **Teilweise** wird vertreten, die Vermutung des **§ 899 a S. 1 Hs. 2 BGB müsse auch für den Kaufvertrag gelten**. Der mit dieser Regelung bezweckte Gutglaubensschutz dürfe nicht dadurch unterlaufen werden, dass der Erwerber das erlangte Eigentum nach dem Bereicherungsrecht zurückübertragen muss.[510] Zudem spricht für eine Geltung im schuldrechtlichen Bereich, dass der Gesetzgeber den Grundstücksverkehr mit einer GbR mittels Einführung des § 899 a BGB umfassend – über allgemeine Rechtscheinsgrundsätze hinaus – schützen wollte.

bb) Die **andere Auffassung** verneint hingegen die Anwendung des § 899 a BGB auf das schuldrechtliche Geschäft. Die systematische Stellung des § 899 a BGB in den Vorschriften des Sachenrechts[511] sowie ihre einschränkende Formulierung „in Ansehung des eingetragenen Rechts" sprechen dafür, dass sich der gute Glaube der §§ 899 a S. 2, 892 Abs. 1 BGB ausschließlich auf das dingliche Verfügungsgeschäft bezieht. Die Vermutung des § 899 a S. 1 Hs. 2 BGB gilt daher nicht für den Abschluss des Kaufvertrags. Überdies ist die Vermutung des § 899 a S. 1 Hs. 2 BGB widerlegt, weil feststeht, dass bei der Auflassung auch C Gesellschafter war.

cc) Im **Ergebnis** spricht für die zuletzt genannte Auffassung, dass § 899 a S. 2 BGB bezüglich der Eintragung der Gesellschafter auf § 892 verweist, und dieser gerade den Erwerb an einem Grundstück oder einem Recht an einem solchen voraussetzt. Dies unterstreicht den sachenrechtlichen Charakter der Regelungssystematik. Demzufolge kann sich keine Legitimation für den Abschluss des Kaufvertrages ergeben.

Mithin wird die fehlende Gesamtvertretung in Bezug auf den Kaufvertrag nicht durch § 899 a BGB überwunden.

***Hinweis:*** *Je nach Gewichtung der einzelnen Auslegungskriterien erscheinen beide Ergebnisse vertretbar. Eine BGH Rechtsprechung existiert bis dato nicht.*

b) Gleichwohl könnte ein Vertrag und somit ein Rechtsgrund im Einzelfall mit Blick auf die im Vergleich zu § 899 a BGB schwächeren allgemeinen Rechtsscheingrundsätze wie die **Duldungs- oder Anscheinsvollmacht** bestehen.

Ob die GbR – mit dem Gesellschafter C – das alleinige Auftreten von A und B bei Abschluss des Kaufvertrags geduldet hat und damit die Voraussetzungen einer Duldungsvollmacht gegeben sind, lässt sich dem Sachverhalt nicht entnehmen. Es kann aber eine **Anscheinsvollmacht** gegeben sein.

aa) Dadurch, dass im Grundbuch nur A und B als Gesellschafter eingetragen waren, bestand der **Rechtsschein** dafür, dass diese die einzigen Gesellschafter waren.

bb) Diesen Rechtsschein müsste die GbR auch **zurechenbar veranlasst** haben. Hier hat sie es entgegen §§ 47 Abs. 2, 82 GBO unterlassen, das Grund-

510 Lautner DNotZ 2009, 651, 671.

511 Wellenhofer JuS 2010, 1048, 1050; Schmidt Jura 2012, 7, 9.

buch entsprechend dem wahren (geänderten) Gesellschafterbestand berichtigen zu lassen. Die aus dem falschen Grundbuch folgenden Rechtsnachteile sind ihr deshalb zuzurechnen.[512] Sie hat den Rechtsschein folglich zurechenbar veranlasst.

cc) Der Rechtsschein muss **zur Zeit des vollmachtlosen Vertretens noch bestanden** haben und darüber hinaus ursächlich geworden sein. Dabei muss auch dargelegt werden, ob der Rechtsschein (hier die unwahre Grundbuchlage) tatsächlich zur Kenntnis genommen wurde. Es bedarf insofern also einer **konkreten Kausalität**.

***Hinweis:*** *Hier liegt gerade ein Unterschied zu § 899 a BGB. Dieser schützt das Vertrauen des Erwerbers abstrakt; eine Einsicht in das Grundbuch ist keine Voraussetzung.*

Läge die Kausalität nicht vor, so würde der Erwerber demzufolge zwar Eigentümer (abstrakter Vertrauensschutz des § 899 a BGB), müsste das Eigentum aber gemäß § 812 Abs. 1 S. 1 Alt. 1 zurückübertragen.

K hat Einsicht in das Grundbuch genommen, in welchem zu diesem Zeitpunkt die rechtsscheinbegründende Tatsache eingetragen war, und hat im Vertrauen darauf den Kaufvertrag abgeschlossen. Der Rechtsschein ist also ursächlich geworden.

dd) Da K auch **gutgläubig** war, liegen die Voraussetzungen einer Anscheinsvollmacht vor. Zwischen der GbR und K besteht ein wirksamer Kaufvertrag und damit ein Rechtsgrund.

Die GbR hat demzufolge auch keinen Herausgabeanspruch aus § 812 Abs. 1 S. 1 Var. 1 BGB.

---

## G. Änderungen im Bestand der Gesellschafter

Auch bei der GbR können sich Änderungen im Gesellschafterbestand ergeben.[513] Ein Gesellschafter kann neu in die Gesellschaft eintreten, durch einen anderen Gesellschafter ausgetauscht werden, automatisch aus der Gesellschaft ausscheiden oder von den anderen Gesellschaftern ausgeschlossen werden. Bei Personengesellschaften (GbR, oHG und KG), die in ihrer gesetzlichen Grundkonzeption auf einen unveränderten personellen Bestand angelegt sind, sind der Eintritt eines neuen Gesellschafters und der Gesellschafterwechsel **Grundlagengeschäfte**, die grundsätzlich der Zustimmung aller Gesellschafter bedürfen.[514] 232

512 Reymann, FS Reuter, 2010, S. 271, 285 f.

513 Zum Folgenden: Bitter/Heim § 5 Rn. 107 ff.

514 BGH RÜ 2014, 764 Rn. 18.

## I. Beitritt eines neuen Gesellschafters

233 Der Beitritt eines neuen Gesellschafters erfolgt durch einen **Aufnahmevertrag** der bisherigen Gesellschafter mit dem Neugesellschafter. Leidet dieser an einem Fehler, finden die **Grundsätze über die fehlerhafte Gesellschaft** Anwendung.[515]

## II. Gesellschafterwechsel

234 Ein Gesellschafterwechsel erfolgt regelmäßig durch **Abtretung des Gesellschaftsanteils** des Altgesellschafters an den Neugesellschafter. Die Abtretung eines Gesellschaftsanteils gemäß §§ 413, 398 BGB ist ein **Verfügungsgeschäft**. Eine zunächst ohne eine erforderliche Zustimmung der übrigen Gesellschafter vorgenommene Verfügung ist solange schwebend unwirksam, bis der letzte Gesellschafter zugestimmt hat. Verweigert ein Gesellschafter seine Zustimmung, ist die Übertragung endgültig unwirksam. § 719 Abs. 1 BGB steht der Übertragung nicht entgegen, weil der Gesellschafter nicht über seinen Anteil am Gesellschaftsvermögen, sondern über die Mitgliedschaft als solche verfügt. Dem Verfügungsgeschäft liegt ein **Verpflichtungsgeschäft** zwischen dem alten und dem neuen Gesellschafter zugrunde, bei dem es sich entweder um einen Rechtskauf (§ 453 Abs. 1 Var. 1 BGB) oder eine Schenkung (§ 516 BGB) handelt.

Der Gesellschafterwechsel kann sich auch durch eine **Kombination von Austritt** des alten **und Eintritt** des neuen Gesellschafters vollziehen: Zunächst wird ein Austrittsvertrag zwischen dem Altgesellschafter und den übrigen Gesellschaftern geschlossen, mit der Folge, dass der Gesellschaftsanteil des ausscheidenden Gesellschafters den verbleibenden Gesellschaftern nach § 738 Abs. 1 S. 1 BGB anwächst. Anschließend wird der neue Gesellschafter durch Aufnahmevertrag mit den verbliebenen Gesellschaftern in die Gesellschaft aufgenommen. Dieser Weg ist deutlich komplizierter als die Abtretung und kommt in der Praxis deshalb nur selten vor.

235 Der Altgesellschafter haftet für die bis zu seinem Ausscheiden begründeten **Altverbindlichkeiten** weiterhin persönlich analog § 128 HGB **(Nachhaftung)**.[516] Altverbindlichkeiten sind alle Schuldverpflichtungen, deren Rechtsgrundlage bis zum Ausscheiden gelegt worden ist, auch wenn die einzelnen Verpflichtungen erst später fällig werden.[517] Die Nachhaftung erlischt gemäß § 736 Abs. 2 BGB i.V.m. § 160 Abs. 1 HGB mit Ablauf einer Frist von fünf Jahren ab dem Zeitpunkt, in dem der Gläubiger vom Ausscheiden des Gesellschafters aus der GbR positive Kenntnis erlangt hat.[518]

Für nach seinem Ausscheiden begründete **Neuverbindlichkeiten** haftet der ausgeschiedene Gesellschafter nicht. Der neu in die Gesellschaft eingetretene Gesellschafter haftet für Altverbindlichkeiten analog § 130 HGB[519] und für Neuverbindlichkeiten analog § 128 HGB.[520]

---

515 Hier und zum Folgenden: BGH NJW 2016, 2492, Rn. 22.
516 Hier und zum Folgenden: Bitter/Heim § 5 Rn. 115.
517 BGH NZG 2012, 221, Rn. 14.
518 BGH RÜ 2008, 94, Ls.
519 BGH NJW 2003, 1803.
520 BGH RÜ 2011, 160.

## III. Ausscheiden eines Gesellschafters

Scheidet ein Gesellschafter aus, weil er kündigt, stirbt oder das Insolvenzverfahren über sein Vermögen eröffnet wird, wird die **GbR** nach der gesetzlichen Grundkonzeption **aufgelöst** (§§ 723, 727 Abs. 1, 728 Abs. 2 S. 1 BGB). Dies unterscheidet die GbR von der oHG bzw. der KG: Hier führt das Ausscheiden eines Gesellschafters grundsätzlich nicht zur Auflösung der Gesellschaft. **236**

Die Gesellschafter können aber auch im Gesellschaftsvertrag vereinbaren, dass in diesen Fällen die **Gesellschaft fortbesteht** und der betroffene Gesellschafter aus der Gesellschaft ausscheidet (§ 736 Abs. 1 BGB, sog. **Fortsetzungsklausel**). Das Ausscheiden des Gesellschafters bewirkt, dass sein Gesellschaftsanteil den übrigen Gesellschaftern anwächst (§ 738 Abs. 1 S. 1 BGB).

§ 738 Abs. 1 S. 1 BGB spricht zwar von einer Anwachsung des „Anteil(s) am Gesellschaftsvermögen". Nach der vom BGH vertretenen Auffassung ist Träger dieses Vermögens aber die GbR, sodass kein Anteil an deren Vermögen, sondern vielmehr der Gesellschaftsanteil als solcher den verbleibenden Gesellschaftern anwächst.

Die verbleibenden Gesellschafter führen die Gesellschaft unter Wahrung deren Identität fort. Als Ausgleich für die **Anwachsung** und den Verlust seiner Gesellschafterrechte[521] steht dem ausgeschiedenen Gesellschafter – bei dessen Tod seinen Erben – gegen die Gesellschaft ein **Abfindungsanspruch** zu (§ 738 Abs. 1 S. 2 BGB).

Der Abfindungsanspruch des ausscheidenden Gesellschafters ist zwar eine Sozialverpflichtung der GbR. Für deren Erfüllung haben die verbleibenden Gesellschafter jedoch – anders als für Sozialverpflichtungen üblich – mit ihrem Privatvermögen einzustehen, § 128 HGB analog.[522]

Für **Altverbindlichkeiten** haftet der ausgeschiedene Gesellschafter analog §§ 128, 160 HGB nach; allerdings steht ihm im Innenverhältnis ein Freistellungsanspruch gegen die Gesellschaft zu (§ 738 Abs. 1 S. 2 BGB). **237**

Nach dem Wortlaut des § 738 Abs. 1 S. 2 BGB haben die verbleibenden Gesellschafter den ausscheidenden von den „gemeinschaftlichen Schulden" zu befreien. Tatsächlich handelt es sich aber um Schulden der GbR, sodass diese auch Schuldnerin des Freihalteanspruchs ist.[523] Für dessen Erfüllung haften die verbleibenden Gesellschafter aber wiederum analog § 128 HGB.

Eine Haftung für **Neuverbindlichkeiten** besteht nicht. **238**

Scheiden so viele Gesellschafter aus, dass **nur noch ein Gesellschafter** verbleiben würde, führt dies zwingend zum Erlöschen der GbR ohne Liquidation, weil es eine Personengesellschaft mit nur einem Gesellschafter – anders als in anderen Rechtsordnungen – nicht gibt.[524] Dann führt die Fortsetzungsklausel dazu, dass das bisherige Gesellschaftsvermögen im Wege der Gesamtrechtsnachfolge auf den letztverbleibenden Gesellschafter übergeht.[525]

Für den **Tod eines Gesellschafters** kann der Gesellschaftsvertrag über eine reine Fortsetzungsklausel hinaus weitere Regelungen treffen. Herausgebildet haben sich insbesondere die **einfachen** und **qualifizierten Nachfolgeklauseln** sowie rechtsgeschäftliche **Eintrittsklauseln**.[526] **239**

---

521 Hk-BGB/Saenger § 738 Rn. 4.
522 Bitter/Heim § 5 Rn. 134; Hk-BGB/Saenger § 738 Rn. 5.
523 Bitter/Heim § 5 Rn. 133; Erman/Westermann § 738 Rn. 9.
524 OLG Hamm ZIP 2014, 1426, 1428.
525 BGH NJW 2008, 2992, Ls. 1; Bitter/Heim § 5 Rn. 120.
526 S. hierzu Rn. 136 ff.

### IV. Ausschluss eines Gesellschafters

240 Betrifft eine Fortsetzungsklausel im Gesellschaftsvertrag (auch) den Fall der Kündigung und liegt in der Person eines Gesellschafters ein Umstand vor, der die übrigen Gesellschafter nach § 723 Abs. 1 S. 2 BGB zur **Kündigung aus wichtigem Grund** berechtigt, so eröffnet § 737 BGB den übrigen Gesellschaftern die Möglichkeit, den betreffenden Gesellschafter aus der Gesellschaft auszuschließen.[527] Der Ausschluss eines Gesellschafters hat die Wirkungen des § 736 Abs. 1 BGB.

## 5. Abschnitt: Die Auflösung und Abwicklung der GbR

241 Die Beendigung einer Außen-GbR verläuft – wie bei den anderen Gesellschaftsformen auch[528] – **in drei Schritten**: Auflösung, Abwicklung (Liquidation) und Vollbeendigung.[529]

Da bei der **Innen-GbR** kein gesamthänderisch gebundenes Gesellschaftsvermögen vorhanden ist, kommt nach ihrer Auflösung eine Liquidation nicht in Betracht. Vielmehr ist die Innengesellschaft mit ihrer Auflösung zugleich vollbeendet.[530]

242 Für die **Auflösung** der GbR kann es unterschiedliche Gründe geben. Sie erfolgt – vorbehaltlich abweichender Regelungen im Gesellschaftsvertrag – insbesondere

- durch Kündigung eines Gesellschafters (§ 723 BGB);[531]
- durch Kündigung eines Gläubigers eines Gesellschafters, der dessen Anteil an der GbR gepfändet hat (§ 725 BGB);
- bei Erreichen oder Unmöglichkeit des Erreichens des Gesellschaftszwecks (§ 726 BGB);
- Eröffnung des Insolvenzverfahrens über das Vermögen der GbR (§ 728 Abs. 1 S. 1 BGB);
- Eröffnung des Insolvenzverfahrens über das Vermögen eines Gesellschafters (§ 728 Abs. 2 S. 1 BGB);
- Vereinigung aller Gesellschaftsanteile in einer Hand;

  In diesem Fall erfolgt jedoch ausnahmsweise keine Abwicklung, da das Gesellschaftsvermögen im Wege der Gesamtrechtsnachfolge auf den letztverbleibenden Gesellschafter übergeht.[532]
- Auflösungsbeschluss der Gesellschafter.

Durch die Auflösung wird die GbR nicht inexistent. Es ändert sich aber ihr Zweck, der nunmehr in der Vollbeendigung liegt. Die Gesellschaft wandelt sich von einer werbenden zu einer „sterbenden" Gesellschaft (sog. **Abwicklungsgesellschaft**).[533]

---

527 Bitter/Heim § 5 Rn. 128.

528 S. zur AG Rn. 511 ff.; zur GmbH Rn. 457 ff.

529 Hier und zum Folgenden: Bitter/Heim § 5 Rn. 150.

530 BGH RÜ 2019, 428.

531 Zur Kündigung einer zweigliedrigen GbR s. OLG Koblenz RÜ 2014, 702.

532 Bitter/Heim § 5 Rn. 152.

533 Bitter/Heim § 5 Rn. 151; vgl. auch § 730 Abs. 2 S. 1 BGB: „Zweck der Auseinandersetzung".

Nach § 731 BGB richtet sich die **Abwicklung** (Liquidation) der Gesellschaft, d.h. die Auseinandersetzung des Gesellschaftsvermögens (vgl. § 730 Abs. 1 BGB) – vorbehaltlich einer anderen Vereinbarung – nach den §§ 732–735 BGB und subsidiär nach den Vorschriften über die Gemeinschaft. **243**

§ 731 S. 2 BGB verweist insoweit auf die §§ 752–754, 756–758 BGB. § 755 BGB findet hingegen keine Anwendung, da für diese Vorschrift neben der vorrangigen Regelung des § 733 BGB kein Raum ist.[534]

Schwebende Geschäfte sind zu beenden (§ 730 Abs. 2 S. 1 BGB). Gegenstände, die ein Gesellschafter der GbR zur Benutzung überlassen hat, sind ihm zurückzugeben (§ 732 S. 1 BGB). Die Gesellschaftsschulden sind aus dem Gesellschaftsvermögen zu berichtigen (§ 733 Abs. 1 und 3 BGB); erst im Anschluss hieran sind den Gesellschaftern ihre Einlagen zurückzuerstatten (§ 733 Abs. 2 und 3 BGB).

Obgleich § 733 Abs. 1 S. 1 BGB (ebenso wie die §§ 734, 735 S. 1 BGB) von „gemeinschaftlichen Schulden" spricht, sind nicht solche der Gesellschafter (persönlich), sondern vielmehr Schulden der rechtsfähigen GbR gemeint.

Reicht das Gesellschaftsvermögen zur Berichtigung der Gesellschaftsschulden und zur Einlagenrückgewähr an die Gesellschafter nicht aus, so haben die Gesellschafter für den Fehlbetrag nach dem Verhältnis aufzukommen, nach welchem sie den Verlust zu tragen haben (§ 735 S. 1 BGB), also im Zweifel nach Kopfteilen (vgl. § 722 BGB); kann dabei von einem Gesellschafter der auf ihn entfallende Beitrag nicht erlangt werden, so haben die übrigen Gesellschafter den Ausfall nach dem gleichen Verhältnis zu tragen (§ 735 S. 2 BGB). Ist nach Schuldentilgung und Einlagenrückgewähr hingegen noch Vermögen der GbR übrig, so wird der Überschuss an die Gesellschafter nach dem Verhältnis ihrer Anteile am Gewinn verteilt (§ 734 BGB), also ebenfalls im Zweifel nach Kopfteilen (vgl. § 722 BGB). Geschäftsführer der Liquidationsgesellschaft sind alle Gesellschafter gemeinschaftlich, selbst wenn zuvor andere Geschäftsführungsregeln vereinbart waren (§ 730 Abs. 2 S. 2 BGB).[535]

Die **Vollbeendigung** der Gesellschaft tritt erst, aber automatisch ein, wenn die Abwicklung abgeschlossen ist.[536] Der GbR dürfen keinerlei Rechte mehr zustehen. Auch nach der Vollbeendigung haften die Gesellschafter für unbeglichene (vergessene/unbekannte) Verbindlichkeiten der GbR persönlich (§§ 128 ff. HGB analog); die Ansprüche verjähren analog § 159 HGB in fünf Jahren ab Kenntnis des Gläubigers von der Auflösung. **244**

534 Hk-BGB/Saenger § 731 Rn. 1.

535 Bitter/Heim § 5 Rn. 160; dies gilt auch für Publikumsgesellschaften (BGH NJW RÜ 2011, 697, Ls. 1).

536 Hier und zum Folgenden: Bitter/Heim § 5 Rn. 161.

## Die Gesellschaft bürgerlichen Rechts (GbR)

### Grundlagen

- Keine juristische Person, mindestens zwei Gesellschafter
- Gesamthandsgemeinschaft
- Außengesellschaft ist rechtsfähig, reine Innengesellschaft nicht

### Entstehung

- Gründung durch Abschluss des Gesellschaftsvertrages i.S.v. § 705 BGB
- Umwandlung

### Haftungsverfassung

- Rechtsfähige (Außen-)GbR haftet für Gesellschaftsschulden mit ihrem eigenen Gesellschaftsvermögen
- Daneben haften die Gesellschafter für die Erfüllung der Gesellschaftsschulden persönlich, unbeschränkt und akzessorisch (§§ 128–130 HGB analog)
- Unter den Gesellschaftern besteht ein echtes Gesamtschuldverhältnis, im Verhältnis zwischen GbR und Gesellschaftern hingegen nicht.

### Organisation

- Der Abschluss des Gesellschaftsvertrages begründet zwischen den Gesellschaftern untereinander und zwischen den Gesellschaftern und der Gesellschaft ein Gesellschaftsverhältnis
- Gesellschafterversammlung: Willensbildungsorgan der Gesellschafter (Kollektivorgan, da immer mindestens zwei Gesellschafter vorhanden sein müssen)
- Geschäftsführungsbefugnis steht allen Gesellschaftern gemeinschaftlich zu, wenn Gesellschaftsvertrag nichts Abweichendes regelt (§ 709 Abs. 1 BGB)
- Vertretungsbefugnis entspricht grundsätzlich der Geschäftsführungsbefugnis, also grds. Gesamtvertretung (§ 714 BGB)

### Abwicklung, Auflösung und Abwicklung

- Auflösung (§§ 723 ff. BGB)
- Abwicklung (Liquidation, §§ 730 ff. BGB)
- Vollbeendigung: mit Abschluss der Abwicklung

## 4. Teil: Die Kommanditgesellschaft (KG)

Die Kommanditgesellschaft (KG) ist in den §§ 161 ff. HGB geregelt.[537] Sie ist eine **beson- 245
dere Form der oHG**[538] und damit zunächst einmal eine **Personengesellschaft**, deren Zweck auf den **Betrieb eines Handelsgewerbes** unter gemeinschaftlicher Firma gerichtet ist. Im Gegensatz zur oHG existieren in der KG jedoch zwei Arten von Gesellschaftern. Zu dem persönlich haftenden Gesellschafter **(Komplementär)**, der nach den Vorschriften des oHG-Rechts haftet (§§ 128 ff. HGB), tritt mindestens ein haftungsprivilegierter Gesellschafter **(Kommanditist)**. Seine Haftung ist nach § 161 Abs. 1 HGB auf eine bestimmte Vermögenseinlage beschränkt.

**Faustformel:** Der Komplementär hat's schwer (weil er unbeschränkt haftet), der Kommanditist ist nur Statist (weil er selbst keine Vertretung übernimmt, die KG ohne ihn aber nicht existieren kann).

Wie jede Personengesellschaft ist auch die KG keine juristische Person, aber gleichwohl ist sie eine **rechtsfähige Personengesellschaft** (§§ 161 Abs. 2, 124 Abs. 1 HGB), also ein Rechtssubjekt.

### 1. Abschnitt: Grundlagen

Auf die KG **findet das Recht der oHG Anwendung**, soweit sich nicht aus den §§ 161 ff. 246
HGB etwas Abweichendes ergibt (§ 161 Abs. 2 HGB). Folglich gelten über §§ 161 Abs. 2, 105 Abs. 3 HGB auch subsidiär die §§ 705 ff. BGB zur GbR.

Für das **Innenverhältnis** der Gesellschafter untereinander ist **primär der Gesellschaftsvertrag maßgebend**; nur soweit dieser keine abweichenden Regelungen enthält, gelten die §§ 164–169 HGB (§ 163 HGB). Insoweit bildet § 163 HGB das Gegenstück zu § 109 HGB bei der oHG.[539] Die §§ 164–169 HGB befassen sich mit Ausnahme des § 168 HGB mit der Rechtsstellung der Kommanditisten. Dies verdeutlicht, dass diese den wesentlichen Unterschied der KG zur oHG ausmacht.

Für das **Außenverhältnis** der KG sind, soweit es um die Rechtsstellung der Komplementäre geht, über § 161 Abs. 2 HGB die Regeln zur oHG anwendbar. Ihre Rechtsstellung entspricht damit in jeder Hinsicht derjenigen der Mitglieder einer oHG.[540] Die §§ 170 bis 176 HGB enthalten ergänzende Vorschriften für die Kommanditisten. Diese Vorschriften sind **zwingend**.[541]

### 2. Abschnitt: Die Entstehung der KG

Eine KG kann durch **Gründung** oder durch **Umwandlung** entstehen.

### A. Entstehung durch Gründung

Bei der Gründung der KG ist – wie bei der oHG – zwischen ihrer Entstehung im Innenver- 247
hältnis und ihrer Wirksamkeit im Außenverhältnis zu unterscheiden.

537 Vgl. hierzu den komprimierten Überblick bei Lange Jura 2015, 1017.

538 Koch § 20 Rn. 3, 22.

539 Ensthaler/Kluge/Kluge § 163 Rn. 2.

540 Windbichler § 17 Rn. 1.

541 Ensthaler/Kluge/Kluge § 163 Rn. 2; Kindler § 13 Rn. 14.

## I. Innenverhältnis

248 Im Innenverhältnis entsteht die KG mit **Wirksamwerden des Gesellschaftsvertrags** i.S.v. § 705 BGB.[542] Sie ist sogleich KG (vgl. § 161 Abs. 1 HGB: „ist eine Kommanditgesellschaft"), wenn der Gesellschaftsvertrag alle in § 161 Abs.1 HGB aufgezählten konstitutiven Merkmale einer KG erfüllt. Auf die Voraussetzungen des § 123 HGB, der nur das Verhältnis zu Dritten betrifft, kommt es im Innenverhältnis nicht an.

## II. Außenverhältnis

249 Für das Außenverhältnis findet über § 161 Abs. 2 HGB der § 123 HGB Anwendung.[543] Die KG entsteht demnach **spätestens mit ihrer Eintragung in das Handelsregister** (§§ 161 Abs. 2, 123 Abs.1 HGB).

Erfolgt die **Aufnahme der Geschäftstätigkeit** zu einem früheren Zeitpunkt, so ist dieser Zeitpunkt für die Entstehung im Außenverhältnis maßgeblich, sofern die KG ein **Handelsgewerbe** nach § 1 Abs. 2 HGB betreibt (§§ 161 Abs. 2, 123 Abs. 2 HGB).

Handelt es sich dagegen um eine **kleingewerbliche Gesellschaft** (§ 2 HGB) oder eine solche mit dem Zweck der **Vermögensverwaltung** (§§ 161 Abs. 2, 123 Abs. 2, 105 Abs. 2 Var. 2 HGB), ist deren **Eintragung** in das Handelsregister für ihre Qualifikation als KG im Außenverhältnis hingegen **konstitutiv**. Nimmt sie ihre **Geschäftstätigkeit schon vorher** auf, ist sie **als (Außen-)GbR gleichwohl rechtsfähig** und unterliegt den §§ 705 ff. BGB. Insbesondere findet die Haftungsbeschränkung des Kommanditisten keine Anwendung, vielmehr gilt für alle Gesellschafter die strenge Haftung nach der Akzessorietätstheorie (§ 128 HGB analog). Im Verhältnis der Gesellschafter untereinander gelten dann, wenn und soweit dies dem Willen der Vertragspartner entspricht, neben den Bestimmungen des Gesellschaftsvertrages bereits die Vorschriften zur KG.

# B. Entstehung durch Umwandlung

250 Eine KG kann zum einen dadurch entstehen, dass sich eine bestehende Personengesellschaft (oHG, GbR) oder ein einzelkaufmännisches Unternehmen durch **Eintritt eines Kommanditisten** oder durch **Änderung der Rechtsstellung eines Gesellschafters** (z.B. § 139 HGB) in eine KG umwandelt.[544] Eine solche Umwandlung wird aufgrund der Haftungsbeschränkung des Kommanditisten erst mit **Eintragung in das Handelsregister** gegenüber Dritten wirksam.[545]

Durch die Umwandlung entsteht keine neue Gesellschaft, vielmehr bleibt aufgrund des Grundsatzes der **Identität der Personengesellschaften** die rechtliche Identität zwischen der vorherigen Gesellschaft und der neuen KG gewahrt.[546] Eine Übertragung der Vermögensgegenstände auf die neue KG ist dementsprechend weder erforderlich noch möglich.

542 Hier und zum Folgenden: Oetker/Oetker § 161 Rn. 23.
543 Hier und zum Folgenden: Koch § 20 Rn. 14.
544 Kindler § 13 Rn. 11.
545 Kindler § 13 Rn. 11.
546 Hier und zum Folgenden: Koch § 20 Rn. 17.

Zum anderen ist die formwechselnde Umwandlung einer **Kapitalgesellschaft** in die Rechtsform einer KG nach **§§ 190 ff., 228 ff. UmwG** möglich.[547] Danach erfolgt die Umwandlung nicht kraft Rechtsformzwangs, sondern auf Grund eines Beschlusses der Anteilsinhaber (§§ 193 f., 233 UmwG). Die Identität des Rechtsträgers bleibt von der Umwandlung unberührt, sodass auch in dieser Konstellation kein Vermögensübergang stattfindet (§ 202 Abs. 1 Nr. 1 UmwG). Aber der Rechtsformzusatz in der Firma (§ 19 HGB) ist stets anzupassen.[548]

## 3. Abschnitt: Die Haftungsverfassung der KG

Die Haftungsverfassung der KG entspricht insoweit derjenigen der oHG, als die **KG** für **251**
Verbindlichkeiten der Gesellschaft selbst (§ 161 Abs. 2 i.V.m. § 124 HGB) und daneben akzessorisch die **persönlich haftenden Gesellschafter** (§ 161 Abs. 2 i.V.m. §§ 128 ff. HGB) haften. Besonderheiten ergeben sich aus den §§ 171 ff. HGB für die (beschränkte) Haftung der **Kommanditisten**.

**Beispiel:** Schließt ein vertretungsberechtigter Komplementär im Namen der KG einen wirksamen Kaufvertrag für die KG als Käuferin, kommen für den Anspruch des Verkäufers (Gläubigers) auf Kaufpreiszahlung aus § 433 Abs. 2 BGB **drei verschiedene Rechtssubjekte als Anspruchsgegner** in Betracht: die KG, der Komplementär und der Kommanditist. Die KG haftet als Vertragspartner des Gläubigers selbst auf Zahlung des Kaufpreises (§ 433 Abs. 2 i.V.m. §§ 161 Abs. 2, 124 HGB). Für die Erfüllung dieses Anspruchs haftet der Komplementär unbeschränkt persönlich (§ 433 Abs. 2 BGB i.V.m. §§ 161 Abs. 2, 128 HGB). Eine (Außen-)Haftung des Kommanditisten kann sich aus §§ 171, 172 HGB ergeben; allerdings ist der Kommanditist von einer Außenhaftung gegenüber den Gläubigern der KG **befreit, soweit er eine werthaltige Einlage in Höhe der Haftsumme geleistet** hat (§ 171 Abs. 1 Hs. 2 HGB).

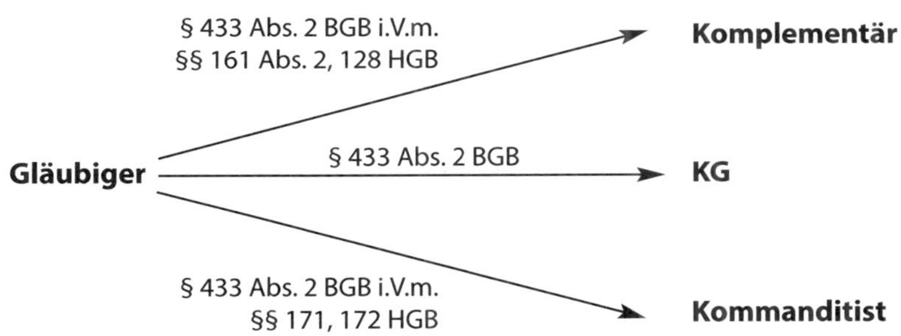


## A. Die Haftung der KG

Für die Haftung der KG gelten die gleichen Grundsätze **wie bei der oHG.**[549] Die KG haf- **252**
tet für in ihrem Namen (§ 161 Abs. 2 i.V.m. § 124 HGB) abgeschlossene Geschäfte, für das Verschulden von Erfüllungsgehilfen (§ 278 BGB), für die Handlungen von Verrichtungsgehilfen (§ 831 BGB)[550] und für das Verschulden ihrer „verfassungsmäßig berufenen Vertreter" (§ 31 BGB analog).[551]

547 Hier und zum Folgenden: Oetker/Oetker § 161 Rn. 26 f.

548 Kindler § 13 Rn. 13.

549 S. hierzu Rn. 53 ff.

550 Zur Stellung einer Konzernschwestergesellschaft als Verrichtungsgehilfe i.S.v. § 831 BGB s. BGH RÜ 2013, 80.

551 Bitter/Heim § 7 Rn. 4.

## B. Die Haftung der Komplementäre

253 Die Komplementäre haften **wie die Gesellschafter einer oHG**[552] persönlich mit ihrem gesamten Privatvermögen für die Erfüllung der Gesellschaftsschulden (§ 161 Abs. 2 i.V.m. §§ 128 ff. HGB). Die Gläubiger können sie also gesamtschuldnerisch, unbeschränkt, unmittelbar und primär in Anspruch nehmen.[553]

## C. Die Haftung der Kommanditisten

254 Das Haftungssystem des Kommanditisten ist deutlich differenzierter ausgestaltet, als die Haftung der KG als solcher und die Haftung der Komplementäre. Es ist zu unterscheiden zwischen der **grundsätzlich beschränkten Haftung des Kommanditisten** (§§ 171 bis 175 HGB) und der **unbeschränkten Haftung des Kommanditisten** (§ 176 HGB).

**Haftung der Gesellschafter einer KG**

| Komplementäre | Kommanditisten |
|---|---|
| ■ **voll, persönlich**, als Gesamtschuldner, §§ 161 Abs. 2, 128<br>■ **auch Neueintretende**, §§ 161 Abs. 2, 130<br>■ **Austretende**, §§ 161 Abs. 2, 160 | ■ **Grundsätzlich:**<br>– **beschränkt** auf Einlage, § 171 Abs. 1<br>**Beachte:** auch bei Einlagenrückzahlung, vgl. § 172 Abs. 4<br>– **auch Neueintretende**, § 173 i.V.m. § 171<br>■ **Ausnahme:** voll, persönlich, falls neu eingetretener Kommanditist z.Z. der Begründung der Verbindlichkeit noch nicht im HR eingetragen, § 176 Abs. 2 i.V.m. Abs. 1 |

### I. Die Haftung des Kommanditisten nach Eintragung im Handelsregister (§ 171 HGB)

255 § 171 Abs. 1 HGB regelt die **Außenhaftung** des Kommanditisten gegenüber Gläubigern der KG mit seinem Privatvermögen, welches vom Gesellschaftsvermögen zu trennen ist.[554] **Bis zu** dem Moment, in dem der Kommanditist seine **(Pflicht-)Einlage** in das Gesellschaftsvermögen erbringt, haftet er den Gesellschaftsgläubigern wert- und summenmäßig bis zur Höhe seiner (Haft-)Einlage beschränkt (Hs. 1). **Nach Leistung und nicht zurück erhaltener Einlage** haftet der Kommanditist grundsätzlich nicht (Hs. 2); eine Ausnahme von diesem Grundsatz bildet allerdings die Haftung vor Eintragung der KG gemäß § 176 HGB.

---

552 S. hierzu Rn. 63 ff.

553 Bitter/Heim § 7 Rn. 5.

554 Zum Folgenden: Oetker/Oetker § 171 Rn. 1.

## 1. Außenhaftung des Kommanditisten vor Leistung der Einlage nach § 171 Abs. 1 Hs. 1 HGB

Nach § 171 Abs. 1 Hs. 1 HGB haftet der Kommanditist den Gläubigern der Gesellschaft bis zur Höhe seine Einlage unmittelbar und primär solange seine Einlage nicht geleistet ist. Sie gewährt den Gläubigern der KG das Recht, zur Begleichung einer Forderung, die gegenüber der KG besteht, auf das private Vermögen des Kommanditisten beschränkt bis zur Höhe der im Handelsregister eingetragenen Einlage zuzugreifen. Dabei unterscheidet sich der **Inhalt der Haftung** des Kommanditisten von der Haftung des Komplementärs dadurch, dass der Kommanditist den Gläubigern **stets nur auf eine Geldleistung haftet**.[555] Die für den Komplementär geltende Erfüllungstheorie[556] gilt für den Kommanditisten nicht. **256**

Der Begriff der Einlage ist dabei als Synonym für die Hafteinlage oder Haftsumme[557] zu begreifen und von der Pflichteinlage **zu unterscheiden**:[558]

- Da § 171 Abs. 1 Hs. 1 HGB ausschließlich das Außenverhältnis des Kommanditisten zu den Gesellschaftsgläubigern betrifft, ist für den Umfang seiner Haftung allein die Höhe der im Handelsregister eingetragenen und damit **nach außen kundgegebenen Hafteinlage** i.S.v. § 162 Abs. 1 HGB **(„Haftsumme")** relevant.[559] Diese ist ein im Gesellschaftsvertrag frei bestimmbarer Geldbetrag, der denjenigen Geldbetrag aufzeigt, bis zu dem der Kommanditist den Gläubigern der KG **im Außenverhältnis** – außer in den Fällen des § 176 HGB – maximal haftet. Insbesondere schreibt das Gesetz hierfür keine Untergrenze in Form irgendeiner „Mindesthaftsumme" vor.[560] **257**
- Von der in § 171 Abs. 1 Hs. 1 HGB maßgeblichen Einlage im haftungsrechtlichen Sinne, der sog. Haftsumme, ist die **Einlage im technischen Sinne** zu unterscheiden, zu deren Leistung sich der Kommanditist **im Innenverhältnis** zur Gesellschaft verpflichtet hat **(„Pflichteinlage")** und die es im Rahmen des § 171 Abs. 1 Hs. 2 HGB zu berücksichtigen gilt.[561] Die Pflichteinlage muss – anders als die Haftsumme – nicht in einem Geldbetrag ausgedrückt sein; sie unterliegt der freien Verfügung der Gesellschafter. **258**

Wertmäßig **können** Pflichteinlage und Haftsumme **voneinander abweichen**.[562] Wenn im Gesellschaftsvertrag eine getrennte Ausweisung fehlt und dieser nur die Höhe der „Einlage" festlegt, werden Pflichteinlage und Haftsumme jedoch im Zweifel einander entsprechen.[563] **259**

---

555 Koch § 22 Rn. 4; Schäfer § 13 Rn. 5.

556 Vgl. Rn. 73.

557 BGH NJW 1973, 1036, 1037; OLG Schleswig NZG 2009, 256, 257; MünchKomm-HGB/K. Schmidt §§ 171, 172 Rn. 5 ff.

558 BGH NJW 1995, 197, 198; Baumbach/Hopt/Roth HGB § 171 Rn. 1; Oetker/Oetker § 171 Rn. 6.

559 Oetker/Oetker § 171 Rn. 7.

560 Eine Mindesthaftsumme kennt das Gesetz hingegen nicht (Oetker/Oetker § 171 Rn. 7).

561 Hier und zum Folgenden: Oetker/Oetker § 171 Rn. 8.

562 OLG Schleswig NZG 2009, 256, 257; Bitter/Heim § 7 Rn. 8.

563 BGH NJW 1977, 1820, 1821; Oetker/Oetker § 171 Rn. 8.

Für die **Gesellschaftsgläubiger** ist die Pflichteinlage nur von nachgeordneter Bedeutung.[564] In Ermangelung eines Anspruchs auf Leistung der Pflichteinlage ist eine unmittelbare persönliche Inanspruchnahme der Kommanditisten grundsätzlich[565] nur in Höhe der **Haftsumme** möglich. Eine Inanspruchnahme des Kommanditisten in Höhe der **Pflichteinlage** ist dem Gesellschaftsgläubiger **ausnahmsweise** dann möglich, wenn er die Einlageforderung von der Gesellschaft unter Berücksichtigung der §§ 404 ff. BGB durch Abtretung erwirbt oder auf diese durch eine Pfändung zugreift.

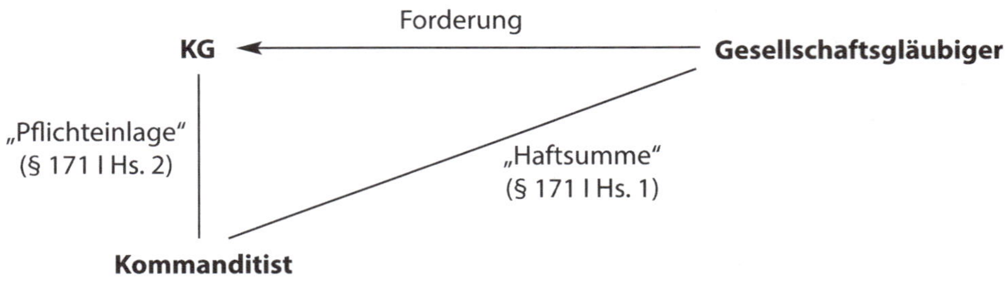


**260** Die Haftung des Kommanditisten nach § 171 Abs. 1 Hs. 1 HGB **beginnt** in dem Zeitpunkt, in dem die KG als solche in das Handelsregister eingetragen wird oder einen kaufmännischen Gewerbebetrieb aufnimmt (§ 161 Abs. 2 i.V.m. § 123 Abs. 1 und 2 HGB). Bei einer bestehenden KG ist der Eintritt des Kommanditisten in die Rechte und Pflichten des Gesellschaftsvertrages das haftungsauslösende Moment.[566]

Umgekehrt **endet** die Haftung des Kommanditisten aber nicht automatisch dadurch, dass er aus der KG austritt oder diese aufgelöst wird.[567] Sowohl das Ausscheiden des Kommanditisten als auch die Auflösung der Gesellschaft haben unabhängig von der Art der Auseinandersetzung[568] den Untergang der Pflichteinlageansprüche, nicht aber die Beendigung der Haftung des Kommanditisten im Außenverhältnis zur Folge. Statt dieser legt das Gesetz in § 161 Abs. 2 i.V.m. §§ 159 Abs. 1 und 2, 160 Abs. 1 HGB eine (maximal) fünfjährige Ausschluss- bzw. Verjährungsfrist für die Haftung des Kommanditisten in Bezug auf Altverbindlichkeiten der Gesellschaft fest. Unter der Voraussetzung, dass der Kommanditist seine Pflichteinlage noch nicht erbracht oder wieder zurück erhalten hat, kann er innerhalb dieser Frist gesamtschuldnerisch und summenmäßig beschränkt für jede Verbindlichkeit in Anspruch genommen werden, die bis zum eintragungspflichtigen Ausscheidens- bzw. Auflösungszeitpunkt begründet worden ist. Damit garantiert das Gesetz dem Gesellschaftsgläubiger, dass weder das Ausscheiden eines Gesellschafters noch die Auflösung der KG seine Rechtsposition schmälert.[569]

**261** Für **Neuverbindlichkeiten** haftet der Kommanditist im Übrigen nur dann, wenn es an einem Ausscheidens- bzw. Rechtsnachfolgevermerk im Handelsregister fehlt und der

564 Hier und zum Folgenden: Oetker/Oetker § 171 Rn. 10.
565 Oetker/Oetker § 171 Rn. 10.
566 Oetker/Oetker § 171 Rn. 15.
567 Hier und zum Folgenden: Oetker/Oetker § 171 Rn. 16.
568 MünchKomm-HGB/K. Schmidt §§ 171, 172 Rn. 18 f.
569 BGH NJW 1963, 1873, 1876; Oetker/Oetker § 171 Rn. 15.

Vertragspartner auf den vom Handelsregister ausgewiesenen Rechtsschein gutgläubig vertraut hat (§§ 162 Abs. 3, 15 Abs. 1 HGB).[570]

## 2. Haftungsausschluss nach Leistung der Einlage, § 171 Abs. 1 Hs. 2 HGB

Die (Außen-)Haftung des Kommanditisten gegenüber Gesellschaftsgläubigern gemäß § 171 Abs. 1 Hs. 1 HGB ist nach § 171 Abs. 1 Hs. 2 HGB **ausgeschlossen, soweit die Einlage geleistet ist**. Die Einlageleistung ist ein Beitrag i.S.v. §§ 161 Abs. 2, 105 Abs. 3 HGB i.V.m. § 705 BGB, der unabhängig von seinem Gegenstand auf verschiedenen Wegen in das haftende Vermögen der KG überführt werden kann (Einlage im technischen Sinne).[571] In diesem Punkt wird der funktionelle Zusammenhang zwischen Pflicht- und Hafteinlage deutlich: Um eine Haftungsbefreiung i.S.v. § 171 Abs. 1 Hs. 2 HGB zu erreichen, muss der Kommanditist mit seinem Beitrag der KG ein der Haftsumme objektiv entsprechendes Vermögen tatsächlich zur Verfügung stellen **(Kapitalaufbringungsprinzip)**.[572] In diesem Kontext ist die „Einlage" als bedungene Einlage (§ 167 HGB) und damit als Pflichteinlage in Abgrenzung zur Haftsumme (§ 171 Abs. 1 Hs. 1 HGB) zu verstehen.[573] **262**

Die Haftungsbefreiung tritt ein, **„soweit"** die Pflichteinlage geleistet wurde.[574] Sollte die Pflichteinlage hinter dem Betrag der Haftsumme zurückbleiben, kann sich der Kommanditist, um nicht dauerhaft Außenansprüchen ausgesetzt zu sein, durch Zahlung des Differenzbetrages an die Gesellschaft befreien.[575]

Die **Befriedigung eines Gesellschaftsgläubigers durch einen Kommanditisten** ist genau genommen keine Leistung der Pflichteinlage, weil nicht auf die Einlage geleistet wird.[576] Der Kommanditist wird jedoch in Höhe des objektiven Leistungswertes von seiner persönlichen Haftung befreit, weil er die KG insoweit von einer Verbindlichkeit gegenüber dem Gläubiger befreit hat und diese um die ihr ersparten Aufwendungen bereichert ist.[577] Die **Schuldbefreiung** führt unabhängig von dem Rechtsgrund der Forderung im Innenverhältnis zur KG zu einer Minderung der Haftungsschuld des Kommanditisten im Werte der von ihm aufgewendeten Auslagen.[578]

## 3. Haftung des Kommanditisten in der Insolvenz, § 171 Abs. 2 HGB

Bei einer Eröffnung des Insolvenzverfahrens über das Vermögen der KG besteht zwischen den einzelnen Gläubigern der KG ein Wettbewerb dahingehend, wer den Kommanditisten als erster erfolgreich in Anspruch nehmen kann. Ein solches **Wettrennen der Gläubiger** soll dadurch verhindert werden, dass die unmittelbare Haftung des **263**

---

570 Oetker/Oetker § 171 Rn. 17.
571 Hier und zum Folgenden: Oetker/Oetker § 171 Rn. 36.
572 BGH NJW 1985, 2947, 2949.
573 Ensthaler/Kluge/Kluge § 171 Rn. 18.
574 Hier und zum Folgenden: Ensthaler/Kluge/Kluge § 171 Rn. 19.
575 BGH NJW 1972, 480, 481.
576 BGH NJW 1984, 2290, 2291; Oetker/Oetker § 171 Rn. 39.
577 BGH NJW 1985, 2947, 2948; Oetker/Oetker § 171 Rn. 39.
578 BGH NJW 1972, 480, 481; Oetker/Oetker § 171 Rn. 39.

Kommanditisten nach § 171 Abs. 1 Hs. 1 HGB gegenüber den Gläubigern der KG während der Dauer des Insolvenzverfahrens über das Vermögen der KG nur deren Insolvenzverwalter geltend machen kann (§ 171 Abs. 2 HGB).[579] Die **insolvenzrechtliche Bindung der Haftsumme** verhindert eine Ausschöpfung der summenmäßig beschränkten Haftung des Kommanditisten durch einen Gesellschaftsgläubiger zum Nachteil der anderen.[580] § 171 Abs. 2 HGB dient damit dem obersten insolvenzrechtlichen Primat der **gleichmäßigen Befriedigung der Gesellschaftsgläubiger** (par conditio creditorum).[581]

Dem Ausnahmetatbestand des § 171 Abs. 2 HGB wird eine **Doppelfunktion** zugeschrieben:[582]

(1) Die Gläubiger können nicht mehr gegen persönlich haftende Gesellschafter vorgehen und diese können nicht mehr befreiend an den Gläubiger der Gesellschaft leisten **(Sperrfunktion)**.[583]

(2) Der Insolvenzverwalter ist ermächtigt, die Haftung des Kommanditisten aus § 171 Abs. 1 Hs. 1 HGB durchzusetzen **(Ermächtigungsfunktion)**. Dadurch wird sichergestellt, dass die Haftung des Kommanditisten geltend gemacht wird und im Anschluss unter allen Gläubigern aufgeteilt wird.[584]

Mit Eröffnung des Insolvenzverfahrens geht nicht nur die Befugnis zur Inanspruchnahme des Kommanditisten aus § 171 Abs. 1 Hs. 1 HGB auf den Insolvenzverwalter über (§ 171 Abs. 2 HGB i.V.m. § 93 InsO). Gleichzeitig oder alternativ kann er von dem Kommanditisten die (noch ausstehende) **Leistung der Pflichteinlage verlangen** (§ 80 InsO).[585]

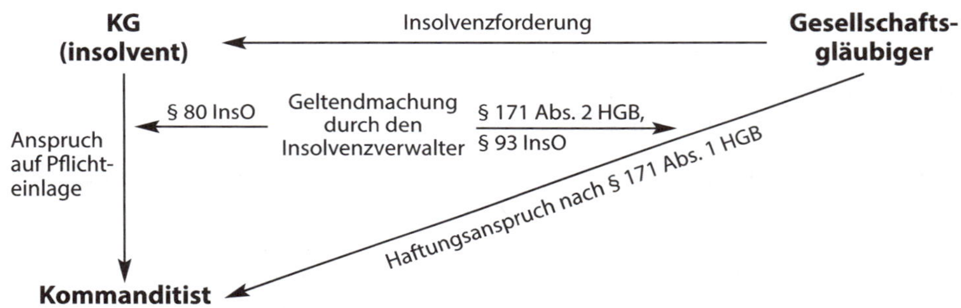


## II. Haftungsschädliche Einlagenrückgewähr nach § 172 Abs. 4 HGB

264 Grundsätzlich entfällt die persönliche Haftung des Kommanditisten, wenn dieser die im Innenverhältnis zur KG zu erbringende Pflichteinlage, deren objektiver Wert der Haftsumme entsprechen muss, erbracht hat (§ 171 Abs. 1 Hs. 2 HGB).[586] § 172 Abs. 4 HGB tritt ergänzend hinzu und betrifft Sachverhalte, bei denen sich **die im Außenverhältnis** des Kommanditisten zu den Gesellschaftsgläubigern **ausgeschlossene Haftung wieder in eine summenmäßig beschränkte Kommanditistenhaftung zurückverwandelt**.[587]

579 Mock § 8 Rn. 447.

580 BGH NJW 1990, 3145, 3146; BGH NJW 1964, 2407, 2409; Oetker/Oetker § 171 Rn. 55.

581 BGH NJW 1982, 883, 885; BGH NJW 1972, 480, 482; Oetker/Oetker § 171 Rn. 3.

582 Ensthaler/Kluge/Kluge § 171 Rn. 23; K. Schmidt, GesR, § 54 V 2.

583 K. Schmidt, GesR, § 54 V 2; MünchKomm-HGB/K. Schmidt §§ 171, 172 Rn. 109.

584 Mock § 8 Rn. 447.

585 Hier und zum Folgenden: Oetker/Oetker § 171 Rn. 57 f.

586 Hier und zum Folgenden: Oetker/Oetker § 172 Rn. 16.

587 Ensthaler/Kluge/Kluge § 172 Rn. 12.

Der Umfang, in dem die Haftung nach § 172 Abs. 4 HGB wieder auflebt, ist **dabei in dreifacher Hinsicht begrenzt**, nämlich durch die Haftsumme, die Höhe des ausgezahlten Betrags und das Ausmaß der dadurch ggf. entstehenden Haftsummenunterdeckung.[588] Die Haftung nach §§ 171 Abs. 1, 172 Abs. 4 HGB soll nur gewährleisten, dass die Haftsumme im Gesellschaftsvermögen gedeckt ist; auf mehr können die Gläubiger nicht vertrauen.[589]

Die in § 172 Abs. 4 HGB beschriebene Wirkung tritt dabei nur gegenüber den Gläubigern ein, d.h. das Innenverhältnis zur Gesellschaft ist davon nicht berührt.[590] Ein Rückgewähranspruch der Gesellschaft entsteht somit nicht automatisch, sondern kann sich nur aus anderen Rechtsgründen ergeben, insbesondere aus einer entsprechenden (gesellschafts-)vertraglichen Abrede.[591] § 172 Abs. 4 HGB ist insofern also nicht mit den Kapitalerhaltungsregeln der §§ 30, 31 GmbHG vergleichbar.[592]

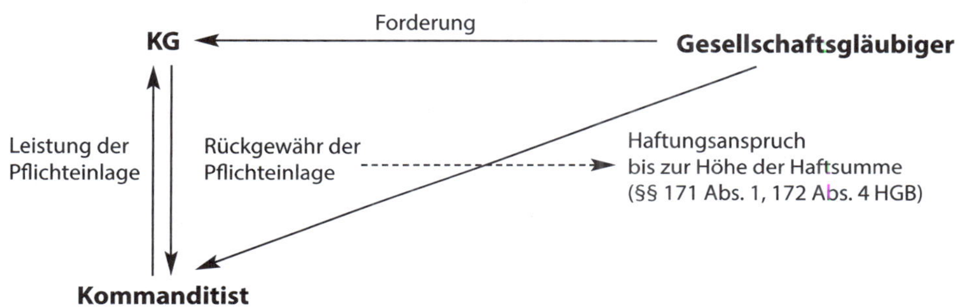


## 1. § 172 Abs. 4 S. 1 HGB

Soweit die **Einlage eines Kommanditisten zurückbezahlt** wird, gilt sie den Gläubigern 265
gegenüber als nicht geleistet (§ 172 Abs. 4 S. 1 HGB). Die Auszahlung ist hierdurch aber (anders als z.B. i.R.v. §§ 30, 31 GmbHG) nicht verboten;[593] das Gesetz knüpft daran lediglich bestimmte Rechtsfolgen,[594] nämlich die **Reanimation der Außenhaftung**. Diese lässt aber **nicht** automatisch auch einen **Rückgewähranspruch der KG** bei Rückzahlung der Einzahlung entstehen[595] (s. dazu oben).

Das Gesetz spricht in § 172 Abs. 4 S. 1 HGB davon, dass die Einlage des Kommanditisten „zurückbezahlt" wird. Dieser Gesetzeswortlaut, der vermuten lässt, dass nur Geldzahlungen an den Kommanditisten erfasst wären, ist zu eng.[596] Eine Beschränkung auf Zahlungen würde dem Zweck der Vorschrift und ihrem Regelungszusammenhang mit § 171

588 BGH NJW 2011, 2351, Rn. 19; LG Dortmund, BeckRS 2015, 17951, dort unter I.1.b)bb)); MünchKomm-HGB/K. Schmidt §§ 171, 172 Rn. 67.

589 BGH NJW 2011, 2351, Rn. 19; BGHZ 84, 383, 387; MünchKomm-HGB/K. Schmidt §§ 171, 172 Rn. 66.

590 BGH NJW 2013, 2278, Rn. 11; BGH BeckRS 2014, 16417, Rn. 13 f.; BGH NZG 2016, 424, Rn. 10 f.

591 BGH ZIP 2005, 1552, 1553; BGH NJW 2013, 2278, Rn. 11.

592 Ensthaler/Kluge/Kluge § 172 Rn. 13; MünchKomm-HGB/K. Schmidt §§ 171, 172 Rn. 64; vgl. auch BGH NJW 2013, 2278, Rn. 12 und BGH BeckRS 2014, 16417, Rn. 15; hierzu krit. Bitter/Heim § 7 Rn. 39.

593 vgl. Oetker/Oetker § 172 Rn. 16; K. Schmidt, JuS 2013, 846, 847.

594 Ensthaler/Kluge/Kluge § 172 Rn. 12.

595 LG Hamburg, 23.01.2014 – 413 HKO 127/13 = juris, Rn. 22 f.; Ensthaler/Kluge/Kluge § 172 Rn. 13.

596 MünchKomm-HGB/K. Schmidt §§ 171, 172 Rn. 65.

HGB nicht gerecht, sodass ein weites Verständnis angezeigt ist.[597] Entscheidend ist, dass der Gesellschaft **Vermögenswerte ohne (adäquate) Kompensation entzogen** wurden.[598] Dementsprechend kann z.B. auch eine Sachleistung der Gesellschaft an einen Kommanditisten eine Einlagenrückzahlung i.S.d. § 172 Abs. 4 S. 1 HGB darstellen.

Eine Beseitigung der reanimierten Außenhaftung ist dem Kommanditisten jederzeit durch erneute Einlageleistung möglich.[599]

## 2. § 172 Abs. 4 S. 2 HGB

266 Die Außenhaftung des Kommanditisten lebt auch wieder auf, soweit ein **Kommanditist Gewinnanteile entnimmt**, während sein Kapitalanteil durch Verlust unter den Betrag der geleisteten Einlage herabgemindert ist, oder soweit durch die Entnahme der Kapitalanteil unter den bezeichneten Betrag herabgemindert wird (§ 172 Abs. 4 S. 2 HGB). Umfasst sind letztlich also solche Entnahmen von Gewinnanteilen, die den gesetzgeberischen Vorgaben des § 169 Abs. 1 HGB widersprechen.[600]

Dem Kommanditisten ist es nach **§ 169 Abs. 1 S. 2 Hs. 2 HGB im Innenverhältnis** zur Gesellschaft versagt, die Auszahlung des auf ihn entfallenden Gewinns zu fordern, sofern sein Kapitalanteil durch Verluste bereits unter den Betrag der im Innenverhältnis aufgrund gesellschaftsvertraglicher Vereinbarung zu erbringenden Pflichteinlage gesunken ist oder die Auszahlung zu einer derartigen Unterdeckung führen würde.[601] **§ 172 Abs. 4 S. 2 HGB** behandelt **spiegelbildlich** die Haftungsverhältnisse **im Außenverhältnis**[602] und ordnet in entsprechender Höhe eine reanimierte Außenhaftung des Kommanditisten gegenüber den Gläubigern der Gesellschaft an. Deshalb meint der Begriff der „Einlage" – anders als in § 169 Abs. 1 S. 2 Hs. 2 HGB – im Anwendungsbereich des § 172 Abs. 4 S. 2 HGB die im Außenverhältnis zu den Gesellschaftsgläubigern maßgebliche **Haftsumme**, nicht aber die im Innenverhältnis zur Gesellschaft maßgebliche Pflichteinlage (Einlage im technischen Sinne).[603]

**Beispiel:** Die X-KG, deren Gesellschafter A (Komplementär mit einer Einlage i.H.v. 100.000 €) und B (Kommanditist, wobei sich sowohl Haftsumme als auch Pflichteinlage auf 100.000 € belaufen) sind, erwirtschaftet im Geschäftsjahr 2018 insgesamt einen Verlust von 50.000 €. Dieser wird anhand der Regelungen in § 167 Abs. 1 HGB i.V.m. § 120 Abs. 1, Abs. 2 Hs. 2 HGB auf die Gesellschafter verteilt und von ihrem Kapitalanteil abgeschrieben.[604] Da A und B hier zu gleichen Teilen beteiligt sind, wird von ihrem Kapitalkonto also jeweils ein Verlustbetrag von 25.000 € abgezogen. Der Kapitalanteil des B beträgt somit nur noch 75.000 € und liegt damit unter seiner geleisteten Einlage. Im Geschäftsjahr 2019 erzielt die X-KG sodann wieder Gewinne, allerdings nur i.H.v. 10.000 €. Auch nach Verteilung dieses Gewinns auf die Kapitalkonten der Gesellschafter bleibt es deshalb dabei, dass der Kapitalanteil des B unter den Betrag der geleisteten Einlage herabgemindert ist.

---

597 Ensthaler/Kluge/Kluge § 172 Rn. 15.

598 BGH NJW 1963, 1873, 1876; OLG Hamburg NZI 2015, 987, 988; OLG Hamm NZG 2010, 1298, 1299; Ensthaler/Kluge/Kluge, § 172 Rn. 15.

599 LG Köln BeckRS 201300022, Rn. 50; Ensthaler/Kluge/Kluge § 172 Rn. 14.

600 Ensthaler/Kluge/Kluge, § 172 Rn. 20.

601 Oetker/Oetker § 172 Rn. 31.

602 BGH NJW 2013, 2278, Rn. 10.

603 Oetker/Oetker § 172 Rn. 31; MünchKomm-HGB/K. Schmidt §§ 171, 172 Rn. 79.

604 Ausführlich zur Gewinn- und Verlustverteilung unten Rn. 282 ff.

**I.** A kann folglich gemäß § 169 Abs. 1 S. 2 Hs. 2 HGB im Innenverhältnis zur Gesellschaft keine Gewinnauszahlung verlangen.
**II.** Im Falle einer dennoch erfolgenden Entnahme lebt seine Außenhaftung nach § 172 Abs. 4 S. 2 HGB wieder auf.

Der Kommanditist wird durch § 172 Abs. 5 HGB für den Fall geschützt, dass er zwar seine Einlage teilweise zurückerhalten hat, diese aber als **(Schein-)Gewinn aufgrund einer in gutem Glauben errichteten Bilanz** in gutem Glauben erhalten hat.[605]

## III. Haftung der Kommanditisten vor Eintragung im Handelsregister (§ 176 HGB)

Vor Eintragung der Haftungsbeschränkung im Handelsregister haftet der Kommanditist **267**
nach § 176 HGB **unbeschränkt**. § 176 Abs. 1 HGB regelt die Haftung vor Eintragung einer neu gegründeten KG, während § 176 Abs. 2 HGB die Haftung vor Eintragung bei Eintritt in eine bereits bestehende Handelsgesellschaft betrifft.

### 1. Haftung vor Eintragung der KG (§ 176 Abs. 1 HGB)

Hat die Gesellschaft ihre Geschäfte begonnen, bevor sie in das Handelsregister eingetra- **268**
gen ist, so haftet jeder Kommanditist, der dem Geschäftsbeginn (insoweit gilt über § 161 Abs. 2 HGB die Regelung des § 123 Abs. 2 HGB) – ausdrücklich oder konkludent[606] – zugestimmt hat, für die bis zur Eintragung begründeten Verbindlichkeiten der Gesellschaft **wie ein persönlich haftender Gesellschafter** (vgl. §§ 161 Abs. 2, 128 HGB), es sei denn, dass seine Beteiligung als Kommanditist dem Gläubiger positiv bekannt war (§ 176 Abs. 1 S. 1 HGB).

Ein bloßes Kennenmüssen reicht also nicht aus.[607] Nach der Formulierung des § 176 Abs. 1 S. 1 HGB („es sei denn") ist diesbezüglich der Kommanditist beweisbelastet.[608] Auf die Kenntnis des Gläubigers von der Höhe der Einlage kommt es hingegen nicht an.[609]

Diese **„Zwischenhaftung"** erstreckt sich auf Verbindlichkeiten, die zwischen Geschäftsbeginn und Handelsregistereintragung begründet wurden; dabei entbindet die spätere Eintragung – im Unterschied zur Handelndenhaftung aus § 11 Abs. 2 GmbHG[610] – nicht von der unbeschränkten persönlichen Haftung.[611] Durch diese Regelung will der Gesetzgeber Druck auf die Gesellschafter ausüben, die Eintragung der KG im Handelsregister voranzutreiben.[612] Da § 176 Abs. 1 HGB (wie auch § 15 HGB) einen **abstrakten Vertrauensschutz** vermittelt,[613] erstreckt sich die unbeschränkte Haftung der Kommanditisten vor Eintragung der Gesellschaft allerdings nur auf **Verbindlichkeiten aus bzw. im Zusammenhang mit Rechtsgeschäften und rechtsgeschäftsähnlichen Handlun-**

605 Hierzu ausführlich: Mock § 8 Rn. 458 m.w.N.
606 Ensthaler/Kluge/Kluge § 176 Rn. 5.
607 Ensthaler/Kluge/Kluge § 176 Rn. 7.
608 BGH NJW 1982, 883, 884; Ensthaler/Kluge/Kluge § 176 Rn. 7.
609 Ensthaler/Kluge/Kluge § 176 Rn. 7.
610 S. hierzu Rn. 387 ff.
611 Ensthaler/Kluge/Kluge § 176 Rn. 2.
612 Hier und zum Folgenden: Bitter/Heim § 7 Rn. 15.
613 BGH NJW 1982, 883, 885 (m. Anm. K. Schmidt).

**gen**; ausgenommen sind hingegen insbesondere Deliktsansprüche, da Vertrauen hier typischerweise keine Rolle spielt.[614]

Der strengen Haftungsfolge des § 176 HGB kann der Kommanditist dadurch entgehen, dass er seinen **Beitritt unter die aufschiebende Bedingung (§ 158 Abs. 1 BGB) der Handelsregistereintragung** stellt.[615] Stimmt er allerdings trotz einer solchen Bedingung der Geschäftsaufnahme zu, lebt die unbeschränkte persönliche Haftung wieder auf.[616]

Bei einer **Schein-KG** kommt § 176 HGB (analog) nicht zur Anwendung;[617] stattdessen kann es hier zu einer Rechtsscheinshaftung des Scheinkommanditisten kommen.[618] Ebenfalls unanwendbar ist § 176 HGB bei der **GmbH & Co. KG**, weil dem Rechtsverkehr dann bereits aufgrund der Firmierung der Gesellschaft verdeutlicht wird, dass sämtliche involvierten natürlichen Personen nur Kommanditisten sein können.[619]

## 2. Haftung bei nicht eingetragenem Neueintritt (§ 176 Abs. 2 HGB)

269 Tritt eine Person als Kommanditist in eine bestehende Handelsgesellschaft ein, so gilt nach § 176 Abs. 2 HGB der § 176 Abs. 1 S. 1 HGB entsprechend für die **Zeit zwischen Eintritt und der Eintragung** als Kommanditist in das Handelsregister.

- Es muss eine **Handelsgesellschaft** bestehen. Dies kann entweder eine KG sein oder eine oHG, die durch den Eintritt eines Kommanditisten zur KG wird.
- Der in Anspruch Genommene muss **als Kommanditist in die KG eingetreten** sein. Der Eintritt ist grundsätzlich mit Abschluss des Eintrittsvertrages wirksam. Der Kommanditist kann die Haftung des § 176 Abs. 2 HGB aber verhindern, indem er vereinbart, dass der Eintritt unter der aufschiebenden Bedingung der Eintragung wirksam werden soll.[620]

  Auch bei **Abtretung** eines Kommanditanteils greift § 176 Abs. 2 HGB ein.[621] Die Vorschrift gilt nicht für die **Anteilsumwandlung** sowie die **Nachfolge von Todes wegen**.[622]
- Das **Geschäft**, aus dem der Anspruchsteller Rechte geltend macht, muss **in der Zeit zwischen Eintritt und Eintragung getätigt** worden sein. Eine Zustimmung des Kommanditisten zu der Fortführung der Geschäfte ist nicht erforderlich.
- Die Haftung tritt **nicht** ein, wenn dem Gläubiger die Beteiligung als Kommanditist **bekannt** war (§ 176 Abs. 2 i.V.m. Abs. 1 letzter Hs. HGB).

---

614 BGH NJW 1982, 883, 885.
615 BGH NJW 1982, 883, 885; Ensthaler/Kluge/Kluge § 176 Rn. 6.
616 BGH NJW 1982, 883, 885; Ensthaler/Kluge/Kluge § 176 Rn. 6.
617 BGHZ 73, 217, 220.
618 Ensthaler/Kluge/Kluge § 176 Rn. 3.
619 Ensthaler/Kluge/Kluge § 176 Rn. 8.
620 K. Schmidt NJW 1982, 886; Mock § 8 Rn. 444.
621 BGH NJW 1983, 2259.
622 K. Schmidt, GesR, § 55 II 2 b.

## IV. Die Haftung bei Änderungen des Gesellschafterbestandes

Ebenso wie bei den übrigen Gesellschaften kann der Wechsel von Gesellschaftern auch bei einer KG durch den **Eintritt eines neuen Gesellschafters**, das **Ausscheiden eines alten Gesellschafters**, die **Übertragung des Gesellschafteranteils** und die **Nachfolge von Todes wegen** erfolgen.[623] Dabei ist zunächst zu bedenken, dass für diese Tatbestände beim Komplementär die Grundsätze der oHG gelten.[624] Lediglich für den Wechsel des Kommanditisten sehen die §§ 161 ff. HGB insbesondere bezüglich der Haftung teilweise abweichende Regelungen vor. 270

### 1. Eintritt (§ 173 HGB)

§ 173 HGB regelt die Erstreckung der beschränkten **Haftung des Neukommanditisten auf Altschulden der Gesellschaft**. Es handelt sich um eine **Parallelnorm zu § 130 HGB**, die in direkter Anwendung für oHG-Gesellschafter und über den Verweis in § 161 Abs. 2 HGB entsprechend für die Komplementäre einer KG gilt.[625] 271

Tritt jemand als Kommanditist (für den Eintritt als Komplementär gelten die §§ 161 Abs. 2, 130, 128 HGB)[626] in eine bestehende Handelsgesellschaft ein, haftet er nach Maßgabe der §§ 171, 172 HGB für die **(Neu-)Verbindlichkeiten** der Gesellschaft, die nach seinem Eintritt entstehen. Die Haftung erstreckt sich aber auch auf die **(Alt-)Verbindlichkeiten** der Gesellschaft, die vor seinem Eintritt entstanden sind (§ 173 Abs. 1 HGB). Eine hiervon abweichende Vereinbarung ist Dritten gegenüber unwirksam (§ 173 Abs. 2 HGB).

§ 173 HGB setzt lediglich voraus, dass jemand als Kommanditist „in eine bestehende Handelsgesellschaft" eintritt.[627] Dabei ist es gleichgültig, ob es sich schon um eine KG handelt oder ob eine oHG erst durch den Eintritt zur KG wird.[628] § 173 HGB findet hingegen **keine Anwendung, wenn** erst durch den Eintritt des Kommanditisten eine **Handelsgesellschaft entsteht** (vgl. dazu § 28 HGB).

Darüber hinaus unterliegt der Kommanditist **zwischen dem Beitritt in die KG und seiner Eintragung** in das Handelsregister der **unbeschränkten Haftung** des § 176 HGB. In der Praxis wird diese Haftung jedoch durch einen durch die Handelsregistereintragung **aufschiebend bedingten Beitritt** regelmäßig verhindert.[629]

### 2. Ausscheiden (§ 160 HGB)

Scheidet ein Kommanditist aus der Gesellschaft aus, trifft ihn gemäß §§ 171, 172, 161 Abs. 2, 160 HGB eine **Nachhaftung** für die bis dahin begründeten **(Alt-)Verbindlichkei-** 272

623 Hier und zum Folgenden: Mock § 8 Rn. 463.
624 S. hierzu Rn. 133 ff.
625 Ensthaler/Kluge/Kluge § 173 Rn. 1.
626 Ensthaler/Kluge/Kluge § 173 Rn. 12.
627 Hierzu und zum Folgenden: Koch § 22 Rn. 24.
628 Ensthaler/Kluge/Kluge § 173 Rn. 2, eine analoge Anwendung des § 173 HGB auf die GbR und die stille Gesellschaft (zu Recht) verneinend: Ensthaler/Kluge/Kluge § 173 Rn. 6 m.w.N.
629 S. hierzu Rn. 268.

**ten** der KG; für nach seinem Ausscheiden begründete (Neu-)Verbindlichkeiten haftet er hingegen nicht.[630]

273 Regelmäßig wird dem Kommanditisten bei seinem Ausscheiden durch die KG eine **Abfindung** aufgrund eines Abfindungsanspruches nach § 738 BGB, §§ 105 Abs. 3, 161 Abs. 2 HGB gezahlt. Eine solche Zahlung **gilt als Einlagenrückgewähr, die nach § 172 Abs. 4 S. 1 HGB** die unmittelbare Haftung des Kommanditisten wieder aufleben lässt.[631] Die Einlage eines Kommanditisten steht den Gläubigern der Gesellschaft auch nach seinem Ausscheiden als Haftungsmasse zur Verfügung; erhält er sie (als Abfindung) zurück, lebt seine Haftung in Höhe des Abfindungsbetrags und begrenzt auf die Höhe der Haftsumme wieder auf.

274 Dies gilt auch, wenn das Ausscheiden des alten Kommanditisten mit dem Eintritt eines neuen Kommanditisten verbunden ist, wenn also ein **Gesellschafterwechsel** im Wege der **Kombination von Aus- und Eintritt** erfolgt. Der durch einen Aufnahmevertrag neu in die Gesellschaft eintretende Kommanditist, der auch für vor seinem Eintritt begründete Verbindlichkeiten haftet, muss eine Einlage in Höhe der für ihn eingetragenen Haftsumme erbringen, um in den Genuss der Haftungsbefreiung nach § 171 Abs. 1 Hs. 2 HGB zu kommen. Da die Einlage des eintretenden nicht mit derjenigen des ausscheidenden Kommanditisten identisch ist, muss zudem auch die Einlage des Eintretenden für den Gläubigerzugriff erhalten bleiben. Die **Haftungsmasse** wird also bei einer Kombination von Aus- und Eintritt **erweitert**. Es müssen beide Einlagen – diejenige des ausscheidenden und diejenige des eintretenden Kommanditisten – erbracht und erhalten sein, damit beide nicht mehr bzw. wieder haften.

Sofern nicht die Gesellschaft selbst, sondern der Neukommanditist die Abfindung an den Ausscheidenden zahlt, liegt eine **Zahlung des Eintretenden auf die Abfindungsverpflichtung der KG** vor (§§ 362, 267 BGB). Der Neukommanditist erbringt dann seine Einlage durch Tilgung einer Gesellschaftsverbindlichkeit und ist von seiner Haftung befreit (§ 171 Abs. 1 Hs. 2 HGB). Der Altkommanditist hat seine Einlage zurückerhalten; seine Haftung lebt gemäß § 172 Abs. 4 HGB wieder auf.

Das Ausscheiden ist gemäß §§ 161 Abs. 2, 143 Abs. 2, 1 HGB eine **eintragungspflichtige Tatsache**. Bei fehlender Eintragung/ Bekanntmachung ist eine Haftung über § 15 Abs. 1 HGB in Betracht zu ziehen.

### 3. Übertragung des Kommanditanteils

275 Die beim Kommanditistenwechsel durch Kombination von Aus- und Eintritt entstehenden Haftungsfolgen lassen sich vermeiden, indem der Gesellschafterwechsel durch eine **Abtretung des Kommanditanteils gemäß §§ 413, 398 BGB** vollzogen wird.[632] In diesem Fall erhält der ausscheidende Kommanditist für die Übertragung seines Kommanditanteils von dem eintretenden Neugesellschafter aufgrund des der Anteilsübertragung zugrundeliegenden Kaufvertrags zwischen dem Alt- und dem Neugesellschafter einen Kaufpreis, während die KG an ihn nichts zahlt. In der **Kaufpreiszahlung** liegt **keine Einlagenrückgewähr i.S.v. § 172 Abs. 4 S. 1 HGB**. Der eintretende **Neukommanditist zahlt auf eine eigene (Kaufpreis-)Schuld** und nicht auf eine Abfindungsverpflichtung der KG.

630 Hier und zum Folgenden: Bitter/Heim § 7 Rn. 19 ff.
631 Mock § 8 Rn. 468.
632 Hier und zum Folgenden: Bitter/Heim § 7 Rn. 23 f.

Sofern der Altkommanditist zuvor eine **Einlage in Höhe der Haftsumme** erbracht hat, haftet er gegenüber den Gesellschaftsgläubigern nicht (§ 171 Abs. 1 Hs. 2 HGB). Da der Neukommanditist unmittelbar in die Rechtsstellung des Altkommanditisten eintritt (vgl. § 398 S. 2 BGB) und dieser eine Einlage in Höhe der Haftsumme bereits geleistet hat, gilt die Haftungsbefreiung nach § 171 Abs. 1 Hs. 2 HGB **auch zu Gunsten des Neukommanditisten**.

Im Gegensatz zum Kommanditistenwechsel durch Ein- und Austritt (dazu soeben 2.) wird bei der Abtretung **kein neuer Kommanditanteil** gebildet und dementsprechend auch keine neue Einlageverpflichtung des Eintretenden begründet. Die Haftungsmasse der Gesellschaft bleibt bei der Abtretung eines vorhandenen Kommanditanteils unverändert. Damit im Rechtsverkehr nicht der falsche Eindruck entsteht, die Haftungsmasse der Gesellschaft habe sich erweitert, muss ein entsprechender **Sonderrechtsnachfolgevermerk** in das Handelsregister eingetragen werden. Dieser kann z.B. lauten: „Der Kommanditanteil des A ist im Wege der Sonderrechtsnachfolge auf den Kommanditisten B übergegangen."[633]

**Fall 11: Einrückende Kommanditisten**

A, B und C betreiben eine Buchhandlung in der Form der KG. A ist Komplementär, B und C sind Kommanditisten. Ihre Einlage beträgt jeweils 20.000 € und ist erbracht. Nach einiger Zeit scheidet C durch Veräußerung seines Gesellschaftsanteils an X mit Zustimmung der übrigen Gesellschafter aus der KG aus. X zahlt an C für den Anteil 36.000 €. Im Handelsregister wird das Ausscheiden des C und der Eintritt des X als Rechtsnachfolger des C eingetragen. Gläubiger G, der der KG vor dem Gesellschafterwechsel ein Darlehen in Höhe von 20.000 € gewährt hatte, nimmt bei Fälligkeit C und X persönlich auf Rückzahlung in Anspruch. Zu Recht?

A. Die **Haftung des ausgeschiedenen Kommanditisten C** für die bei seinem Ausscheiden begründete **Verbindlichkeit der KG aus § 488 Abs. 1 S. 2 BGB** richtet sich nach **den §§ 171 ff. (i.V.m. § 160) HGB**. **276**

I. Da C seine **Einlage erbracht** hat, haftet er für die Darlehensverbindlichkeit der KG gemäß § 171 Abs. 1 Hs. 2 HGB grundsätzlich nicht mehr.

II. Die **entgeltliche Übertragung** des Kommanditanteils an X könnte allerdings **als Rückzahlung der Einlage** zu werten sein. Gemäß §§ 172 Abs. 4 S. 1, 171 Abs. 1 Hs. 1 HGB würde dann die persönliche Haftung des C wieder aufleben. Rückzahlung i.S.d. § 172 Abs. 4 S. 1 HGB ist jede Zuwendung an den Kommanditisten, durch die dem Gesellschaftsvermögen Vermögenswerte ohne angemessene Gegenleistung entzogen werden.[634] C hat jedoch aus dem Gesellschaftsvermögen keine Leistung erhalten; die 36.000 € stammten als Kaufpreis aus dem Vermögen des X. Da die Rechtsnachfolge des X eingetragen wurde, ist auch nach außen nicht der Eindruck erweckt worden, dass Zahlungen aus dem Gesellschaftsvermö-

633 Bitter/Heim § 7 Rn. 24 Fn. 1179.

634 MünchKomm-HGB/K. Schmidt §§ 171, 172 Rn. 68.

gen erfolgt seien. Eine Rückzahlung der Einlage ist damit nicht erfolgt. Eine persönliche Haftung des C für die Darlehensverbindlichkeit der KG entfällt.

B. Der **eingetretene Kommanditist X** haftet gemäß § 173 HGB für die Verbindlichkeiten der Gesellschaft nach Maßgabe der §§ 171, 172 HGB. Bei der Abtretung eines Kommanditanteils tritt der Abtretungsempfänger auch hinsichtlich der Einlageschuld in die Rechtsstellung des früheren Kommanditisten ein. Hat dieser seine **Einlage voll erbracht**, ist auch eine Haftung des neuen Kommanditisten ausgeschlossen.[635] Durch die Übertragung des Kommanditanteils ist X in die Rechtsstellung des C eingetreten. Die von C erbrachte Einlage wirkt auch für den X. X haftet nicht.

**Abwandlung:**

Das Ausscheiden des C und der Eintritt des X werden im Handelsregister eingetragen, wobei aus der Eintragung nur der Austritt des C einerseits und der Eintritt des X andererseits, nicht jedoch die tatsächlich vorliegende Rechtsnachfolgekonstellation hervorgehen.

**277** A. Dem G könnte ein Anspruch auf Rückzahlung gegen den **ausgeschiedenen C** gemäß §§ 171 ff. HGB zustehen.

I. Da C seine **Einlage erbracht** hat, haftet er gemäß § 171 Abs. 1 Hs. 2 HGB grundsätzlich nicht mehr.

II. Die Haftung des C lebt wieder auf, soweit ihm seine **Einlage zurückgezahlt** worden ist. Eine Rückzahlung setzt voraus, dass Zuwendungen aus dem Gesellschaftsvermögen erfolgt sind. Wie im Ausgangsfall sind aus dem Gesellschaftsvermögen keine Zahlungen an C erfolgt; er hat die 36.000 € von X erhalten. Anders als im Ausgangsfall ist jedoch der **Rechtsnachfolgevermerk nicht im Handelsregister eingetragen**. Gemäß § 15 Abs. 1 HGB kann die Tatsache der Rechtsnachfolge gutgläubigen Dritten nicht entgegengehalten werden, d.h. diesen gegenüber besteht eine Rechtslage **wie bei einem Gesellschafterwechsel durch Ein- und Austritt**.

Dann würde die **Einlage des Ausgeschiedenen** den Gläubigern zur Verfügung stehen, und zwar als Haftungssumme im Gesellschaftsvermögen, soweit sie noch nicht zurückgezahlt wurde, oder als Anspruch gegen den Ausgeschiedenen, wenn sie zurückgezahlt ist. Auch die **Einlage des neuen Gesellschafters** würde den Gläubigern zur Verfügung stehen; als Anspruch gegen den Neugesellschafter, soweit er sie noch nicht erbracht hat, oder als Haftungsmasse im Gesellschaftsvermögen, wenn sie erbracht ist. Es wäre zu einer **„Verdoppelung" der Haftsumme** gekommen.

Da aber **eine Einlage sich im Gesellschaftsvermögen befindet**, können **nicht beide**, der Alt- und der Neugesellschafter, haften. Die Frage ist, wem das Recht zusteht, sich auf die im Gesellschaftsvermögen befindliche Einlage zu berufen. Nach

635 BGH NJW 1981, 2747, 2748.

h.M. wirkt die im Gesellschaftsvermögen befindliche Einlage **zugunsten des neuen Kommanditisten**. Mit der Abtretung des Kommanditanteils geht auf den neuen Kommanditisten auch das Recht über, sich auf die Einlageleistung des Rechtsvorgängers und die Wirkung des § 171 Abs. 1 Hs. 2 HGB zu berufen. **Zulasten des alten Gesellschafters** wird **§ 172 Abs. 4 HGB analog** angewandt, sodass seine Einlage „den Gläubigern gegenüber als nicht (mehr) geleistet gilt". Danach kann sich C nicht auf § 171 Abs. 1 Hs. 2 HGB berufen, sondern muss die Darlehensverbindlichkeit der KG persönlich erfüllen.[636]

B. Ein Anspruch gegen den **Neugesellschafter X** besteht nicht. X hat mit der Abtretung des Kommanditanteils auch das Recht erworben, sich auf die Einlageleistung des C und die Wirkung des § 171 Abs. 1 Hs. 2 HGB zu berufen.

---

## 4. Tod eines Kommanditisten

Wie bei der oHG **löst der Tod** eines Kommanditisten gemäß §§ 161 Abs. 2, 131 Abs. 3 S. 1 Nr. 1 HGB die **Gesellschaft nicht auf**. 278

Abweichend von § 131 Abs. 3 Nr. 1 HGB sieht § 177 HGB für den Kommanditisten jedoch nicht dessen Ausscheiden aus der Gesellschaft vor, sondern vielmehr wird die **Gesellschaft mit den Erben fortgesetzt**.[637] Damit stellt § 177 zugleich klar, dass die Kommanditbeteiligung vererblich ist.

Dies gilt allerdings schon nach dem Wortlaut des § 177 HGB nur vorbehaltlich einer abweichenden (gesellschafts-)vertraglichen Bestimmung; die Rechtsfolge des § 177 HGB ist somit disponibel und kann durch abweichende Vereinbarungen ersetzt werden.

**Beispiel:** Gesellschaftsvertraglich kann die Rechtsfolge des grundsätzlich nur für Komplementäre geltenden § 131 Abs. 3 Nr. 1 HGB (Ausscheiden des Gesellschafters) auch auf Kommanditisten erstreckt werden.

Für die Haftung des als Kommanditist eintretenden Erben gilt § 173 HGB; ihn trifft insbesondere die Haftung nach Maßgabe der §§ 171, 172 HGB.[638] Daneben haftet der Erbe nach § 1967 BGB unbeschränkt, aber beschränkbar.

## D. Regress und Freistellung

Wird ein Gesellschafter durch einen Gläubiger der KG aus §§ 161 Abs. 2, 128 HGB persönlich in Anspruch genommen, hat er einen **Regressanspruch gegen die KG aus §§ 161 Abs. 2, 110 HGB**. 279

Der durch den Gläubiger der KG persönlich in Anspruch genommene Gesellschafter hat neben dem Regressanspruch gegen die Gesellschaft nach § 110 HGB einen **subsidiären Ausgleichsanspruch gegen die weiteren Gesellschafter** gemäß § 426 Abs. 1 und 2

---

636 BGH NJW 1981, 2747, 2748; MünchKomm-HGB/K. Schmidt § 173 Rn. 36.

637 Hier und zum Folgenden: Oetker/Oetker HGB § 177 Rn. 1 f.

638 Lange Jura 2015, 1017, 1023.

BGB.[639] Nach der Rechtsprechung des BGH kann nicht nur ein Komplementär, sondern **auch ein Kommanditist** Ausgleich nach § 426 BGB verlangen. Zwar setzt § 426 BGB voraus, dass die Gesellschafter im Außenverhältnis den Gesellschaftsgläubigern gesamtschuldnerisch haften; der BGH hält einen Ausgleich nach § 426 BGB aber dennoch für geboten.[640]

## 4. Abschnitt: Die Organisation der KG

### A. Grundlagen

**280** Aus § 163 HGB ergibt sich, dass sich das **Innenverhältnis** der KG vorrangig nach den Bestimmungen des Gesellschaftsvertrages richtet. Nur soweit dieser keine Regelungen enthält, gelten subsidiär die §§ 164–169 HGB und über den Verweis in § 161 Abs. 2 HGB für die Komplementäre die oHG-Vorschriften.

Im **Außenverhältnis** finden für die Komplementäre über § 161 Abs. 2 HGB ebenfalls die oHG-Vorschriften Anwendung. Die §§ 170–176 HGB enthalten Ergänzungen für Kommanditisten, insbesondere für ihre Haftung.[641]

### B. Rechte und Pflichten der Gesellschafter

**281** Die Rechte und Pflichten der Komplementäre entsprechen denjenigen der oHG-Gesellschafter. Dies gilt weitgehend auch für **Kommanditisten**; einige **Besonderheiten** ergeben sich jedoch aus den § 164 ff. HGB.

Komplementäre und Kommanditisten sind in gleichem Maße befugt, an der **Gesellschafterversammlung** der KG teilzunehmen und in ihr abzustimmen. Die Nichtigkeit von Beschlüssen der Gesellschafterversammlung einer KG wird durch Feststellungsklage gegen die Mitgesellschafter geltend gemacht, wenn nicht der Gesellschaftsvertrag bestimmt, dass der Streit mit der Gesellschaft auszutragen ist.[642]

Anders als Komplementäre (§ 161 Abs. 2 i.V.m. §§ 112, 113 HGB[643]) unterliegen Kommanditisten **keinem Wettbewerbsverbot** (§ 165 HGB), sondern lediglich der gesellschafterlichen Treuepflicht. Im Gegenzug haben sie **geringere Kontroll- und Einsichtsrechte** als die Komplementäre (§§ 161 Abs. 2, 118 HGB). Gemäß § 166 HGB können die Kommanditisten in der Regel nur schriftliche Mitteilung des Jahresabschlusses verlangen und dessen Richtigkeit prüfen, wobei informationsverpflichtet und folglich Anspruchsgegner die KG ist.[644]

Dieser Regelungskomplex beruht auf dem gesetzlichen Grundmodell eines **vornehmlich kapitalistisch beteiligten Kommanditisten**. Er kann in der Weise **abbedungen werden**, dass im Gesellschaftsvertrag ein Wettbewerbsverbot auch für Kommanditisten angeordnet und diesen stärkere Kontroll-

---

639 S. hierzu Rn. 86 ff.

640 BGH NJW-RR 2002, 455; kritisch K. Schmidt JuS 2003, 228 ff.

641 S. hierzu Rn. 254 ff.

642 BGH RÜ 2011, 360. Rn. 19.

643 Vgl. Rn. 108 ff., 253,

644 Ensthaler/Kluge/Kluge § 166 Rn. 2.

und Einsichtsrechte gewährt werden. Die Informationsrechte des § 166 HGB dürfen aber nicht abgeschwächt werden; insoweit ist das Gesetz zwingend.[645]

Hinsichtlich der **Gewinn- und Verlustverteilung** ergänzen die §§ 167–169 HGB die §§ 120 ff. HGB. § 167 Abs. 1 HGB verweist für die Berechnung von Gewinn und Verlust auf § 120 HGB, sodass sich keine Besonderheiten zur oHG ergeben.[646] 282

Abweichungen ergeben sich jedoch im Hinblick auf die Verteilung des Gewinn- oder Verlustbeitrages: Bei einem **Gewinn** verbleiben zunächst jedem Gesellschafter (einschließlich der Kommanditisten) – wie bei der oHG – 4 % seines Kapitalanteils (§§ 168 Abs. 1, 121 Abs. 1 HGB). Der verbleibende Gewinn wird jedoch – anders als bei der oHG (§ 121 Abs. 3 HGB) – nicht nach Köpfen, sondern in **einem „angemessenen Verhältnis"** verteilt (§ 168 Abs. 2 HGB).

Dies ist dem Umstand geschuldet, dass Komplementäre mehr Arbeit für die KG leisten und größeren Haftungsgefahren unterliegen als die Kommanditisten.

Ferner gilt die Besonderheit, dass der einem Kommanditisten zukommende Gewinn seinem Kapitalanteil nur bis zur Höhe seiner bedungenen Pflichteinlage – nicht Haftsumme[647] – zugeschrieben wird (§ 167 Abs. 2 HGB). Soweit der Kapitalanteil durch eine Zuschreibung von Gewinnen den Einlagebetrag übersteigen würde, besteht stattdessen zwingend ein Anspruch des Kommanditisten auf Aufzahlung des Gewinnanteils (vgl. § 169 HGB).

Ein **Verlust** wird zwischen den Gesellschaftern angemessen verteilt (§ 168 Abs. 2 HGB) 283
und entsprechend vom Kapitalanteil der Gesellschafter abgeschrieben. Auch für den Kapitalanteil des Kommanditisten gilt dabei keine Höchstgrenze. Sein Kapitalkonto kann negativ werden.[648] Die Regelung des § 167 Abs. 3 HGB, nach der der Kommanditist an dem Verlust der KG nur bis zum Betrag seines Kapitalanteils und seiner noch rückständigen Einlage teilnimmt, steht dem nicht entgegen. Sie beschränkt nämlich nicht die Verlustzuschreibung, sondern ordnet (nur) an, dass der Kommanditist Verluste, die über diesen Betrag hinausgehen, nicht endgültig tragen muss. Der **Kommanditist** ist also in der Liquidation der KG – anders als der Komplementär (§§ 161 Abs. 2, 105 Abs. 3, 735 BGB) – **nicht nachschusspflichtig**.[649] Dies führt für den Kommanditisten zu einer beachtlichen Risikobegrenzung und bewirkt, dass Verluste insoweit beim Komplementär verbleiben.[650]

Die vorstehend beschriebene Verlustzuschreibung hat Auswirkungen auf das **Entnahmerecht** des Kommanditisten. Dieses besteht – anders als beim Komplementär (§§ 161 284
Abs. 2, 122 HGB) – **nicht unabhängig vom Gewinn** (§ 169 Abs. 1 S. 1 HGB). Der Kommanditist hat lediglich einen Anspruch auf die Auszahlung des ihm zukommenden Gewinns, soweit sein Kapitalanteil nicht durch Verlust unter den auf die bedungene Einlage geleisteten Betrag herabgemindert ist und durch Auszahlung auch nicht unter die-

645 Ensthaler/Kluge/Kluge § 166 Rn. 2.

646 Zur Gewinn- und Verlustverteilung bei der oHG s. Rn. 104.

647 Ensthaler/Kluge/Kluge § 167 Rn. 4.; zur begrifflichen Unterscheidung zwischen der Pflichteinlage und der Haftsumme s. Rn. 257 ff.

648 Ensthaler/Kluge/Kluge § 167 Rn. 5.

649 K. Schmidt, GesR, § 53 III 5b.

650 Ensthaler/Kluge/Kluge § 167 Rn. 5.

sen Betrag herabgemindert würde (§ 169 Abs. 1 S. 2 HGB). Der Kommanditist muss seinen durch die Abschreibung von Verlusten verminderten Kapitalanteil zunächst zwingend durch die Zuschreibung von Gewinnen bis zur Höhe der bedungenen Einlage auffüllen und kann erst danach Auszahlung verlangen. Entnahmen unter Verstoß gegen diese Vorgaben im Innenverhältnis zur KG und den Mitgesellschaftern können für den Kommanditisten im Außenverhältnis haftungsschädlich sein (§ 172 Abs. 4 S. 2 HGB).[651]

## C. Geschäftsführung und Vertretung

285 Der vom Gesetzgeber angestrebte **Gleichlauf von Herrschaft und Haftung** wird dadurch erreicht, dass der nach §§ 171 ff. HGB beschränkt haftende **Kommanditist** nach §§ 164, 170 HGB grundsätzlich **sowohl von der Geschäftsführung als auch von der Vertretung ausgeschlossen** ist.[652] Kurz gesagt: Nur wer haftet soll auch herrschen.[653]

Genau wie bei anderen Gesellschaftsformen ist zwischen der Geschäftsführung (= rechtliches Dürfen im Innenverhältnis) und der Vertretung der Gesellschaft (= rechtliches Können im Außenverhältnis) strikt zu unterscheiden.

286 Die **Geschäftsführung** der KG obliegt gem. § 161 Abs. 2 i.V.m. §§ 114 ff. HGB den Komplementären. Dabei gilt – wie bei der oHG[654] – das **Prinzip der Einzelgeschäftsführung**. Die Kommanditisten sind hingegen von der Geschäftsführung ausgeschlossen (§ 164 S. 1 Hs. 1 HGB). Sie können den Geschäftsführungsmaßnahmen der Komplementäre auch nicht widersprechen, es sei denn, dass die Handlung über den gewöhnlichen Betrieb des Handelsgewerbes der Gesellschaft hinausgeht (§ 164 S. 1 Hs. 2 HGB).

Der **Gesellschaftsvertrag** kann eine von § 164 HGB **abweichende Regelung** treffen und die Geschäftsführung einem Kommanditisten übertragen. Man spricht dann von einer atypischen KG[655]

287 Die **Vertretung** der KG richtet sich über § 161 Abs. 2 HGB ebenfalls im Grundsatz nach dem Recht der oHG. Es gilt also im **Grundsatz die Einzelvertretung** durch jeden **persönlich haftenden Gesellschafter** (§§ 161 Abs. 2, 125 Abs. 1 HGB). Die Kommanditisten sind demgegenüber zur Vertretung der Gesellschaft nicht ermächtigt (§ 170 HGB). Diese das Außenverhältnis betreffende Regelung ist im Gegensatz zur korrespondierenden Vorschrift des § 164 HGB für das Innenverhältnis nicht abdingbar. Mit der „Vertretung" ist in § 170 HGB allerdings nur die organschaftliche Vertretung gemeint.[656] Nur die den Komplementären qua Gesetz zugewiesene organschaftliche Vertretungsbefugnis kann einem Kommanditisten nicht übertragen werden. Den Gesellschaftern steht es aber frei, **Kommanditisten rechtsgeschäftlich zur Vertretung der KG zu bevollmächtigen.** Eine rechtsgeschäftliche Vertretungsmacht der Kommanditisten kann sich aus dem Gesellschaftsvertrag oder aus der persönlichen Bevollmächtigung namens der KG durch einen persönlich haftenden Gesellschafter ergeben.[657] Neben einer Handlungsvollmacht (§ 54 HGB) kann einem Kommanditisten auch Prokura (§ 48 HGB) erteilt werden.

651 S. hierzu Rn. 266.
652 Koch § 21 Rn. 1.
653 Kindler § 13 Rn. 54.
654 Vgl. Rn. 122.
655 Bitter/Heim § 7 Rn. 29
656 Ensthaler/Kluge/Kluge § 170 Rn. 3.
657 Ensthaler/Kluge/Kluge § 170 Rn. 5.

Im Hinblick auf den Grundsatz der Selbstorganschaft[658] muss allerdings zusätzlich immer auch die Möglichkeit der Vertretung durch einen Komplementär allein bestehen, weil der vertretungsberechtigte Kommanditist wegen seiner beschränkten persönlichen Haftung für die Gesellschaftsschulden wie ein außenstehender Dritter behandelt wird.[659]

**§ 170 HGB** ist eine **Schutzvorschrift zugunsten der persönlich haftenden Gesellschafter**, die im Hinblick auf ihr persönliches Haftungsrisiko organisatorisch abgesichert sein sollen.[660] Dem einzigen persönlich haftenden Gesellschafter einer KG kann zwar die Geschäftsführungsbefugnis, nicht aber die Vertretungsbefugnis entzogen werden.[661]

Um **Sozialansprüche der KG** gegen die Gesellschafter geltend zu machen, kommt es nicht auf die persönliche Haftung für die Verbindlichkeiten der Gesellschaft an. Auch der nicht vertretungsberechtigte Kommanditist kann somit die **actio pro socio** erheben.[662]

## D. Änderungen im Bestand der Gesellschafter

Die Regelungen zur Änderung des Bestands der Gesellschafter bei einer oHG gelten für **288**
die KG weitestgehend entsprechend.[663] Eine Besonderheit ist aber beim Tod eines Kommanditisten zu beachten:[664] Auch ohne einfache erbrechtliche Klausel im Gesellschaftsvertrag wird die **KG mit den Erben des verstorbenen Kommanditisten fortgesetzt**, wenn der Gesellschaftsvertrag nichts anderes regelt (§ 177 HGB). Im vom Gesetz vorausgesetzten Normalfall wird die KG also auch nach dem Tod eines ihrer Kommanditisten als werbende Gesellschaft mit allen Erben fortgesetzt; soweit von den Gesellschaftern etwas anderes gewollt ist, bedarf es zwingend einer Todesfallregelung im Gesellschaftsvertrag (und in der Regel einer entsprechenden erbrechtlichen Verfügung).[665]

Für Komplementäre gilt hingegen über § 161 Abs. 2 HGB die Regelung des § 131 Abs. 3 Nr. 1 HGB. Beide Regelungen – diese für die Komplementäre und die in § 177 HGB für Kommanditisten – sind jedoch dispositiv.[666] Es kann also beispielsweise für den Todesfall eines Gesellschafters auch die Auflösung der Gesellschaft vereinbart werden; für die Abwicklung gelten dann die §§ 145 ff. HGB. Daneben kommen auch Fortsetzungs- und qualifzierte Nachfolgeklauseln sowie Eintritts- und Kündigungsklauseln in Betracht.[667]

Eine Änderung des Gesellschafterbestandes kann sich zudem auf die Haftungsverfassung der KG auswirken.[668]

---

658 S. hierzu Rn. 127.
659 Bitter/Heim § 7 Rn. 30.
660 Ensthaler/Kluge/Kluge § 170 Rn. 2.
661 BGH NJW 1969, 507, Ls.
662 S. hierzu Rn. 118, 211 ff.
663 Vgl. Rn. 127 ff.
664 Zum Folgenden: Bitter/Heim § 7 Rn. 32.
665 Ensthaler/Kluge/Kluge § 177 Rn. 5.
666 Ensthaler/Kluge/Kluge § 177 Rn. 3.
667 Ensthaler/Kluge/Kluge § 177 Rn. 5.
668 S. hierzu Rn. 270 ff.

## 5. Abschnitt: Auflösung und Abwicklung der KG

289 Für die Auflösung, Abwicklung und Vollbeendigung der KG gelten die **Ausführungen zur oHG grundsätzlich entsprechend**.[669]

Zusätzlich gibt es bei der KG einen **besonderen Auflösungsgrund**:[670] Weil die KG zwingend einen Komplementär haben muss, ist sie aufgelöst, wenn der **einzige bzw. letzte Komplementär aus der Gesellschaft ausscheidet**. Die Gesellschaft kann allerdings wieder in eine werbende Gesellschaft umgewandelt werden, indem ein verbleibender Gesellschafter oder eine dritte (auch juristische) Person mit Zustimmung aller Gesellschafter die Stellung des Komplementärs übernimmt. Führen die Gesellschafter die Gesellschaft hingegen als werbende fort, ohne einen neuen Komplementär zu installieren, gilt sie als oHG, sodass die Gesellschafter nunmehr unbeschränkt haften.

## 6. Abschnitt: Sonderformen

290 In der Praxis häufig anzutreffen sind **zwei Sonderformen** der KG, nämlich die GmbH & Co. KG und die Publikums-KG.[671]

## A. Die GmbH & Co. KG

### I. Grundlagen

291 Bei der GmbH & Co. KG handelt es sich nicht um eine eigene Rechtsform, sondern um eine Verbindung zweier Gesellschaften **(Typenvermischung)**.[672] Im Ausgangspunkt handelt es sich um ein **KG** deren einziger persönlich haftender Gesellschafter **(Komplementär)** eine **GmbH** ist.

Die GmbH & Co. KG ist damit eine Personen- und keine Kapitalgesellschaft. Da aber neben der KG (§§ 161 Abs. 2, 124 HGB) im Außenverhältnis nur die GmbH persönlich haftet (§§ 161 Abs. 2, 128 S. 1 HGB) und dies beschränkt auf ihr Gesellschaftsvermögen (§ 13 Abs. 2 GmbHG), während die Kommanditistenhaftung auf die Einlage beschränkt ist (§§ 171, 172 HGB), gibt es keine natürliche Person, die im Außenverhältnis unbeschränkt für die Erfüllung der Verbindlichkeiten der KG haftet. Damit ist die GmbH & Co. KG letztlich eine **Personengesellschaft mit beschränkter Haftung**. Die Tatsache, dass keine natürliche Person unbeschränkt haftet, widerspricht der gesetzlichen Grundkonzeption der Personengesellschaften.[673] Ihre Zulässigkeit war zunächst wegen der daraus folgenden möglichen Gläubigergefährdung umstritten, ist aber seit langem in Literatur und Rechtsprechung **allgemein anerkannt**.[674] Zudem gehen zahlreiche Gesetzesbestimmungen (z.B. § 125 a, § 172 Abs. 6 HGB) von der Existenz der GmbH & Co. KG aus.[675]

---

669 Vgl. Rn. 145 ff.
670 Zum Folgenden: Bitter/Heim § 7 Rn. 41.
671 Vgl. hierzu den komprimierten Überblick bei Lange Jura 2016, 225.
672 K. Schmidt, GesR, § 56 I 1; Schäfer § 45 Rn. 1; Weller/Prütting § 6 Rn. 139.
673 Koch § 37 Rn. 2.
674 Lange Jura 2016, 225, 225.; K. Schmidt, GesR, § 56 I 2.
675 Grunewald § 3 Rn. 70.

Die GmbH & Co. KG kann auch als **„Ein-Personen-GmbH & Co. KG"** ausgestaltet sein.[676] Damit ist gemeint, dass der Gesellschafter der GmbH zugleich alleiniger Kommanditist der KG ist. Die GmbH & Co. KG hat dann zwar formal zwei Gesellschafter – die GmbH als Komplementär und daneben einen Kommanditisten –; hinter dem Unternehmen steht aber tatsächlich nur eine natürliche Person.

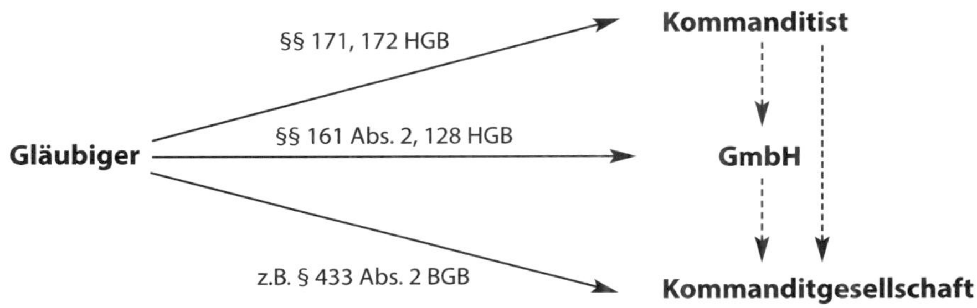


Insbesondere für außenstehende Dritte, Kunden, Arbeitnehmer, Gläubiger kann die GmbH & Co. KG wegen ihrer Undurchsichtigkeit und der Haftungsbeschränkung Nachteile mit sich bringen und birgt besondere Risiken.[677]

Die **praktische Bedeutung** der GmbH & Co. KG ist indes sehr groß. Dabei sprechen neben der Haftungsbeschränkung für die natürlichen Personen insbesondere folgende Gründe für die Wahl der GmbH & Co. KG:

- **Ursprünglich** waren **steuerliche Vorteile** für die Bildung der GmbH & Co. KG maßgebend. Diese beruhten vor allem auf der steuerlichen Doppelbelastung der GmbH, die durch das Körperschaftssteuerreformgesetz vom 31.8.1976 beseitigt wurde. Doch auch weiterhin können mit der Wahl der GmbH & Co. KG steuerliche Vorzüge verbunden sein, die jedoch stark einzelfallabhängig sind und für die Examensklausuren keine Rolle spielen.[678]

- Heute überwiegen vor allem gesellschaftsrechtliche Vorzüge für die Wahl der GmbH & Co. KG. Zum einen wird der **Grundsatz der Selbstorganschaft** bei den Personengesellschaften **umgangen**, weil die GmbH als Komplementärin die Geschäftsführung der KG übernimmt und bei der Komplementär-GmbH als Körperschaft der **Grundsatz der Fremdorganschaft** gilt. Die Geschäfte der KG (Personengesellschaft) werden mittelbar durch den bzw. die Geschäftsführer der Komplementär-GmbH (Körperschaft) geführt. Auf diesem Wege können bei der GmbH & Co. KG auch außenstehende Fachleute (als Geschäftsführer der Komplementär-GmbH) mit der Geschäftsleitung betraut werden.[679]

  Die KG ist in den **Schutzbereich des Anstellungsvertrags** zwischen der Komplementär-GmbH und deren Geschäftsführern einbezogen; deshalb kann auch die KG den Geschäftsführer aus § 43 Abs. 2 GmbHG persönlich in Anspruch nehmen.[680] Ebenso wie die Haftung des Geschäftsführers aus § 43

---

676 Hier und zum Folgenden: Bitter/Heim § 7 Rn. 52.

677 K. Schmidt, GesR, § 56 I 3; Windbichler § 37 Rn. 9.

678 Ausführlich zur GmbH & Co. KG in steuerrechtlicher Hinsicht: Binz/ Sorg GmbH & Co. KG §§ 16 ff.

679 Vgl. Grunewald § 3 Rn. 72; K. Schmidt, GesR, § 56 II 4b.

680 BGH NJW 2013, 3636, Ls. 1 u. Rn. 15 ff.

Abs. 2 GmbHG gegenüber der GmbH entfällt, wenn er im Einverständnis mit den GmbH-Gesellschaftern handelt,[681] entfällt die Haftung gegenüber der KG bei einem Einverständnis aller KG-Gesellschafter.[682]

- Ein **Entnahmerecht der Kommanditisten** besteht **auch, wenn kein Gewinn erwirtschaftet** wird. Den Gläubigern einer KG steht haftungsrechtlich primär der Komplementär mit seinem Vermögen zur Verfügung. Wenn bei einer GmbH & Co. KG der Komplementär eine GmbH ist, kann der Gläubiger aber lediglich auf das Gesellschaftsvermögen der GmbH zugreifen. Die eventuelle Haftung der Kommanditisten richtet sich nach den §§ 171 ff. HGB, sodass grundsätzlich deren Haftung erlischt, wenn die Einlage eingebracht ist.

## II. Die Entstehung der GmbH & Co. KG

292 Die GmbH & Co. KG entsteht im **Innenverhältnis** mit Abschluss der Gesellschaftsverträge von GmbH und KG. Besteht noch keine Gesellschaft zwischen den beteiligten Gesellschaftern, so ist zum Entstehen der GmbH & Co. KG der Abschluss eines GmbH-Gesellschaftsvertrages nach den Regeln des GmbH-Gesetzes sowie eines KG-Vertrages zwischen der GmbH und den Kommanditisten gemäß §§ 161 ff. HGB erforderlich.

Im **Außenverhältnis** wirksam wird die GmbH & Co. KG zum einen durch Eintragung beider Gesellschaften (GmbH und KG) in das Handelsregister (§ 11 Abs. 1 GmbHG; §§ 123 Abs. 1 i.V.m. 161 Abs. 2 HGB). Darüber hinaus tritt unter den Voraussetzungen des § 1 HGB die Wirksamkeit der GmbH & Co. KG bereits durch Aufnahme der Geschäfte ein (§ 123 Abs. 2 HGB), denn die noch nicht eingetragene Vor-GmbH[683] kann bereits persönlich haftender Gesellschafter der KG sein. Erfüllt der Geschäftsbetrieb der Gesellschaft die Voraussetzungen von § 1 HGB nicht, handelt es sich bis zur Eintragung um eine Gesellschaft bürgerlichen Rechts.[684] Besteht bereits eine – wirksame – Personenhandelsgesellschaft (oHG, KG), so kann die bestehende bzw. noch einzutragende GmbH durch Eintritt die Komplementärstellung in der Gesellschaft erwerben und diese so zur GmbH & Co. KG werden.

## III. Die Organisation der GmbH & Co. KG

293 Da sich die GmbH & Co. KG vom gesetzlichen Leitbild der KG gemäß §§ 161 ff. HGB allein dadurch unterscheidet, dass es sich bei dem (zumeist) einzigen Komplementär um eine GmbH und mithin um keine natürliche, sondern eine juristische Person handelt, gelten auch für die Rechtsbeziehungen innerhalb der Gesellschaft **grundsätzlich die Regeln der KG**. Nach §§ 161 Abs. 2, 124 Abs. 1 HGB ist die KG Trägerin von Rechten und Pflichten.

294 Die **Willensbildung** innerhalb der GmbH & Co. KG erfolgt zumeist in einer Gesellschafterversammlung,[685] wobei die Stimmrechte der Komplementär-GmbH durch die Geschäftsführer wahrgenommen werden. Bezüglich des Stimmrechts wird zumeist eine

681 S. hierzu Rn. 423 f.

682 BGH NJW 2013, 3636, Ls. 2 u. Rn. 33.

683 Vgl. zur Vor-GmbH Rn. 378 ff.

684 BGH NJW 1980, 1630.

685 K. Schmidt, GesR, § 56 IV 2.

besondere Regelung getroffen. Es wird nicht, wie in § 119 Abs. 2 HGB bestimmt, nach Köpfen abgestimmt, sondern, wie bei der AG, nach Kapitalanteilen. Darüber hinaus wird in der Praxis der GmbH, sofern sie einzige Komplementärin ist, häufig kein Stimmrecht zuerkannt. Ist nämlich der GmbH-Geschäftsführer zugleich Kommanditist, so würde ihm ein Stimmrecht in beiden Eigenschaften zustehen. Interessenkonflikte können aber auch dadurch verursacht werden, dass der GmbH-Geschäftsführer weder GmbH- noch KG-Gesellschafter, sondern Dritter ist. Um eine Stimmrechtsausübung im Interesse eines Nichtgesellschafters zu vermeiden, wird auch in diesem Fall häufig das Stimmrecht der GmbH vertraglich ausgeschlossen.

Erforderlich für einen solchen **Stimmrechtsausschluss** ist also immer die **Zustimmung der Komplementär-GmbH**. Auch ohne vertragliche Vereinbarung besteht ein Stimmrechtsausschluss, wenn nach dem Inhalt des zu fassenden Beschlusses die Gefahr der Interessenkollision zwischen den Interessen eines Gesellschafters und denen der KG besteht. In den Fällen der §§ 134, 136 AktG, § 47 GmbHG, § 43 GenG, die auf die GmbH & Co. KG entsprechende Anwendung finden, ist ein solcher Interessenkonflikt immer gegeben.

Die Gesellschafter der GmbH haben ein **Auskunfts- und Einsichtsrecht** aus § 51a GmbHG. Dieses Informationsrecht besteht unabhängig davon, ob ein GmbH-Gesellschafter zugleich Gesellschafter der KG (Kommanditist) ist. Es erstreckt sich auch auf die Angelegenheiten der KG, da diese zugleich Angelegenheiten der Komplementär-GmbH sind.[686] **295**

Da die Kommanditisten gemäß § 164 HGB von der **Geschäftsführung** ausgeschlossen sind, werden die gewöhnlichen Geschäftsführungsaufgaben gemäß §§ 114 ff. HGB von der Komplementär-GmbH und damit mittelbar durch deren Geschäftsführer erledigt.[687] Ein Widerspruchsrecht steht den Kommanditisten insoweit grundsätzlich nicht zu; nur außergewöhnliche Geschäftsführungsaufgaben müssen im Einvernehmen mit den Kommanditisten erledigt werden (§ 164 S. 1 Hs. 2 HGB). Möglich ist es aber auch, die Geschäftsführungsbefugnis einem oder mehreren Kommanditisten zu übertragen. **296**

Die Vertretungsmacht kann der (alleinigen) Komplementär-GmbH allerdings nicht entzogen werden, weil die **organschaftliche Vertretung der Gesellschaft jederzeit gewährleistet** sein muss.[688]

Regelmäßig steht der **Geschäftsführer der GmbH im Dienstverhältnis zu dieser**; eine Anstellung und Bezahlung von der GmbH & Co. KG sind eher selten, aber zulässig. Besteht die wesentliche Aufgabe des GmbH-Geschäftsführers in der Geschäftsführung der GmbH & Co. KG, so haftet er auch dieser gegenüber gemäß § 43 Abs. 2 GmbHG aus dem Dienstvertrag mit der GmbH als Vertrag mit Schutzwirkung zugunsten der GmbH & Co. KG.[689]

Die **Vertretung** der KG ist, wenn eine GmbH ihr einziger Komplementär ist, notwendigerweise **zweistufig**. Die GmbH & Co. KG wird vertreten durch die Komplementär-GmbH. Der Umfang der Vertretungsmacht bestimmt sich insoweit nach §§ 125 ff. HGB. Vertreter der Komplementär-GmbH ist (sind) ihr(e) Geschäftsführer (§§ 35 ff. GmbHG). Bei **297**

---

686 OLG Düsseldorf NJW-RR 1991, 620.

687 Zur Befreiung des Geschäftsführers einer GmbH & Co. KG vom Verbot des Insichgeschäfts (§ 181 BGB) s. BGH RÜ 2016, 632.

688 BGH NJW 1969, 507, Ls.

689 BGHZ 76, 326, 337; K. Schmidt, GesR, § 56 IV 3 b.

der Komplementär-GmbH hat eine Beschränkung der Vertretungsmacht im Außenverhältnis gegenüber Dritten keine rechtliche Wirkung (§ 37 Abs. 2 S. 1 GmbHG); unter den Voraussetzungen des § 35 Abs. 3 GmbHG gilt für den Alleingeschäftsführer allerdings das Selbstkontrahierungsverbot des § 181 BGB. Die **Vertretung durch den Geschäftsführer der GmbH ist folglich keine unmittelbar organschaftliche Vertretung der KG**. Vielmehr vertritt dieser die KG nur mittelbar über die Komplementär-GmbH, also zweistufig.

**Beispiel:** A und B sind Gesellschafter der X-GmbH, deren Geschäftsführer der A ist. Die X-GmbH ist Komplementärin der X-GmbH & Co. KG, A und B sind Kommanditisten. A schließt im Namen der KG einen Kaufvertrag mit V ab, der nunmehr von diesem nichts mehr wissen will und sich auf die fehlende Vertretungsmacht des A beruft. Zu Recht?

A hat eine eigene Willenserklärung abgegeben und sich im Namen der KG mit V geeinigt. Fraglich ist, ob A Vertretungsmacht hatte. Eine KG wird gemäß §§ 161 Abs. 2, 125 ff. HGB durch ihren Komplementär vertreten. Vorliegend handelt es sich hierbei um eine GmbH, die selbst als solche nach außen nur durch ihr Vertretungsorgan, also durch ihren Geschäftsführer (§ 35 GmbHG), handeln kann. Demnach konnte A als Geschäftsführer die GmbH und diese wiederum die KG wirksam vertreten (zweistufige Vertretung). Problematisch ist hier allerdings, dass es sich bei A gleichzeitig um einen Kommanditisten der KG handelt, der nach § 170 HGB von der Vertretung der KG ausgeschlossen ist. **§ 170 HGB verbietet jedoch nur die unmittelbare organschaftliche Vertretung durch den Kommanditisten, nicht aber seine Vertretertätigkeit als Organ der Komplementär-GmbH.** Somit hat A die KG wirksam vertreten. Der Kaufvertrag zwischen der KG und V ist wirksam zustande gekommen.

Die **Ansprüche der KG gegen die Komplementär-GmbH** können die Kommanditisten im Wege der **actio pro socio**[690] geltend machen.[691]

Ein Kommanditist einer GmbH & Co. KG kann jedoch **Ansprüche der KG gegen den Fremdgeschäftsführer der Komplementär-GmbH** nicht geltend machen. Der Fremdgeschäftsführer ist ein Nichtgesellschafter, die **actio pro socio kann allerdings nicht auf Dritte ausgeweitet werden**. Vielmehr ist die Komplementär-GmbH gegenüber der Kommanditgesellschaft zum Schadensersatz verpflichtet, hat aber selbst einen Ersatzanspruch gegen ihren Geschäftsführer nach § 43 Abs. 2 GmbHG.[692]

**298** Da es sich bei der GmbH & Co. KG sowie der Komplementär-GmbH um rechtlich voneinander getrennte, jeweils eigenständige Rechtssubjekte mit jeweils eigenem Vermögen handelt, richtet sich auch ein **Gesellschafterwechsel** nach dem **Recht der jeweiligen Gesellschaft**. Für einen Gesellschafterwechsel in der Komplementär-GmbH gilt grundsätzlich § 15 Abs. 1 GmbHG, wonach die Gesellschaftsanteile der GmbH frei veräußerlich und vererblich sind. Doch kann die Abtretung der Gesellschaftsanteile gemäß § 15 Abs. 5 GmbHG gesellschaftsvertraglich an besondere Voraussetzungen geknüpft werden („Vinkulierung"). So wird häufig im Gesellschaftsvertrag die Anteilsabtretung generell ausgeschlossen, von einer Genehmigung der Gesellschaft oder der übrigen Gesellschafter (ggf. auch der Kommanditisten der GmbH & Co. KG) abhängig gemacht oder jedenfalls erheblich erschwert, um den Eintritt missliebiger Personen in die Gesellschaft zu verhindern. Der Wechsel in der Person eines Kommanditisten unterliegt den Regeln des Personengesellschaftsrechts, ist also gemäß § 719 BGB i.V.m. §§ 105 Abs. 3, 161

690 S. hierzu Rn. 211 ff.

691 BGH NJW 1973, 2198, 2199; a.A. MünchKomm-HGB/Grunewald § 161 Rn. 70 ff.

692 BGH NZG 2018, 220, 221.

Abs. 2 HGB nur im Einverständnis aller Gesellschafter möglich. Bei zweifelsfreier Bestimmung im Gesellschaftsvertrag genügt jedoch ein entsprechender Mehrheitsbeschluss.

## IV. Die Finanzverfassung der GmbH & Co. KG

Bei der GmbH & Co. KG gibt es Besonderheiten bei der Kapitalaufbringung und -erhaltung, weil es sich um eine **Kombination aus einer KG (Personengesellschaft) und einer GmbH (Kapitalgesellschaft)** handelt. **299**

### 1. Kapitalaufbringung

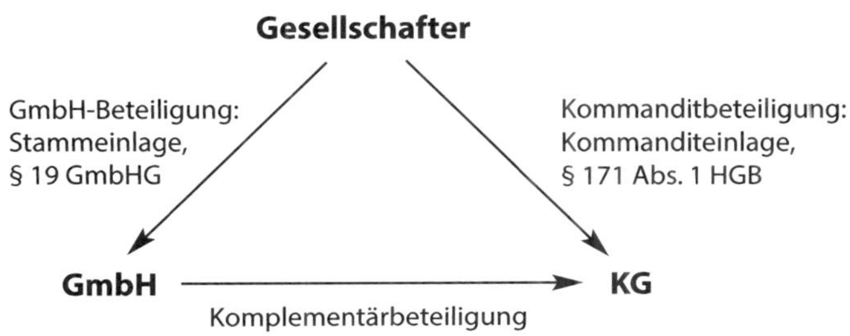


Die **hinter der GmbH & Co. KG stehende Person** ist zunächst **Alleingesellschafter** einer mit dem Mindeststammkapital nach § 5 Abs. 1 GmbH (25.000 €) ausgestatteten GmbH. In dieser Eigenschaft unterliegt der Gesellschafter den **Kapitalaufbringungsvorschriften des GmbH-Rechts** (§§ 7, 19 GmbHG).[693] Er hat also eine Stammeinlage an die GmbH zu leisten. Die GmbH gibt den Betrag, weil sie lediglich die Geschäftsführungs- und Haftungsfunktion bei der GmbH & Co. KG übernehmen und nicht selbst unternehmerisch tätig sein soll, regelmäßig als Kredit an die KG weiter. Denkbar ist zwar auch eine vermögensmäßige Beteiligung der GmbH an der KG durch eine entsprechende Einlage der GmbH in die KG. In aller Regel ist die GmbH aber ohne Einlage mit „0 %" an der KG beteiligt. **300**

Sofern in dieser Praxis früher ein Verstoß gegen die Vorschriften über die Einlagenerbringung aus dem GmbHG erblickt wurde,[694] ist dies seit Einführung des MoMiG[695] überholt. § 19 Abs. 5 GmbHG enthält seitdem eigens für ähnliche Konstellationen besondere Voraussetzungen.[696]

Wird eine **UG (haftungsbeschränkt) als Komplementärin** eingesetzt, erübrigt sich infolge deren geringen Kapitals die Problematik der Darlehensgewährung an die KG, weil diese für die hinter der UG & Co. KG stehenden Personen keine wirtschaftliche Bedeutung hat.[697]

Der **Gesellschafter der GmbH ist** in der Praxis **häufig zugleich Kommanditist der KG.** In dieser Eigenschaft kann er sich zur Erbringung einer Kommanditeinlage in beliebiger Höhe verpflichten. Entspricht die Haftsumme der Höhe der Pflichteinlage,[698] wird er

---

693 Zur Kapitalaufbringung in der GmbH s. Rn. 434 ff.

694 BGH NZG 2008, 143, Ls. 1.

695 Gesetz zur Modernisierung des GmbH-Rechts und zur Bekämpfung von Missbräuchen (MoMiG) vom 23.10.2008, BGBl. I S. 2026.

696 S. hierzu Rn. 441.

697 Dazu Römermann/Passarge ZIP 2009, 1497.

698 Zur begrifflichen Unterscheidung zwischen der Haftsumme und der Pflichteinlage s. Rn. 257 ff.

durch die Einzahlung von seiner Außenhaftung gegenüber den Gläubigern der KG befreit (§ 171 Abs. 1 Hs. 2 HGB).

## 2. Kapitalerhaltung

301 Auch die Kapitalerhaltung in der GmbH & Co. KG wirft Probleme auf.[699] Werden **dem Kommanditisten Gelder aus der KG „zurückgezahlt"**, lebt seine Außenhaftung gegenüber den Gläubigern der KG (lediglich) bis zur Höhe der Haftsumme wieder auf (§ 172 Abs. 4 HGB). Für die Verbindlichkeiten der KG haftet aber auch die Komplementär-GmbH persönlich (§§ 161 Abs. 2, 128 S. 1 HGB), und zwar – im Gegensatz zu den Kommanditisten – unbeschränkt mit ihrem gesamten Vermögen. Ist das KG-Vermögen durch Auszahlungen an den Kommanditisten aufgebraucht, führen weitere Auszahlungen zu einer **Überschuldung der KG**. Dies kann zugleich eine **Überschuldung der Komplementär-GmbH** nach sich ziehen.

Auszahlungen aus dem KG-Vermögen an den Kommanditisten schmälern also mittelbar auch das Stammkapital der GmbH. Deshalb wendet der BGH **die Kapitalerhaltungsvorschriften des GmbH-Rechts (§§ 30, 31 GmbHG) entsprechend auf Auszahlungen der KG an einen Gesellschafter der Komplementär-GmbH oder einen Kommanditisten** an. Eine Zahlung aus dem Vermögen der KG an einen Gesellschafter der Komplementär-GmbH oder einen Kommanditisten ist eine nach § 30 Abs. 1 GmbHG verbotene Auszahlung, wenn dadurch das Vermögen der GmbH unter die Stammkapitalziffer sinkt oder eine bilanzielle Überschuldung vertieft wird.[700] Sinkt also das Vermögen der GmbH durch die Belastung mit den Verbindlichkeiten der KG unter die Stammkapitalziffer, lösen weitergehende Auszahlungen an den GmbH-Gesellschafter und/oder den Kommanditisten einen Anspruch der KG gegen den Empfänger auf Rückgewähr der ausgezahlten Beträge aus **(§§ 30, 31 GmbHG analog)**.

Die weiteren Gesellschafter unterliegen analog § 31 Abs. 3 GmbHG einer anteiligen Ausfallhaftung.

Diese Haftung ist nicht absolut auf die Stammkapitalziffer der GmbH beschränkt, sondern kann diesen Betrag um ein Vielfaches übersteigen.

**Fall 12: Kapitalerhaltung in der GmbH & Co. KG** (Fall basiert auf BGH RÜ 2017, 776)

K ist Insolvenzverwalter über das Vermögen der S-GmbH & Co. KG (im Folgenden: S). B ist Kommanditistin und Gesellschafterin der Komplementär-GmbH.

Zum Betriebsvermögen der S gehörte ein Grundstück. Dieses war zugunsten der G-Bank mit einer im Jahre 2008 bestellten Grundschuld belastet. Die Grundschuld besicherte eine Darlehensforderung der G-Bank gegen B. Im Juni 2016 kündigte die G-Bank das Darlehen. Nach Insolvenzeröffnung im Dezember 2016 meldete sie eine Forderung zur Tabelle an und verlangte abgesonderte Befriedigung aus der Grundschuld. K verkaufte das Grundstück im Oktober 2018 im Einvernehmen mit der G-Bank und schüttete den Verwertungserlös abzüglich eines vereinbarten Massekostenbeitrags an die G-Bank aus.

---

699 Hier und zum Folgenden: Bitter/Heim § 7 Rn. 58 ff.

700 BGH RÜ 2017, 776, Rn. 12 m.w.N.

Mit seiner am 31.12.2019 bei Gericht eingegangen Klage verlangt K von B die Erstattung des an die G-Bank ausgekehrten Verwertungserlöses. B lehnt dies mit der Begründung ab, sie habe (was zutrifft) im Zeitpunkt der Bestellung der Grundschuld noch über ausreichende Bonität verfügt, um das ihr gewährte Darlehen der G-Bank zurückzuzahlen; dies habe sich erst später geändert. Im Übrigen beruft sich B auf Verjährung.

Ist die Klage begründet?

I. Der von K gegen B geltend gemachte Erstattungsanspruch könnte sich aus **§ 31 Abs. 1 i.V.m. § 30 Abs. 1 S. 1 GmbHG** ergeben. **302**

K ist als Insolvenzverwalter nicht Inhaber eines etwaigen Erstattungsanspruchs nach § 31 Abs. 1 GmbHG (dies bleibt auch nach Eröffnung des Insolvenzverfahrens die Schuldnerin), aber als Partei kraft Amtes und **gesetzlicher Prozessstandschafter** gemäß § 80 Abs. 1 InsO prozessführungsbefugt.[701]

1. Es stellt sich zunächst einmal die Frage, ob die §§ 30, 31 GmbHG **auf die GmbH & Co. KG anwendbar** sind.

   a) Eine **unmittelbare Anwendung** scheidet aus. Die §§ 30, 31 GmbH gelten unmittelbar für die (Komplementär-) GmbH, nicht aber für die KG.

   b) In Betracht kommt jedoch eine **analoge Anwendung** der entsprechenden Vorschriften auch auf die KG.

      aa) Für die KG existieren keine den §§ 30, 31 GmbHG entsprechenden Vorschriften. Dies beruht allerdings im Wesentlichen darauf, dass das besondere Bedürfnis einer entsprechenden Regelung sich erst durch die Typenmischung der KG mit der GmbH zur GmbH & Co. KG ergibt. Mithin handelt es sich um eine **planwidrige Regelungslücke**.

      bb) Ferner müsste auch die **Interessenlage vergleichbar** sein. Ist das KG-Vermögen durch Auszahlungen an den Kommanditisten aufgebraucht, führen weitere Auszahlungen zu einer Überschuldung der KG.[702] Dies kann zugleich eine Überschuldung der Komplementär-GmbH nach sich ziehen. Bei einer GmbH & Co. KG schmälern Auszahlungen aus dem KG-Vermögen an den Kommanditisten also mittelbar auch das Stammkapital der Komplementär-GmbH. Hieraus ergibt sich folglich das Bedürfnis, auch Auszahlungen der KG an einen Gesellschafter der Komplementär-GmbH oder einen Kommanditisten den Kapitalerhaltungsvorschriften aus dem GmbH-Recht (§§ 30, 31 GmbHG) zu unterwerfen. Eine entsprechende Auszahlung ist deshalb nach § 30 Abs. 1 GmbHG verboten, wenn dadurch das Vermögen der GmbH unter die Stammkapitalziffer sinkt oder eine bilanzielle Überschuldung vertieft wird.[703] In diesen Fällen sind die §§ 30, 31 GmbHG mithin analog anwendbar.

---

701 BGH NZI 2013, 641, Rn. 11; Hk-InsO/Kayser § 80 Rn. 23.

702 Hier und zum Folgenden: Bitter/Heim § 7 Rn. 59.

703 BGH RÜ 2017, 776, Rn. 12.

2. Die **Bestellung der Grundschuld** am Grundstück der Schuldnerin ist eine **Auszahlung** i.S.v. § 30 Abs. 1 S. 1 GmbHG, wenn B im Zeitpunkt der **Bestellung voraussichtlich zur Rückzahlung des Darlehens an die G-GmbH nicht in der Lage gewesen** ist und deshalb eine Unterbilanz der S-GmbH entstanden oder vertieft worden ist.[704]

   Eine Unterbilanz liegt vor, sofern das (Netto-)Vermögen der (Kapital-)Gesellschaft die Höhe des Stammkapitals nicht erreicht.

   Das Auszahlungsverbot nach § 30 Abs. 1 S. 1 GmbHG betrifft nicht nur Geldleistungen an Gesellschafter, sondern Leistungen aller Art. Auch mit der Überlassung einer Grundschuld für Zwecke der Kreditbeschaffung wird dem Gesellschafter Vermögen der Gesellschaft zur Verfügung gestellt. Die übrigen Gläubiger haben im Umfang der Sicherheit keinen Zugriff mehr auf das Vermögen der Gesellschaft, die die Verwertung zugunsten des Sicherungsnehmers bei Fälligkeit auch nicht verhindern kann. Aus diesem Grund liegt eine „Auszahlung" bereits im Zeitpunkt der Bestellung der Sicherheit und nicht erst mit deren späterer Verwertung vor.

3. Gegen das Kapitalerhaltungsgebot des § 30 Abs. 1 S. 1 GmbHG würde diese „Auszahlung" allerdings nur dann verstoßen, wenn durch die Bestellung der Grundschuld **das zur Erhaltung des Stammkapitals der Komplementär-GmbH erforderliche Vermögen berührt** worden ist. Ob dies der Fall ist, hängt davon ab, ob der durch die Grundschuldbestellung ausgelöste **Freistellungsanspruch der S gegen B** im Zeitpunkt der Bestellung (s.o.) **werthaltig** gewesen ist.

   a) War der Freistellungsanspruch ist diesem Zeitpunkt **nicht werthaltig**, liegt bereits darin die Auszahlung i.S.v. § 30 Abs. 1 S. 1 GmbHG. Dann sind nachfolgende Verschlechterungen ohne Bedeutung. Führt der Vermögensabfluss dagegen nicht zu einer Unterbilanz oder vertieft er eine bestehende Unterbilanz nicht, ist die Auszahlung an den Gesellschafter erlaubt und es entsteht kein Erstattungsanspruch.

   b) Ist der Freistellungsanspruch bei der Bestellung der Sicherheit **hingegen werthaltig**, ist eine spätere Verschlechterung der Vermögenslage des Gesellschafters für das Vorliegen einer Auszahlung i.S.v. § 30 Abs. 1 S. 1 GmbHG ebenfalls nicht von Bedeutung. Denn bei einem werthaltigen Freistellungsanspruch bei Bestellung der Sicherheit, also wenn der Schuldner aus ex-ante-Sicht zur Rückzahlung in der Lage sein wird, ist die Inanspruchnahme der durch die Gesellschaft gewährten Sicherheit unwahrscheinlich.[705] Es handelt sich dann um einen unter wirtschaftlicher Betrachtungsweise bilanzneutralen Aktivtausch i.S.d. § 30 Abs. 1 S. 2 GmbHG. Nach dem ausdrücklichen Willen des Gesetzgebers ist ein solcher Aktivtausch – unabhängig vom Bestehen oder Entstehen einer Unterbilanz – keine verbotene Auszahlung. Eine nachträgliche Veränderung der Werthaltigkeit ändert daran indes nichts, da lediglich die ex-ante-Sicht entscheidend ist.

---

704 Zum Folgenden: BGH RÜ 2017, 776, Rn. 13 ff.

705 BGH RÜ 2017, 776, Rn. 21.

Danach besteht im vorliegenden Fall kein Erstattungsanspruch der S gegen B nach §§ 30, 31 BGB analog. Der Freistellungsanspruch der S infolge der Bestellung der Grundschuld war 2008 noch werthaltig. Zu diesem Zeitpunkt war B noch in der Lage, das Darlehen der G-Bank zurückzuzahlen.

4. Im Übrigen wäre ein etwaiger Erstattungsanspruch der S infolge der durch K erhobenen **Verjährungseinrede** (§ 214 Abs. 1 BGB) jedenfalls nicht durchsetzbar. Ansprüche der Gesellschaft nach § 31 Abs. 1 GmbHG verjähren in zehn Jahren ab der „Zahlung" (§ 31 Abs. 5 S. 1 und 2 GmbHG). Für den Beginn der Verjährungsfrist kommt es den vorstehenden Ausführungen entsprechend auf die Bestellung der Grundschuld im Jahr 2008 und nicht erst auf deren spätere Verwertung im Jahr 2018 an. Deshalb konnte die Verjährung durch die erst am 31.12.2019 bei Gericht eingegangene Klage nicht (mehr) gemäß § 204 Abs. 1 Nr. 1 BGB gehemmt werden. Auch die 6-Monats-Frist nach §§ 31 Abs. 5 S. 3, 19 Abs. 6 S. 2 GmbHG war bereits abgelaufen, da das Insolvenzverfahren über das Vermögen der Schuldnerin bereits im Dezember 2016 eröffnet wurde.

II. Ergebnis: Die Klage ist unbegründet.

---

## V. Die Haftungsverfassung der GmbH & Co. KG

Die **Ansprüche Dritter** können gerichtet sein **303**

- **gegen die GmbH & Co. KG** als solche, also gegen die KG (§ 124 HGB), und
- **gegen die einzelnen Gesellschafter**, nämlich
  - gegen die **Komplementär-GmbH** (§ 128 S. 1 HGB) und
  - gegen die **Kommanditisten** (§§ 171 ff. HGB).

Vor der Eintragung der KG in das Handelsregister haftet diese nur unter den Voraussetzungen des § 123 HGB. Die Kommanditisten können nach § 176 HGB haften. Vor Eintragung der GmbH gelten die Haftungsgrundsätze der Vor-GmbH.[706]

## VI. Die Auflösung und Abwicklung der GmbH & Co. KG

Der **Tod eines Kommanditisten** ist kein Auflösungsgrund für die GmbH & Co. KG, die Gesellschaft wird mit den Erben fortgesetzt (§ 177 HGB). **304**

Bei **„Tod" der Komplementär-GmbH**, also im Falle ihrer Auflösung gemäß §§ 60 ff. GmbHG, wird die GmbH & Co. KG nicht notwendigerweise mit aufgelöst: Die GmbH besteht auch nach ihrer Auflösung fort. Erst die Vollbeendigung der (vermögenslosen) GmbH durch Löschung im Handelsregister bewirkt die Auflösung der GmbH & Co. KG.[707] **305**

---

706 Zu diesen s. Rn. 378 ff.

707 BGH NJW 1980, 233.

Anders ist die Rechtslage im Falle der **Eröffnung des Insolvenzverfahrens über das Vermögen der (einzigen) Komplementär-GmbH** (§ 60 Abs. 1 Nr. 4 GmbHG). Diese führt zum Ausscheiden der Komplementär-GmbH aus der KG (§§ 161 Abs. 2, 131 Abs. 3 Nr. 2 HGB) und zur liquidationslosen Vollbeendigung der KG unter einer Gesamtrechtsnachfolge des (einzigen) Kommanditisten; dieser haftet für die Gesellschaftsverbindlichkeiten nur mit dem übergegangenen Vermögen.[708] Umgekehrt wird die GmbH durch die Auflösung der GmbH & Co. KG im Zweifel nicht aufgelöst; sie nimmt vielmehr an der Auseinandersetzung teil.[709]

## B. Die Publikums-KG

306 Das gesetzliche Konzept der Personengesellschaften geht von einer überschaubaren Anzahl von Gesellschaftern aus, die sich persönlich kennen. Die Vertragsfreiheit gestattet jedoch abweichende privatautonome Gestaltungen. Die sog. Publikumsgesellschaften sind **kapitalistische Personengesellschaften**, die auf eine **Vielzahl anonymer Gesellschafter** angelegt sind und deren Gesellschafterstruktur daher **eher** derjenigen einer **Kapitalgesellschaft** entspricht.[710]

307 Ziel einer Publikumsgesellschaft ist regelmäßig die **Ansprache eines breiten Publikums für bestimmte Geldanlageprojekte.**[711] Diesem Zweck kann insbesondere durch die Gründung einer AG und den Erwerb der Aktien durch die Anleger entsprochen werden. Eine AG hat ein bestimmtes in der Satzung festzusetzendes Grundkapital, das nur durch Satzungsänderung modifizierbar ist. Mit der Höhe des Grundkapitals steht auch die Zahl der Aktien fest und begrenzt die Zahl der Anleger. Steht bei einem neuen unternehmerischen Projekt der Investitionsbedarf noch nicht fest, eignet sich die Gründung einer AG dafür wenig. Genau an diesem Punkt kommen die Publikumspersonengesellschaften ins Spiel. Auch sie sind Kapitalanlagegesellschaften, da sie sich an ein breites Publikum von Anlegern wenden (die Gesellschaftsanteile werden i.d.R. öffentlich auf dem Kapitalmarkt angeboten). Das Kapital der Publikumspersonengesellschaft kann aber – insbesondere im Gegensatz zur AG – problemlos den Bedürfnissen der Gesellschaft angepasst werden. **Kapitalerhöhungen bzw. -herabsetzungen** bedürfen nicht des komplizierten Verfahrens nach den §§ 182 ff. AktG.[712] Auch ist die **Zahl der Anleger** nicht begrenzt – wie sie es bei der AG durch die feste Zahl der Aktien faktisch ist. Die einfachste Art der Kapitalerhöhung ist die Aufnahme neuer Gesellschafter.

308 Publikumsgesellschaften können unterschiedliche **Rechtsformen** aufweisen. **In aller Regel** werden Publikumspersonengesellschaften als Kommanditgesellschaften, insbesondere in Form einer **GmbH & Co. KG** errichtet, weshalb sie an dieser Stelle dargestellt werden. Dies hat den Vorteil, dass keine natürliche Person haftet und die Stellung eines Kommanditisten sich für eine kapitalistische Beteiligung besonders eignet. Es kann sich aber auch um eine „normale" KG mit einer natürlichen Person als Komplementär han-

708 BGH NZG 2004, 611, Ls. 1.
709 K. Schmidt, GesR, § 56 VI 2.
710 Windbichler § 19 Rn. 1.
711 Hier und zum Folgenden: Bitter/Heim § 7 Rn. 43.
712 S. hierzu Rn. 510.

deln.[713] Publikumsgesellschaften werden teilweise auch als GbR gegründet, sie sind insbesondere bei Immobilienfonds anzutreffen.[714] Auch die Form der stillen Gesellschaft ist für Publikumsgesellschaften geeignet.[715]

Häufig sind auch **Mischformen** zwischen (GmbH & Co.) KG und stiller Gesellschaft anzutreffen: Der Anleger leistet eine Einlage als Kommanditist und zusätzlich einen bestimmten Betrag als stille Einlage oder Darlehen (gesplittete Einlage). Eine weitere Organisationsform ist die der **Treuhandgesellschaft**. Die Publikumsgesellschaft wird gegründet, die Anleger treten aber nicht selbst als Gesellschafter bei, sondern bilden mit einem Treuhänder eine Innengesellschaft. Gesellschafter ist in diesem Fall nicht der Anleger, sondern allein der Treuhänder, der seine Gesellschafterrechte im Interesse des Treugebers wahrzunehmen hat. Einen unmittelbaren Einfluss auf die Ausübung des Stimmrechts hat der Anleger bei der echten Treuhand nicht.[716] Da nur der Treuhänder Gesellschafter ist, haftet der Anleger (Treugeber) regelmäßig nicht im Außenverhältnis.[717] Im Innenverhältnis ist er allerdings verpflichtet, den Treuhänder von seiner Haftung freizustellen. Wird der Freistellungsanspruch abgetreten, haftet der Anleger (Treugeber) auch im Außenverhältnis gegenüber dem Abtretungsempfänger.[718] Ausnahmsweise kann die Auslegung des Treuhandvertrags ergeben, dass der Anleger als Gesellschafter beteiligt ist und damit direkt auch im Außenverhältnis haftet.[719] Bei der unechten Treuhand sind die Kapitalanleger selbst Gesellschafter und schalten für die Wahrnehmung ihrer eigenen Gesellschafterrechte einen Treuhänder ein, der selbst Gesellschafter sein kann, aber nicht sein muss. **309**

Bei einer Publikumspersonengesellschaft wird zunächst der **Gesellschaftsvertrag** bzw. werden die Gesellschaftsverträge zwischen den **Gründungsgesellschaftern** geschlossen. Im Regelfall der Gründung einer GmbH & Co. KG wird eine GmbH errichtet, an der die Gründungsgesellschafter ebenso beteiligt sind wie an der KG. Da die Gesellschaft aber Kapital benötigt, müssen ihr eine **Vielzahl von Anlegern** – regelmäßig als Kommanditisten – **beitreten**. Normalerweise erfolgt der Eintritt eines Gesellschafters durch Vertragsschluss des Eintretenden mit allen Gesellschaftern. Dieses Verfahren ist wegen der Vielzahl der beteiligten Personen bei einer Publikumspersonengesellschaft tatsächlich nicht durchführbar. Es kann daher die **Komplementär-GmbH bevollmächtigt** werden, im Namen und mit Wirkung für die übrigen Gesellschafter **Aufnahmeverträge abzuschließen**. Darüber hinaus ist es auch möglich, dass die KG oder die Komplementär-GmbH ermächtigt wird, in eigenem Namen die Gesellschaftsverträge mit den neu Eintretenden zu schließen. Die Gesellschaft handelt im letzteren Fall nicht als Vertreter der anderen Gesellschafter, sondern in eigenem Namen mit Wirkung für alle Gesellschafter.[720] **310**

---

713 BGH NJW 1982, 2253.
714 BGH NZG 2011, 1023.
715 Vgl. BGH NJW 1995, 1353.
716 BGHZ 84, 141, 144.
717 BGH NZG 2009, 57, Ls. 1; BGH RÜ 2011, 356.
718 BGH RÜ 2011, 356; BGH NZG 2011, 1432, Rn. 35.
719 BGH NZG 2011, 1023, Rn. 37.
720 K. Schmidt, GesR, § 57 II 1 a.

Die nach der Rechtsprechung anerkannte Möglichkeit einer Ermächtigung der KG, im eigenen Namen solche Verträge abschließen zu können, steht auf den ersten Blick im Widerspruch zu dem sich aus § 164 BGB ergebenden Offenkundigkeitsprinzip. Eine entsprechende Anwendung des § 185 Abs. 1 BGB (der eigentlich nur für Verfügungen gilt) auf Verpflichtungen wird nach allgemeinen Grundsätzen eigentlich abgelehnt.[721] Für den vorliegenden Fall wird eine solche Ermächtigung aber ausnahmsweise für möglich gehalten. Dies beruht im Wesentlichen auf den strukturellen Besonderheiten eines Publikumsgesellschaftsvertrages sowie auf der Tatsache, dass auch trotz des Handelns in eigenem Namen letztlich allen Beteiligten von Beginn an klar ist, dass letztlich ein Gesellschaftsvertrag zustande kommen soll.[722]

Der **Gesellschaftsvertrag** einer Publikumsgesellschaft wird regelmäßig nicht zwischen den beteiligten Personen im Einzelnen ausgehandelt, sondern von den Initiatoren **vorformuliert und einseitig gestellt**.[723] Der Großteil der Gesellschafter tritt der Publikumsgesellschaft erst bei, wenn der Text des Gesellschaftsvertrages bereits feststeht. Einfluss auf die inhaltliche Ausgestaltung des Gesellschaftsvertrages üben diese Gesellschafter nicht aus. Aus diesem Grund ergeben sich für den Gesellschaftsvertrag einer Publikumspersonengesellschaft drei Besonderheiten:

- Gesellschaftsverträge von Publikumspersonengesellschaften sind nur **nach ihrem objektiven Erklärungsbefund anhand des schriftlichen Vertrags auszulegen**; die Vorstellungen und der Wille der Gründungsgesellschafter, die in dem Gesellschaftsvertrag keinen Niederschlag gefunden haben, sind nicht zu berücksichtigen.[724]

- Für die Anlagegesellschafter ist die Gefahr einer Benachteiligung bei der Ausgestaltung des Gesellschaftsvertrages besonders groß. Dieser ist von den Initiatoren bereits vorformuliert, es besteht für die Anlagegesellschafter keine Möglichkeit der individuellen Einflussnahme Die Situation ist vergleichbar mit der Verwendung von AGB-Klauseln. Gem. § 310 Abs. 4 S. 1 BGB sind die §§ 305 ff. BGB indes nicht anwendbar. Aufgrund dessen stützt der BGH[725] seine **Inhaltskontrolle** des Gesellschaftsvertrages auf **§ 242 BGB**.[726]

- **Ungewöhnliche Klauseln**, die den Kapitalanleger besonders belasten, sind **einschränkend auszulegen**.

  **Mehrheitsklauseln** sind bei Publikumsgesellschaften praktisch unverzichtbar.[727] Selbst wenn eine weit gefasste Mehrheitsklausel jedoch die formelle Legitimation für eine Mehrheitsentscheidung begründet, sind die Gesellschafter im Rahmen der materiellen Wirksamkeitsprüfung vor der Mehrheitsmacht geschützt. So können etwa Nachschusspflichten nicht ohne die (zumindest antizipierte) Zustimmung des betroffenen Gesellschafters begründet werden. Zudem sind Nachschussklauseln i.d.R. in der Weise auszulegen, dass ein Nachschuss nur dann geschuldet wird, wenn er nicht der Drittgläubigerbefriedigung, sondern der Förderung des Gesellschaftszwecks dient.[728]

---

721 Hierzu ausführlich AS-Skript BGB AT 1 (2020), Rn. 469.
722 Vgl. hierzu BGH NJW 1978, 1000.
723 Hier und zum Folgenden: Bitter/Heim § 7 Rn. 45.
724 BGH NZG 2016, 424, Rn. 13; Windbichler § 19 Rn. 7.
725 BGH NJW 2001, 1270, Ls. 1.
726 Windbichler § 19 Rn. 8.
727 Hier und zum Folgenden: Bitter/Heim § 7 Rn. 46.
728 BGH NJW 1979, 419.

Auf den fehlerhaften Beitritt zu einer Publikumsgesellschaft finden die **Grundsätze der fehlerhaften Gesellschaft** Anwendung.[729]

Der Umstand, dass es sich bei einer Personengesellschaft um eine Publikumsgesellschaft handelt, kann sich aber auch zum Nachteil der Gesellschafter auswirken. Die den Verschuldensmaßstab auf die **eigenübliche Sorgfalt** des Gesellschafters reduzierende Vorschrift des **§ 708 BGB gilt bei Publikumsgesellschaften nicht**.[730] Die dort angeordnete Haftungsmilderung wird durch die persönliche Bindung unter den Gesellschaftern gerechtfertigt, die bei der Publikums-KG gerade fehlt.[731] **311**

Für unrichtige und unvollständige Angaben beim Vertrieb der Beteiligungen haften die Vermittler und Initiatoren des Projekts nach den Grundsätzen der **Prospekthaftung**.[732] Eine Prospekthaftung kann auch auf eine Haftung wegen einer vorvertraglichen Pflichtverletzung (§§ 280 Abs. 1, 311 Abs. 2 und 3, 241 Abs. 2 BGB) gestützt werden (sog. Prospekthaftung im weiteren Sinne). Der Personenkreis der Haftenden wird durch § 311 Abs. 2, Abs. 3 BGB bestimmt. Gehaftet wird für die Verletzung von Aufklärungspflichten. Diese können durch die Vorlage eines fehlerhaften oder unvollständigen Prospekts, unterlassene Aufklärung über nach der Prospektveröffentlichung eingetretene Umstände oder falsche Informationen außerhalb des Prospekts verletzt werden.[733] Neben der Prospekthaftung und der Haftung wegen Verschuldens bei den Vertragsverhandlungen kann schließlich eine Haftung aus einem (zumindest stillschweigend geschlossenen) Auskunfts- oder Beratungsvertrag in Betracht kommen.[734] **312**

729 BGH NJW 2001, 2718, Ls. 4.
730 BGH NJW 1980, 589.
731 Windbichler § 19 Rn. 10.
732 Zur Prospekthaftung bei einer Publikumsgesellschaft s. BGH RÜ 2017, 551.
733 Bohlken/Lange DB 2005, 1259, 1262; Reinelt NJW 2009, 1 ff.
734 BGHZ 74, 103, 106.

## Die Kommanditgesellschaft (KG)

### Grundlagen

- Keine juristischen Personen, mindestens zwei Gesellschafter
- Gesamthandsgemeinschaften
- Rechtsfähigkeit folgt aus §§ 161 Abs. 2, 124 Abs. 1 HGB

### Entstehung

- Gründung
  - Entstehung im Innenverhältnis durch Abschluss des Gesellschaftsvertrages i.S.v. § 705 BGB
  - Entstehung im Außenverhältnis durch Eintragung in das Handelsregister (§ 123 Abs. 1 HGB) oder mit der einvernehmlichen Aufnahme der Geschäfte (§ 123 Abs. 2 HGB)
- Umwandlung

### Organisation

- Die Geschäftsführung der KG obliegt den Komplementären (§ 161 Abs. 2 i.V.m. §§ 114 ff. HGB). Dabei gilt – wie bei der oHG – das Prinzip der Einzelgeschäftsführung. Die Kommanditisten sind von der Geschäftsführung ausgeschlossen (§ 164 S. 1 Hs. 1 HGB).
- Die Vertretung richtet sich über § 161 Abs. 2 HGB ebenfalls im Grundsatz nach dem Recht der oHG. Es gilt also im Grundsatz die Einzelvertretung durch jeden persönlich haftenden Gesellschafter (§§ 161 Abs. 2, 125 Abs. 1 HGB). Die Kommanditisten sind zur Vertretung der Gesellschaft nicht ermächtigt (§ 170 HGB).

### Haftungsverfassung

- Rechtsfähige KG haftet für Gesellschaftsschulden mit ihrem eigenen Gesellschaftsvermögen
- Daneben haften die Komplementäre für die Erfüllung der Gesellschaftsschulden persönlich, unbeschränkt und akzessorisch (§§ 128–130 HGB analog)
- Die Haftung der Kommanditisten ist nach Maßgabe der §§ 171 ff. HGB auf deren Einlage beschränkt

### Abwicklung, Auflösung und Abwicklung

- Auflösung (§§ 161 Abs. 2 i.V.m. 131 ff. HGB), außerdem, wenn der letzte bzw. einzige Komplementär ausscheidet.
- Abwicklung (Liquidation, §§ 161 Abs. 2 i.V.m. 145 ff. HGB)
- Vollbeendigung: mit Abschluss der Abwicklung; dies ist der Fall, wenn die KG infolge der Schlussverteilung an die Gesellschafter (§§ 161 Abs. 2 i.V.m. 155 Abs. 1 HGB) kein Aktivvermögen mehr hat.

### Sonderformen

- GmbH & Co. KG
- Publikums-KG

# 5. Teil: Der Verein

Ein Verein ist eine auf Dauer berechnete Verbindung einer größeren Anzahl von Personen zur Erreichung eines gemeinsamen Zweckes, die nach ihrer Satzung körperschaftlich organisiert ist, einen Gesamtnamen führt und auf einen wechselnden Mitgliederbestand angelegt ist.[735] Der grundlegende Unterschied zur GbR liegt in der körperschaftlichen Struktur, die in den §§ 21 ff. BGB konkret ausgeprägt wird.[736] Den Verein kann man als den **Prototypen der privatrechtlichen Körperschaften** ansehen, weshalb bei Einzelfragen, die im Recht der anderen juristischen Personen (AG, GmbH) nicht oder unvollständig geregelt sind, auch grundsätzlich auf das Recht des Vereins zurückgegriffen werden kann.[737] **313**

## 1. Abschnitt: Grundlagen

Das Gesetz unterscheidet rechtsfähige (§§ 21–53 BGB) und nicht rechtsfähige (§ 54 BGB) Vereine. Zu den rechtsfähigen Vereinen zählen nicht wirtschaftliche Vereine (Idealvereine, § 21 BGB) und wirtschaftliche Vereine (§ 22 BGB). **314**

### A. Der rechtsfähige nichtwirtschaftliche Verein (e.V.)

Ein Verein, dessen Zweck nicht auf einen wirtschaftlichen Geschäftsbetrieb gerichtet ist, wird in § 21 BGB als nichtwirtschaftlicher Verein bezeichnet. **315**

Die **Gründung** eines Vereins erfolgt dadurch, dass mindestens sieben Gründer (vgl. §§ 56, 59 Abs. 3 BGB) sich auf eine Vereinssatzung (§ 25 BGB) einigen und erklären, den Verein als Mitglieder ins Leben rufen zu wollen.[738] Die Satzung muss gemäß § 57 Abs. 1 BGB den Zweck, den Namen und den Sitz des Vereins enthalten und ergeben, dass der Verein eingetragen werden soll. **316**

Als Sitz eines Vereins gilt, wenn nicht ein anderes bestimmt ist (sog. „Satzungssitz"), der Ort, an welchem die Verwaltung geführt wird (§ 24 BGB). Der Sitz hat Bedeutung für die Zuständigkeit zur Eintragung (§ 55 BGB) und für den allgemeinen Gerichtsstand (§ 17 ZPO).

Enthält die Satzung diesen Mindestinhalt nicht, ist sie nichtig und es besteht die Möglichkeit der Amtslöschung; jedoch ist eine Heilung durch nachträgliche Ergänzung möglich.[739] Darüber hinaus soll die Satzung die in § 58 BGB genannten Bestimmungen enthalten.

Der nichtwirtschaftliche Verein erlangt die Rechtsfähigkeit erst mit der Eintragung in das Vereinsregister (§§ 55 ff. BGB). Die **Eintragung** hat also konstitutive Wirkung.[740] Sie erfolgt nur auf Antrag des Vorvereins (dazu gleich), vertreten durch den Vorstand (§ 59 Abs. 1 BGB).[741] Mit der Eintragung erhält der Name des Vereins den Zusatz „eingetragener Verein" oder kurz „e.V." (§ 65 BGB). **317**

---

735 RGZ 143, 212, 213.

736 Koch § 26 Rn. 1.

737 Kindler § 9 Rn. 13.

738 Jacoby/v. Hinden § 21 Rn. 4.

739 Erman/Westermann § 57 Rn. 1.

740 Erman/Westermann § 21 Rn. 9.

741 Erman/Westermann § 59 Rn. 1.

318 Bis zur Eintragung besteht der nicht rechtsfähige Verein als sog. **Vorverein.**[742] Dies setzt aber voraus, dass zumindest seine Satzung bereits beschlossen ist (sonst entsteht bei entsprechendem Bindungswillen der Gründer einstweilen eine GbR). Da der Vorverein mit dem späteren rechtsfähigen Verein identisch ist, gehen die für den Vorverein begründeten Rechte und Pflichten ipso iure auf den späteren Verein über. Nach der Eintragung haftet der eingetragene Verein für alle Verbindlichkeiten des Vorvereins.[743] Gleichzeitig erlischt die bis dahin bestehende persönliche Haftung der Handelnden gemäß § 54 S. 2 BGB.

319 Die Eintragung ist unzulässig, wenn der Verein einen **wirtschaftlichen Geschäftsbetrieb** bezweckt.[744] Das ist der Fall, wenn er eine planmäßige, auf Dauer angelegte und nach außen gerichtete, über den vereinsinternen Bereich hinausgehende, eigenunternehmerische Tätigkeit ausübt, die auf die Verschaffung vermögenswerter Vorteile zugunsten des Vereins oder seiner Mitglieder abzielt.[745] Letzteres ist etwa dann der Fall, wenn der Verein ohne eigenes Entgelt eine ausgelagerte unternehmerische Teilfunktion für seine Mitglieder wahrnimmt.

**Beispiel:** Eine „Taxi-Zentrale“, die telefonische Bestellungen entgegennimmt und die Fahrer per Funk zu den Fahrgästen schickt, ist kein Idealverein, sondern ein Wirtschaftsverein i.S.v. § 22 BGB.[746]

320 Eine wirtschaftliche Nebentätigkeit nimmt einem Idealverein jedoch nicht seinen Charakter (sog. **Nebenzweckprivileg**).[747]

**Beispiel:** Ein Sportverein bleibt auch dann ein Idealverein, wenn er eine Gaststätte betreibt.[748] Große Sportvereine, die im Zuge der Professionalisierung des Leistungssports oft Umsätze in beträchtlicher Höhe machen (z.B. solche der ersten oder zweiten Fußballbundesliga), lassen sich aber nicht als Idealvereine klassifizieren.[749] Dem wird in der Praxis teilweise dadurch begegnet, dass die Profi-Abteilungen als Kapitalgesellschaften ausgegliedert und der Idealverein als „Dachverein“ erhalten bleibt. Dies führt mitunter zu verbands- und kapitalgesellschaftsrechtlichen Problemen.[750] Bei Vereinen im Bereich des Amateursports sind hingegen auch der gelegentliche Empfang oder die Zahlung von Aufwandsentschädigungen an Sportler bzw. von Transferentschädigungen bei Vereinswechseln für § 21 BGB unschädlich.[751]

321 Die Maßstäbe der **steuerrechtlichen Gemeinnützigkeit** eines Vereins[752] sind mit denen für das Vorliegen eines wirtschaftlichen Geschäftsbetriebs nicht deckungsgleich. Nichtwirtschaftliche Vereine sind nicht per se gemeinnützig; wohl aber sind gemeinnützige Vereine i.d.R. nichtwirtschaftlich.[753]

742 Zum Folgenden: Jacoby/v. Hinden § 21 Rn. 6.
743 BGH NJW 1955, 1229.
744 Erman/Westermann § 21 Rn. 2.
745 BGH NJW 1983, 569, 571.
746 BGH NJW 1966, 2007.
747 BGH NJW 1983, 569, 570 u. 572.
748 KG OLGZ 1979, 279, 282.
749 K. Schmidt AcP 182 (1982), 1, 29.
750 S. hierzu: Westermann Sport und Recht 2001, 42 ff.
751 Erman/Westermann § 21 Rn. 7.
752 Hierzu Reuter NZG 2008, 881 ff.
753 Erman/Westermann § 21 Rn. 6.

## B. Der rechtsfähige Wirtschaftsverein

Ein Verein, dessen Zweck auf einen wirtschaftlichen Geschäftsbetrieb gerichtet ist, erlangt seine Rechtsfähigkeit durch staatliche Verleihung (§ 22 S. 1 BGB). Seine Rechtsfähigkeit beruht nicht auf einer konstitutiven Eintragung im Vereinsregister (so in den Fällen des § 21 BGB), sondern auf einer **Konzession** durch das Land, in dessen Gebiet der Verein seinen Sitz hat (§ 22 S. 2 BGB). 322

Die Verleihung der Rechtsfähigkeit nach § 22 BGB ist wirtschaftlichen Vereinen vorbehalten. Idealvereinen kann die Rechtsfähigkeit also nicht über § 22 BGB verliehen werden, sie sind auf die Möglichkeit der konstitutiven Eintragung beschränkt.[754] Eine Verleihung kommt gemäß § 22 S. 1 BGB nur „in Ermangelung besonderer bundesgesetzlicher Vorschriften" in Betracht. Mit dieser Formulierung drückt das Gesetz die **Subsidiarität** des Weges über § 22 BGB gegenüber der Verwendung anderer Gesellschaftsformen aus.[755] Die Verleihung kommt nur dann in Betracht, wenn dem Verein wegen der atypischen Umstände des Einzelfalls die Verwendung sonstiger Rechtsformen nicht zumutbar ist.[756] Sinn und Zweck des Konzessionserfordernisses ist der Schutz des Rechtsverkehrs. Korporationen, für die gesellschaftliche Sonderformen (GmbH, AG, usw.) mit ihren strengeren Gründungs-, Prüfungs- und Kapitalaufbringungsvorschriften geeignet sind, sollen nicht durch die leichter erreichbare Eintragung in das Vereinsregister zu juristischen Personen werden.[757]

**Beispiele** für konzessionierte Wirtschaftsvereine sind die Verwertungsgesellschaft Wort (VG Wort)[758] und der – als besonderer Typus gesetzlich geregelte – VVaG (§§ 7, 15 ff. VAG).[759]

## C. Der „nichtrechtsfähige" Verein

Erlangt der Verein weder durch Eintragung (§ 21 BGB) noch durch Konzession (§ 22 BGB) Rechtsfähigkeit, finden auf ihn gemäß § 54 S. 1 BGB die Vorschriften über die GbR (§§ 705 ff. BGB) Anwendung. Die im Namen des „nichtrechtsfähigen" Vereins handelnden Personen haften dann persönlich (§ 54 S. 2 BGB). 323

Seitdem der BGH die (Teil-)Rechtsfähigkeit der (Außen-)GbR anerkannt hat,[760] stehen der Verweis in § 54 S. 1 BGB auf die Vorschriften über die Gesellschaft und die gleichzeitige Aberkennung der Rechtsfähigkeit solcher Vereine im offenen Widerspruch. Der BGH hat diesem neuen Gesetzesverständnis Rechnung getragen und auch die **Rechtsfähigkeit des „nichtrechtsfähigen" Vereins** bejaht.[761] Er selbst ist Träger des Vereinsvermögens und sowohl aktiv als auch passiv parteifähig (§ 50 Abs. 2 ZPO). 324

Soweit der Zweck des „nichtrechtsfähigen" Vereins **nicht auf einen wirtschaftlichen Geschäftsbetrieb gerichtet ist, finden – entgegen § 54 S. 1 BGB – nicht die Vorschriften über die GbR (§§ 705 ff. BGB), sondern die des e.V. Anwendung**. Dies gilt jedoch nur, **soweit sie keine Eintragung im Vereinsregister voraussetzen**; insbesondere die Publizitätsvorschriften der §§ 68 ff. BGB, die ihrem Inhalt nach eine Eintragung voraussetzen, finden auf den „nichtrechtsfähigen" Verein, der nicht wirtschaftlich tätig 325

754 BVerwG NJW 1979, 2261, 2265.
755 Erman/Westermann § 22 Rn. 1.
756 BVerwG NJW 1979, 2261.
757 Koch § 26 Rn. 23.
758 Bitter/Heim § 2 Rn. 10.
759 Erman/Westermann § 22 Rn. 1.
760 BGH NJW 2001, 1056.
761 BGH NJW 2008, 69, Rn. 55: Dort wird dem Verein noch vor Einführung des § 50 Abs. 2 ZPO n.F. die aktive Prozessfähigkeit und damit mittelbar auch die Rechtsfähigkeit zuerkannt.

ist, deshalb keine Anwendung.[762] Dementsprechend haften die Mitglieder des nicht wirtschaftlich tätigen „nichtrechtsfähigen" Vereins nicht persönlich für die Vereinsschulden.[763] Die **Haftung der Mitglieder eines Idealvereins** ist regelmäßig auf das Vereinsvermögen beschränkt.[764] Neben dem Vereinsvermögen haften nur die Handelnden nach Maßgabe des § 54 S. 2 BGB, und zwar unabhängig von ihrer Stellung innerhalb des Vereins und von der Vertretungsmacht.[765]

Der Anwendungsbereich des § 54 BGB erstreckt sich damit in erster Linie auf **wirtschaftlich tätige Vereine**, die nicht durch staatliche Verleihung (§ 22 BGB) rechtsfähig sind. Über den Verweis in § 54 S. 1 BGB auf das Recht der GbR gilt eine **volle Haftung der Mitglieder nicht rechtsfähiger wirtschaftlicher Vereine**.[766]

## 2. Abschnitt: Die Haftungsverfassung des Vereins

326 Es ist grundlegend zwischen dem Verhältnis des Vereins zu seinen Mitgliedern und dem Verhältnis der Mitglieder untereinander („Innenverhältnis") und dem Verhältnis des Vereins und seiner Mitglieder zu Dritten („Außenverhältnis") zu differenzieren.

### A. Innenverhältnis

#### I. Haftung des Vereins

327 Der Verein haftet seinen Mitgliedern aus § 280 Abs. 1 BGB und ggf. auch gemäß §§ 823 ff. BGB. Die Vereinsmitgliedschaft ist ein sonstiges Recht i.S.v. § 823 Abs. 1 BGB.[767]

***Beachte:*** *Eine Rechtsverletzung i.S.v. § 823 Abs. 1 BGB liegt nur bei einem Entzug der Mitgliedschaft, nicht aber bei bloß vermögensmäßiger Entwertung vor.*[768]

Der Verein muss sich das Handeln des Vorstands und weiterer Personen nach § 31 BGB zurechnen lassen (dazu näher bei der Haftung im Außenverhältnis).

#### II. Haftung der Organpersonen

328 Auf die Geschäftsführung des Vorstands finden die für den Auftrag geltenden Vorschriften der §§ 664 bis 670 BGB entsprechende Anwendung (§ 27 Abs. 3 S. 1 BGB), sofern die Satzung nichts Abweichendes regelt (§ 40 S. 1 BGB). Gegenüber dem Verein besteht deshalb grundsätzlich eine **Schadensersatzpflicht nach § 280 Abs. 1 BGB**, wenn die Interessenswahrungspflicht schuldhaft verletzt wird.[769]

Werden ein Vorstand (§ 26 BGB) oder besonderer Vertreter (§ 30 BGB) unentgeltlich tätig – dies ist der Fall, sofern die Satzung nichts Abweichendes regelt (§§ 27 Abs. 3 S. 2,

762 Bitter/Heim § 2 Rn. 13.
763 Erman/Westermann § 54 Rn. 9.
764 Jacoby/v. Hinden § 54 Rn. 3.
765 Erman/Westermann § 54 Rn. 11.
766 BGH NJW 2001, 748, 750.
767 BGH NJW 1990, 2877, 2878.
768 Hk-BGB/Staudinger § 823 Rn. 41.
769 Palandt/Ellenberger § 27 Rn. 4, § 31a Rn. 4.

40 S. 1 BGB) – oder übersteigt ihre jährliche Vergütung (wobei auch Sachleistungen zu berücksichtigen sind)[770] den Betrag von 720 € nicht **(ehrenamtliche Tätigkeit)**, so haften sie bei Verletzung ihrer dem Verein und dessen Mitgliedern gegenüber bestehenden Pflichten für Schäden, die bei der Wahrnehmung dieser Pflichten entstehen, im Innenverhältnis gegenüber dem Verein und den Vereinsmitgliedern nur für Vorsatz und grobe Fahrlässigkeit (§ 31a Abs. 1 S. 1 und 2 BGB). Die Beweislast tragen insoweit der Verein bzw. das Mitglied (§ 31a Abs. 1 S. 3 BGB).

Diese Haftungsbeschränkung gegenüber den Vereinsmitgliedern ist durch Satzung abdingbar (§ 40 S. 1 BGB).

Wird dem Vorstand oder besonderen Vertreter durch das zuständige Vereinsorgan (i.d.R. die Mitgliederversammlung) **Entlastung** erteilt, liegt darin ein Verzicht auf alle Schadensersatz- und etwa konkurrierende Bereicherungsansprüche des Vereins, soweit diese bei sorgfältiger Prüfung erkennbar waren.[771] Einen Anspruch auf Entlastung hat der Vorstand nur, sofern eine entsprechende satzungsmäßige Grundlage oder ein Vereinsbrauch besteht.[772]

## III. Haftung der Vereinsmitglieder

Die Verletzung von Mitgliedschaftspflichten wird bei entsprechender Satzungsbestimmung häufig durch ein hierfür zuständiges Vereinsorgan (z.B. Vereinsgericht) mit **Vereinsstrafen** (z.B. Geldbuße, Sperre, Ausschluss von Ämtern) geahndet.[773] **329**

Zwar ist die entsprechende Regelung in der Vereinssatzung zur Begründung dieser Disziplinargewalt ausreichend; es bedarf also insbesondere keiner rechtsgeschäftlichen Unterwerfung. Umstritten ist aber, ob es sich um eine „selbständige Strafgewalt der Vereine" handelt (so die Rechtsprechung) oder, ob letztlich eine typische Vertragsstrafenvereinbarung i.S.v. §§ 339 ff. BGB vorliegt.[774]

Bei einem Verstoß gegen Treuepflichten haften die Mitglieder dem Verein nach § 280 Abs. 1 BGB und ggf. auch nach §§ 823 ff. BGB auf **Schadensersatz**.[775] Eine Schadensersatzhaftung kommt auch dann in Betracht, wenn das Mitglied auf Grundlage eines besonderen Vertrags für den Verein tätig wird. Bei einmaligen Tätigkeiten gelten dann regelmäßig die allgemeinen Haftungsregeln.

**Beispiel:** Wird ein Vereinsmitglied mit der Reparatur des Vereinsheims beauftragt, unterliegt es dem gleichen Haftungsregime wie ein „externer" Werkunternehmer, und zwar auch bei Schädigung anderer Vereinsmitglieder oder Außenstehender.[776]

Übt das Vereinsmitglied hingegen eine längerfristige Tätigkeit für den Verein aus und hat diese Tätigkeit die Wahrnehmung satzungsmäßiger Vereinsaufgaben, die dem Mitglied durch den Verein übertragen worden sind, zum Gegenstand, darf das Mitglied im Verhältnis zum Verein haftungsrechtlich nicht schlechter gestellt werden als Organmitglieder und besondere Vertreter. Deshalb ist bei Vereinsmitgliedern, die unentgeltlich

770 Hk-BGB/Dörner § 31a Rn. 2.
771 Hk-BGB/Dörner § 27 Rn. 7.
772 OLG Köln NJW-RR 1997, 483; Palandt/Ellenberger § 27 Rn. 8.
773 Hk-BGB/Dörner § 38 Rn. 11.
774 Hk-BGB/Dörner § 38 Rn. 11.
775 Hk-BGB/Dörner § 38 Rn. 9.
776 Erman/Westermann § 31b Rn. 2.

für den Verein tätig sind oder für ihre Tätigkeit eine Vergütung von jährlich nicht über 720 € erhalten **(ehrenamtliche Tätigkeit)**, die Haftung gegenüber dem Verein (nicht gegenüber anderen Vereinsmitgliedern[777]) für Schäden, die sie bei Wahrnehmung der ihnen übertragenen satzungsmäßigen Vereinsaufgaben verursachen, auf Vorsatz und grobe Fahrlässigkeit beschränkt (§ 31 b Abs. 1 S. 1 BGB). Die Beweislast trägt dabei der Verein (§§ 31 b Abs. 1 S. 2, 31 a Abs. 1 S. 3 BGB).

Diese Beweislastverteilung ist zwingend. Da § 31 b BGB in § 40 S. 1 BGB nicht als disponible Vorschrift genannt ist, darf von ihr auch im Hinblick auf die Verweisung in § 31b Abs. 1 S. 2 BGB nicht durch eine Satzungsregelung abgewichen werden.[778]

Für die **Schädigung anderer Vereinsmitglieder** gelten dieselben Grundsätze wie für die Schädigung außenstehendender Dritter.[779] Deshalb wird dieser Fall bei der Haftung im Außenverhältnis dargestellt.

## B. Außenverhältnis

### I. Haftung des Vereins

**330** Der rechtsfähige Verein ist als juristische Person von seinen Mitgliedern getrennt.[780] Schließt der Vorstand im Namen des Vereins mit Vertretungsmacht (§ 26 BGB) einen Vertrag mit einem Dritten, kommt der Vertrag zwischen diesem und dem Verein als juristischer Person zustande.[781] Dementsprechend haftet dem Dritten der Verein mit dem Vereinsvermögen. Die Mitglieder haften für die Verbindlichkeiten des Vereins nicht persönlich mit ihrem Privatvermögen, sofern die **Vermögenstrennung** nicht ausnahmsweise missbräuchlich ausgenutzt wird (sog. Durchgriffshaftung).[782]

**331** Neben die Haftung für wirksam im Namen des Vereins begründete Verbindlichkeiten tritt die **Haftung des Vereins für Organverschulden**.[783] Nach § 31 BGB haftet der Verein für Schäden, die der Vorstand, ein Mitglied des Vorstands oder ein sonstiger verfassungsmäßig berufener Vertreter (§ 30 BGB) des Vereins einem Dritten durch eine „in Ausführung der ihm zustehenden Verrichtungen" begangene Handlung zuführen. In Ausführung der zustehenden Verrichtungen geschieht eine Handlung, die noch in den Kreis der Maßnahmen fällt, welche die Ausführung der dem Vertreter zustehenden Verrichtungen darstellen. Es muss ein enger objektiver Zusammenhang mit diesen Maßnahmen bestehen.[784]

**332** Über den Wortlaut der §§ 30, 31 BGB hinaus hat die Rechtsprechung eine **Repräsentantenhaftung** für solche Personen entwickelt, denen durch die allgemeine Betriebsregelung und Handhabung bedeutsame, wesensmäßige Funktionen der juristischen Person zur selbstständigen, eigenverantwortlichen Erfüllung zugewiesen sind, sodass sie die

777 Palandt/Ellenberger § 31 b Rn. 1.
778 Palandt/Ellenberger § 31 b Rn. 3; Erman/Westermann § 31 b Rn. 4.
779 Palandt/Ellenberger § 31 b Rn. 1.
780 Hier und zum Folgenden: Bitter/Heim § 2 Rn. 3.
781 Bitter/Heim § 2 Rn. 6.
782 BGH NZG 2008, 670 (Durchgriffshaftung der Mitglieder eines eingetragenen Idealvereins).
783 Hier und zum Folgenden: Bitter/Heim § 2 Rn. 7.
784 BGH NJW 2013, 3366, Rn. 17.

juristische Person im Rechtsverkehr repräsentieren.[785] Diese Haftung wird insbesondere dann relevant, wenn eine deliktische Haftung des Vereins für das Handeln seiner Verrichtungsgehilfen ausscheidet, weil er sich gemäß § 831 Abs. 2 S. 2 BGB exkulpieren kann, da § 31 BGB eine strikte Haftung ohne Entlastungsmöglichkeit begründet.[786] Dabei ist zu beachten, dass § 31 BGB keine Anspruchsgrundlage, sondern eine Zurechnungsnorm ist.[787] Sie gilt nach h.M. gleichermaßen für die Verletzung vertraglicher, vorvertraglicher und deliktischer Pflichten[788] und ist dabei inzident im Rahmen der jeweiligen Anspruchsgrundlage (z.B. § 280 oder § 823 BGB) zu prüfen.

## II. Haftung der Organpersonen

Neben der Vereinshaftung kommt eine (ggf. gesamtschuldnerische) **Eigenhaftung der Organperson** nach allgemeinen Grundsätzen (§§ 823 ff., 840, 421 BGB) in Betracht.[789] **333**
Verein und Organperson haften dann ggf. als Gesamtschuldner. Haftet ein Organ als Vertreter ohne Vertretungsmacht nach § 179 BGB, kann diese Haftung nicht über § 31 BGB auf den Verein abgewälzt werden, weil dies dem Sinn der Eigenhaftung des Vertreters ohne Vertretungsmacht zuwiderliefe.[790]

Die oben dargestellte Haftungsbeschränkung von Vorstand oder besonderem Vertreter gemäß § 31a Abs. 1 S. 1 BGB bzw. § 31a Abs. 1 S. 2 BGB gilt nur im Verhältnis zum Verein oder dessen Mitgliedern, nicht jedoch im Außenverhältnis.[791]

Haftet die Organperson im Außenverhältnis gegenüber Dritten (unbeschränkt), kann sie von dem Verein jedoch die Befreiung von der Verbindlichkeit verlangen, wenn sie den Schaden nicht vorsätzlich oder grob fahrlässig herbeigeführt hat und es sich um eine unentgeltliche oder ehrenamtliche Tätigkeit i.S.d. § 31a Abs. 1 S. 1 handelt (§ 31a Abs. 2 BGB).

## III. Haftung der Vereinsmitglieder

Haften Vereinsmitglieder, die weder Vorstand (§ 26 BGB) noch besonderer Vertreter **334**
(§ 30 BGB) sind, gegenüber anderen Vereinsmitgliedern oder Dritten für einen Schaden, den sie bei der Wahrnehmung der ihnen übertragenen satzungsmäßigen Vereinsaufgaben verursacht haben, können sie in den Fällen des § 31b Abs. 1 S. 1 BGB – unentgeltliche Tätigkeit oder Entgelt nicht über 720 € jährlich – von dem Verein die Befreiung von der Verbindlichkeit verlangen, sofern sie den Schaden nicht vorsätzlich oder grob fahrlässig verursacht haben. Für sie gilt also letztlich dasselbe, wie auch für Vorstände und besondere Vertreter nach § 31a Abs. 2 BGB.

---

785 BGH NJW 2013, 3366, Rn. 12; MünchKomm-BGB/Leuschner § 31 Rn. 14 f.

786 Bitter/Heim § 2 Rn. 7.

787 Jacoby/v. Hinden § 31 Rn. 1.

788 BGHZ 109, 327, 332; a.A. MünchKomm-BGB/Leuschner § 31 Rn. 28 f.: Die Zurechnung schuldhafter Schadenszufügung durch Organe innerhalb schuldrechtlicher Sonderbeziehungen (Vertrag, vorvertragliches Schuldverhältnis) erfolgt über § 278 BGB. Der Unterschied besteht lediglich darin, dass nach der a.A. ein Haftungsausschluss für vorsätzliches Handeln der Organe möglich ist (§§ 278 S. 2, 276 Abs. 3 BGB).

789 Vgl. BGH NJW 1996, 1535, 1536 (zur persönlichen Haftung eines GmbH-Geschäftsführers für eine Eigentumsverletzung).

790 Jacoby/v. Hinden § 31 Rn. 5.

791 Hk-BGB/Dörner § 31a Rn. 4.

## 3. Abschnitt: Die Organisation des Vereins

335 In organisatorischer Hinsicht ist zwischen der **Ebene der Mitglieder** und der **Ebene des Vereins** zu unterscheiden. Auf Letzterer sind die Organe des Vereins angesiedelt: Die Mitgliederversammlung und der Vorstand.

### A. Die Vereinsmitgliedschaft

336 Mitgliedschaft bezeichnet im Gesellschaftsrecht die auf einer Zugehörigkeit zu einem Verband beruhende Rechtsstellung einer Person.[792] Die Mitgliedschaft bündelt demgemäß **alle (subjektiven) Rechte und Pflichten** eines Vereinsmitglieds, ist darüber hinaus aber ein absolutes subjektives Recht, das Gegenstand von Verfügungen sein kann und deliktischen Schutz genießt.[793]

337 Die Vereinsmitgliedschaft ist ein **personenrechtliches Verhältnis**, aus dem sich wechselseitig Rechte und Pflichten zwischen dem Mitglied und dem Verein sowie der Mitglieder untereinander ergeben.[794] Neben den allgemeinen Mitgliedschaftsrechten können kraft Satzung Sonderrechte für einzelne Mitglieder bestehen (§ 35 BGB).

338 **Mitgliedsfähig** sind natürliche und juristische Personen sowie Gesellschaften ohne Rechtspersönlichkeit (vgl. § 11 Abs. 2 S. 1 InsO).[795]

339 Nach § 38 BGB ist die Mitgliedschaft grundsätzlich eine **höchstpersönliche Rechtsstellung**. Soweit die Satzung nichts Abweichendes regelt (§ 40 S. 1 BGB), kann die Mitgliedschaft nicht durch Rechtsgeschäft übertragen oder vererbt werden (§ 38 S. 1 BGB) und ist infolgedessen auch nicht pfändbar.[796] Unübertragbar und nicht vererblich sind grundsätzlich auch die aus der Mitgliedschaft entspringenden Rechte, soweit sie nicht auf Zahlung einer Geldsumme gerichtet sind (z.B. Anspruch auf Beitragsrückerstattung).[797] Die Ausübung der Mitgliedschaftsrechte kann grundsätzlich nicht einem anderen überlassen werden (§ 38 S. 2 BGB).

340 Ein **Anspruch auf Aufnahme** besteht im Grundsatz auch dann nicht, wenn die Vereinssatzung die Mitgliedschaft für jedermann öffnet und eine möglichst große Mitgliederzahl anstrebt.[798] Dem Verein ist ein Ermessensspielraum eingeräumt, Bewerber nicht aufzunehmen.[799] Ein **Aufnahmezwang** besteht nur dann, wenn die Ablehnung durch einen „Monopolverband" zu einer im Verhältnis zu bereits aufgenommenen Mitgliedern sachlich nicht zu rechtfertigenden Ungleichbehandlung des Bewerbers führt.[800]

341 Die **Mitgliedschaftsrechte** lassen sich einteilen in **Mitverwaltungsrechte** (Recht auf Teilnahme an den Mitgliederversammlungen, Stimmrecht etc.) und **Teilhaberechte**

---

792 K. Schmidt, GesR § 19 1b.
793 K. Schmidt, GesR, § 19 3a.
794 Hier und zum Folgenden: Hk-BGB/Dörner § 38 Rn. 1.
795 Erman/Westermann § 38 Rn. 5.
796 Hk-BGB/Dörner § 38 Rn. 6.
797 Hk-BGB/Dörner § 38 Rn. 6.
798 Hier und zum Folgenden: Erman/Westermann § 38 Rn. 6.
799 BGH NJW 1985, 1214, 1214 f. (zum möglichen Anspruch einer geschlossenen Gruppe auf Aufnahme in eine Gewerkschaft).
800 BGH NJW 1975, 771.

(Rechte auf Gebrauch von Vereinseinrichtungen oder Diensten, die der Verein seinen Mitgliedern gewährt; Gewinnbeteiligung und Auseinandersetzungsansprüche bei Auflösung).[801]

Die **Mitgliedschaftspflichten** umfassen spiegelbildlich **Mitverwaltungspflichten** (z.B. Teilnahme an Mitgliederversammlungen) und **Beitragspflichten**.[802] **342**

Weiterhin bestehen zwischen Verein und Mitglied **Treuepflichten**.[803] Der Verein muss auf die Einhaltung von Mitgliedschaftsrechten achten und dafür sorgen, dass ein Mitglied bei der Teilnahme am Vereinsleben nicht zu Schaden kommt. Das Mitglied ist gehalten, die Satzung zu beachten, den Vereinszweck zu fördern und den Verein nicht zu schädigen. Entsprechende Treuepflichten können auch zwischen den Vereinsmitgliedern bestehen.[804] **343**

Alle Rechte und Pflichten der Mitglieder unterliegen dem **Grundsatz der Gleichbehandlung**.[805] Eine willkürliche Ungleichbehandlung der Mitglieder in Satzung und Beschlussfassung ist unzulässig. Sachliche Differenzierungen sind hingegen gestattet. **344**

Die **Mitgliedschaft endet** durch Austritt (§ 39 BGB), Ausschluss aus wichtigem Grund,[806] Tod (§ 38 S. 1 BGB) oder Eintritt eines satzungsmäßigen Tatbestandes (z.B. Wohnsitzwechsel, Verzug mit Beitragszahlung).[807] Zulässig sind auch Satzungsbestimmungen, nach denen die Mitgliedschaft bei Eintritt bestimmter Voraussetzungen ruht.[808] **345**

## B. Die Mitgliederversammlung

Die Mitgliederversammlung ist das **oberste Vereinsorgan**.[809] Sie ist als **Willensbildungsorgan** des Vereins[810] zuständig für **346**

- die Bestellung und Abberufung des Vorstands (§ 27 Abs. 1 und 2 BGB);
- Satzungsänderungen (§ 33 BGB);
- die Auflösung des Vereins (§ 41 BGB);
- die Bestellung und Abberufung von Liquidatoren (§ 48 Abs. 1 S. 2 Hs. 2 BGB).

Alle Mitglieder haben nach Maßgabe der §§ 32 ff. BGB das Recht, an der durch den Vorstand geleiteten Mitgliederversammlung teilzunehmen und dort ihr **Stimmrecht** auszuüben. Nach dem Gleichbehandlungsgrundsatz haben alle Mitglieder gleiches Stimmrecht, sofern durch die Satzung nichts Abweichendes vorgeschrieben ist.[811] Die Willensbildung erfolgt durch Beschluss mit der einfachen Mehrheit der abgegebenen Stim- **347**

---

801 Jacoby/v. Hinden § 38 Rn. 1.
802 Jacoby/v. Hinden § 38 Rn. 2.
803 Hier und zum Folgenden: Hk-BGB/Dörner § 38 Rn. 4.
804 Vgl. BGH NJW 1995, 1739, 1741 zu Treuepflichten der Aktionäre untereinander.
805 Hier und zum Folgenden: Hk-BGB/Dörner § 38 Rn. 5.
806 Hierzu Erman/Westermann § 39 Rn. 4 ff.
807 Erman/Westermann § 38 Rn. 8; Palandt/Ellenberger § 38 Rn. 5.
808 Palandt/Ellenberger § 38 Rn. 5.
809 Erman/Westermann § 32 Rn. 1.
810 Bitter/Heim § 2 Rn. 4.
811 Erman/Westermann § 32 Rn. 5.

men (§ 32 Abs. 1 S. 3 BGB), sofern nicht durch das Gesetz oder die Satzung eine höhere Mehrheit vorausgesetzt ist.

Bei Satzungsänderungen und Auflösung des Vereins sind ¾ der abgegebenen Stimmen erforderlich (§§ 33 Abs. 1 S. 1, 41 S. 2 BGB), bei Zweckänderungen sogar die Zustimmung aller Mitglieder (§ 33 Abs. 1 S. 2 BGB).

## C. Der Vorstand

348 Der Verein muss einen Vorstand haben (§ 26 Abs. 1 S. 1 BGB). Dieser kann aus einer oder mehreren Personen bestehen (§ 26 Abs. 2 S. 1 BGB). Die Satzung kann Bestimmungen über die Anzahl der Vorstandsmitglieder und auch die Organisation des Vorstands enthalten (§ 58 Nr. 3 BGB). Vorbehaltlich einer einschränkenden Satzungsbestimmung kann auch ein Nichtmitglied Vereinsvorstand sein **(Drittorganschaft)**.[812]

349 Die **Bestellung des Vorstands** erfolgt durch Beschluss der Mitgliederversammlung (§ 27 Abs. 1 BGB). Da die Bestellung auch pflichtenbegründend ist, muss sie von dem Bestellten angenommen werden.[813] Durch die wirksame Vorstandsbestellung wird ein organschaftliches Verhältnis zwischen Verein und bestellter Person begründet.[814]

350 Das Organschaftsverhältnis ist von dem **Anstellungsverhältnis** zu trennen. Grundsätzlich sind die Mitglieder des Vorstands unentgeltlich tätig (§ 27 Abs. 3 S. 2 BGB). Zwischen dem Verein und dem Vorstand kann aber auch (insbesondere bei einer Drittorganschaft) eine Vergütungsvereinbarung getroffen werden, sofern dies in der Satzung vorgesehen ist (vgl. § 40 BGB).[815] Der Sache nach handelt es sich hierbei um einen Geschäftsbesorgungsvertrag (§ 675 BGB) mit auftrags- und/oder dienstvertraglichem Charakter.

351 Das **Amt des Vorstands endet** durch Widerruf (§ 27 Abs. 2 BGB), Ablauf der Amtszeit, Amtsniederlegung, Tod oder Geschäftsunfähigkeit des Amtsträgers sowie bei Wegfall laut Satzung erforderlicher persönlicher Voraussetzungen.[816]

352 Auf dem Bestellungsakt beruhen im Innenverhältnis zum Verein das Recht und die Pflicht zur **Geschäftsführung**. Dafür gelten nach § 27 Abs. 3 BGB die Regeln des Auftrags (§§ 664 bis 670 BGB) entsprechend, sofern die Satzung nichts Abweichendes bestimmt (§ 40 BGB). Hieraus folgt insbesondere, dass der Vorstand gegenüber der Mitgliederversammlung weisungsgebunden ist (§ 665 BGB), soweit die Satzung keine entgegenstehende Regelung enthält oder das Gesetz ihm zwingende Verpflichtungen auferlegt (vgl. §§ 42 Abs. 2, 48 ff. BGB).[817] Die Geschäftsführung umfasst alle Tätigkeiten, die der Vorstand im Interesse des Vereins vornimmt. Der Umfang von Geschäftsführungsbefugnis (Innenverhältnis) und Vertretungsmacht (Außenverhältnis) ist im Zweifel deckungsgleich;[818] jedoch sind Beschränkungen der Geschäftsführungsbefugnis bei fortbestehender weiter gehender Vertretungsmacht möglich (dazu gleich).

812 Hk-BGB/Dörner § 26 Rn. 2.
813 OLG Düsseldorf NZG 2016, 698.
814 Hk-BGB/Dörner § 27 Rn. 1.
815 Zum Erfordernis einer Satzungsregelung s. BT-Drs. 17/11316, S. 16; Erman/Westermann § 27 Rn. 6.
816 Hk-BGB/Dörner § 27 Rn. 3.
817 Hk-BGB/Dörner § 27 Rn. 6.
818 BGH NJW 1993, 191, 192.

Im Außenverhältnis vertritt der Vorstand den Verein gerichtlich wie außergerichtlich; er hat die Stellung eines **gesetzlichen Vertreters** (§ 26 Abs. 1 S. 2 BGB). Besteht der Vorstand aus mehreren Personen, wird der Verein – vorbehaltlich einer abweichenden Regelung in der Satzung (§ 40 BGB) – durch die Mehrheit (vgl. §§ 28, 32 Abs. 1 S. 3 BGB) der Vorstandsmitglieder vertreten (§ 26 Abs. 2 S. 1 BGB).[819] **353**

Die **Vertretungsmacht** des Vorstands erstreckt sich grundsätzlich auf alle Vereinsangelegenheiten. Sie ist prinzipiell unbeschränkt, kann aber durch Satzungsbestimmung mit Wirkung gegenüber Dritten eingeschränkt werden (§ 26 Abs. 1 S. 3 BGB). Interne Beschränkungen wirken also – anders als bei der AG und der GmbH – auch im Außenverhältnis.[820] Für die Entgegennahme von Willenserklärungen ist jedoch zwingend Einzelvertretung vorgeschrieben (§ 26 Abs. 2 S. 2 BGB). Setzt sich der Vorstand über eine satzungsmäßige Beschränkung seiner Vertretungsmacht hinweg, handelt er als Vertreter ohne Vertretungsmacht (§§ 177 ff. BGB).

Die Kenntnis und das Kennenmüssen des Vorstands werden dem Verein über § 166 Abs. 1 BGB zugerechnet. Bei mehrköpfigem Vorstand reicht die Kenntnis eines Mitglieds aus (arg. ex § 26 Abs. 2 S. 2 BGB).[821] Juristische Personen müssen sich das Wissen aller ihrer vertretungsberechtigten Organwalter zurechnen lassen. Das Wissen schon eines vertretungsberechtigten Organmitglieds ist als Wissen des Organs anzusehen und damit auch der juristischen Person zuzurechnen. Dies gilt auch dann, wenn das Organmitglied an dem betreffenden Rechtsgeschäft nicht selbst mitgewirkt hat. Die **Wissenszurechnung** kommt selbst dann in Betracht, wenn der Organvertreter von dem zu beurteilenden Rechtsgeschäft nichts gewusst hat. Sie dauert auch nach dem Ausscheiden des Organvertreters aus seinem Amt fort. **354**

Beim e.V. sind die Mitglieder des Vorstands und ihre Vertretungsmacht im Vereinsregister einzutragen (§ 64 BGB).[822] Bei Rechtsgeschäften mit einem im **Vereinsregister** eingetragenen Vorstandsmitglied muss sich ein Dritter (wobei Dritter i.d.S. auch ein Vereinsmitglied sein kann)[823] eine Änderung der Zusammensetzung des Vorstands (§ 68 S. 1 BGB) oder eine Beschränkung der Vertretungsmacht des Vorstandsmitglieds nur entgegenhalten lassen, wenn diese Vorgänge zum Zeitpunkt des Geschäftsabschlusses in das Vereinsregister eingetragen oder ihm positiv bekannt waren. Schweigt das Register zu diesen Punkten, kann der Dritte darauf vertrauen, dass eine (zunächst existente) Vertretungsmacht weiterhin und im bisherigen Umfang besteht **(negative Publizität)**. Selbst eine im Register eingetragene Änderung muss der Dritte nicht gegen sich gelten lassen, wenn sie ihm unbekannt ist und seine Unkenntnis nicht auf Fahrlässigkeit beruht (§ 68 S. 2 BGB). Ein guter Glaube des Dritten, dass eine im Register von vornherein unrichtig eingetragene Vorstandsbestellung auch gültig ist (positive Publizität), wird dagegen durch die §§ 68, 70 BGB nicht geschützt. **355**

---

819 Zum Folgenden: Hk-BGB/Dörner § 26 Rn. 4 f.

820 Bitter/Heim § 2 Rn. 6.

821 Zum Folgenden: BGH NJW 1990, 975, 976.

822 Zum Folgenden: Hk-BGB/Dörner § 70 Rn. 2.

823 Hk-BGB/Dörner § 70 Rn. 3.

# 6. Teil: Die Gesellschaft mit beschränkter Haftung (GmbH)

## 1. Abschnitt: Grundlagen

### A. Juristische Person

356 Eine GmbH kann **zu jedem gesetzlich zulässigen Zweck durch eine oder mehrere Personen** errichtet werden (§ 1 GmbHG). Anders als bei Personengesellschaften gibt es bei der GmbH also die Möglichkeit einer Ein-Personen-Gesellschaft. Die GmbH ist – ebenso wie die AG – eine **juristische Person** mit eigener Rechtspersönlichkeit (§ 13 Abs. 1 GmbHG).[824] Sie kann „als solche" Träger aller Rechte und Pflichten sein, die sich nicht notwendigerweise auf natürliche Personen beziehen,[825] ist also rechtsfähig und damit auch parteifähig (§ 50 Abs. 1 ZPO), prozessfähig (§ 52 ZPO) und insolvenzfähig (§ 11 Abs. 1 S. 1 InsO).

### B. Kapitalgesellschaft

357 Die GmbH ist eine Kapitalgesellschaft. Als solche bedarf sie eines gewissen Mindestvermögens. Dieses sog. **Stammkapital** ist eine in der **Satzung** ausdrücklich festgelegte, auf volle Euro lautende Ziffer und bestimmt die Summe von Geld oder geldwerten Einlagen, die von den Gesellschaftern der GmbH mindestens zu erbringen sind.[826] Das Stammkapital der Gesellschaft muss mindestens 25.000 € betragen (§ 5 Abs. 1 GmbHG). Dieser Mindestbetrag darf auch durch spätere Kapitalherabsetzung grundsätzlich nicht unterschritten werden (§ 58 Abs. 2 S. 1 GmbHG). Jenseits des Mindeststammkapitals steht die Form der Finanzierung den Gesellschaftern frei; sie kann z.B. auch durch Rücklagen oder Gesellschafterdarlehen erfolgen.[827]

Das Stammkapital erfüllt die Funktion, der GmbH die **finanzielle Grundlage** für die unternehmerische Tätigkeit zu verschaffen und stellt eine **Betriebsvermögensreserve** dar. Ferner sichert es den **Bestands- und den Gläubigerschutz**.[828] Es dient den Gesellschaftsgläubigern also als **Haftungsfonds zum Ausgleich für die fehlende persönliche Haftung der Gesellschafter**.[829]

358 Der **Geschäftsanteil** ist der mitgliedschaftliche Anteil des einzelnen Gesellschafters. Er kann – anders als Aktien – nicht in einem handelbaren Wertpapier verbrieft werden, ist aber – wie Aktien – Ausdruck der Mitgliedschaft in der GmbH und bündelt alle aus ihr folgenden Rechte und Pflichten.[830]

Der Geschäftsanteil ist u.a. für die Gewinnverteilung (§ 29 Abs. 3 S. 1 GmbHG), das Stimmrecht (§ 47 Abs. 2 GmbHG) und die Verteilung des Liquidationserlöses (§ 72 S. 1 GmbHG) maßgeblich.

Der Nennwert des Geschäftsanteils, der auf volle Euro lauten muss (§ 5 Abs. 2 S. 1 GmbHG), bestimmt – von Sonderregeln in der Satzung abgesehen – die Summe seiner Rechte

824 Grunewald § 13 Rn. 1; K. Schmidt, GesR, § 33 I 1a.
825 Lutter/Hommelhoff/Bayer § 13 Rn. 2; MünchKomm-GmbHG/Merkt § 13 Rn. 4.
826 Kindl § 23 Rn. 3; Lutter/Hommelhoff/Bayer § 5 Rn. 2.
827 Lutter/Hommelhoff/Bayer § 5 Rn. 5.
828 Koch § 33 Rn. 14; Lutter/Hommelhoff/Bayer § 5 Rn. 1.
829 MünchKomm-GmbHG/Schwandtner § 5 Rn. 27.
830 Bitter/Heim § 4 Rn. 15.

und Pflichten im Verhältnis zur GmbH und zu den anderen Gesellschaftern.[831] Jeder Gesellschafter muss mindestens einen Geschäftsanteil und damit die Verpflichtung zu einer Leistung auf das Stammkapital an die GmbH übernehmen (§§ 3 Abs. 1 Nr. 4, 14 S. 1 GmbHG), denn die Mitgliedschaft in der GmbH als Kapitalgesellschaft ist zwingend mit einer Beteiligung an der Aufbringung des Stammkapitals verbunden.[832] Die Höhe der Nennbeträge der einzelnen Geschäftsanteile kann verschieden bestimmt werden (§ 5 Abs. 3 S. 1 GmbHG); ihre Summe muss mit der Ziffer des Stammkapitals übereinstimmen (§ 5 Abs. 3 S. 2 GmbHG). Ein Gesellschafter kann bei Errichtung der Gesellschaft mehrere Geschäftsanteile übernehmen (§ 5 Abs. 2 S. 2 GmbHG). Sämtliche Geschäftsanteile sind in der Gesellschafterliste zu nummerieren (§§ 8 Abs. 1 Nr. 3, 40 Abs. 1 S. 1 GmbHG).

**Stammeinlage** ist der in Euro ausgedrückte Betrag, den der einzelne Gesellschafter als **359**
Einlage auf das Stammkapital zu erbringen hat. Der Begriff der „Stammeinlage" ist im Zuge des MoMiG weitgehend durch den Begriff „Nennbetrag des Geschäftsanteils" ersetzt worden (vgl. §§ 3 Abs. 1 Nr. 4; 5; 14 GmbHG).[833]

Für die Verbindlichkeiten der GmbH **haftet den Gläubigern der Gesellschaft nur das** **360**
**Gesellschaftsvermögen (§ 13 Abs. 2 GmbHG)**. Eine persönliche Haftung der Gesellschafter für Verbindlichkeiten der Gesellschaft ist grundsätzlich ausgeschlossen (sog. **Trennungsprinzip**).[834]

Den durch das Trennungsprinzip erforderlichen **Schutz der Gläubiger** der Gesellschaft versucht das Gesetz dadurch zu gewährleisten, dass es eine ausreichende Haftungssubstanz bei der unbeschränkt mit ihrem gesamten Vermögen haftenden GmbH sichert. Hierzu dienen insbesondere Maßnahmen zur Kapitalaufbringung und -erhaltung (§§ 7–9 c, 19–28, 30–32 GmbHG sowie § 39 InsO) und die Insolvenzantragspflicht der Geschäftsführer bei Zahlungsunfähigkeit und/oder Überschuldung der Gesellschaft (§ 15 a InsO).[835]

***Beachte:*** *Durch das Gesetz zur Abmilderung der Folgen der COVID-19-Pandemie im Zivil-, Insolvenz- und Strafverfahrensrecht[836] wurde die haftungs- und teilweise auch strafbewährte Insolvenzantragspflicht teilweise und befristet ausgesetzt.*

Die Gesellschafter einer GmbH haften für Gesellschaftsverbindlichkeiten im Außenverhältnis gegenüber den Gesellschaftsgläubigern – anders als im Aktienrecht (§§ 57, 58, 60, 62 AktG) – auch dann nicht, wenn sie **der Gesellschaft Vermögen entnehmen**. Dies gilt selbst dann, wenn das (entnommene) Vermögen gemäß § 30 Abs. 1 GmbHG zur Erhaltung des Stammkapitals erforderlich ist. In diesem Fall **haften die Gesellschafter** ebenso wie für rückständige Stammeinlagen oder Nachschüsse **nur der Gesellschaft gegenüber** nach den §§ 19, 24, 26, 31 GmbHG. Gläubiger der GmbH haben nur mittelbar durch Pfändung in das Gesellschaftsvermögen gemäß §§ 829, 835 ff. ZPO Zugriff auf diese Ansprüche der Gesellschaft gegen ihre Gesellschafter.

831 Lutter/Hommelhoff/Bayer § 5 Rn. 3.
832 MünchKomm-GmbHG/Schwandtner § 5 Rn. 39.
833 Lutter/Hommelhoff/Bayer § 5 Rn. 4; Windbichler § 20 Rn. 6.
834 Hierzu und zum Folgenden: MünchKomm-GmbHG/Merkt § 13 Rn. 332 ff.
835 K. Schmidt, GesR, § 33 V 1.
836 Gesetz vom 27. März 2020, BGBl. I S. 569.

361 Eine unmittelbare **Haftung der Gesellschafter aus selbstständigem Verpflichtungsgrund** wird durch § 13 Abs. 2 GmbHG aber nicht ausgeschlossen. Jeder Gesellschafter kann beispielsweise die Mithaftung für Verbindlichkeiten der Gesellschaft durch Bürgschaft, Garantieversprechen, Schuldbeitritt und dergleichen übernehmen. Teilweise wird in diesem Zusammenhang von einem „unechten Haftungsdurchgriff" gesprochen.[837] Auch aus allgemeinen Rechtscheinsgrundsätzen kann sich die unmittelbare Haftung eines Gesellschafters ergeben.

**Beispiel:** Handeln unter der Firma der Gesellschaft ohne Verwendung des gesetzlich vorgeschriebenen GmbH-Zusatzes.

Das Trennungsprinzip zwischen GmbH als selbstständiger juristischer Person und den Gesellschaftern gilt jedoch nicht ausnahmslos. Einschränkungen und Ausnahmen in Form eines **Durchgriffs** werden grob in zwei Kategorien geteilt:

- Beim (echten) **Haftungsdurchgriff** (auch Durchgriffshaftung genannt) geht es um Fälle, in denen das Handeln der Gesellschafter dem Zweck der Haftungsbeschränkung nach § 13 Abs. 1 GmbHG in besonderem Maße zuwider läuft.[838] Dies soll auch ohne besonderen Verpflichtungsgrund insbesondere dann der Fall sein, wenn die Rechtsform der GmbH missbraucht wird[839] oder Gesellschafts- und Privatvermögen durch undurchsichtige Buchführung oder auf sonstige Weise vermischt werden. Nach diesem höchst umstrittenen Haftungsansatz wird in Einzelfällen das in § 13 Abs. 2 GmbHG angeordnete Prinzip der haftungsrechtlichen Trennung zwischen Gesellschaft (GmbH) und Gesellschafter durchbrochen, dem Gesellschafter also das Privileg der Haftungsbeschränkung abgesprochen. Hierdurch kommt es zu einem „Durchgriff" auf die „hinter" der GmbH stehenden Gesellschafter, die persönlich für die Gesellschaftsverbindlichkeiten einzustehen haben.
- Wie ein solcher Haftungsdurchgriff rechtsdogmatisch zu bewerkstelligen ist, ist umstritten. Während der BGH[840] dieses Ergebnis hauptsächlich auf eine analoge Anwendung des § 128 HGB stützt, wird in der Literatur teilweise eine teleologische Reduktion des § 13 Abs. 2 GmbHG bevorzugt.[841]
- Beim **Zurechnungsdurchgriff**[842] geht es um die Frage, ob und unter welchen Voraussetzungen bestimmte Eigenschaften, Kenntnisse oder sonst rechtserhebliche Umstände aufseiten des Gesellschafters der Gesellschaft zugerechnet werden können oder müssen bzw. inwieweit sich der Gesellschafter umgekehrt das Vorliegen solcher Umstände aufseiten der Gesellschaft zurechnen lassen kann oder muss. Der Sache nach geht es hierbei um die Auslegung von Zurechnungsnormen.

  **Beispiel 1:** Ein die GmbH beherrschender Gesellschafter, der Vertragspartner der Gesellschaft täuscht, steht „im Lager" der Gesellschaft und ist nicht Dritter i.S.v. § 123 Abs. 2 BGB.[843]

837 Scholz/Bitter § 13 Rn. 73, 90.
838 Lutter/Hommelhoff/Bayer § 13 Rn. 11.
839 BGH NZG 2008, 670, Rn. 15; BGH NJW 2008, 2437, Rn. 21.
840 BGH NJW 2006, 1344 Ls. 1; BGH NZG 2008, 187, Rn. 16.
841 Vgl. Scholz/Bitter § 13 Rn. 126.
842 Hierzu und zum Folgenden: Scholz/Bitter § 13 Rn. 55 ff.; MünchKomm-GmbHG/Merkt § 13 Rn. 343 ff.
843 MünchKomm-GmbHG/Merkt § 13 Rn. 347.

**Beispiel 2:** Auch über einen gutgläubigen Fremdgeschäftsführer kann ein Gesellschafter seiner GmbH einen ihm tatsächlich nicht gehörenden Gegenstand nicht wirksam im Wege des gutgläubigen Eigentumserwerbs (§§ 892, 932 ff. BGB, 366 HGB) übereignen, weil es an einem Verkehrsgeschäft fehlt.[844]

***Klausurhinweis:*** *Wegen der unterschiedlichen Anwendungsfälle sind Haftungs- und Zurechnungsdurchgriff in einem Gutachten an unterschiedlichen Stellen zu thematisieren. Die Frage eines Haftungsdurchgriffs ist – nachdem zuvor eine Haftung der GmbH festgestellt wurde – regelmäßig dann zu erörtern, wenn ein identischer Anspruch auch gegen den Gesellschafter geltend gemacht wird. Der Zurechnungsdurchgriff wird hingegen meist bei Ansprüchen gegen die Gesellschaft, und zwar im Rahmen der jeweiligen Anspruchsvoraussetzung relevant.*

Ebenfalls diskutiert wird eine Durchgriffshaftung in Fällen sog. **materieller Unterkapitalisierung**, also wenn zwar das gesetzlich vorgeschriebene Mindestkapital erbracht und auch erhalten wurde, dieses aber (absehbar) nicht zur Finanzierung des Geschäftsbetriebes ausreicht. Der BGH hat eine solche Durchgriffshaftung wegen materieller Unterkapitalisierung abgelehnt.[845] Für eine solche im Wege richterlicher Rechtsfortbildung zu begründende Haftung sei mangels einer im gesetzlichen System des GmbHG bestehenden Gesetzeslücke kein Raum. Eine über die Aufbringung des gesetzlichen Stammkapitals und die anschließende Gewährleistung seiner Erhaltung hinausgehende Finanzausstattungspflicht des Gesellschafters sei systemwidrig und würde letztlich die Gesellschaftsform der GmbH selbst infrage stellen. Überdies habe der Gesetzgeber bei der Unternehmergesellschaft (§ 5a GmbHG, s. dazu unten) die Möglichkeit eines geringen Stammkapitals geschaffen und weiterhin bewusst auf eine gesetzlich normierte Unterkapitalisierungshaftung verzichtet.

In der früheren Rechtsprechung hat der BGH eine Durchgriffshaftung gemäß § 826 BGB wegen eines **existenzvernichtenden Eingriffs** bejaht. Die Existenzvernichtungshaftung besteht für missbräuchliche, zur Insolvenz der GmbH führende oder diese vertiefende kompensationslose Eingriffe in das Gesellschaftsvermögen. Die neuere Rechtsprechung verneint eine Außenhaftung der Gesellschafter wegen existenzvernichtenden Eingriffs. Diese **Fallgruppe des § 826 BGB** führt danach **nur zu einer Innenhaftung des Gesellschafters gegenüber der GmbH**.

**Fall 13: Trihotel**

Die A-GmbH pachtete von dem B ein mit einem Hotel bebautes Grundstück und betrieb das Hotel. Gesellschafter der A-GmbH waren B zu 52 % und dessen Ehefrau F zu 48%. B war zugleich der alleinige, von den Beschränkungen des § 181 BGB befreite Geschäftsführer. Im Jahr 2017 erwarb die M, die Mutter des B, sämtliche Geschäftsanteile an der J-GmbH und bestellte den B zum alleinigen, von den Beschränkungen des § 181 BGB befreiten Geschäftsführer. Auf die J-GmbH übertrug der B noch in dem gleichen Jahr seine Beteiligung an der A-GmbH. Später übertrug die M dem B sämtliche Anteile an der J-GmbH.

---

844 MünchKomm-GmbHG/Merkt § 13 Rn. 351.

845 BGH NJW 2008, 2437, Rn. 17 ff.

Am 20.03.2019 kündigte der B als Verpächter den Pachtvertrag mit der A-GmbH. Das Grundstück verpachtete er an die J-GmbH. Die J-GmbH und die A-GmbH, beide vertreten durch den B, schlossen einen Geschäftsbesorgungsvertrag dahingehend, dass die A-GmbH die Management- und Organisationsaufgaben des Hotelbetriebs zu erledigen hatte und hierfür als Pauschalhonorar eine Umsatzbeteiligung von 40% der Hotelumsätze erhalten sollte.

Im Lauf des Jahres 2019 verschlechterte sich die wirtschaftliche Situation der A-GmbH. Im Januar 2020 wurde das Insolvenzverfahren über ihr Vermögen eröffnet. Der Insolvenzverwalter verlangt von B Zahlung der zur Insolvenztabelle angemeldeten und anerkannten Forderungen in Höhe von 713.000 €. Er ist der Ansicht, mit der Kündigung der Pachtverträge und der Vereinbarung eines zu geringen Pauschalhonorars habe der B die Insolvenz der A-GmbH verursacht.

**362** A. Der Insolvenzverwalter kann gemäß § 93 InsO die **Ansprüche der Gläubiger** aufgrund der persönlichen Haftung der Gesellschafter einer Gesellschaft ohne Rechtspersönlichkeit (GbR, oHG, KG) oder einer KGaA geltend machen. **Analog § 93 InsO** ist der Insolvenzverwalter befugt, eine etwaige Haftung der Gesellschafter einer GmbH für die Gläubiger geltend zu machen.[846]

I. Grundsätzlich haften die Gesellschafter einer GmbH nicht persönlich (§ 13 Abs. 2 GmbHG).

II. Etwas anderes könnte sich aber mit Blick auf die Grundsätze der **Durchgriffshaftung** ergeben. Demzufolge soll einen Gesellschafter (in analoger Anwendung des § 128 HGB bzw. unter teleologischer Reduktion des § 13 Abs. 2 GmbHG) in besonderen Konstellation ausnahmsweise doch eine unmittelbare und persönliche Haftung treffen.

1. Eine **Durchgriffshaftung wegen Rechtsformmissbrauchs** besteht nicht. Es ist nicht ersichtlich, dass B bei der Gründung oder der Geschäftsführung der GmbH deren Rechtsform missbraucht hat. Der ihm vorgeworfene Eingriff in das Gesellschaftsvermögen ist kein Missbrauch der Rechtsform der GmbH.[847] Auch eine Vermögensvermischung ist nicht ersichtlich.

2. In Betracht kommt eine **Durchgriffshaftung wegen eines existenzvernichtenden Eingriffs**.

a) Nach der **früheren Rechtsprechung des BGH** hatte ein existenzvernichtender Eingriff in das Gesellschaftsvermögen zur Folge, dass dem handelnden Gesellschafter der Einwand des § 13 Abs. 2 GmbHG versagt wurde und er den Gläubigern der GmbH unmittelbar haftete.[848]

b) In der **neueren Rechtsprechung** lehnt der BGH eine Durchgriffshaftung wegen existenzvernichtenden Eingriffs ab. Diese Fallgruppe einer vorsätzlichen sittenwidrigen Schädigung (§ 826 BGB) führe nicht zu einer Außen-

---

846 BGH NJW 2006, 1344, Ls. 1.

847 BGH NJW 2007, 2689, Rn. 28.

848 BGH NJW 2005, 145.

haftung der Gesellschafter den Gläubigern gegenüber, sondern nur zu einer **Innenhaftung gegenüber der Gesellschaft**. Die Existenzvernichtungshaftung schließe eine Lücke im Kapitalschutzrecht der GmbH in Bezug auf Eingriffe, die nicht durch die §§ 30, 31 GmbHG ausgeglichen werden können, weil sie in der für § 30 GmbHG maßgeblichen Stichtagsbilanz nicht oder nur ungenügend abgebildet werden oder bei denen eine Rückgewähr gemäß § 31 GmbHG eine Insolvenz nicht mehr verhindern kann. Schutzobjekt der Existenzvernichtungshaftung sei das Gesellschaftsvermögen selbst und nicht „mittelbar" die durch den Haftungsfonds geschützten Forderungen der Gläubiger. Eine Durchgriffshaftung des B scheidet danach aus.

B. Gemäß **§ 80 Abs. 1 InsO** kann der Insolvenzverwalter die **Rechte der Gesellschaft** geltend machen.

I. Der A-GmbH könnte gegen B ein Anspruch aus **§ 826 BGB** wegen **existenzvernichtenden Eingriffs** zustehen.

1. Die Existenzvernichtungshaftung soll eine Lücke im Kapitalschutz für Eingriffe schließen, die nicht durch die §§ 30, 31 GmbHG ausgeglichen werden können. Die Haftung ist aber **nicht subsidiär** im Verhältnis zu den Ansprüchen aus §§ 30, 31 GmbHG. Die Haftung knüpft an einen einheitlichen, zur Insolvenz führenden Eingriff an. Deswegen kann sie nicht auf die Schließung von Haftungslücken beschränkt werden. Vielmehr umfasst der zu ersetzende Schaden auf der Rechtsfolgenseite einen nach §§ 30, 31 GmbHG bestehenden Erstattungsanspruch.[849]

2. **Adressaten** der Haftung sind zunächst die Gesellschafter der GmbH. Darüber hinaus trifft die Haftung auch denjenigen, der zwar nicht an der geschädigten GmbH, wohl aber an einer Gesellschaft beteiligt ist, die ihrerseits Gesellschafter der GmbH ist (Gesellschafter-Gesellschafter). Dies gilt jedenfalls dann, wenn er einen beherrschenden Einfluss auf die geschädigte Gesellschaft ausüben kann.[850] B war bei Abschluss des Geschäftsbesorgungsvertrages zwischen der A-GmbH und der J-GmbH alleiniger Gesellschafter der J-GmbH. Da diese einen 52 %-Anteil an der A-GmbH hielt, war er Adressat der Existenzvernichtungshaftung. Auf eine eventuelle Haftungszurechnung gemäß § 830 BGB wegen einer Beteiligung kommt es nicht an.

3. Haftungsbegründend ist darüber hinaus ein **missbräuchlicher, zur Insolvenz der GmbH führender** oder die Insolvenz vertiefender kompensationsloser **Eingriff** in das Gesellschaftsvermögen erforderlich.

   Ein solcher existenzvernichtender Eingriff könnte in dem Abschluss des Geschäftsbesorgungsvertrages zwischen der J-GmbH und der A-GmbH liegen. Er ist dann zu bejahen, wenn die im Vertrag vorgesehene Umsatzbeteiligung von 40 % derart unvertretbar niedrig war, dass eine Insolvenz der A-GmbH als Folge einer solchen Unangemessenheit bereits bei Vertragsschluss praktisch un-

849 BGH NJW 2007, 2689, Rn. 39.

850 BGH NJW 2007, 2689, Rn. 44.

ausweichlich war.[851] Da dies hier aber – mangels entsprechender Anhaltspunkte – nicht festgestellt werden kann, liegt mithin kein existenzvernichtender Eingriff vor.

Der A-GmbH steht folglich kein Anspruch gegen B aus § 826 BGB zu.

II. Für einen Anspruch der A-GmbH gegen B aus **§§ 30, 31 GmbHG** wegen Rückzahlung der Einlage bestehen indes ebenfalls keine Anhaltspunkte.

III. Da B Geschäftsführer der A-GmbH war, kommt eine Haftung gemäß **§ 43 Abs. 2 GmbHG** in Betracht. B müsste seine Pflichten als Geschäftsführer verletzt haben. Die Pflichtverletzung könnte in dem Abschluss des Geschäftsbesorgungsvertrages mit der J-GmbH liegen. Es steht aber nicht fest, dass die Umsatzbeteiligung von 40 % unvertretbar niedrig war. Deshalb scheidet auch ein solcher Anspruch aus.

---

## C. Formkaufmann

363 Die GmbH gilt gemäß **§ 13 Abs. 3 GmbHG** als Handelsgesellschaft im Sinne des HGB. Damit wird auf § 6 Abs. 1 HGB verwiesen, wonach die für Kaufleute geltenden Vorschriften auch auf Handelsgesellschaften Anwendung finden. Der Status der GmbH als Handelsgesellschaft wird damit unabhängig von dem eigentlichen Gegenstand des Unternehmens unwiderleglich vermutet. Auch eine GmbH mit ausschließlich ideeller oder sozialer Zwecksetzung ist somit Handelsgesellschaft und Kaufmann. Die GmbH ist deshalb ein sog. Formkaufmann.[852]

§ 13 Abs. 3 GmbHG bezieht sich nur auf die GmbH als solche. **Gesellschafter und Geschäftsführer** der GmbH werden dadurch nicht zu Kaufleuten. Dies gilt selbst für den Alleingesellschafter einer Ein-Personen-GmbH, der zugleich alleiniger Geschäftsführer ist.[853]

## D. Gesellschaftsvertrag

### I. Mindestinhalt

364 Der Gesellschaftsvertrag der GmbH (die „Satzung") muss gemäß **§ 3 Abs. 1 GmbHG** folgenden Mindestinhalt umfassen:

365 ▪ Firma und Sitz der Gesellschaft **(Nr. 1)**

Die **Firma** der GmbH muss die Bezeichnung „Gesellschaft mit beschränkter Haftung" oder eine allgemein verständliche Abkürzung dieser Bezeichnung („GmbH") enthalten (§ 4 S. 1 GmbHG), damit die Haftungsbeschränkung (§ 13 Abs. 2 GmbHG) für den Rechtsverkehr erkennbar ist. Wird der die Haftungsbeschränkung kennzeichnende Zusatz weggelassen, trifft den in dieser Weise für die GmbH Auftretenden eine Recht-

---

851 BGH NJW 2007, 2689, Rn. 50.

852 Kindl § 23 Rn. 4; K. Schmidt, GesR, § 33 I 2c.; MünchKomm-GmbHG/Merkt § 13 Rn. 80.

853 BGHZ 165, 43, 47 ff.; MünchKomm-GmbHG/Merkt § 13 Rn. 83.

scheinshaftung, weil für den Rechtsverkehr der Eindruck einer unbegrenzten persönlichen Haftung entstanden ist.[854]

**Sitz** der Gesellschaft ist der Ort im Inland, den der Gesellschaftsvertrag bestimmt (§ 4a GmbHG: Satzungssitz). **366**

Von diesem Satzungssitz, der stets in Deutschland („im Inland") liegen muss, um die Gesellschaft in der deutschen Rechtsordnung zu verankern,[855] zu unterscheiden ist der Verwaltungssitz (= Ort der Geschäftsleitung) der GmbH, der auch im Ausland liegen kann.[856] Fallen Satzungs- und Verwaltungssitz auseinander, ist der Verwaltungssitz als Zweigniederlassung zu qualifizieren auch wenn es sich tatsächlich um die Hauptniederlassung handelt.[857] Die Sitzverlegung (= Verlegung des Satzungssitzes) ist eine Satzungsänderung und damit erst mit der Eintragung im Handelsregister wirksam (§ 54 GmbHG); das Verfahren richtet sich nach § 13h HGB.[858]

- Gegenstand des Unternehmens **(Nr. 2)** **367**

  Unter dem **Gegenstand des Unternehmens** ist der konkrete Tätigkeitsbereich der GmbH zu verstehen. Dieser muss in der Satzung so exakt und individuell wiedergegeben werden, dass sich die beteiligten Verkehrskreise ein Bild vom Schwerpunkt der Tätigkeit machen können;[859] allgemeine Umschreibungen genügen nach h.M. nicht.[860] Als Satzungsbestandteil kann der Unternehmensgegenstand mit einer Mehrheit von ¾ der abgegebenen Stimmen geändert werden (§ 53 Abs. 2 S. 1 GmbHG); im Gesellschaftsvertrag können dabei die Anforderungen an die Mehrheit nicht abgeschwächt, wohl aber verschärft werden (arg. § 53 Abs. 2 S. 2 GmbHG).[861]

  Der Unternehmensgegenstand ist formal vom **Zweck der Gesellschaft** (§ 1 GmbHG) abzugrenzen, der im Innenverhältnis die Geschäftsgrundlage der Gesellschaft bildet und das Endziel beschreibt, das die Gesellschafter durch die Gründung der GmbH erreichen wollen. Der Zweck der Gesellschaft muss nicht im Gesellschaftsvertrag festgelegt werden.[862]

- Betrag des Stammkapitals **(Nr. 3)**
- die Zahl und die Nennbeträge der Geschäftsanteile, die jeder Gesellschafter gegen eine Einlage auf das Stammkapital (Stammeinlage) übernimmt **(Nr. 4)**

## II. Mängel des Gesellschaftsvertrages

Wird eine GmbH in das Handelsregister eingetragen, obwohl im Gesellschaftsvertrag eine nach § 3 GmbHG **zwingend erforderliche Bestimmung** fehlt oder eine Satzungsregelung nichtig ist, kann dies – je nach Art des Fehlers – zur **Auflösung** der Gesellschaft führen.[863] Dabei kann folgendermaßen differenziert werden: **368**

---

854 Bitter/Heim § 4 Rn. 10; vgl. auch BGH RÜ 2012, 628, Rn. 9 ff.: Rechtscheinhaftung des Handelnden bei Zeichnung mit dem Rechtsformzusatz „GmbH" für UG (haftungsbeschränkt).

855 Franz/Laeger BB 2008, 678, 679; Preuß GmbHR 2007, 57, 58 f.

856 Bitter/Heim § 4 Rn. 11.

857 Lutter/Hommelhoff/Bayer § 4a Rn. 1; Heckschen, DStR 2009, 166, 168.

858 Lutter/Hommelhoff/Bayer § 4a Rn. 6.

859 BGH NJW 1992, 1824, 1826.

860 Lutter/Hommelhoff/Bayer § 3 Rn. 9.

861 Lutter/Hommelhoff/Bayer § 53 Rn. 13.

862 Bitter/Heim § 4 Rn. 12, a.A. Lutter/Hommelhoff/Bayer § 3 Rn. 8.

863 Bitter/Heim § 4 Rn. 18.

- Enthält der Gesellschaftsvertrag keine Bestimmungen über die Höhe des Stammkapitals (§ 3 Abs. 1 Nr. 3 GmbHG) oder über den Gegenstand des Unternehmens (§ 3 Abs. 1 Nr. 2 GmbHG) oder sind die Bestimmungen des Gesellschaftsvertrages über den Gegenstand des Unternehmens nichtig, so kann jeder Gesellschafter, jeder Geschäftsführer und, wenn ein Aufsichtsrat bestellt ist, jedes Mitglied des Aufsichtsrats im Wege der Klage beantragen, dass die Gesellschaft für nichtig erklärt wird (§ 75 Abs. 1 GmbHG: **Nichtigkeitsklage**). Wird einer solchen Klage stattgegeben, ist die Gesellschaft nicht von Anfang an unwirksam, sondern wird nach den Vorschriften über die Auflösung der Gesellschaft (§§ 65 ff. GmbHG[864]) abgewickelt (§ 77 GmbHG). Tatsächlich ist die „Nichtigkeitsklage" also eine Auflösungsklage.[865] Daneben kommt in den Fällen des § 75 Abs. 1 GmbHG eine Löschungsverfügung des Registergerichts gemäß § 397 FamFG in Betracht.

- Fehlt hingegen eine Bestimmung über die Firma und/oder den Sitz der Gesellschaft (§ 3 Abs. 1 Nr. 1 GmbHG) oder die Geschäftsanteile (§ 3 Abs. 1 Nr. 4 GmbHG) oder ist eine hierzu getroffene Bestimmung oder eine solche über das Stammkapital (§ 3 Abs. 1 Nr. 3 GmbHG) nichtig, kann dies nach § 60 Abs. 1 Nr. 6 GmbHG i.V.m. einer **Feststellungsverfügung** des Registergerichts gemäß § 399 Abs. 1 und 4 FamFG zur Auflösung der Gesellschaft führen.[866]

Niemals führt ein Mangel dazu, dass die eingetragene GmbH inexistent wird. Vielmehr ist sie durch ihre konstitutive Eintragung in das Handelsregister (§ 11 Abs. 1 GmbHG) wirksam und rechtsfähig; der Fehler kann – den **Grundsätzen der fehlerhaften Gesellschaft**[867] entsprechend – nur mit Wirkung für die Zukunft geltend gemacht werden.[868]

## III. Änderungen des Gesellschaftsvertrages

369 Eine Änderung des Gesellschaftsvertrages kann nur durch **Beschluss der Gesellschafterversammlung** erfolgen (§ 53 Abs. 1 GmbHG). Der Beschluss muss notariell beurkundet werden und mit einer Mehrheit von ¾ der abgegebenen Stimmen gefasst werden (§ 53 Abs. 2 S. 1 GmbHG). Der Gesellschaftsvertrag kann weitere Erfordernisse aufstellen (§ 53 Abs. 2 S. 2 GmbHG); insbesondere kann er die Mehrheitserfordernisse verschärfen (nicht absenken).[869] Die Änderung hat keine rechtliche Wirkung, bevor sie in das Handelsregister eingetragen ist (§ 54 Abs. 3 GmbHG).

---

864 S. hierzu Rn. 457 ff.
865 Bitter/Heim § 4 Rn. 19.
866 Bitter/Heim § 4 Rn. 21.
867 Hierzu ausführlich unter Rn. 30 ff.
868 Bitter/Heim § 4 Rn. 22; K. Schmidt, GesR, § 6 II 1.
869 Bitter/Heim § 4 Rn. 23.

## 2. Abschnitt: Die Entstehung der GmbH

Eine GmbH entsteht durch **Gründung** oder durch **Umwandlung**. **370**

### A. Entstehung durch Gründung

Die Gründung kann **durch eine oder mehrere Personen** erfolgen (§ 1 GmbHG). **371**

#### I. Das Gründungsverfahren

Das Gründungsverfahren gestaltet sich im Überblick wie folgt:[870] **372**

(1) Die künftigen Gesellschafter beschließen formlos oder durch schriftlichen Vertrag, eine GmbH zu gründen (Gründungsentschluss). Hierdurch entsteht eine **Vorgründungsgesellschaft**.

(2) Die Gesellschafter schließen den Gesellschaftsvertrag in notariell beurkundeter Form (§ 2 Abs. 1 S. 1 GmbHG). Hierdurch ist die GmbH errichtet. Es entsteht eine **Vor-GmbH**, die eine rechtsfähige Gesellschaft eigener Art (sui generis) ist.

(3) Die Gesellschafter bestellen die Geschäftsführer entweder im Gesellschaftsvertrag (§ 6 Abs. 3 S. 2 GmbHG) oder in einer Gesellschafterversammlung (§ 46 Nr. 5 GmbHG).

(4) Die Gesellschafter leisten die Mindesteinlagen gemäß § 7 Abs. 2 und 3 GmbHG.

(5) Sämtliche Geschäftsführer (vgl. § 78 GmbHG) melden die Gesellschaft zur Eintragung ins Handelsregister an (§ 7 Abs. 1 GmbHG); der Inhalt der Anmeldung ergibt sich aus § 8 GmbHG.

(6) Das Registergericht prüft, ob die Gesellschaft ordnungsgemäß errichtet und angemeldet ist und ob Sacheinlagen nicht unwesentlich überbewertet wurden; ist dies nicht der Fall, so hat es die Eintragung abzulehnen (§ 9 c Abs. 1 GmbHG). Ist das Prüfungsergebnis hingegen positiv, wird die GmbH nach Maßgabe des § 10 GmbHG in das Handelsregister eingetragen. Hierdurch entsteht die GmbH als solche (§ 11 Abs. 1 GmbHG). Die Eintragung wirkt also konstitutiv. Die **„fertige" GmbH** ist mit der Vor-GmbH identisch (gleicher Rechtsträger); es findet ein identitätswahrender Wechsel der Rechtsform statt.

Bei der Gründung der GmbH lassen sich demnach im Wesentlichen **drei Phasen** unterscheiden:

| ① Gründungsentschluss | ② Beurkundung der Satzung | | ③ Eintragung in das Handelsregister |
|---|---|---|---|
| **Vorgründungsgesellschaft** | **Vor-GmbH** | ➔ | **„fertige" GmbH** |
| | (Errichtung der GmbH) | | (Entstehung der GmbH) |

---

870 Zum Folgenden: Bitter/Heim § 4 Rn. 7.

## II. Haftung im Gründungsstadium

373 Für die Verbindlichkeiten der „fertigen" GmbH, die durch die Eintragung in das Handelsregister entstanden ist (§ 11 Abs. 1 GmbHG), haftet den Gläubigern der Gesellschaft (Außenverhältnis) grundsätzlich nur (noch) das Gesellschaftsvermögen (§ 13 Abs. 2 GmbHG). **Für die Zeit vor der Entstehung der GmbH enthält das Gesetz** – mit Ausnahme von § 11 Abs. 2 GmbHG – **keine Vorgaben zu den Haftungsverhältnissen**. Es war daher die Aufgabe der Rechtsprechung, ein Haftungskonzept zu entwickeln.[871] Den Ausgangspunkt der Überlegung bildet der Umstand, dass die Haftungsverfassung der (fertigen) GmbH vor deren Eintragung im Handelsregister nicht zur Anwendung kommen kann, weil die Gesellschaft noch nicht „als solche" (also als GmbH) besteht. Das bedeutet aber nicht, dass es bis zur Eintragung keine Gesellschaft geben kann. Im Gegenteil:

### 1. Die Vorgründungsgesellschaft

374 Sobald sich mehrere Gesellschafter mit dem Ziel, eine GmbH zu gründen, zusammenschließen, entsteht eine Vorgründungsgesellschaft.[872] Bei der Vorgründungsgesellschaft handelt es sich in der Regel um eine **GbR** (§§ 705 ff. BGB),[873] deren alleiniger **Zweck in der Gründung einer GmbH** besteht und die **grundsätzlich reine Innengesellschaft** ist.[874]

Dabei ist nach herrschender Auffassung[875] hinsichtlich der für den Abschluss dieses Vorgründungsgesellschaftsvertrages geltenden **Formvorschriften** wie folgt zu differenzieren:

- Zur Begründung einer Vorgründungsgesellschaft als GbR genügt bereits ein vertraglicher Zusammenschluss mit dem Ziel, eine GmbH zu gründen. Es gelten also die Vorschriften über die GbR und es genügt insbesondere auch eine mündliche oder konkludente Abrede.
- Eine Verpflichtung der Beteiligten zur Gründung einer GmbH kann sich hieraus jedoch nur dann ergeben, wenn der Vertrag notariell beurkundet ist (§ 2 GmbHG).[876] Ohne eine solche Beurkundung sind die Gesellschafter zur Gründung nicht verpflichtet, eine Vorgründungsgesellschaft entsteht aber dennoch.

Wenn die GmbH mit einem Gesellschafter als „Einmann-GmbH" gegründet werden soll, entsteht keine Vorgründungsgesellschaft, da es weder eine GbR noch eine oHG mit nur einem Gesellschafter gibt.[877] Die Vorgründungsgesellschaft ist also **keine notwendige Vorstufe** zur GmbH.

Sofern die Vorgründungsgesellschaft bereits ein Handelsgewerbe i.S.d. § 1 Abs. 2 HGB aufnimmt, wird sie noch als Vorgründungsgesellschaft von der GbR zur oHG.[878]

---

871 Bitter/Heim § 4 Rn. 25.
872 Grunewald § 13 Rn. 35; MünchKomm-GmbHG/Merkt § 11 Rn. 103.
873 BGH NJW 1984, 2164.
874 Bitter/Heim § 4 Rn. 26.
875 MünchKomm-GmbHG/Merkt § 11 Rn. 99 ff. mwN; a.A. Scholz/Schmidt § 11 Rn. 10.
876 Grunewald § 13 Rn. 35; Windbichler § 21 Rn. 17.
877 BGH NJW 1975, 1774, 1775.
878 BGH NJW 1983, 2822.

Die Vorgründungsgesellschaft hat mit der späteren GmbH „noch nichts zu tun", sodass vor der notariellen Beurkundung **keinerlei Normen des GmbH-Rechts** auf die Vorgründungsgesellschaft angewandt werden.[879] 375

Die Frage nach der persönlichen Haftung der Gesellschafter für Verbindlichkeiten der Vorgründungsgesellschaft stellt sich – mit Ausnahme der Gründungskosten – nur, wenn diese Gesellschaft bereits vor der Eintragung der GmbH im Handelsregister rechtsgeschäftlich verpflichtet worden ist. Wird im Vorgründungsstadium ein Rechtsgeschäft im Namen einer „GmbH", einer „GmbH i.G." oder eine „Vor-GmbH" getätigt, wird nach den **Grundsätzen des unternehmensbezogenen Geschäfts** grundsätzlich die Vorgründungsgesellschaft und nicht etwa die zukünftige Vor-GmbH oder GmbH berechtigt und verpflichtet.[880] 376

Eine derart **nach außen hin in Erscheinung tretende Vorgründungsgesellschaft** ist entweder als **(Außen-)GbR oder**, falls der Zweck der Gesellschaft auf den Betrieb eines Handelsgewerbes (§ 1 Abs. 2 HGB) gerichtet und die Geschäfte im Verhältnis zu Dritten bereits aufgenommen worden sind (vgl. § 123 Abs. 2 HGB), als **oHG** (§§ 105 ff. HGB) teilrechtsfähig. In beiden Fällen haften die Gesellschafter für die Verbindlichkeiten der Vorgründungsgesellschaft akzessorisch neben dieser gemäß **§ 128 HGB (analog)** persönlich als Gesamtschuldner.[881] Eine Handelndenhaftung gemäß § 11 Abs. 2 GmbHG[882] gibt es im Stadium der Vorgründungsgesellschaft aber nicht.[883]

Für die **Beendigung der Vorgründungsgesellschaft** gilt das Personengesellschaftsrecht. Wird die Satzung der GmbH beurkundet, hat die Vorgründungsgesellschaft ihren Zweck erreicht und wird gemäß § 726 BGB aufgelöst. Wurden im Namen der Vorgründungsgesellschaft Rechte und Pflichten begründet, muss sie gemäß §§ 730 ff. BGB liquidiert werden. Die Rechte und Pflichten gehen nicht automatisch auf die Vor-GmbH bzw. die spätere GmbH über, weil die **Vorgründungsgesellschaft nicht mit der Vor-GmbH und der späteren GmbH identisch** ist (**Diskontinuität** zwischen Vorgründungsgesellschaft und Vor-GmbH und „fertiger" GmbH). 377

Da die Vorgründungsgesellschaft nicht mit der Vor-GmbH und der späteren GmbH identisch ist, besteht die Haftung der Vorgründungsgesellschaft (und mit ihr auch die der Gesellschafter gemäß/analog § 128 S. 1 HGB) auch dann fort, wenn später eine Vor-GmbH bzw. GmbH entsteht.[884]

**Beispiel:** A, B und C vereinbaren eine GmbH, die später X-GmbH heißen soll, gemeinsam zu gründen. Noch bevor der GmbH-Gesellschaftsvertrag notariell beurkundet worden ist, treten die drei nach außen hin als „X-GmbH i.G." auf und gehen Verbindlichkeiten ein. Später wird der Gesellschaftsvertrag beurkundet und die GmbH in das Handelsregister eingetragen.
Für die noch im Stadium der Vorgründungsgesellschaft begründeten Verbindlichkeiten haftet zunächst die durch die ursprüngliche Abrede entstandene Vorgründungsgesellschaft (Grundsätze des unternehmensbezogenen Geschäfts). Gemäß bzw. analog § 128 S. 1 HGB haften deshalb auch die Gesellschafter. Daran ändert auch die zwischenzeitliche Entstehung der X-GmbH nichts. Die GmbH selbst haftet jedoch mangels Rechtsnachfolge nicht.

---

879 BGH NJW 1984, 2164; Henssler/Strohn/Schäfer, GmbHG, § 11 Rn. 4.

880 BGH NJW 1984, 2164.

881 S. Rn. 154 (GbR) und Rn. 28 ff. (oHG).

882 S. hierzu Rn. 387 ff.

883 BGH NJW 1984, 2164, 2164 f.; Bitter/Heim § 4 Rn. 33.

884 MünchKomm-GmbHG/Merkt § 11 Rn. 109.

## 2. Die Vor-GmbH

378 Mit Abschluss des notariell beurkundeten Gesellschaftsvertrages entsteht die Vorgesellschaft (Vor-GmbH). Der Zweck der Vor-GmbH liegt in der Herbeiführung der Eintragung der GmbH.[885]

Die **Haftungsverfassung** der Vor-GmbH versteht man am besten, wenn man sich ihr gedanklich in **drei Schritten** nähert. In einem ersten Schritt muss man sich das Verhältnis der Vor-GmbH zur späteren („fertigen") GmbH verdeutlichen. Sodann sollte man sich zunächst mit der für die „fertige" GmbH geltenden (Innen-)Haftung befassen, um anschließend in einem dritten und letzten Schritt die (Außen-)Haftung bei der Vor-GmbH erfassen zu können.

### a) Das Verhältnis der Vor-GmbH zur „fertigen" GmbH

379 Die Vor-GmbH entsteht mit Abschluss des notariellen Gesellschaftsvertrages.[886] Sie ist eine **Gesellschaft eigener Art** (*sui generis*), auf die neben den Bestimmungen der Satzung auch die **Vorschriften des GmbHG** entsprechend anwendbar sind, soweit sie **nicht gerade die Eintragung der GmbH voraussetzen** oder aus einem sonstigen Grund mit dem Gründungsstadium **unvereinbar** sind.[887] Die Vor-GmbH ist rechtsfähig; sie kann Träger von Rechten und Pflichten sein. Deshalb ist ihr Vermögen auch strikt von demjenigen ihrer Gesellschafter zu trennen. Sie hat im Rechtsverkehr einen auf das Gründungsstadium hindeutenden Zusatz zu führen („in Gründung"" bzw. „i.G.").

380 Die Vor-GmbH ist – anders als die Vorgründungsgesellschaft – mit der „fertigen" GmbH identisch.[888] Die Vor-GmbH ist eine Vorstufe zur „fertigen" Gesellschaft, quasi der Kokon aus dem die „fertige" GmbH mit Eintragung in das Handelsregister schlüpft **(Kontinuität zwischen Vor-GmbH und „fertiger" GmbH).** Aus der Tatsache, dass sich also nur die Rechtsform (das „Rechtskleid") ändert folgt, dass alle Aktiva und Passiva der Vor-GmbH im Wege der Gesamtrechtsnachfolge auf die „fertige" GmbH übergehen.

Es handelt sich hierbei **nicht um eine Umwandlung** im Sinne des UmwG. Von der Wirkung her ist der Vorgang aber mit einem Formwechsel gemäß §§ 190 ff. UmwG vergleichbar.

381 Die **Vor-GmbH endet** demnach normalerweise mit der Wandlung zur „fertigen" GmbH durch Eintragung in das Handelsregister, ohne dass es einer Liquidation bedarf.[889] Etwas anderes gilt nur dann, wenn die Eintragung der GmbH scheitert, weil über das Vermögen der (insolvenzfähigen)[890] Vor-GmbH das Insolvenzverfahren eröffnet wird, das Registergericht die Eintragung der GmbH (endgültig) ablehnt oder die Gesellschafter die Eintragungsabsicht aufgeben. In all diesen Fällen ist die Vor-GmbH nach Maßgabe der §§ 66 ff. GmbHG zu liquidieren.

---

885 Grunewald § 13 Rn. 38.
886 Zum Folgenden: Bitter/Heim § 4 Rn. 38.
887 BGHZ 45, 338, 347; Windbichler § 21 Rn. 18.
888 Hier und zum Folgenden: Bitter/Heim § 4 Rn. 39.
889 Hier und zum Folgenden: Bitter/Heim § 4 Rn. 40; Windbichler § 21 Rn. 28.
890 Uhlenbruck/Hirte § 11 Rn. 38.

### b) Die Haftung bei der „fertigen" GmbH: Vorbelastungshaftung

Die „fertige" GmbH haftet für ihre Verbindlichkeiten mit ihrem gesamten Vermögen; eine Haftung der Gesellschafter im Außenverhältnis gegenüber den Gesellschaftsgläubigern gibt es grundsätzlich nicht (vgl. § 13 Abs. 2 GmbHG). Es kommt aber eine **Innenhaftung der Gesellschafter gegenüber der GmbH** in Betracht.[891] Weil die „fertige" GmbH mit der Vor-GmbH identisch ist, ist auch das Nettovermögen (= Aktivvermögen – Verbindlichkeiten) beider Gesellschaften identisch. Da **schon bei der Vor-GmbH Verluste** entstanden sein können, kann es dazu kommen, dass die „fertige" GmbH im Zeitpunkt ihrer Entstehung durch Eintragung im Handelsregister ein **Nettovermögen unterhalb ihrer Stammkapitalziffer** hat. In Höhe der Differenz zwischen Nettovermögen und Stammkapitalziffer besteht dann eine sog. **Unterbilanz**. 382

**Beispiel:** Bei einer GmbH mit einer Stammkapitalziffer von 25.000 € haben die Gesellschafter 12.500 € eingezahlt (vgl. § 7 Abs. 2 S. 1 GmbHG). Mit diesen Mitteln wird im Stadium der Vor-GmbH eine Sache im Wert von 5.000 € zum Preis von 7.000 € angeschafft. Es entsteht eine Unterbilanz in Höhe von 2.000 €, da das Aktivvermögen lediglich 23.000 € (Barmittel [5.500 €] + Wert der Sache [5.000 €] + Resteinlageforderungen [12.500 €]) beträgt.

Eine solche Unterbilanz widerspricht der **Garantiefunktion des Stammkapitals**. Die Gläubiger der GmbH sollen darauf vertrauen dürfen, dass die Gesellschaft im Zeitpunkt ihrer Eintragung in das Handelsregister jedenfalls ein Vermögen in Höhe der Stammkapitalziffer hat. Die GmbH darf im Zeitpunkt ihrer Entstehung durch Eintragung – mit Ausnahme eines etwaig in der Satzung übernommenen notwendigen Gründungsaufwandes – nicht „vorbelastet" sein.

Deshalb hat die Rechtsprechung in Analogie zu § 9 Abs. 1 GmbHG die sog. **Vorbelastungshaftung** der GmbH-Gesellschafter entwickelt.[892] Danach sind die Gesellschafter verpflichtet, der GmbH die im Zeitpunkt der Eintragung bestehende Unterbilanz auszugleichen, indem sie dem Gesellschaftsvermögen einen Betrag in Höhe der Differenz zwischen dem Nettovermögen am Tag der Eintragung und der Stammkapitalziffer zuführen. Der hierauf gerichtete **Anspruch gegen die GmbH-Gesellschafter** steht nicht den Gesellschaftsgläubigern, sondern **der GmbH** zu **(Innenhaftung)**. Die Gesellschafter haften der GmbH für den Ausgleich der Unterbilanz **der Höhe nach unbegrenzt**, jedoch nicht als Gesamtschuldner, sondern anteilig entsprechend ihrer Beteiligung **(pro-rata-Haftung)**. 383

Die Gesellschafter müssen die Unterbilanz also unabhängig von ihrer Höhe anteilig ausgleichen. Ist das Nettovermögen negativ, besteht also eine bilanzielle Überschuldung bzw. ein nicht durch Eigenkapital gedeckter Fehlbetrag i.S.v. § 268 Abs. 3 HGB, ist nicht nur der Betrag der Stammkapitalziffer aufzuwenden, sondern auch der Betrag, um den das Nettovermögen im Minus ist.[893]

Allerdings gilt bei der Vorbelastungshaftung § 24 GmbHG analog, sodass die übrigen Gesellschafter den Fehlbetrag, der durch Uneinbringlichkeit bei einem Gesellschafter entsteht, anteilig nach dem Verhältnis der Geschäftsanteile aufzubringen haben **(anteilige Ausfallhaftung)**.

---

891 Hier und zum Folgenden: Bitter/Heim § 4 Rn. 41 ff.

892 Grundlegend: BGH NJW 1981, 1373, 1374 ff.

893 Bitter/Heim § 4 Rn. 49.

Nach Auffassung des BGH ist weitere Haftungsvoraussetzung für die Vorbelastungshaftung, dass der betreffende **Gesellschafter der Geschäftsaufnahme vor Eintragung zugestimmt** hat.[894] Soweit es um Verluste der Vor-GmbH aus Rechtsgeschäften geht, fehlt es ohne eine solche Zustimmung jedoch bereits an einer wirksamen **Vertretung der Vor-GmbH durch den Geschäftsführer** (§ 35 GmbHG analog) und damit an auszugleichenden Verlusten.[895] Mit Abschluss des Gesellschaftsvertrages stimmen die Gesellschafter jedenfalls der **Durchführung gründungsnotwendiger Rechtsgeschäfte** zu. Für alle übrigen Geschäfte besteht nur dann Vertretungsmacht, wenn sämtliche Gesellschafter sie entsprechend erweitert haben.[896] Dann liegt zwingend auch die erforderliche Zustimmung des betreffenden Gesellschafters vor, sodass die **Zustimmung zur Geschäftsaufnahme** eigentlich keine eigenständige Haftungsvoraussetzung, sondern vielmehr eine Voraussetzung für die Entstehung von Verlusten bzw. einer „Vorbelastung" der Gesellschaft ist.

Die einmal entstandene Haftung des Gesellschafters wegen einer Unterbilanz der Vor-GmbH **geht durch anschließende Gewinne der Gesellschaft nicht wieder unter**. Nur die Erfüllung durch den Gesellschafter lässt die Unterbilanzhaftung erlöschen.[897]

### c) Die Haftung bei der Vor-GmbH

**384** Die rechtsfähige **Vor-GmbH haftet selbst** mit ihrem Vermögen für ihre Verbindlichkeiten.

Daneben kommt eine **Verlustdeckungshaftung der Gesellschafter** und eine **Haftung der Handelnden** gemäß § 11 Abs. 2 GmbHG in Betracht.

#### aa) Verlustdeckungshaftung der Gesellschafter

**385** Eine Gesellschafterhaftung bei der Vor-GmbH wird nur relevant, wenn es nicht zur Eintragung der GmbH kommt, denn nur dann kommt es nicht zur Vorbelastungshaftung der GmbH-Gesesellschafter.[898] Die Gesellschafterhaftung bei der Vor-GmbH wird als Verlustdeckungshaftung bezeichnet.[899] Sie ist – wie die Vorbelastungshaftung bei der GmbH – grundsätzlich eine **anteilige Innenhaftung gegenüber der Gesellschaft, die der Höhe nach unbeschränkt ist**.[900]

Die Verlustdeckungshaftung ist nicht auf den Ausgleich einer Unterbilanz gerichtet.[901] Die Gesellschafter müssen vielmehr anteilig die zur Tilgung ihrer Verbindlichkeiten erforderlichen Mittel zur Verfügung stellen.[902] Dabei haften sie nur insoweit, wie infolge von Verlusten Verbindlichkeiten der Vor-GmbH nicht durch ihr Aktivvermögen gedeckt

894 BGH NJW 2012, 1875, Rn. 36.
895 Bitter/Heim § 4 Rn. 61.
896 BGH NJW 1981, 1452, 1453; in diesem Sinne auch BGH ZIP 2004, 1409, 1410 zur AG.
897 BGHZ 165, 391, 396.
898 Dazu ausführlich Rn. 382 f.
899 Hier und zum Folgenden: Bitter/Heim § 4 Rn. 52 ff.
900 BGH NJW 1997, 1507, 1507 f.; Henssler/Strohn/Schäfer, GmbHG, § 11 Rn. 30.
901 BGH NJW 2012, 1875, Rn. 15.
902 Hier und zum Folgenden: Bitter/Heim § 4 Rn. 55 ff.

sind, also eine Überschuldung der Vor-GmbH vorliegt.[903] **Nur in Höhe der Überschuldung, nicht aber in Höhe der Unterbilanz sind Mittel zur Tilgung der Verbindlichkeiten der Vor-GmbH aufzubringen**; im Übrigen kann die Gesellschaft die Tilgung ihrer Verbindlichkeiten aus eigenen Mitteln finanzieren. Eine Herstellung des satzungsmäßigen Stammkapitals durch die Gesellschafter ist deshalb entbehrlich, weil die Gesellschaft im Falle des Scheiterns ihrer Eintragung ohnehin aufzulösen und zu liquidieren ist. Die Unterschiede zur Vorbelastungshaftung können danach beträchtlich sein.

**Beispiel:**[904] Eine Gesellschaft erhält die kompletten Geldeinlagen auf ihr satzungsmäßiges Stammkapital von 25.000 €, nimmt ein Darlehen in Höhe von 15.000 € auf und kauft von diesen 40.000 € in bar eine Sache im Wert von 10.000 €. Danach betragen ihr Aktivvermögen 10.000 € (Wert der Sache) und ihre Verbindlichkeiten 15.000 € (Darlehen), das Nettovermögen also -5.000 €. Die Unterbilanz beträgt im Hinblick auf die Stammkapitalziffer 30.000 €. Die Gesellschaft hat auch einen „Verlust" von 30.000 € gemacht, weil sie von einem anfänglichen Vermögen von 25.000 € (Bareinlagen) zu einem negativen Nettovermögen von -5.000 € gelangt ist. Nach der Eintragung müssen die Gesellschafter die Unterbilanz von 30.000 € ausgleichen (Vorbelastungshaftung für die GmbH). Scheitert die Eintragung hingegen, müssen sie der Gesellschaft lediglich die Differenz zwischen Aktivvermögen und Verbindlichkeiten (5.000 €) zuwenden, weil die Verluste nur in dieser Höhe zu einer Unterdeckung der Verbindlichkeiten geführt haben (Verlustdeckungshaftung für die Vor-GmbH).

**Unbeschränkt** ist diese Haftung deshalb, weil nach allgemeinen Grundsätzen des bürgerlichen Rechts und des Handelsrechts derjenige, der als Einzelperson oder in Gemeinschaft mit anderen Geschäfte betreibt, für die daraus entstehenden Verpflichtungen unbeschränkt haftet. Dieser Grundsatz gilt solange, wie er nicht durch Gesetz oder Vereinbarung abgeändert wird.

Die Gesellschafter haften nicht gesamtschuldnerisch, sondern (nur) anteilig entsprechend dem Verhältnis ihrer Geschäftsanteile **(„pro-rata-Haftung")**; allerdings besteht eine Ausfallhaftung gemäß § 24 GmbHG.[905]

An die Stelle der Verlustdeckungs*innen*haftung tritt **ausnahmsweise** eine **Außenhaftung der Gesellschafter gemäß § 128 HGB analog**, und zwar in folgenden Fällen:[906] 386

- Die **Gesellschaft** ist – abgesehen vom Verlustdeckungsanspruch – **vermögenslos**;
- die Gesellschaft hat **nur einen Gläubiger**;
- die Gesellschaft hat **nur einen Gesellschafter** (Ein-Personen-Vor-GmbH);
- **Führungslosigkeit** (= die Gesellschaft verfügt über keinen handlungsfähigen Geschäftsführer und kann einen solchen auch nicht ohne weiteres bestellen), denn in diesem Falle ist es den Gläubigern nicht mehr zumutbar, die Gesellschaft zu verklagen und von vornherein aussichtslose Vollstreckungsversuche zu unternehmen;
- die Gesellschafter haben **von Anfang an nicht beabsichtigt**, die Gesellschaft ins Handelsregister eintragen zu lassen, oder **geben die zunächst bestehende Eintragungsabsicht auf**, ohne sofort die Geschäftstätigkeit einzustellen und die Vor-GmbH zu liquidieren.

903 BGH NJW 2012, 1875, Rn. 15: „durch das Gesellschaftsvermögen nicht gedeckte Verluste".

904 Bitter/Heim § 4 Rn. 56.

905 Baumbach/Hueck/Fastrich, § 11 Rn. 25; Henssler/Strohn/Schäfer, GmbHG, § 11 Rn. 32.

906 Zum Folgenden: Bitter/Heim § 4 Rn. 58; Schäfer § 33 Rn. 6.

Im zweitgenannten Fall (Aufgabe der Eintragungsabsicht) erfolgt kraft Rechtsformzwanges ein identitätswahrender Wechsel der Rechtsform (des „Rechtskleides") von der Vor-GmbH in die Personengesellschaft (GbR oder oHG).[907]

Bei einer solchen Gesellschaft handelt es sich gar nicht (mehr) um eine Vor-GmbH als notwendiges Durchgangsstadium auf dem Weg zur Eintragung der „fertigen" GmbH, sondern um eine Personengesellschaft (GbR oder oHG). Man spricht von einer **„unechten" Vor-GmbH**, auf die die **personengesellschaftsrechtliche Einstandspflicht der Gesellschafter** Anwendung findet. Auch wenn die Gesellschafter die Eintragungsabsicht erst später aufgeben, erstreckt sich ihre persönliche Haftung auf alle Verbindlichkeiten der Vor-GmbH, auch auf solche, die bereits vor der Aufgabe der Eintragungsabsicht begründet worden sind.[908]

Die Verlustdeckungshaftung setzt das **Scheitern der Eintragung** voraus. **Kommt es hingegen zur Eintragung** der GmbH, **erlischt** die Verlustdeckungshaftung und wird **durch die Vorbelastungshaftung bei der „fertigen" GmbH ersetzt**. Diese Vorbelastungshaftung ist dann ausnahmslos eine Innenhaftung, insbesondere auch dann, wenn die GmbH vermögenslos ist oder nur einen Gesellschafter oder einen Gläubiger hat.[909]

## bb) Handelndenhaftung (§ 11 Abs. 2 GmbHG)

387 Ist vor der Eintragung im Namen der Gesellschaft gehandelt worden, so besteht eine sog. Handelndenhaftung (§ 11 Abs. 2 GmbHG). Diese erfasst nur die Phase der Vor-GmbH[910] und besteht **nur gegenüber außenstehenden Dritten** (nicht auch gegenüber den Gesellschaftern).[911] Die Handelndenhaftung entsteht unter folgenden Voraussetzungen:

| **Handelndenhaftung gemäß § 11 Abs. 2 GmbHG** |
|---|
| 1. Bestehen einer **Vor-GmbH**, also wirksamer GmbH-Vertrag bei noch nicht erfolgter Eintragung in das Handelsregister |
| 2. Anspruchsgegner ist **Handelnder**, also (auch faktischer) Geschäftsführer |
| 3. rechtsgeschäftliches **Handeln im Namen der Gesellschaft** |

Die Norm wird hinsichtlich des Begriffs des Handelnden restriktiv im Sinne einer reinen Organhaftung ausgelegt.[912] **Handelnder** ist deshalb nur, wer als **Geschäftsführer** oder wie ein solcher **(faktischer Geschäftsführer)** tätig wird.[913] Nicht Handelnde sind Hilfspersonenen, derer sich der Geschäftsführer bedient, auch nicht Bevollmächtigte, die für den Geschäftsführer handeln;[914] wohl aber der Geschäftsführer, der einen Be-

907 BGH ZIP 2008, 1025, Rn. 6.
908 BGH NJW 2003, 429, Ls.
909 Bitter/Heim § 4 Rn. 60.
910 Bitter/Heim § 4 Rn. 66.
911 Lutter/Hommelhoff/Bayer § 11 Rn. 33.
912 Schäfer GesR § 33 Rn. 7.
913 BGH 1984, 2164; Lutter/Hommelhoff/Bayer § 11 Rn. 30.
914 BGH NJW 1976, 1685.

vollmächtigten für sich handeln lässt.[915] Ebenfalls nicht Handelnde sind Gesellschafter, auch wenn sie dem vom Geschäftsführer getätigten Geschäft zugestimmt haben.[916]

Erforderlich ist immer ein rechtsgeschäftliches **Handeln im Namen der Gesellschaft** **388**
(welche Gesellschaft damit genau gemeint ist, ist umstritten, s. dazu Fall 2). Für Verbindlichkeiten der Vorgesellschaft kraft Gesetzes kommt eine Haftung nach § 11 Abs. 2 GmbHG indes nicht in Betracht.[917]

Der dem § 11 Abs. 2 GmbHG ursprünglich zugrunde gelegte Gedanke einer Sanktionierung des Handelnden dafür, dass er vor Eintragung in das Handelsregister (und damit vor Entstehung der GmbH, § 11 Abs. 1 GmbHG) den Geschäftsbetrieb aufgenommen hat, kann heute nicht mehr uneingeschränkt gelten. Denn nachdem seit der Entwicklung von Vorbelastungs- bzw. Verlustdeckungshaftung die Möglichkeit des Geschäftsbeginns schon im Stadium der Vor-GmbH anerkannt ist (Aufgabe des sog. Vorbelastungsverbots), bedarf es einer solchen Sanktion nicht mehr.[918] Stattdessen lässt sich die Konsequenz einer Handelndenhaftung heute zum einen mit einer **Ausgleichsfunktion**[919] begründen. Die persönliche Haftung soll demnach kompensieren, dass bei der Vor-GmbH die Aufbringung des Haftungskapitals noch nicht registergerichtlich überprüft wurde und der Schutz der Kapitalerhaltungsvorschriften nicht eingreift. Zum anderen vermag § 11 Abs. 2 GmbHG auch im Rahmen einer **Druckfunktion** die Geschäftsführer anzuhalten, möglichst zeitnah die Eintragung zu veranlassen.[920]

Da den Gläubigern bei Geschäftsaufnahme im Stadium der Vor-GmbH regelmäßig auch Ansprüche gegen die Vorgesellschaft selbst zustehen, welche ergänzend durch die Verlustdeckungshaftung abgesichert sind, kommt der Handelndenhaftung nach § 11 Abs. 2 GmbHG nur in gewissen Fällen wirklich eigenständige Bedeutung zu. Sie kann einerseits dann relevant werden, wenn die Vor-GmbH selbst nicht haftet und somit auch keine Verlustdeckungshaftung besteht (z.B. weil der Geschäftsführer ohne Vertretungsmacht handelte).

**§ 11 Abs. 2 GmbHG verdrängt § 179 BGB in diesen Fällen als *lex specialis*.**[921] Dies hat zur Folge, dass die Haftungsbeschränkung des § 179 Abs. 2 BGB und der Haftungsausschluss des § 179 Abs. 3 BGB nicht gelten. Bei positiver Kenntnis des Geschäftsgegners ist die Haftung allerdings nach § 242 BGB ausgeschlossen, weil sich der Geschäftsgegner widersprüchlich verhält, wenn er zunächst bei Vertragsschluss erklärt, dass das Fehlen der Vertretungsmacht für ihn irrelevant ist, er aber anschließend dennoch den Handelnden in Anspruch nehmen will (Fall des *„venire contra factum proprium"*).

Ist das Handeln hingegen von der Vertretungsmacht gedeckt, bietet eine direkte Inanspruchnahme des Handelnden nach § 11 Abs. 2 GmbHG allenfalls dann Vorteile, wenn dies aus wirtschaftlichen oder praktischen Gründen (z.B. mangels Informationen über die Gründer) einfacher und schneller möglich ist.

---

915 BGH NJW 1970, 1043; Lutter/Hommelhoff/Bayer § 11 Rn. 30.
916 MünchKomm-GmbHG/Merkt § 11 Rn. 127.
917 Henssler/Strohn/Schäfer, GmbHG, § 11 Rn. 55; Lutter/Hommelhoff/Bayer § 11 Rn. 32.
918 BGH NJW 1967, 828, 829; MünchKomm-GmbHG/Merkt § 11 Rn. 116 m.w.N.
919 BGH NJW 1981, 1373, 1374.
920 Vgl. insb. zur Kritik an der Anerkennung einer Druckfunktion MünchKomm-GmbHG/Merkt § 11 Rn. 119.
921 Hier und zum Folgenden: Bitter/Heim § 4 Rn. 70.

Liegen die Voraussetzungen des § 11 Abs. 2 GmbHG vor, haften die Handelnden **unbeschränkt persönlich und solidarisch (gesamtschuldnerisch).**[922] Für den **Umfang der Haftung** gilt, dass der Gläubiger nicht schlechter, aber auch nicht besser gestellt werden soll, als wenn die Gesellschaft bei Vertragsschluss bereits eingetragen gewesen wäre.[923] Die Handelndenhaftung ist **akzessorisch** zur Haftung der Gesellschaft; sie entspricht nach Inhalt und Umfang der Verbindlichkeit der Gesellschaft.[924] Der Handelnde kann deshalb **alle Einwendungen und Einreden der Gesellschaft** geltend machen.[925]

Da die Haftung nach § 11 Abs. 2 GmbHG akzessorisch ist, können **Regressansprüche des Handelnden** gegen die Gesellschaft bestehen.[926] Der in Anspruch genommene Handelnde besitzt einen Erstattungsanspruch (§§ 675, 670 BGB) und einen Freistellungsanspruch (§ 257 BGB) gegen die Gesellschaft, wenn seine im Außenverhältnis haftungsbegründende Handlung im Innenverhältnis zur Gesellschaft nicht pflichtgemäß ist. Bestand keine Befugnis des (faktischen) Geschäftsführers zur Abgabe der haftungsbegründenden Erklärungen, können Regressansprüche nach den Grundsätzen der Geschäftsführung ohne Auftrag (§§ 677 ff. BGB) bestehen.

389 Die **Handelndenhaftung erlischt mit der Eintragung** der GmbH in das Handelsregister. Denn mit Eintragung entfallen sämtliche (verbleibenden) Schutzzwecke: Nachdem das Registergericht die Aufbringung des Haftungskapitals überprüft hat und selbiges nun unter dem Schutz der Kapitalerhaltungsvorschriften steht, bedarf es insofern keines Ausgleichs mehr; und auch die Druckfunktion erübrigt sich.[927]

Ob die Handelndenhaftung mit Eintragung auch dann erlischt, wenn die Vor-GmbH durch das Handeln des Geschäftsführers (insb. wegen fehlender Vertretungsmacht) gar nicht wirksam verpflichtet wurde, ist demgegenüber umstritten.[928]

**Fall 14: Früher Geschäftsbeginn**

A und B schließen am 15.01. einen notariellen Vertrag über die Gründung der A-GmbH und ernennen X zum Geschäftsführer. Vom Stammkapital i.H.v. 25.000 € zahlen sie je 6.250 € ein. Am 30.01. bestellt X im Namen der „A-GmbH i.G." mit Zustimmung von A und B bei G einen Kleinbagger zum Preis von 18.000 €, der am 15.02. geliefert wird. Die Eintragung der Gesellschaft verzögert sich, wird aber von A und B noch gewünscht und von X betrieben. G will gegen die A-GmbH i.G. sowie gegen X, A und B vorgehen.

390 A. Ein Zahlungsanspruch des G aus dem Kaufvertrag gemäß **§ 433 Abs. 2 BGB gegen die A-GmbH** scheidet aus, da diese mangels Eintragung „als solche" nicht besteht, § 11 Abs. 1 GmbHG.

391 B. Es kommt aber ein Anspruch des G **gegen die Vor-GmbH aus § 433 Abs. 2 BGB** in Betracht.

Die Vor-GmbH kann als solche Trägerin von Rechten und Pflichten sein. Die Gesellschaft müsste von X wirksam nach § 164 BGB **vertreten** worden sein.

922 Henssler/Strohn/Schäfer, GmbHG, § 11 Rn. 57.
923 BGH NJW 1977, 1683, 1685; Lutter/Hommelhoff/Bayer § 11 Rn. 35.
924 Henssler/Strohn/Schäfer, GmbHG, § 11 Rn. 57; MünchKomm-GmbHG/Merkt § 11 Rn. 136 f.
925 Lutter/Hommelhoff/Bayer § 11 Rn. 35.
926 Zum Folgenden: G/B/S/Link § 11 Rn. 58 m.w.N.
927 MünchKomm-GmbHG/Merkt § 11 Rn. 145.
928 Dies ablehnend Windbichler § 21 Rn. 27.

I. Eine **Einigung** zwischen G und X über den zu übereignenden Kleinbagger gegen Zahlung von 18.000 € ist erzielt worden.

II. Diese Einigung wirkt für und gegen die Vor-GmbH, wenn X **im Namen** der Vorgesellschaft gehandelt hat. Ob er dabei ausdrücklich auf die Vor-GmbH hingewiesen oder im Namen der – noch nicht entstandenen – GmbH gehandelt hat, ist gleichgültig. Bei unternehmensbezogenen Geschäften ist es typischer Sinn der unter der Angabe der Firma abgegebenen Erklärung, dass der jeweilige Inhaber des Geschäfts verpflichtet werden soll. Will der Geschäftsführer nur die künftige GmbH nach ihrer Eintragung verpflichten, muss er dies deutlich zum Ausdruck bringen. In diesem Fall ist das Geschäft aufschiebend bedingt durch die Eintragung der GmbH.[929] X hat daher zumindest konkludent auch im Namen der Vor-GmbH gehandelt.

III. X müsste auch Vertretungsmacht gehabt haben. Auch die Vor-GmbH wird durch ihren Geschäftsführer vertreten. Umstritten ist der **Umfang der Vertretungsmacht des Geschäftsführers der Vor-GmbH**. **392**

1. **Teilweise** wird angenommen, dem Geschäftsführer der Vor-GmbH stehe die **uneingeschränkte Vertretungsmacht** aus §§ 35, 37 GmbHG zu. Eine Beschränkung der Vertretungsmacht durch die Zwecke der Vor-GmbH sei nicht anzuerkennen. Überdies sei der Zweck der Vorgesellschaft nicht auf die Herbeiführung der Eintragung beschränkt, sondern mit dem Gesellschaftszweck der späteren GmbH identisch. Die Gesellschafter könnten nur die Geschäftsführungsbefugnis im Innenverhältnis beschränken. Das Risiko der Überschreitung der Geschäftsführungsbefugnis hätten die Gesellschafter (außer im Falle des Missbrauchs der Vertretungsmacht) zu tragen.[930] Nach dieser Ansicht handelte X mit Vertretungsmacht.[931]

2. Nach **h.M.** ist die Vertretungsmacht des Geschäftsführers der Vor-GmbH **grundsätzlich auf die notwendigen Gründungsgeschäfte beschränkt**. Der Zweck der Vorgesellschaft beschränke sich darauf, die Eintragung herbeizuführen. Dies sei auch für den Rechtsverkehr regelmäßig erkennbar. Eine unbeschränkte Vertretungsmacht des Geschäftsführers sei auch im Hinblick auf die unbeschränkte Haftung der Gesellschafter der Vor-GmbH insbesondere bei einer Fremdorganschaft nicht gerechtfertigt. Die Vertretungsmacht sei jedoch **mit Zustimmung aller Gesellschafter** erweiterbar.[932] Auch nach dieser Ansicht handelte X mit Vertretungsmacht, denn die Gesellschafter der A-GmbH waren mit der Bestellung des Kleinbaggers einverstanden.

   Die Vor-GmbH ist bei dem Kauf des Baggers wirksam vertreten worden. Sie ist zur Zahlung des Kaufpreises gemäß § 433 Abs. 2 BGB verpflichtet.

---

929 BGH NJW 1985, 136; Scholz/K. Schmidt § 11 Rn. 61.

930 Scholz/K. Schmidt § 11 Rn. 64; Beuthien NJW 1997, 565.

931 BGH NJW 1981, 1373.

932 Lutter JuS 1998, 1076; Lachmann NJW 1998, 2264.

393 C. Ein Anspruch des G **gegen X** könnte sich **aus § 11 Abs. 2 GmbHG** ergeben.

I. Der Anspruch richtet sich gegen den **Handelnden**. Handelnder i.S.d. § 11 Abs. 2 GmbHG ist, wer rechtsgeschäftlich als **(faktischer) Geschäftsführer** aufgetreten ist. X hat als Geschäftsführer einen Vertrag geschlossen.

II. Der Handelnde muss **„im Namen der Gesellschaft"** aufgetreten sein.

1. Jedenfalls nach der **früheren Rechtsprechung** liegt ein Handeln im Namen der Gesellschaft nur vor, wenn **im Namen der künftigen GmbH** gehandelt wird. Der Grund der Haftung aus § 11 Abs. 2 GmbHG liege darin, dass die GmbH vor ihrer Eintragung noch nicht existiere und deshalb für den Fall, dass sie nicht entstehe, dem Geschäftsgegner ein Schuldner gegeben werden müsse.[933] § 11 Abs. 2 GmbHG liegt demnach nur vor, wenn die vertretene Gesellschaft (noch) nicht existiert. In aller Regel wird jedoch nach den Grundsätzen über unternehmensbezogene Geschäfte die Vor-GmbH und damit ein existierender Rechtsträger verpflichtet. **Die Haftung der Vor-GmbH und die Haftung des Handelnden aus § 11 Abs. 2 GmbHG schlössen sich gegenseitig aus.**[934]

2. In der **Literatur** wird diese Rechtsprechung überwiegend abgelehnt. Ein Handeln „im Namen der Gesellschaft" liegt danach **auch** vor, wenn **im Namen der Vor-GmbH gehandelt** wird. Der Wortlaut des § 11 Abs. 2 GmbHG sehe eine Einengung auf ein Handeln im Namen der künftigen GmbH nicht vor. Überdies seien die Vor-GmbH und die spätere GmbH identisch. Es sei auch gerechtfertigt, dem Gläubiger neben der Vor-GmbH einen zusätzlichen Schuldner zu geben, da die Gesellschaft noch nicht endgültig auf die Einhaltung der Eintragungsvoraussetzungen hin geprüft sei.[935]

3. Mit der Rechtsprechung ist davon auszugehen, dass § 11 Abs. 2 GmbHG ein Handeln im Namen der künftigen GmbH erfordert. Der Gesetzgeber verfolgte mit der Schaffung des § 11 Abs. 2 GmbHG ursprünglich den Zweck, jegliche Geschäftstätigkeit im Gründungsstadium zu unterbinden, um Vorbelastungen der GmbH zu vermeiden. **Mit der Aufgabe des Vorbelastungsverbots ist dieser Zweck überholt**. Die auf einer überholten gesetzlichen Grundlage beruhende Vorschrift des § 11 Abs. 2 GmbHG sollte man einschränkend auslegen. Schließlich sprechen auch die heute noch bestehenden Funktionen des § 11 Abs. 2 GmbHG gegen eine Anwendung in Fällen, in denen der Handelnde im Namen der Vor-GmbH aufgetreten ist. Gläubiger, die bereits zum Zeitpunkt des Vertragsschlusses wussten, dass sie mit einer Vor-GmbH kontrahieren, haben dementsprechend auch nicht darauf vertraut, dass bereits eine registergerichtliche Kontrolle des Haftungskapitals erfolgt ist, sodass es insofern keines Ausgleichs bedarf. Die Druckfunktion für sich macht es derweil nicht erforderlich, den Gläubigern neben der Vor-GmbH mit dem Handelnden einen weiteren Schuldner zu geben.

X haftet dem G folglich nicht aus § 11 Abs. 2 GmbHG.

---

933 BGH NJW 1976, 419; BGH NJW 1980, 1630.

934 LAG Köln NZA-RR 2001, 129.

935 Drygala Jura 2003, 433, 434; Scholz/K. Schmidt § 11 Rn. 107.

D. Ein Anspruch des G **gegen die Gesellschafter A und B aus § 11 Abs. 2 GmbHG** scheidet aus, da „Handelnder" i.S.d. Norm nur derjenige ist, der als Organ rechtsgeschäftlich für die Gesellschaft auftritt, also entweder zum Geschäftsführer bestellt ist oder Angelegenheiten der Gesellschaft faktisch wie ein Gesellschafter wahrnimmt. **Allein die Zustimmung zu einem Geschäft der Vor-GmbH reicht nicht aus.**

E. Möglicherweise bestehen aber andere Ansprüche des G gegen die Gesellschafter A und B. **394**

I. Nach der **früheren Rechtsprechung** hafteten die Gesellschafter der Vor-GmbH rechtsgeschäftlich deshalb, weil sie durch den Geschäftsführer **vertreten** werden. Vom Standpunkt des redlichen Rechtsverkehrs aus stelle ein Einverständnis zum Geschäftsbeginn zugleich auch eine entsprechende Bevollmächtigung des Geschäftsführers dar. Die Haftung war jedoch auf die Höhe der jeweiligen Stammeinlage beschränkt. Dadurch, dass der Geschäftsführer im Namen der GmbH gehandelt habe, sei der Wille der Gründer deutlich zum Ausdruck gekommen, nur bis zur Höhe ihrer Einlage zu haften und die Vertretungsmacht des Geschäftsführers entsprechend zu begrenzen.[936]

II. Nach **heute h.M.** haften die Gesellschafter der Vor-GmbH **im Außenverhältnis grundsätzlich nicht**. Regelmäßig bestehe **nur eine unbeschränkte Innenhaftung** (Verlustdeckungshaftung) der Gesellschafter gegenüber der Vor-GmbH.[937]

Es handele sich dabei **grundsätzlich** nur um eine **Innenhaftung** der Gesellschaft gegenüber, da eine Außenhaftung den Gläubigern gegenüber zu deren Schutz nicht erforderlich sei, weil mit der Eintragung alle Pflichten der Vor-GmbH automatisch auf die GmbH übergingen. Es sei von einer **einheitlichen Gründerhaftung** auszugehen, die sich **aus einer Verlustdeckungs- und einer Vorbelastungshaftung zusammensetze**.

Die Vorbelastungshaftung (Unterbilanzhaftung) besteht, wenn bei Eintragung der Gesellschaft das Nettovermögen der Gesellschaft weniger als die Kapitalziffer beträgt. Die Gesellschafter sind dann entsprechend § 9 GmbHG der Gesellschaft gegenüber anteilig verpflichtet, den Differenzbetrag einzuzahlen.[938] Die Vorbelastungshaftung ist unstreitig eine Innenhaftung, die mit der Eintragung der Gesellschaft entsteht.

Eine **Außenhaftung** der Gesellschafter besteht danach nur **ausnahmsweise**. Dies soll insbesondere dann der Fall sein, wenn die Vor-GmbH **vermögenslos** ist, wenn weitere Gläubiger nicht vorhanden sind, wenn es sich um eine **Einmann-Vor-GmbH** oder wenn es sich um eine **unechte Vor-GmbH** handelt.[939] Eine unechte Vor-GmbH liegt vor, wenn die Gesellschafter einer Vor-GmbH nach Aufgabe der Eintragungsabsicht den Geschäftsbetrieb fortführen.[940]

---

936 BGH NJW 1978, 1978; BGH NJW 1983, 876.

937 BGH NJW 1997, 1507; BAG ZIP 1997, 1544; BFH ZIP 1998, 1149; Ulmer ZIP 1996, 73.

938 Scholz/K. Schmidt § 11 Rn. 124.

939 BGH NJW 2001, 2092; BGH NJW 2003, 429; BAG NJW 1997, 3331; BSG ZIP 2000, 494.

940 BGH NJW 2003, 429.

Für das Vorliegen einer der genannten Ausnahmefälle einer Außenhaftung bestehen hier keine Anhaltspunkte. Nach der Rechtsprechung des BGH besteht daher nur eine Innenhaftung und G hat keine Ansprüche gegen A und B.

III. In der **Literatur** und teilweise auch in der Rechtsprechung einiger Instanzgerichte wird eine **unbeschränkte Außenhaftung** der Gesellschafter der Vor-GmbH befürwortet.[941]

Zutreffend sei der Ausgangspunkt des BGH, wonach nach dem gesetzlichen Regelfall die Haftung unbeschränkt sei. Nach der gesetzlichen Konzeption sei aber auch regelmäßig eine Außenhaftung gegeben. Eine bloße Innenhaftung der Gesellschafter stelle eine Beschränkung der grundsätzlich gegebenen unbegrenzten persönlichen Haftung dar, für die eine gesetzliche Grundlage nicht gegeben sei. Nach dem Binnenhaftungskonzept müssten Gläubiger der Gesellschaft erst einen Titel gegen die Gesellschaft erwirken und dann in deren Forderungen gegen die Gründer vollstrecken. Einstweiliger Rechtsschutz direkt gegen die Gesellschafter sei nicht zu erlangen.

IV. **Mit der Rechtsprechung des BGH** ist von einer unbeschränkten Innenhaftung auszugehen. Eine unbeschränkte Außenhaftung ist kapitalgesellschaftsfremd. Wesentliches Merkmal der Kapitalgesellschaft ist, dass die Gesellschafter nur intern und anteilig und für die Aufbringung und Erhaltung des Stammkapitals haften. Da sich nur hierauf das Vertrauen der Gläubiger richtet, ist eine Außenhaftung auch bei einer noch nicht eingetragenen GmbH nicht erforderlich.

Somit haften die Gesellschafter A und B dem G gegenüber nicht.

**Abwandlung:**

Am 20.03. wird die A-GmbH in das Handelsregister eingetragen. Sie beantragt bald darauf die Eröffnung des Insolvenzverfahrens. Der Antrag wird mangels Masse abgelehnt, weil keine Geldbeträge oder sonst verwertbaren Gegenstände vorhanden sind.

**395** A. In Betracht kommt zunächst ein Anspruch des G gegen die GmbH

I. Aus dem **Kaufvertrag** war **zunächst die Vor-GmbH** verpflichtet (vgl. Ausgangsfall).

II. Durch die **Eintragung der Gesellschaft** in das Handelsregister ist jedoch zwischenzeitlich die GmbH als solche entstanden (§ 11 Abs. 1 GmbHG); die Vorgesellschaft und die spätere GmbH sind identisch. Mit der Eintragung in das Handelsregister wird aus der Vorgesellschaft eine GmbH, ohne dass es irgendwelcher Übertragungsakte oder einer Liquidation der Vorgesellschaft bedarf. Die Haftung für die Verbindlichkeiten der Vorgesellschaft trifft daher nach der Eintragung ohne Weiteres die GmbH.[942] G kann also seinen Anspruch gegen die GmbH geltend

941 OLG Jena NZG 1999, 461; Scholz/K. Schmidt § 11 Rn. 82.

942 BGH NJW 1985, 736, 737; Scholz/K. Schmidt § 11 Rn. 133.

machen. Er wird jedoch hiermit keinen wirtschaftlichen Erfolg haben, weil die GmbH zahlungsunfähig bzw. überschuldet ist.

B. Auch eine **Haftung des Handelnden** gemäß § 11 Abs. 2 GmbHG, soweit man sie entgegen der oben vertretenen Ansicht überhaupt für entstanden hält, **erlischt mit der Eintragung** der Gesellschaft.[943]

***Beachte:*** *Nach der Ansicht, die im Ausgangsfall eine Haftung des X aus § 11 Abs. 2 GmbHG bejaht hat, ist dieser Anspruch also mit Eintragung der GmbH erloschen.*

C. Fraglich ist, ob auch die Gesellschafter dem G gegenüber haften.

I. Durch die Eintragung der GmbH in das Handelsregister ist die **Haftungsbeschränkung nach § 13 Abs. 2 GmbHG** wirksam geworden.

1. Das bedeutet zunächst nur, dass eine **persönliche Haftung der Gesellschafter** gegenüber den Gläubigern für solche Verbindlichkeiten **ausgeschlossen** ist, die nach Eintragung der GmbH begründet worden sind. Für Schulden, die schon in der Vorgesellschaft entstanden sind, vertritt die h.M. in der Literatur die Ansicht, dass diese Haftung durch die Eintragung der Gesellschaft auflösend bedingt ist.[944]

2. Nach der oben genannten **neueren Rechtsprechung** bleibt die Pflicht gegenüber der Gesellschaft, die bei Eintragung der Gesellschaft in das Handelsregister bereits eingetretenen Verluste auszugleichen **(Verlustdeckungshaftung)**, bestehen. Die Gesellschafter müssen dafür sorgen, dass das gesamte Stammkapital vorhanden ist. Sie haften also auch für Verluste, die über die Stammkapitalziffer hinausgehen. Aus der Verlustdeckungshaftung wird **nach der Eintragung der Gesellschaft** eine **Vorbelastungs- bzw. Unterbilanzhaftung**.

   Allerdings ist zu beachten, dass die bei der Verlustdeckungshaftung vom BGH anerkannte ausnahmsweise Durchbrechung des Innenhaftungsprinzips nicht auf die **Unterbilanzhaftung** übertragen werden kann. **Nach Eintragung der GmbH** bleibt es also **ausnahmslos** bei der **Innenhaftung**, unabhängig davon, ob die GmbH vermögenslos ist oder diese nur einen Gesellschafter hat.[945] Denn mit der Eintragung der GmbH entsteht ein vom Gesellschafter zu trennender Vermögensträger. Das gerade in der Insolvenz der Gesellschaft wirksam werdende Trennungsprinzip (§ 13 Abs. 2 GmbHG) darf aber nicht dadurch durchbrochen werden, dass dem Gesellschaftsgläubiger der unmittelbare Zugriff auf den Gesellschafter gestattet wird. Ebenso wenig rechtfertigt die Tatsache, dass die GmbH nur einen Gesellschafter besitzt, dessen unmittelbare Inanspruchnahme. Denn für die eingetragene GmbH gilt nach § 1 GmbHG das sonst für die GmbH geltende Haftungsregime auch dann, wenn nur ein Gesellschafter vorhanden ist.[946]

---

943 Scholz/K. Schmidt § 11 Rn. 118.

944 Scholz/K. Schmidt § 11 Rn. 88.

945 BGH NZG 2006, 64, Rn. 6.

946 BGH NZG 2006, 64, Rn. 6.

Weil es sich bei der Unterbilanzhaftung nur um eine Innenhaftung handelt, kann G nicht unmittelbar gegen A und B vorgehen.

II. Da dem G jedoch ein Anspruch aus **§ 433 Abs. 2 BGB gegen die GmbH** selbst zusteht, kann er nach einem obsiegenden Urteil **Ansprüche der GmbH gegen ihre Gesellschafter pfänden und an sich überweisen lassen (§§ 829, 835 ZPO)**.

1. A und B schulden der Gesellschaft **aus ihrer Einlageverpflichtung noch je 6.250 €**, weil sie bisher nur die Hälfte ihrer Stammeinlage eingezahlt haben. Sollte sich einer der beiden als zahlungsunfähig erweisen, so kann der Anspruch gegen den anderen geltend gemacht werden, § 24 GmbHG.

2. Ein **weitergehender Anspruch** der Gesellschaft, den G pfänden kann, könnte sich daraus ergeben, dass die **Vorgesellschaft bereits vor ihrer Eintragung Verpflichtungen eingegangen** ist, für die nunmehr die GmbH haftet. Für den Fall, dass im Zeitpunkt der Eintragung der Gesellschaft das eingezahlte Kapital schon ganz oder teilweise verbraucht ist, findet der Gedanke des § 9 GmbHG entsprechende Anwendung, nämlich das Prinzip der **Differenzhaftung**. Die Gesellschafter einer GmbH schulden in solchen Fällen gegenüber der Gesellschaft den Betrag, der notwendig ist, um **der GmbH den vollen Haftungsfonds für den Zeitpunkt der Eintragung zur Verfügung zu stellen**. Soweit daher der Betrag von 6.250 €, den A und B jeweils eingezahlt hatten, bei der Eintragung in das Handelsregister schon nicht mehr zu Verfügung stand und auch nicht durch andere Vermögenswerte ersetzt worden ist, sind A und B verpflichtet, den Differenzbetrag an die Gesellschaft zu zahlen. Notfalls kommt auch hier die Ausfallhaftung des § 24 GmbHG zum Zuge, sodass bei Zahlungsunfähigkeit eines Gesellschafters der andere die ganze Differenz tragen muss.

   Die GmbH ist mangels Masse zahlungsunfähig. A und B schulden ihr je 6.250 € Einlagen. Diese Ansprüche auf insgesamt 12.500 € kann G pfänden und an sich überweisen lassen. Da die gezahlten Einlagen in Höhe von je 6.250 € bei Eintragung verbraucht waren, müssen A und B auch für die Differenz von 5.500 € (bis zur Höhe der Forderung des G von insgesamt 18.000 €) einstehen, und zwar wegen § 19 Abs. 1 GmbHG jeder in Höhe von 2.750 €. Auch diese kann G gemäß §§ 829, 835 ZPO pfänden und an sich überweisen lassen.

   Insgesamt hat G also die Möglichkeit, Ansprüche der Gesellschaft i.H.v. 18.000 € an sich zu ziehen (je i.H.v. 9000 € gegen A und B).

Aus den vorstehenden Ausführungen ergibt sich damit in Bezug auf die Haftungsverhältnisse im Gründungsstadium der GmbH folgende Übersicht: 396

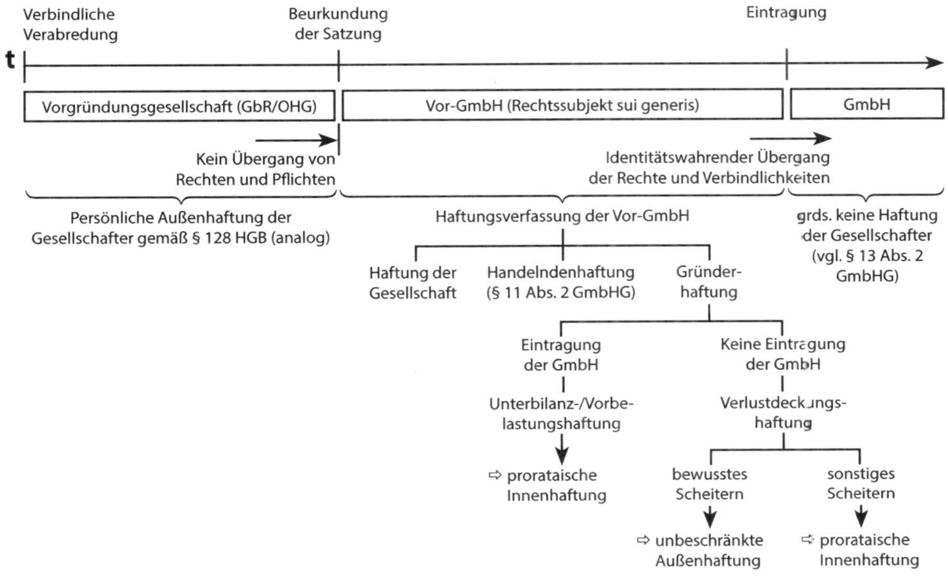


## III. Vorratsgründung, Mantelverwendung

Von dem **Mantel einer GmbH** spricht man, wenn diese über ihre bloße Existenz hinaus keinen weitergehenden Zweck verfolgt und sich ihre Tätigkeit allein auf die Verwaltung des eigenen Vermögens beschränkt. Zu einer solchen Konstellation kann es zum einen dadurch kommen, dass die GmbH von vornherein auf Vorrat gegründet wurde, um erst zu einem späteren Zeitpunkt ein (ggf. noch ungewisses) Unternehmen aufzunehmen („Vorratsgesellschaft"), zum anderen dadurch, dass die Gesellschaft ihren bisherigen Geschäftsbetrieb einstellt und die dann zumeist vermögenslose Gesellschaft als „leere Hülse" bestehen bleibt.[947] 397

Kommt es zur Verwendung der „leeren Hülse", spricht man von einer **„Mantelverwendung"**. Die Verwendung des Mantels kann zum einen dadurch geschehen, dass die Gesellschafter die inaktive GmbH durch Aufbau eines neuen oder durch die Einbringung eines vorhandenen Unternehmens nutzbar machen, zum anderen dadurch, dass die Gesellschafter ihre Geschäftsanteile an Erwerber veräußern (sog. „Mantelkauf").

Unter einer **Vorratsgründung** versteht man die Gründung einer Gesellschaft ohne konkrete Absicht der Gründer, in absehbarer Zeit mit der GmbH am Geschäftsverkehr teilzunehmen.[948]

947 MünchKomm-GmbHG/Wicke § 3 Rn. 24.

948 Vgl. hierzu Scholz/Emmerich § 3 Rn. 21.

Da es sich bei der späteren Aktivierung einer auf Vorrat gegründeten GmbH für eine wirtschaftliche Tätigkeit (Mantelverwendung) um eine wirtschaftliche Neugründung handelt, führt dies nach ständiger Rechtsprechung des BGH[949] zur analogen **Anwendung der Gründungsvorschriften des GmbHG** einschließlich der registergerichtlichen Kontrolle.[950] Hierbei macht es keinen Unterschied, ob eine bewusst für eine spätere Verwendung „auf Vorrat" gegründete Gesellschaft mit einem Unternehmen ausgestattet wird und erstmals ihren Geschäftsbetrieb aufnimmt, oder ob der „alte Mantel" einer im Rahmen ihres früheren Unternehmensgegenstandes tätig gewesenen, dann aber unternehmenslos gewordenen GmbH wiederverwendet wird.[951] Analog § 78 GmbHG[952] haben sämtliche Geschäftsführer der GmbH die Tatsache der wirtschaftlichen Neugründung gegenüber dem Registergericht offenzulegen und die am satzungsmäßigen Stammkapital auszurichtende Versicherung gemäß § 8 Abs. 2 GmbHG abzugeben.[953] Danach ist zu versichern, dass die in § 7 Abs. 2 und 3 GmbHG bezeichneten Leistungen auf die Geschäftsanteile bewirkt sind und dass der Gegenstand der Leistungen sich – weiterhin oder jedenfalls wieder – endgültig in der freien Verfügung der Geschäftsführer befindet.[954]

Unterbleibt die Offenlegung haften die Gesellschafter entsprechend den Grundsätzen zur **Unterbilanzhaftung**.[955]

## B. Entstehung durch Umwandlung

**398** Eine GmbH kann nicht nur durch Neugründung, sondern als verschmelzungsfähiger Rechtsträger (§ 3 Abs. 1 Nr. 2 UmwG) auch durch Umwandlung nach dem UmwG entstehen. Zu denken ist insbesondere an den **Formwechsel** (§§ 190 ff. UmwG) einer anderen Gesellschaftsform in die Rechtsform einer GmbH.

Ebenfalls praktisch relevant ist die **Spaltung zur Neugründung** einer GmbH (§§ 123 ff., 135 ff. UmwG) und die **Ausgliederung** des von einem Einzelkaufmann betriebenen Unternehmens, dessen Firma im Handelsregister eingetragen ist, zur Neugründung einer GmbH (§§ 152, 158 ff. UmwG).

---

949 BGH NZG 2012, 539, Rn. 9.

950 Windbichler § 21, Rn. 11.

951 BGH NZG 2012, 539, Rn. 9.

952 Bärwaldt/Balda GmbHR 2004, 50, 52; Heidinger ZGR 2005, 101, 108; MünchKomm-GmbHG/Wicke § 3 Rn. 38.

953 BGH NZG 2012, 539, Rn. 13.

954 BGH RÜ 2011, 701, Rn. 9.

955 S. dazu Rn. 382 f.

## 3. Abschnitt: Die Organisation der GmbH

In organisatorischer Hinsicht ist zwischen der **Gesellschafterebene** und der **Ebene der Gesellschaft** zu differenzieren. Auf der Ebene der Gesellschaft sind deren Organe angesiedelt: Die Gesellschafterversammlung und die Geschäftsführer. Daneben kann die GmbH einen Aufsichtsrat haben (§ 52 GmbHG), der jedoch im Gegensatz zur AG grundsätzlich kein obligatorischer, sondern ein fakultativer ist. **399**

Zwingend ist die Bildung eines Aufsichtsrats bei der GmbH nur bei

- i.d.R. mehr als 500 Arbeitnehmern nach dem DrittelbG,
- i.d.R. mehr als 1.000 Arbeitnehmern und Tätigkeit im Montanbereich (MontanMitbestG) und
- i.d.R. mehr als 2.000 Arbeitnehmern nach dem MitbestG sowie
- bei sog. Kapitalverwaltungs-GmbH (§ 18 Abs. 2 S. 1 KAGB).[956]

Die Organisation der GmbH:[957]

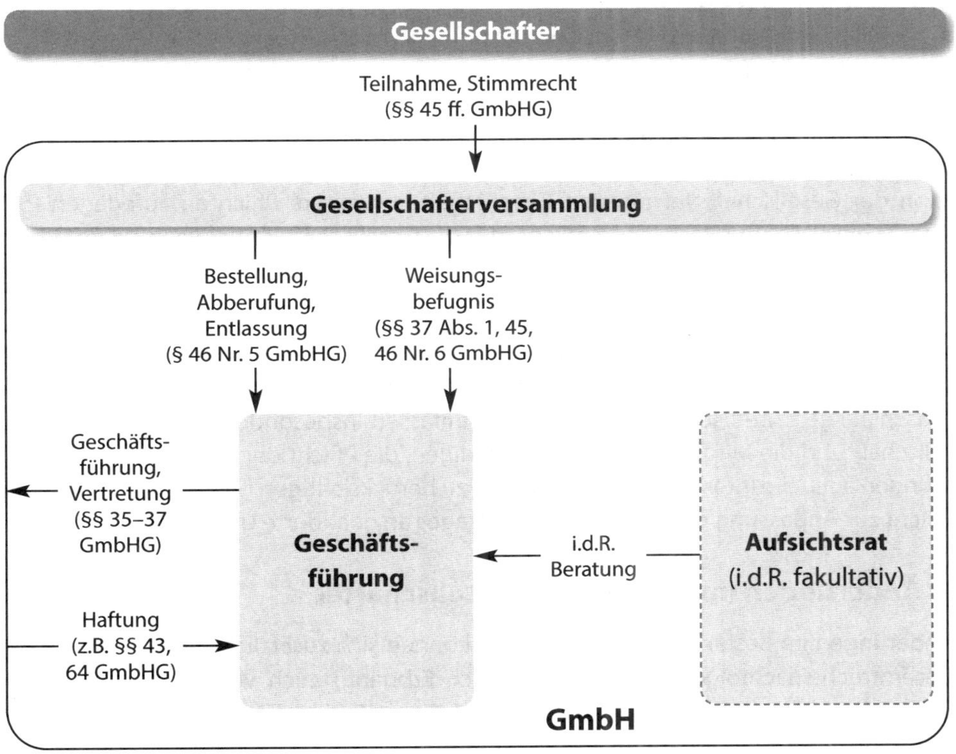


956 Vgl. Lutter/Hommelhoff/Hommelhoff § 52 Rn. 1.

957 Vgl. Bitter/Heim § 4 Rn. 81.

## A. Gesellschafter

400 Die Gesellschafter sind die **„Eigentümer" der GmbH** und daher mit den Vereinsmitgliedern und den Aktionären vergleichbar.[958] Sie halten eine Mitgliedschaft in der GmbH, die als subjektives Recht Rechte und Pflichten zusammenfasst. Ausdruck der Mitgliedschaft ist der von jedem Gesellschafter gehaltene Geschäftsanteil.

### I. Rechte und Pflichten der Gesellschafter

401 Die **Rechte der Gesellschafter** lassen sich in Verwaltungs- und Vermögensrechte unterteilen:[959]

| Verwaltungsrechte | Vermögensrechte |
| --- | --- |
| ■ Teilnahme an der Gesellschafterversammlung und Stimmrecht (§§ 45 ff. GmbHG) | ■ Teilhabe am Jahresüberschuss (§ 29 GmbHG) |
| ■ Auskunfts- und Einsichtsrecht (§ 51a GmbHG) | ■ Bezugsrecht bei Kapitalerhöhung (§ 186 AktG analog) |
| ■ Anfechtungsrecht (§ 245 AktG analog) | ■ Teilnahme am Liquidationserlös (§ 72 GmbHG) |

402 Zu den **Pflichten der Gesellschafter** zählt insbesondere die Pflicht zur Erbringung der auf den Geschäftsanteil versprochenen Stammeinlage (§ 14 S. 1 GmbHG).[960] Daneben kann der Gesellschaftsvertrag den Gesellschaftern weitere Pflichten auferlegen (§ 3 Abs. 2 GmbHG). Eine Nachschusspflicht trifft die Gesellschafter nur, wenn sie im Gesellschaftsvertrag vereinbart ist (§ 26 GmbHG); nachträglich kann sie nur mit Zustimmung aller Gesellschafter begründet werden (vgl. § 53 Abs. 3 GmbHG).

Daneben bestehen **Treuepflichten** der Gesellschafter. Diese sind bei der GmbH tendenziell stärker ausgeprägt als bei der AG, weil die GmbH in der Regel stärker personalistisch ausgestaltet ist. Die Treuepflichten umfassen insbesondere ein Verbot, die Gesellschaft und die Mitgesellschafter zu schädigen, die Pflicht der Mehrheit, bei Abstimmungen auch die Interessen der Minderheit zu berücksichtigen und vereinzelt auch die Pflicht zur Anpassung des Gesellschaftsvertrages an geänderte Umstände.

### II. Änderungen im Bestand der Gesellschafter

403 Änderungen im Bestand der Gesellschafter können sich zusätzlich zur Möglichkeit der Gesamtrechtsnachfolge (insbesondere durch Erbgang) auch verschiedentlich durch Rechtsgeschäft vollziehen. Nach § 15 Abs. 1 GmbHG sind Geschäftsanteile an einer GmbH grundsätzlich veräußerlich und vererblich.

958 Hier und zum Folgenden: Bitter/Heim § 4 Rn. 82.
959 Zum Folgenden: Bitter/Heim § 4 Rn. 83 ff.
960 Hier und zum Folgenden: Bitter/Heim § 4 Rn. 88; Windbichler § 22 Rn. 29 ff.

## 1. Abtretung des Geschäftsanteils

Ein rechtsgeschäftlicher Gesellschafterwechsel vollzieht sich durch Abtretung **(§§ 413, 398 BGB)** des Geschäftsanteils.[961] Unter den Voraussetzungen des **§ 33 GmbHG** kann auch die **GmbH selbst** Erwerber sein (sog. Erwerb eigener Anteile, s. dazu Rn. 453 ff.). **404**

Zur Abtretung des Geschäftsanteils durch Gesellschafter bedarf es eines **in notarieller Form geschlossenen** (Verfügungs-)**Vertrages** (§ 15 Abs. 3 GmbHG). Auch eine Vereinbarung, durch welche die **Verpflichtung** eines Gesellschafters zur Abtretung eines Geschäftsanteils begründet wird, bedarf der **notariellen Form** (§ 15 Abs. 4 S. 1 GmbHG); ein ohne diese Form getroffenes Verpflichtungsgeschäft wird jedoch durch eine formgerechte Abtretung (§ 15 Abs. 3 GmbHG) des Geschäftsanteils (= Verfügungsgeschäft) geheilt (§ 15 Abs. 4 S. 2 GmbHG). Der Erwerber gilt im Verhältnis zur Gesellschaft erst dann als Inhaber des Geschäftsanteils, wenn er in die aus Anlass der Abtretung neu erstellte **Gesellschafterliste** (§ 40 GmbHG) eingetragen und diese in das **Handelsregister** aufgenommen ist (§ 16 Abs. 1 S. 1 GmbHG).

Unter den Voraussetzungen des § 16 Abs. 3 GmbHG kommt ein **gutgläubiger Erwerb** eines Geschäftsanteils vom Nichtberechtigten in Betracht. Dabei ist der **Rechtscheinsträger** die im Handelsregister aufgenommene **Gesellschafterliste** (§§ 8 Abs. 1 Nr. 3, 40 GmbHG). **405**

**Voraussetzungen des gutgläubigen Erwerbs gemäß § 16 Abs. 3 GmbHG**

1. Der Veräußerer ist zwar nicht Inhaber des Geschäftsanteils, als solcher aber in der im Handelsregister aufgenommenen Gesellschafterliste eingetragen (Satz 1).
2. Die Gesellschafterliste muss mindestens seit drei Jahren unrichtig sein; ist dies (noch) nicht der Fall genügt es, wenn die Unrichtigkeit dem wahren Berechtigten zurechenbar ist (Satz 2).
3. Der Erwerber darf nicht bösgläubig sein; dies ist der Fall, wenn er die mangelnde Berechtigung kennt oder infolge grober Fahrlässigkeit nicht kennt (Satz 3).
4. Der Liste darf im Handelsregister kein Widerspruch zugeordnet sein (Sätze 3 und 4).

## 2. Einziehung des Geschäftsanteils (Amortisation)

Unter Einziehung – schon nach dem Wortlaut des § 34 Abs. 1 GmbHG auch Amortisation genannt – ist die **Vernichtung eines Geschäftsanteils** mit allen Rechten und Pflichten ohne gleichzeitige Veränderung des Stammkapitals zu verstehen.[962] **406**

961 Hier und zum Folgenden: Bitter/Heim § 4 Rn. 91 f.

962 BGH NJW 1977, 2316.

Die Einziehung des Geschäftsanteils einer GmbH hat folgende Voraussetzungen:[963]

**I. Allgemeine Voraussetzungen:**

1. Ein Geschäftsanteil kann eingezogen werden, **soweit** dies **im Gesellschaftsvertrag zugelassen** ist (§ 34 Abs. 1 GmbHG).
2. Gesellschafterbeschluss
3. Mitteilung des Beschlusses an den betroffenen Gesellschafter
4. Geschäftsanteil ist vollständig eingezahlt (ungeschriebene Wirksamkeitsvoraussetzung)
5. Abfindung kann aus dem freien, nicht nach §§ 30, 64 S. 3 GmbHG gebundenen Vermögen[964] der GmbH gezahlt werden, § 34 Abs. 3 GmbHG

**II. Besondere Voraussetzungen:**

1. **Zustimmung** des betroffenen Gesellschafters **oder**
2. Vorliegen eines im Gesellschaftervertrag festgesetzten Einziehungsgrundes (§ 34 Abs. 2 GmbHG) **(Zwangseinziehung)**

407 Relevant ist in der Praxis insbesondere die **Zwangseinziehung**. Ohne Zustimmung des Anteilsberechtigten darf die Einziehung nur erfolgen, wenn die Voraussetzungen der Einziehung vor dem Zeitpunkt, in welchem der Berechtigte den Geschäftsanteil erworben hat, im Gesellschaftsvertrag festgesetzt waren (§ 34 Abs. 2 GmbHG).[965] Der Gesellschafter soll nämlich das Risiko der Zwangseinziehung kennen und freiwillig übernehmen. Regelmäßig ist in der Satzung geregelt, dass die Einziehung von Geschäftsanteilen gegen den Willen des betroffenen Gesellschafters erfolgen kann, wenn ein wichtiger Grund in der Person des Gesellschafters vorliegt. Wird die Einziehung im Gesellschaftsvertrag „aus wichtigem Grund" zugelassen, kommen alle Einziehungsgründe von der Art und dem Gewicht wie in § 723 Abs. 1 S. 2 BGB, § 737 BGB, §§ 133, 140 HGB in Betracht.[966]

Durch die Einziehung **geht der Geschäftsanteil** des betroffenen Gesellschafters **unter**.[967] Dies führt dazu, dass die Summe der Nennbeträge der verbliebenen Geschäftsanteile nicht mehr dem Stammkapital entspricht. Die Summe der Geschäftsanteile nach ihren Nennwerten muss dem Stammkapital zwar bei der Gründung entsprechen (§ 5 Abs. 3 S. 2 GmbHG), kann danach aber niedriger (nicht höher) als dieses sein.[968] Deshalb ist die Einziehung wegen des Auseinanderweichens nicht unwirksam.

408 Der betroffene Gesellschafter hat dann einen Anspruch auf eine vollwertige **Abfindung** in Höhe des wahren Verkehrswertes des eingezogenen Anteils, soweit im Gesellschaftsvertrag nicht wirksam etwas Anderes (insbesondere eine andere Berechnung) vereinbart ist. Im Gläubigerinteresse darf eine Abfindung nicht aus dem zur Erhaltung des

963 MünchKomm-GmbHG/Strohn § 34 Rn. 7 ff.; BGH RÜ 2019, 773.
964 Bitter/Heim § 4 Rn. 95.
965 Vgl. auch BGH RÜ 2014, 23, Rn. 13.
966 MünchKomm-GmbHG/Strohn § 34 Rn. 47.
967 Hier und zum Folgenden: Bitter/Heim § 4 Rn. 95.
968 Baumbach/Hueck/Fastrich § 34 Rn. 17a; Windbichler § 22 Rn. 25.

Stammkapitals erforderlichen Vermögens gezahlt werden (§ 34 Abs. 3 i.V.m. § 30 Abs. 1 GmbHG). Steht fest, dass die Abfindung durch die einziehende Gesellschaft nur unter Beeinträchtigung ihres Stammkapitals gezahlt werden kann, ist der Einziehungsbeschluss analog § 241 Nr. 3 AktG nichtig.[969] Steht dies im Zeitpunkt der Beschlussfassung hingegen nicht sicher fest, ist die Einziehung unabhängig von der Abfindungszahlung wirksam; da der eingezogene Anteil wirtschaftlich betrachtet den verbliebenen Gesellschaftern zuwächst – ihre Anteile werden proportional aufgewertet –, haften diese dem Ausgeschiedenen für die Abfindung, wenn eine spätere Zahlung der Abfindung durch die Gesellschaft an § 30 GmbHG scheitert und sie nicht für die Zulässigkeit der Zahlung sorgen.[970]

## 3. Ausschluss von Gesellschaftern

Auch wenn der Gesellschaftsvertrag keine Einziehungsklausel vorsieht und eine Amortisation deshalb im Hinblick auf § 34 Abs. 1 GmbHG ausgeschlossen ist, besteht die Möglichkeit des Ausschlusses eines Gesellschafters **aus wichtigem Grund**. **409**

Dies ist im Gesetz als Grundsatz nicht ausdrücklich geregelt, es ist lediglich eine Kaduzierung bei Säumnis der Einlageleistung gemäß § 21 Abs. 2 S. 1 GmbHG sowie bei Säumnis der Leistung im Falle der Nachschusspflicht gemäß § 28 Abs. 1 GmbHG vorgesehen.[971] Dies gilt selbst dann, wenn der Gesellschaftsvertrag keine Regelung über Ausschlussmöglichkeiten von Gesellschaftern enthält.[972] Die anderen Gesellschafter müssen sich und die Gesellschaft nämlich schützen können, wenn ein Gesellschafter untragbar geworden ist.[973]

Für einen Ausschluss aus wichtigem Grund ist weder eine Pflichtverletzung noch ein Verschulden auf Seiten des betreffenden Gesellschafters erforderlich, vielmehr muss eine gedeihliche Fortführung des Unternehmens mit diesem Gesellschafter nach Maßgabe einer unter Einbeziehung aller relevanter Umstände vorzunehmenden Gesamtbewertung ausgeschlossen sein.[974] Daher liegt ein **wichtiger Grund** vor, wenn die Person oder das Verhalten des auszuschließenden Gesellschafters die **Erreichung des Gesellschaftszwecks erheblich gefährden oder unmöglich machen** und deswegen sein **Verbleib in der Gesellschaft untragbar** erscheint.[975]

Zu beachten ist jedoch, dass der Ausschluss aus wichtigem Grund **als letztes reguläres Mittel** (*ultima ratio*) nur dann zulässig ist, wenn der den wichtigen Grund bildende Anlass nicht auf andere Weise beseitigt werden kann.[976]

Der Ausschluss des Gesellschafters beruht angelehnt an § 140 HGB auf einem zweistufigen Verfahren. Er setzt einen entsprechenden **Gesellschafterbeschluss und** – sofern **410**

---

969 BGH NZG 2012, 259, Rn. 7.

970 BGH NZG 2012, 259, Ls. 2 und Rn. 21 ff.; Bitter/Heim § 4 Rn. 97.

971 Hoffmann/Rüppell BB 2016, 1026, 1027; MünchKomm-GmbHG/Strohn § 34 Rn. 103.

972 Hierzu grundlegend: BGH NJW 1953, 780.

973 In BGH NJW 1953, 780 ist vom „Störenfried" die Rede.

974 BGH NJW 1953, 780, 781; Stefanink/Punte GWR 2018, 403, 404.

975 BGH NJW 1953, 780, 781; K. Schmidt, GesR, § 35 IV 2b.

976 BGHZ 16, 317, 322; K. Schmidt, GesR, § 35 IV 2b; Lutter/Hommelhoff/Kleindiek, § 34 Rn. 111.

in der Satzung nichts Gegenteiliges geregelt ist – eine **Ausschlussklage** mit entsprechendem **Gestaltungsurteil** voraus.[977] Der Beschluss der Gesellschafterversammlung muss in Anlehnung an § 60 Abs. 1 Nr. 2 GmbHG mit einer Mehrheit von ¾ der abgegebenen Stimmen gefasst werden, wobei der ausgeschlossene Gesellschafter analog § 47 Abs. 4 GmbHG[978] kein Stimmrecht hat.[979] Die Ausschlussklage, deren Erhebung ebenfalls mit einer Mehrheit von ¾ der abgegebenen Stimmen durch die Gesellschafterversammlung zu beschließen ist,[980] wird durch die GmbH, vertreten durch ihren Geschäftsführer, erhoben.[981]

**411** Zum **Vollzug** des Ausschlusses bedarf es der Verwertung des Geschäftsanteils des Betroffenen durch Einziehung des Anteils oder durch Abtretung an einen oder mehrere Gesellschafter, Dritte oder die Gesellschaft selbst.[982] Insoweit besteht ein Wahlrecht der Gesellschaft, das durch – mit einfacher Mehrheit zu treffenden – Gesellschafterbeschluss ausgeübt wird.[983] In den Fällen der Einziehung und der Abtretung des Anteils an die Gesellschaft ist Wirksamkeitsvoraussetzung des betreffenden Beschlusses, dass die Abfindung aus dem freien, die Stammkapitalziffer nicht beeinträchtigenden Vermögen der Gesellschaft gezahlt werden kann (§ 34 Abs. 3 i.V.m. § 30 Abs. 1 GmbHG); ist dies nicht der Fall, ist der betreffende Gesellschafterbeschluss analog § 241 Nr. 3 AktG nichtig.[984]

**412** Auch in Ausschlussfällen hat der betroffene Gesellschafter – ebenso wie bei der Einziehung – einen Anspruch auf **Abfindung**. Die im Ausschließungsurteil zu regelnde Abfindung bemisst sich – vorbehaltlich einer abweichenden wirksamen Regelung im Gesellschaftsvertrag – nach dem Verkehrswert des Anteils.[985]

Ein vollständiger Abfindungsausschluss im Gesellschaftsvertrag ist jedoch grundsätzlich sittenwidrig und unwirksam.[986]

Zwar mag es auf den ersten Blick ungerecht erscheinen, dass der betroffene Gesellschafter unbeschadet der Schwere der Vorwürfe gegen ihn einen Anspruch auf eine Abfindung hat; Grundgedanke des Ausschlusses ist aber nicht dessen Bestrafung, sondern allein die Wiederherstellung der gedeihlichen Zusammenarbeit im Gesellschafterkreis.[987]

## 4. Austritt von Gesellschaftern

**413** Ein Gesellschafter kann nicht nur aus wichtigem Grund aus der Gesellschaft ausgeschlossen werden, sondern auch seinerseits – **auch ohne Satzungsgrundlage** – aus wichtigem Grund aus der Gesellschaft austreten.[988]

---

977 Lutter/Hommelhoff/Lutter/Kleindiek § 34 Rn. 120 ff.
978 Hoffmann/Rüppell, BB 2016, 1026, 1028.
979 BGH NJW 2003, 2314, 2315.
980 Hoffmann/Rüppell, BB 2016, 1026, 1028.
981 Lutter/Hommelhoff/Lutter/Kleindiek § 34 Rn. 124.
982 Lutter/Hommelhoff/Lutter/Kleindiek § 34 Rn. 137.
983 BGH NJW 1953, 780, 782; MünchKomm-GmbHG/Strohn § 34 Rn. 118.
984 BGH NZG 2012, 259, Rn. 7.
985 Bitter/Heim § 4 Rn. 101.
986 BGH RÜ 2014, 698.
987 Hoffmann/Rüppell BB 2016, 1026, 1029.
988 BGH NZG 2014, 541, Ls. 1.

Dieses Austrittsrecht kann durch die Satzung weder ausgeschlossen noch eingeschränkt, sondern nur erweitert und im Hinblick auf seine Durchführung geordnet werden. [989]

Ein solcher Austritt setzt voraus, dass dem Gesellschafter der weitere **Verbleib in der Gesellschaft unzumutbar** ist.[990] Als **letztes reguläres Mittel** (*ultima ratio*) ist der Austritt gegenüber anderen, weniger einschneidenden Problemlösungen (z.B. Anteilsveräußerung) subsidiär. Der Austritt ist ein Notrecht, das nur dann ausgeübt werden kann, wenn weder eine Fortsetzung der Mitgliedschaft noch eine andere Form der Beendigung derselben zumutbar und möglich sind.

Ein **ordentliches Kündigungsrecht** analog § 723 BGB **gibt es bei der GmbH nicht**. Es kann aber durch die Satzung geschaffen werden. Allerdings können die anderen Gesellschafter eine in der Satzung nicht vorgesehene Kündigung auch so - von sich aus - akzeptieren.[991]

Der Austritt erfolgt durch eine einseitige empfangsbedürftige **Willenserklärung** des Austretenden **gegenüber der GmbH**.[992] Diese Erklärung ist nicht formbedürftig.[993] Einer Klage bedarf es nicht.

Zum **Vollzug** des Austritts bedarf es – wie beim Ausschluss – der Verwertung des Geschäftsanteils des Austretenden, indem die GmbH – nach ihrer Wahl – den Anteil einzieht oder die Abtretung an einen Gesellschafter, einen Dritten oder an sich selbst verlangt.[994] Nicht voll eingezahlte Geschäftsanteile darf die GmbH auch hier nicht erwerben oder einziehen.

Der Austretende hat einen Anspruch auf **Abfindung**, der sich – vorbehaltlich wirksamer abweichender Satzungsregelungen – gegen die GmbH richtet und nach dem Verkehrswert bemisst.[995]

## B. Gesellschafterversammlung

Die Gesellschafterversammlung ist das **oberste Willensbildungsorgan** der GmbH. Sie besteht aus der Gesamtheit der Gesellschafter und kann nicht durch ein anderes, insbesondere durch kein externes Gremium ersetzt werden. **414**

## I. Aufgaben der Gesellschafter

Bestimmte Beschlussgegenstände (sog. **Grundlagenentscheidungen**) sind der Gesellschafterversammlung zwingend zugewiesen. Dazu gehören **415**

- die Einforderung von Nachschüssen (§ 26 Abs. 1 GmbHG),
- Satzungsänderungen (§ 53 Abs. 1 GmbHG),
- die Auflösung der Gesellschaft (§ 60 Abs. 1 Nr. 2 GmbHG) und
- Umwandlungsmaßnahmen nach dem UmwG.

989 Lutter/Hommelhoff/Kleindiek § 34 Rn. 144.
990 Hier und zum Folgenden: Bitter/Heim § 4 Rn. 102.
991 Lutter/Hommelhoff/Lutter/Kleindiek § 34 Rn. 144.
992 Hier und zum Folgenden: Bitter/Heim § 4 Rn. 102.
993 Lutter/Hommelhoff/Lutter/Kleindiek § 34 Rn. 151.
994 Hier und zum Folgenden: Lutter/Hommelhoff/Kleindiek § 34 Rn. 152.
995 Lutter/Hommelhoff/Kleindiek § 34 Rn. 154.

Welche sonstigen Gegenstände der Gesellschafterversammlung zugewiesen sind, bestimmt sich vorrangig nach dem Gesellschaftsvertrag (§ 45 Abs. 1 GmbHG) und im Übrigen nach der dispositiven Vorschrift des § 46 GmbHG (§ 45 Abs. 2 GmbHG). Die Aufzählung in § 46 GmbHG ist nicht abschließend; die **Zuständigkeit** der Gesellschafterversammlung ist vielmehr grundsätzlich **allumfassend.**[996] Dies ergibt sich aus § 37 Abs. 1 GmbHG, der ein Weisungsrecht der Gesellschafter gegenüber der Geschäftsführung statuiert.

## II. Beschlussfassung durch die Gesellschafter

**416** Die **Willensbildung** in der Gesellschafterversammlung erfolgt durch Beschluss (§ 48 Abs. 1 GmbHG), also durch mehrseitiges Rechtsgeschäft.[997] **Beschlussfähig** ist die Versammlung bereits dann, wenn nur ein einziger Gesellschafter anwesend ist. Für eine wirksame Beschlussfassung genügt grundsätzlich eine einfache Kapitalmehrheit der abgegebenen Stimmen (§ 47 Abs. 1 und 2 GmbHG). Der Beschluss kann **formlos** gefasst werden, sofern das Gesetz keine Form vorschreibt (§§ 48 Abs. 3, 53 Abs. 2 S. 1 GmbHG). In der Stimmabgabe ist der Gesellschafter **grundsätzlich frei**; nur ausnahmsweise kann sich aus der Treuepflicht ergeben, in einer bestimmten Weise abstimmen zu müssen.

Das Stimmrecht eines Gesellschafters kann im Einzelfall ausgeschlossen sein, wenn eine Beschlussfassung aufgrund ihres Gegenstandes auch seine persönlichen Interessen berührt.[998] Ein **Stimmverbot** besteht jedoch erst dann, wenn aufgrund des konkreten Interessenkonflikts im Hinblick auf den in Frage stehenden Abstimmungsgegenstand *typischerweise* damit zu rechnen ist, dass der Gesellschafter bei der Stimmabgabe die Gesellschaftsinteressen hintanstellen wird und sich stattdessen von seinen persönlichen Interessen leiten lässt.[999] Dabei gibt es zwei Grundtatbestände: Zum einen, wenn die Beschlussfassung eine Maßnahme betrifft, bei der der Gesellschafter (auch) als „andere Seite" beteiligt ist (**Verbot des Insichgeschäfts**, vgl. § 181 BGB). Zum anderen gibt der Gesellschafter seinen persönlichen Interessen typischerweise den Vorrang, wenn er in eigener Sache richtet **(Verbot „Richter in eigener Sache" zu sein)**.

## III. Fehlerhafte Beschlüsse

**417** Das GmbHG enthält keine Regelung über fehlerhafte Gesellschafterbeschlüsse. Daher werden bei der GmbH die Vorschriften über die Nichtigkeit und Anfechtbarkeit von Beschlüssen der Hauptversammlung einer AG **(§§ 241 ff. AktG) analog** angewandt. Insoweit gilt der Abschnitt zur AG entsprechend.[1000] Dabei sind jedoch stets die Besonderheiten der GmbH und ihre Unterschiede zur AG zu beachten.[1001] Soweit keine Sonderregeln bestehen, sind fehlerhafte Beschlüsse der Gesellschafterversammlung **nur unter besonderen Voraussetzungen nichtig**, welche in Anlehnung an § 241 AktG zu ermit-

---

996 Bitter/Heim § 4 Rn. 107.

997 Hier und zum Folgenden: Bitter/Heim § 4 Rn. 111 ff.

998 Hier und zum Folgenden: Bitter/Heim § 4 Rn. 116 ff.

999 BGH NJW 2010, 3027, Rn. 16.

1000 S. Rn. 490.

1001 Windbichler § 22 Rn. 17.

teln sind. Verstöße gegen Gesetz und Gesellschaftsvertrag, die nicht die besonderen Voraussetzungen der Nichtigkeit erfüllen, führen analog § 243 AktG zur **Anfechtbarkeit**.

**Nichtige Beschlüsse** sind unwirksam gegenüber jedermann. Die gerichtliche Geltendmachung der Nichtigkeit ist durch jeden, der ein Rechtsschutzbedürfnis vorweisen kann, mittels **Nichtigkeitsfeststellungsklage** möglich.[1002]

Auch die **Anfechtung** ist im Klagewege geltend zu machen **(Anfechtungsklage)**. Dabei kennt das GmbHG selbst zwar keine Frist für die gerichtliche Anfechtung, jedoch ist die Monatsfrist des § 246 Abs. 1 AktG als Leitbild entsprechend heranzuziehen.

## C. Geschäftsführer

### I. Grundlagen

Die GmbH muss **einen oder mehrere** Geschäftsführer haben (§ 6 Abs. 1 GmbHG). Ge- **418**
schäftsführer kann nur eine **natürliche, unbeschränkt geschäftsfähige Person** sein (§ 6 Abs. 2 S. 1 GmbHG), bei der keiner der in § 6 Abs. 2 S. 2 GmbHG aufgeführten Ausschlusstatbestände einschlägig ist.

Zu Geschäftsführern können gemäß 6 Abs. 3 S. 1 GmbHG nicht nur Gesellschafter („Gesellschafter-Geschäftsführer"), sondern auch andere Personen („Fremdgeschäftsführer") bestellt werden **(Grundsatz der Fremdorganschaft)**.[1003]

Die **Bestellung** als Organ der Gesellschaft erfolgt entweder im Gesellschaftsvertrag (§ 6 Abs. 3 S. 2 GmbHG) oder durch Beschluss der Gesellschafterversammlung (§ 46 Nr. 5 GmbHG).[1004] Da der Geschäftsführer mit seiner Bestellung zahlreiche zivil- und sogar strafrechtlich bewehrte Pflichten übernimmt, bedarf die Bestellung zu ihrer Wirksamkeit der Annahme durch den Geschäftsführer. Die Bestellung des Geschäftsführers ist eine in das Handelsregister einzutragende Tatsache (§§ 10 Abs. 1, 39 GmbHG).

Die Organstellung des Geschäftsführers endet, wenn er abberufen wird (§ 46 Nr. 5 GmbHG). Die **Abberufung** („Widerruf der Bestellung") ist zu jeder Zeit möglich (§ 38 Abs. 1 GmbHG); die Ansprüche aus dem Anstellungsvertrag bleiben davon unberührt. Eine Abberufung bedarf keines wichtigen Grundes, sofern der Gesellschaftsvertrag dies nicht vorsieht (§ 38 Abs. 2 GmbHG). Die Abberufung eines Geschäftsführers erfolgt nach § 46 Nr. 5 GmbHG durch Beschluss der Gesellschafterversammlung. Der Gesellschafter-Geschäftsführer ist – vom Sonderfall der Abberufung aus wichtigem Grund abgesehen – nicht vom Stimmrecht ausgeschlossen.[1005]

Nach Auffassung des BGH ist ein **Abberufungsbeschluss** in analoger Anwendung des § 241 Nr. 1 AktG **nichtig**, wenn eine GmbH entgegen der gerichtlichen Anordnung eine veränderte Gesellschafterliste zum Handelsregister einreicht und der durch die neue Liste ausgeschlossene Gesellschafter nicht an der Beschlussfassung beteiligt wird. Die GmbH kann sich wegen § 242 BGB nicht auf die formelle Legitimationswirkung des § 16 Abs. 1 S. 1 GmbHG berufen. Für den Fall, dass der durch die neue Liste ausgeschlossene Gesellschafter zugleich auch der abberufene Geschäftsführer ist, wird dadurch insbeson-

---

1002 Lutter/Hommelhoff/Bayer Anh zu § 47 Rn. 29 ff.

1003 S. hierzu Rn. 16.

1004 Zur Anwendung des AGG auf GmbH-Geschäftsführer s. BGH RÜ 2012, 564.

1005 MünchKomm-GmbHG/Stephan/Tieves § 38 Rn. 24.

dere verhindert, dass ein geschäftsführender Gesellschafter „durch die Hintertür" ohne Zustimmung abberufen wird, indem die übrigen Gesellschafter die formelle Legitimationswirkung der Gesellschafterliste treuwidrig ausnutzen.[1006]

419 Neben der Abberufung ist jederzeit auch eine **Niederlegung** des Amtes des Geschäftsführers möglich.[1007] Ist die Organstellung wirksam erloschen, ist auch dies in das Handelsregister einzutragen (§ 39 GmbHG).

420 Von der Organstellung des Geschäftsführers zu trennen ist der **Anstellungsvertrag** zwischen der Person des Geschäftsführers und der GmbH.[1008] Der Anstellungsvertrag ist in der Regel ein Geschäftsbesorgungsvertrag, der eine Dienstleistung zum Gegenstand hat (§§ 675, 611 ff. BGB). Arbeitsvertrag ist der Anstellungsvertrag grundsätzlich[1009] nicht (§ 5 Abs. 1 S. 3 ArbGG); somit ist auch das KSchG nicht anwendbar (§ 14 Abs. 1 Nr. 1 KSchG). Der Anstellungsvertrag bildet die Grundlage des Vergütungsanspruchs des Geschäftsführers. Zuständig für den Abschluss und die Kündigung des Geschäftsführeranstellungsvertrags ist durch sog. Annexkompetenz dasjenige Organ, welches auch zur Bestellung und Abberufung der Geschäftsführer befugt ist,[1010] mangels abweichender Regelung im Gesellschaftsvertrag also die Gesellschafterversammlung (§ 46 Nr. 5 GmbHG). Die Abberufung beinhaltet nicht ohne Weiteres auch die Kündigung des Anstellungsverhältnisses;[1011] diese muss separat erfolgen.

Der Geschäftsführer ist zunächst für die (interne) **Geschäftsführung** zuständig.[1012] Darüber hinaus **vertritt** er **die Gesellschaft** gerichtlich und außergerichtlich (§ 35 Abs. 1 S. 1 GmbHG). Die Geschäftsführung im Innenverhältnis kann von den Gesellschaftern beliebig beschränkt werden (vgl. § 37 Abs. 1 GmbHG). Anders als bei der AG hat die Gesellschafterversammlung eine umfassende Weisungsbefugnis gegenüber den Geschäftsführern (vgl. auch § 46 Nr. 6 GmbHG). Die Gesellschafterversammlung als oberstes Organ der GmbH befindet sich in einem Subordinationsverhältnis zu der ihr unterstellten Geschäftsführung. Allerdings wirken die Beschränkungen durch Weisungen, die der Geschäftsführer im Innenverhältnis beachten muss, nicht im Außenverhältnis gegenüber Dritten (§ 37 Abs. 2 GmbHG). Der Geschäftsführer vertritt die GmbH in der Regel auch dann wirksam im Außenverhältnis, wenn er damit seine Befugnisse im Innenverhältnis überschreitet. Etwas anderes gilt nur dann, wenn er bewusst mit dem Dritten zusammenwirkt (Kollusion) oder wenn sein Handeln im Außenverhältnis für den Dritten ersichtlich über seine internen Befugnisse hinausgeht und sich dem Dritten deshalb aufdrängen musste, dass der Geschäftsführer seine internen Befugnisse überschreitet (evidenter Missbrauch der Vertretungsmacht).[1013]

1006 BGH RÜ 2019, 773.
1007 Bitter/Heim § 4 Rn. 130a.
1008 Hier und zum Folgenden: Bitter/Heim § 4 Rn. 131 ff.
1009 Zur Ausnahme s. Palandt/Weidenkaff Einf. v. § 611 Rn. 23.
1010 MünchKomm-GmbHG/Jaeger/Steinbrück, § 35 Rn. 254 (Abschluss) und Rn. 415 (Kündigung).
1011 MünchKomm-GmbHG/Stephan/Tieves § 38 Rn. 51.
1012 Hier und zum Folgenden: Bitter/Heim § 4 Rn. 134 ff.
1013 Dazu ausführlich AS-Skript BGB AT 1 (2020), Rn. 404 ff.

## II. Haftung der Geschäftsführer

Bei der (persönlichen) Haftung der Geschäftsführer ist zwischen der Innenhaftung gegenüber der GmbH und der Außenhaftung gegenüber Dritten (Gesellschafter,[1014] Gesellschaftsgläubiger) zu differenzieren. 421

### 1. Innenhaftung

Neben einigen **Spezialtatbeständen**, die im jeweiligen Kontext erläutert werden – z.B. die Differenzhaftung gemäß § 9 a Abs. 1 GmbHG bei der Gründung der GmbH – kommt eine Innenhaftung des Geschäftsführers gegenüber der Gesellschaft vor allem nach der allgemeinen Organhaftungsvorschrift des **§ 43 GmbHG** und in Fällen der Insolvenzverschleppung nach **§ 64 GmbHG** in Betracht. 422

#### a) Allgemeine Haftung nach § 43 GmbHG

Geschäftsführer haben in den Angelegenheiten der Gesellschaft die **Sorgfalt eines ordentlichen Geschäftsmannes** anzuwenden (§ 43 Abs. 1 GmbHG). Mithin gilt ein **strenger Haftungsmaßstab**; die Haftungserleichterung aus § 708 BGB findet keine Anwendung. Verletzen die Geschäftsführer diese „Obliegenheiten" – also die Organpflichten gegenüber der Gesellschaft, die vor dem Hintergrund des Verschuldensmaßstabs nach § 43 Abs. 1 GmbHG zu konkretisieren sind[1015] –, so haften sie der Gesellschaft gegenüber **(Innenhaftung)** als Gesamtschuldner („solidarisch") für den entstandenen Schaden (§ 43 Abs. 2 GmbHG). In dieser Vorschrift kommt ein Grundsatz zum Ausdruck, der nicht nur im Gesellschaftsrecht auch für andere Organpersonen – z.B. den Vorstand einer AG (§ 93 AktG) –, sondern auch im allgemeinen Zivilrecht gilt: Derjenige, der fremdes Vermögen verwaltet, hat für Schäden aus unsorgfältiger Vermögensverwaltung einzustehen (§ 280 BGB).[1016] 423

***Klausurhinweis:*** *Anspruchsgrundlage für entsprechende Ersatzansprüche gegen den GmbH-Geschäftsführer ist also § 43 Abs. 2 GmbHG. Für den Haftungsmaßstab im Rahmen dieses Anspruchs gilt § 43 Abs. 1 GmbHG. Ein Anspruch aus § 280 Abs. 1 BGB i.V.m. dem Geschäftsführeranstellungsvertrag kommt daneben nicht in Betracht, da § 43 Abs. 2 GmbHG insoweit eine abschließende Spezialregelung darstellt.*[1017]

Da in der GmbH das Vermögen der Gesellschafter gebunden ist, dient § 43 Abs. 2 GmbHG in erster Linie dem **Schutz der Gesellschafter**. Folgerichtig ergibt sich allein aus der Stellung als Geschäftsführer auch keine (strafrechtliche) Garantenpflicht gegenüber außenstehenden Dritten, eine Schädigung ihres Vermögens zu verhindern. Die schuldhafte Verletzung der Pflicht zur ordnungsgemäßen Geschäftsführung führt grundsätzlich (nur) zur Innenhaftung gegenüber der Gesellschaft.[1018]

1014 Zum Schadensersatzanspruch eines Gesellschafters gegen die GmbH-Geschäftsführung wegen Minderung des Werts seiner Gesellschaftsbeteiligung (Stichwort: „Reflexschaden") s. BGH RÜ 2013, 493.

1015 Lutter/Hommelhoff/Kleindiek § 43 Rn. 11.

1016 Hier und zum Folgenden: Bitter/Heim § 4 Rn. 140.

1017 BGH NJW 1997, 741; MünchKomm-GmbHG/Fleischer § 43 Rn. 8.

1018 BGH NJW 2012, 3439, Ls.

**Ausnahmsweise** werden durch die Innenhaftung der Geschäftsführer gegenüber der GmbH auch die **Interessen der Gläubiger geschützt**. Dies zeigt der besondere Haftungstatbestand des § 43 Abs. 3 GmbHG: Der Geschäftsführer ist zum Ersatz verpflichtet, wenn er unter Verstoß gegen § 30 GmbHG Zahlungen aus dem zur Erhaltung des Stammkapitals erforderlichen Vermögen der Gesellschaft tätigt oder unter Verstoß gegen § 33 GmbHG eigene Geschäftsanteile der GmbH erwirbt.

| Allgemeine Geschäftsführerhaftung nach § 43 Abs. 2 GmbHG |
|---|
| 1. Anspruchsgegner ist (auch faktischer) **Geschäftsführer** |
| 2. **Pflichtverletzung**: Pflichtwidriges Geschäftsführerverhalten |
| 3. **Verschulden**: Verstoß gegen die Sorgfalt eines ordentlichen Geschäftsmannes |
| 4. **Kausaler** (durch die Pflichtverletzung hervorgerufener) **Schaden** |
| 5. **Gesellschafterbeschluss** über die Geltendmachung (§ 46 Nr. 8 GmbHG) |

**424** Der Anspruch richtet sich gegen den **Geschäftsführer**. Dieser unterliegt der Organhaftung mit der Annahme des Amtes, nicht erst mit der Eintragung ins Handelsregister, und unabhängig von der Wirksamkeit seiner Bestellung.[1019] Auch der sog. „faktische" Geschäftsführer, der tatsächlich Geschäftsführungsaufgaben übernimmt, ohne formell zum Geschäftsführer bestellt worden zu sein, ist Haftungsadressat.[1020]

Der Geschäftsführer ist **zur ordnungsgemäßen Unternehmensleitung verpflichtet** und hat dabei den Gesellschaftszweck unter Einhaltung des durch Gesetz, Satzung und Anstellungsvertrag sowie Weisungen der Gesellschafter gesteckten Rahmens bestmöglich zu fördern.[1021]

Die Weisung und Billigung der Geschäftsführungsmaßnahme durch die Gesellschafterversammlung hat haftungsausschließende Wirkung.[1022]

Als Verwalter fremder Vermögensinteressen unterliegt er dabei einer besonderen Treuepflicht.[1023] Bei unternehmerischen Entscheidungen, die nicht durch Gesetz, Satzung oder Vorgaben der Gesellschafter determiniert sind, steht dem Geschäftsführer ein der gerichtlichen Kontrolle entzogener Handlungsspielraum zu, der durch geschäftliches Entscheidungsermessen geprägt ist; die vom BGH[1024] für den AG-Vorstand aufgestellten – und nunmehr in **§ 93 Abs. 1 S. 2 AktG** kodifizierten – Grundsätze (*„Business Judgement Rule"*)[1025] gelten für die GmbH-Geschäftsführer **analog**; bewegen sich die Geschäftsführer im Rahmen dieses Handlungsspielraums, handeln sie nicht pflichtwidrig.[1026]

Grundlage der Haftung nach § 43 Abs. 2 GmbHG ist eine **schuldhafte Pflichtverletzung** des Geschäftsführers.

1019 Lutter/Hommelhoff/Kleindiek § 43 Rn. 2.
1020 Lutter/Hommelhoff/Kleindiek § 43 Rn. 3.
1021 Lutter/Hommelhoff/Kleindiek § 43 Rn. 12.
1022 Lutter/Hommelhoff/Kleindiek § 43 Rn. 40 f.; Zum Einwand des hypothetischen Einverständnisses s. BGH NJW 2013, 3636, Rn. 31 ff.
1023 Lutter/Hommelhoff/Kleindiek § 43 Rn. 19.
1024 BGH NJW 1997, 1926.
1025 S. hierzu Rn. 493.
1026 Lutter/Hommelhoff/Kleindiek § 43 Rn. 23.

***Beachte:** Die Formulierung des § 43 Abs. 2 GmbHG, der insoweit von der Verletzung von Obliegenheiten spricht, ist missverständlich. Denn Obliegenheiten zeichnen sich in der Regel gerade dadurch aus, dass ihre Verletzung keine Schadenersatzansprüche nach sich zieht.*[1027]

Verschuldensmaßstab ist der typisierte Maßstab der „Sorgfalt eines ordentlichen Geschäftsmannes" gemäß § 43 Abs. 1 GmbHG, gegen welchen sowohl bei vorsätzlicher als auch (einfach) fahrlässiger Pflichtverletzungen verstoßen werden kann.[1028]

Ein **ehrenamtlich tätiger Geschäftsführer** (z.B. einer gemeinnützigen GmbH) kann sich nicht auf die für den Vereinsvorstand zugeschnittene Haftungsmilderung nach § 31 a BGB (analog) berufen.[1029] Auch die (arbeitsrechtlichen) Grundsätze des **innerbetrieblichen Schadensausgleichs** (Haftungsfreistellung des Arbeitnehmers bei leichtester Fahrlässigkeit, einzelfallbezogene Schadensteilung bei mittlerer Fahrlässigkeit) finden auf den GmbH-Geschäftsführer und seine Haftung nach § 43 GmbHG keine Anwendung.[1030]

Der Ersatzanspruch gegen den Geschäftsführer setzt in jedem Fall einen durch die Pflichtverletzung des Geschäftsführers verursachten **(kausalen) Schaden** der GmbH voraus.[1031] Zu ersetzen ist jede Minderung des Gesellschaftsvermögens, die ursächlich auf der Pflichtverletzung des in Anspruch genommenen Geschäftsführers beruht. Zur Berechnung des Schadens ist der Zustand mit und ohne Pflichtverletzung **(Differenzhypothese)** zu vergleichen.[1032] Soweit die Pflichtverletzung des Geschäftsführers zu adäquat kausalen Vorteilen der GmbH geführt hat, sind diese bei der Schadensberechnung nach den Grundsätzen der **Vorteilsausgleichung**[1033] zu berücksichtigen, sofern die Anrechnung nicht Sinn und Zweck der Schadensersatzpflicht widerspricht.[1034]

Zur Geltendmachung von Schadensersatzansprüchen gegen Geschäftsführer bedarf es in der werbend tätigen Gesellschaft eines **Gesellschafterbeschlusses** (§ 46 Nr. 8 GmbHG),[1035] der materielle Voraussetzung auch im Außenverhältnis ist.[1036] Ein überstimmter Gesellschafter muss einen die Verfolgung des Haftungsanspruchs ablehnenden Beschluss der Gesellschafterversammlung anfechten und kann ihn nicht selbst für die Gesellschaft im Wege einer Gesellschafterklage (*actio pro socio*)[1037] selbst geltend machen.[1038] In den Fällen des § 43 Abs. 3 GmbHG ist die Disponibilität eingeschränkt, weil hier nicht der Schutz der Gesellschafter, sondern der Schutz der Gesellschaftsgläubiger bezweckt ist.

Die Ansprüche aus § 43 Abs. 2 und Abs. 3 GmbHG **verjähren** in fünf Jahren (§ 43 Abs. 4 GmbHG). Die Frist beginnt mit der Entstehung des Anspruchs; der Entstehungszeit-

---

1027 Dazu ausführlich AS-Skript Schuldrecht AT 1 (2020), Rn. 83.

1028 Lutter/Hommelhoff/Kleindiek § 43 Rn. 38.

1029 Lutter/Hommelhoff/Kleindiek § 43 Rn. 39; Leuschner NZG 2014, 281, 287.

1030 BGH GmbHR 2001, 771, 773; Joussen GmbHR 2005, 441, 442 ff.; a.A. Koch AG 2014, 513, 515 ff.

1031 Hier und zum Folgenden: Lutter/Hommelhoff/Kleindiek § 43 Rn. 45 f.

1032 BGH GmbHR 2008, 488, 489; vgl. auch BGH NZG 2013, 293, Rn. 21 (zur Haftung des AG-Vorstands gemäß § 93 AktG).

1033 Dazu ausführlich AS-Skript Schuldrecht BT 4 (2019), Rn. 451 ff.

1034 BGH NZG 2013, 293, Rn. 26 (zur Haftung des AG-Vorstands gemäß § 93 AktG).

1035 Bayer GmbHR 2014, 897, 901 f.; Liederer NZG 2015, 569, 577 f.

1036 BGH NJW 2003, 358; Bitter ZInsO 2010, 1505, 1510.

1037 Vgl. Mock JuS 2015, 590 ff.

1038 Lutter/Hommelhoff/Kleindiek § 43 Rn. 50.

punkt bestimmt sich danach, wann der Anspruch erstmals (notfalls im Wege einer Feststellungsklage) geltend gemacht werden konnte.[1039]

### b) Innenhaftung bei Insolvenzverschleppung nach § 64 S. 1 GmbHG

425 Ist die Gesellschaft zahlungsunfähig (§ 17 InsO) oder überschuldet (§ 19 InsO), müssen die Geschäftsführer spätestens drei Wochen nach Eintritt der Insolvenzreife einen **Insolvenzantrag stellen** (§ 15 a InsO).[1040] Versäumen sie diese Pflicht, unterliegen sie einer **Innenhaftung gegenüber der GmbH** nach § 64 GmbHG.

Zwar handelt es sich um eine Binnenhaftung, diese wird aber regelmäßig (im eröffneten Verfahren) durch den Insolvenzverwalter geltend gemacht.[1041] Zur gleichfalls bestehenden Außenhaftung nach § 823 Abs. 2 BGB i.V.m. § 15 a InsO s. Rn. 494.[1042]

Der Anspruch nach § 64 S. 1 GmbHG besteht unter folgenden Voraussetzungen:

| Geschäftsführerhaftung nach § 64 S. 1 GmbHG |
|---|
| 1. Anspruchsgegner ist (auch faktischer) **Geschäftsführer**. |
| 2. **„Zahlungen" nach Eintritt der Insolvenzreife** der GmbH |
| 3. Die Zahlung muss dem Geschäftsführer **zurechenbar** sein. |
| 4. Die Zahlung darf **keine erlaubte**, mit der Sorgfalt eines ordentlichen Geschäftsmanns vereinbare **Zahlung** i.S.v. § 64 S. 2 GmbHG sein. |
| 5. **Verschulden**: Der Geschäftsführer hat mindestens fahrlässig die Insolvenzreife der Gesellschaft verkannt. |
| 6. Liegen die unter 1. bis 5. genannten Voraussetzungen vor, hat der Geschäftsführer die pflichtwidrigen Zahlungen ungekürzt zur Masse zu erstatten. |

426 Nach § 64 S. 1 GmbHG sind die Geschäftsführer der GmbH zum Ersatz solcher **Zahlungen** verpflichtet, die **nach Eintritt der Insolvenzreife** geleistet werden.

Auch faktische Geschäftsführer sind Normadressat. Gesellschafter werden von der Haftung hingegen nicht erfasst.[1043]

Der Vermögensabfluss muss dem Geschäftsführer **zurechenbar**, d.h. von ihm veranlasst oder pflichtwidrig nicht verhindert worden sein.[1044]

Die Erstattungspflicht ist ausgeschlossen, wenn die konkrete Zahlung auch nach dem Eintritt der Insolvenzreife mit der Sorgfalt eines ordentlichen Geschäftsmanns vereinbar war (§ 64 S. 2 GmbHG). Ob die Zahlung dann nicht pflichtwidrig ist **(„erlaubte Zahlungen")**[1045] oder das Verschulden des Geschäftsführers entfällt,[1046] kann letztlich dahinstehen.

---

1039 Lutter/Hommelhoff/Kleindiek § 43 Rn. 67.
1040 Zum Folgenden: Bitter/Heim § 4 Rn. 146 ff.
1041 Schäfer § 34 Rn. 15.
1042 Hierzu ausführlich Bitter ZInsO 2010, 1505, 1511 ff.
1043 Lutter/Hommelhoff/Kleindiek § 64 Rn. 6, 8.
1044 OLG Hamm NZG 2009, 1116, 1117; OLG München NJW 2013, 1747, 1748; Lutter/Hommelhoff/Kleindiek § 64 Rn. 7.
1045 Habersack/Foerster ZHR 178 (2014), 387, 397 f.
1046 BGH NJW 2015, 2806, Rn. 24.

Der Ersatzanspruch aus § 64 S. 1 GmbHG setzt ein **Verschulden** des Geschäftsführers voraus. Fahrlässigkeit genügt.[1047] Ausreichend ist die Erkennbarkeit des Insolvenzeintritts, die vermutet wird; die Darlegungs- und Beweislast mangelnder Erkennbarkeit trägt der Geschäftsführer.[1048]

An der Erkennbarkeit des Eintritts der Insolvenzreife fehlt es, wenn der Geschäftsführer mangels eigener Sachkunde zur Klärung der Insolvenzreife den **Rat einer unabhängigen, fachlich qualifizierten Person** eingeholt und diese – ordnungsgemäß und vollständig informiert – die Insolvenzreife im Ergebnis plausibel (wenn auch objektiv unzutreffend) verneint hat.[1049]

Der Geschäftsführer hat **Zahlungen**, die er entgegen § 64 GmbHG geleistet hat **ungekürzt** in die Masse **zu erstatten**.[1050]

Erstattungsansprüche nach § 64 S. 1 GmbHG **verjähren** gemäß § 64 S. 4 i.V.m. § 43 Abs. 4 GmbHG in fünf Jahren. § 43 Abs. 4 GmbHG trifft keine Aussage zum Beginn der Verjährungsfrist. Dieser wird durch die Entstehung des Anspruchs ausgelöst (§ 200 S. 1 BGB).[1051]

### c) Insolvenzverursachungshaftung (§ 64 S. 3 GmbHG)

Die Erstattungspflicht wegen Insolvenzverschleppung nach § 64 S. 1 GmbHG trifft den Geschäftsführer nur für Zahlungen, die *nach* dem Eintritt der Insolvenzreife (Zahlungsunfähigkeit oder Überschuldung) geleistet werden. § 64 S. 3 GmbHG erstreckt die Erstattungspflicht auf solche **Zahlungen** an Gesellschafter (hinsichtlich der Gesellschafterstellung kommt es i.d.R. auf den Zeitpunkt der Zahlung oder der Entstehung des Rechtsgrundes an)[1052] oder gleichgestellte Dritte,[1053] die erkennbar **zu einer Zahlungsunfähigkeit** der Gesellschaft **führen mussten**. **427**

Damit wird das Zahlungsverbot zeitlich vorverlagert und der Gläubigerschutz so verstärkt.[1054] Nicht erfasst sind hingegen solche Zahlungen, die bei bereits bestehender Zahlungsunfähigkeit geleistet werden und diese dadurch vertiefen.[1055]

## 2. Außenhaftung

Von der in § 43 GmbHG normierten Organhaftung gegenüber der Gesellschaft (Innenhaftung) ist die **Geschäftsführerhaftung gegenüber Dritten** (Außenhaftung) zu unterscheiden. Sie kann auf vertraglicher oder gesetzlicher Grundlage beruhen. Das damit verbundene Haftungsrisiko realisiert sich typischerweise in der Krise der Gesellschaft.[1056] Eine Außenhaftung des Geschäftsführers kann **gegenüber den Gesellschaftern der GmbH und gegenüber den Gesellschaftsgläubigern** bestehen. **428**

---

1047 BGH NZG 2012, 672, Rn. 13.

1048 BGH NZG 2010, 1393, Rn. 14; OLG Hamburg ZInsO 2013, 2447, 2451.

1049 BGH NJW 2007, 2118, Rn. 18; OLG Hamburg ZInsO 2013, 1517, 1521; OLG Schleswig ZIP 2010, 516, 519; Lutter/Hommelhoff/Kleindiek § 64 Rn. 37.

1050 BGH NJW 2001, 1280, Ls. 3.

1051 BGH NJW 2009, 68, Rn. 16; MünchKomm-GmbHG/Fleischer § 43 Rn. 331.

1052 Baumbach/Hueck/Haas § 64 Rn. 130.

1053 Baumbach/Hueck/Haas § 64 Rn. 130; Henssler/Strohn/Arnold, GmbHG, § 64 Rn. 53.

1054 Ausführlich zu § 64 S. 3 GmbHG: Münch Komm-GmbHG/ H.-F. Müller § 64 Rn. 177 ff.

1055 BGH NZG 2012, 1379, Rn. 11.

1056 Lutter/Hommelhoff/Kleindiek § 43 Rn. 71.

### a) Gegenüber Gesellschaftern

429 Es besteht keine unmittelbare Haftung der Geschäftsführer gegenüber den Gesellschaftern nach § 43 Abs. 2 GmbH.[1057] Dies folgt aus dem sog. **Grundsatz der Haftungskonzentration**, wonach organschaftliche Pflichtverletzungen grundsätzlich nur zu einer Verantwortung der Geschäftsführer gegenüber der Gesellschaft führen. Der Anstellungsvertrag des Geschäftsführers mit der GmbH hat grundsätzlich keine Schutzwirkung zugunsten der Gesellschafter. Auch im Übrigen besteht zwischen Geschäftsführern und Gesellschaftern kein haftungsbegründendes Sonderverhältnis.[1058]

**Ausnahmsweise** kann eine **unmittelbare Geschäftsführerhaftung gegenüber den Gesellschaftern** bestehen.[1059] Einen Sondertatbestand enthält § 31 Abs. 6 GmbHG.[1060] Über diese gesellschaftsrechtliche Sondervorschrift hinaus kann eine (vor-)vertragliche Haftung bestehen.

**Beispiel:** Vertragliches Anbahnungsverhältnis zwischen Geschäftsführern und verkaufswilligen Gesellschaftern beim Management Buyout (MBO). [1061]

In Betracht kommt darüber hinaus eine deliktische Haftung nach § 823 Abs. 1 BGB, weil das Mitgliedschaftsrecht der Gesellschafter ein sonstiges Recht ist.[1062] Denkbar sind auch Ansprüche aus § 823 Abs. 2 BGB i.V.m. einem Schutzgesetz zugunsten der Gesellschafter und aus § 826 BGB.[1063]

Zu solchen Schutzgesetzen zählen etwa §§ 5 a, 58 Abs. 1 Nr. 2, 82 GmbHG,[1064] § 15a InsO;[1065] nicht hingegen §§ 30, 43 Abs. 1, 52, 73 GmbHG[1066] und § 43 Abs. 2 GmbHG.[1067]

### b) Gegenüber Gesellschaftsgläubigern

430 Eine Haftung des Geschäftsführers gegenüber den Gläubigern der GmbH kann zunächst auf einem (vertraglichen) **Haftungsversprechen** beruhen, etwa auf einem selbstständigen Garantieversprechen, einer Bürgschaft oder einem Beitritt zur Schuld der Gesellschaft.

Der BGH unterwirft den **Schuldbeitritt bei Kreditverträgen** selbst des mehrheitlich oder sogar allein beteiligten Gesellschafter-Geschäftsführers den Regelungen des **Verbraucherkreditrechts** (§§ 355 ff., 488 ff. BGB), weil die Geschäftsführung der GmbH keine selbstständige, sondern eine angestellte Tätigkeit sei und auch das Halten eines GmbH-Geschäftsanteils keine gewerbliche Tätigkeit darstelle.[1068]

---

1057 Hier und zum Folgenden: MünchKomm-GmbHG/Fleischer § 43 Rn. 335 m.w.N.
1058 BGHZ 83, 122, 134 (zur AG).
1059 Zum Folgenden: MünchKomm-GmbHG/Fleischer § 43 Rn. 336 ff.
1060 S. hierzu Rn. 448.
1061 Vgl. hierzu Weber ZHR 155 (1991), 120, 126.
1062 BGHZ 110, 323, 327 ff. (zum Verein); K. Schmidt JZ 1991, 157, 158 f.
1063 OLG Nürnberg GmbHR 2001, 629; MünchKomm-GmbHG/Fleischer § 43 Rn. 354.
1064 MünchKomm-BGB/Wagner § 823 Rn. 597; Roth/Altmeppen/Altmeppen § 82 Rn. 3; MünchKomm-GmbHG/Fleischer § 43 Rn. 353.
1065 MünchKomm-GmbHG/Fleischer § 43 Rn. 353; Schäfer § 34 Rn. 15.
1066 Roth/Altmeppen/Altmeppen § 30 Rn. 1; MünchKomm-BGB/Wagner § 823 Rn. 603; MünchKomm-GmbHG/Fleischer § 43 Rn. 353.
1067 OLG Stuttgart GmbHR 2006, 760, 761; ausführlich dazu: Baumbach/Hueck/Beurskens § 43 Rn. 131 ff; MünchKomm-GmbHG/Fleischer § 43 Rn. 352 f.
1068 BGH NJW 2006, 431, Rn. 15 (GmbH); BGH NZG 2007, 820, Rn. 15 (GmbH & Co. KG); anders für die Bürgschaft: BGH 1998, 1939, 1940 f.

Unter engen Voraussetzungen kommt neben der Einstandspflicht der GmbH auch eine Haftung des Geschäftsführers für **Verschulden bei Vertragsschluss** (§§ 280 Abs. 1, 311 Abs. 2 und 3, 241 Abs. 2 BGB) in Betracht, wenn er einen Vertragspartner der Gesellschaft schuldhaft nicht auf deren Zahlungsunfähigkeit und/oder Überschuldung hinweist und den Dritten zu einer (nicht insolvenzfesten) Vorleistung veranlasst; eine persönliche Haftung des Geschäftsführers kommt dann allerdings nur in Betracht, wenn er zurechenbar einen qualifizierten Vertrauenstatbestand geschaffen hat.[1069]

Im Übrigen kommt eine **Außenhaftung des Geschäftsführers auf deliktischer Grundlage** in Betracht. Einer solchen Haftung lassen sich weder das in § 43 Abs. 2 GmbHG zum Ausdruck kommende Prinzip der Haftungskonzentration über die Gesellschaft noch das Trennungsprinzip im Sinne der Haftungsbeschränkung auf das Gesellschaftsvermögen für Verbindlichkeiten der GmbH (§ 13 Abs. 2 GmbHG) entgegenhalten.[1070] Neben einer Haftung nach § 823 Abs. 1 BGB und § 826 BGB[1071] kommt insbesondere eine Außenhaftung des Geschäftsführers aus § 823 Abs. 2 BGB wegen Verletzung eines Schutzgesetzes in Betracht. Zu den relevantesten Schutzgesetzen[1072] zählen § 246 StGB,[1073] § 263 StGB,[1074] § 266 StGB[1075] und §§ 283 ff. StGB.[1076] **431**

## D. Aufsichtsrat

Die GmbH kann einen Aufsichtsrat haben. Dabei kann es sich um einen freiwilligen **(fakultativen) Aufsichtsrat** und um einen zwingenden **(obligatorischen) Aufsichtsrat** nach den Regeln der Unternehmensmitbestimmung handeln. **432**

Die GmbH muss einen **obligatorischen Aufsichtsrat** bilden, wenn sie i.d.R. mehr als

- 500 Arbeitnehmer beschäftigt nach dem DrittelbG;
- 1.000 Arbeitnehmer beschäftigt und im Montanbereich tätig ist nach dem Montan-MitbestG;
- 2.000 Arbeitnehmer beschäftigt nach dem MitbestG.

# 4. Abschnitt: Die Finanzverfassung der GmbH

Für die Verbindlichkeiten der GmbH haftet deren Gläubigern nur das Gesellschaftsvermögen (§ 13 Abs. 2 GmbHG). Die Gläubiger der Gesellschaft können sich also grundsätzlich[1077] nicht an die Gesellschafter halten (sog. **Trennungsprinzip**). Sobald die rechtliche Loslösung der GmbH von ihren Gesellschaftern **mit der Eintragung** der Gesellschaft „als solcher" im Handelsregister vollzogen ist (§ 11 Abs. 1 GmbHG), erfolgt eine **Haftungskonzentration auf das Gesellschaftsvermögen**. **433**

1069 Lutter/Hommelhoff/Kleindiek § 43 Rn. 73 ff. m.w.N.
1070 Lutter/Hommelhoff/Kleindiek § 43 Rn. 79.
1071 S. hierzu: MünchKomm-GmbHG/Fleischer § 43 Rn. 354.
1072 Eine umfassende Aufzählung bietet MünchKomm-GmbHG/Fleischer § 43 Rn. 353.
1073 BGH GmbHR 1996, 453, 454.
1074 BGHZ 75, 96, 115.
1075 BGH NJW 2012, 3439, Rn. 13.
1076 MünchKomm-GmbHG/Fleischer § 43 Rn. 353.
1077 Zu den Fallgruppen der sog. Durchgriffshaftung s. Bitter ZInsO 2010, 1561, 1578 ff.

Das GmbH-Recht sieht – ebenso wie das Aktienrecht, wenn auch nicht in derselben Intensität – für die Aufbringung des Stammkapitals bei der Gründung der Gesellschaft (dazu sogleich A.) und dessen Erhaltung während ihrer laufenden Tätigkeit (dazu sogleich B.) strenge Regeln vor.

## A. Kapitalaufbringung

### I. Grundlagen

434 Die Gründer der GmbH verpflichten sich im Rahmen der Feststellung der Satzung zur Übernahme der Geschäftsanteile und begründen hierdurch eine körperschaftliche Einlageverpflichtung (§§ 3 Abs. 1 Nr. 4, 14 S. 2 GmbHG). Diese haben sie durch Einzahlung zu erfüllen, soweit in der Satzung keine Sacheinlagen festgesetzt sind (§ 5 Abs. 4 GmbHG). Die Gründer sollen sich dabei nicht nur formal zur Einlage verpflichten, sondern die versprochenen Werte der Gesellschaft auch tatsächlich (real) zuführen **(Grundsatz der realen Kapitalaufbringung)**. Dementsprechend dürfen die Inferenten (= derjenige, der eine Einlage zu leisten hat)[1078] nicht von ihrer Einlagepflicht befreit werden (§ 19 Abs. 2 S. 1 GmbHG). Der Einlageanspruch verjährt in zehn Jahren ab seiner Entstehung, bei Eröffnung des Insolvenzverfahrens über das Vermögen der GmbH jedoch nicht vor Ablauf von sechs Monaten ab der Eröffnung (§ 19 Abs. 6 GmbHG).

Der **Mindestnennbetrag des Stammkapitals** beträgt 25.000 € (§ 5 Abs. 1 GmbHG). Er darf nicht unterschritten werden, weder bei der Gründung noch bei einer Kapitalherabsetzung. Wird er unterschritten, ist die Eintragung der GmbH abzulehnen (§ 9 c Abs. 1 S. 1 GmbHG). Auch bei gleichzeitiger Kapitalerhöhung darf der Mindestnennbetrag – im Gegensatz zur AG (vgl. § 228 Abs. 1 AktG) – nur in Fällen der vereinfachten Kapitalherabsetzung vorübergehend unterschritten werden (§§ 58 Abs. 2 S. 1, 58 a Abs. 4 GmbHG).[1079]

435 Kommt ein Gesellschafter seiner Einlagepflicht nicht nach, droht ihm die **Kaduzierung** seines Geschäftsanteils (§ 21 GmbHG).[1080] Das heißt: Er wird dann aus der Gesellschaft ausgeschlossen und verliert geleistete Teilzahlungen (§ 21 Abs. 2 GmbHG). Gleichwohl haftet er weiter für die Einlage (§ 21 Abs. 3 GmbHG). Auch etwaige Rechtsvorgänger des ausgeschlossenen Gesellschafters haften nach Maßgabe des § 22 GmbHG. Ist der ausstehende Einlagebetrag weder von dem ausgeschlossenen Gesellschafter noch von dessen Rechtsvorgängern zu erlangen, kann die GmbH den Geschäftsanteil öffentlich versteigern (§ 23 GmbHG). Soweit die Einlage auch hierdurch nicht zu erlangen ist, trifft die Mitgesellschafter eine zwingende Ausfallhaftung (§§ 24, 25 GmbHG). Hat ein Gesellschafter seinen Geschäftsanteil veräußert, so haftet neben ihm auch der Erwerber für ausstehende Einlagen (§ 16 Abs. 2 GmbHG).

### II. Geldeinlagen

436 Die Anmeldung der Gesellschaft zur Eintragung ins Handelsregister darf erst erfolgen, wenn auf jeden Geschäftsanteil, soweit nicht Sacheinlagen vereinbart sind, ein Viertel

1078 lat. inferre = hineinbringen, opfern.

1079 MünchKomm-GmbHG/J. Vetter § 58 Rn. 7.

1080 Hier und zum Folgenden: Bitter/Heim § 4 Rn. 163.

des Nennbetrags eingezahlt ist (§ 7 Abs. 2 S. 1 GmbHG, **Mindesteinzahlung**). Insgesamt muss auf das Stammkapital mindestens so viel eingezahlt sein, dass der Gesamtbetrag der eingezahlten Geldeinlagen zuzüglich des Gesamtnennbetrags der Geschäftsanteile, für die Sacheinlagen zu leisten sind, die Hälfte des Mindeststammkapitals gemäß § 5 Abs. 1 GmbHG, also 12.500 €, erreicht (§ 7 Abs. 2 S. 2 GmbHG). Dabei ist zu beachten, dass die Einzahlungen auf die Geschäftsanteile nach dem Verhältnis der Geldeinlagen zu leisten sind (§ 19 Abs. 1 GmbHG). Die Gesellschaft muss die Gesellschafter also gleich behandeln, wenn sie die Geldeinlagen einfordert: Fehlt eine abweichende Vereinbarung, muss sie von jedem Gesellschafter den gleichen prozentualen Anteil des übernommenen Geschäftsanteils verlangen.[1081]

In der Anmeldung zum Handelsregister haben die Geschäftsführer u.a. zu versichern, dass sich die Mindesteinzahlungen gemäß § 7 Abs. 2 GmbHG **endgültig in der freien Verfügung der Geschäftsführer** befinden (§ 8 Abs. 2 S. 1 GmbHG). Für die Mindesteinzahlung ist die „endgültige freie Verfügung" eine die §§ 362 ff. BGB ergänzende und teilweise verdrängende, spezifisch kapitalgesellschaftsrechtliche Erfüllungsvoraussetzung.[1082] Sie ist erfüllt, wenn das Geld aus dem Vermögen des Gesellschafters endgültig ausgeschieden und ebenso endgültig in das Vermögen der GmbH übergegangen ist.[1083] Ferner folgt aus dem Wortlaut des § 7 Abs. 2 S. 1 GmbHG („eingezahlt"), dass der Mindestbetrag nur durch bare oder bargeldgleiche Zahlung *an die Gesellschaft* erbracht werden kann. Dementsprechend bewirkt die Zahlung an einen Gläubiger der Gesellschaft nicht die Erfüllung der Pflicht zur Einlage der Mindestzahlung.[1084]

Der Teil der Geldeinlage, der noch nicht bei der Anmeldung geleistet sein muss **(Resteinzahlung)**, ist grundsätzlich erst nach Einforderung durch die Gesellschafterversammlung (§ 46 Nr. 2 GmbHG) fällig.[1085] Für die Resteinzahlung gelten die Erfordernisse der endgültigen freien Verfügung und der baren oder bargeldgleichen Zahlung nicht.[1086] Im Hinblick auf den Grundsatz der realen Kapitalaufbringung ist ein vollwertiger und unbeschränkter Vermögenszufluss an die Gesellschaft aber auch bei Reseinzahlungen Voraussetzung der Erfüllungswirkung; auch bei Resteinzahlungen muss eine Verfügungsfreiheit der Geschäftsführer hergestellt und die Einlage real aufgebracht werden.[1087] Anders als bei der Mindesteinzahlung kann der Gesellschafter die Verpflichtung zur Leistung der Resteinlage grundsätzlich auch durch Tilgung einer Gesellschaftsschuld erfüllen.[1088] **437**

## III. Sacheinlagen und Sachübernahmen

Das GmbHG geht im Grundsatz davon aus, dass die in Geld ausgedrückten Nennbeträge der Geschäftsanteile auf das ebenfalls in Euro lautende Stammkapital in Geld geleistet **438**

1081 Bitter/Heim § 4 Rn. 175.
1082 Bitter/Heim § 4 Rn. 177.
1083 Lutter/Hommelhoff/Bayer § 7 Rn. 19.
1084 Bitter/Heim § 4 Rn. 182.
1085 Hier und zum Folgenden: Bitter/Heim § 4 Rn. 166.
1086 BGH NJW 2009, 2375, Rn. 176.
1087 Bitter/Heim § 4 Rn. 178.
1088 Hier und zum Folgenden: Bitter/Heim § 4 Rn. 183.

werden, erlaubt aber unter bestimmten Voraussetzungen auch die **Leistung anderer Gegenstände statt Geld**.[1089]

Unter einer **Sacheinlage** versteht man jede befreiende Leistung auf das Stammkapital, die nicht in Geld besteht. Eine solche Leistung befreit nur, wenn sie nach den Regeln des § 5 Abs. 4 GmbHG festgelegt ist. Soll eine Sacheinlage geleistet werden, so müssen ihr Gegenstand und der Nennbetrag des Geschäftsanteils, auf den sie sich bezieht, im Gesellschaftsvertrag festgesetzt werden (§ 5 Abs. 4 S. 1 GmbHG). Vor dem Hintergrund einer an sich bestehenden Pflicht zur Geldleistung setzt jede wirksame Festlegung einer Sacheinlage eine besondere Erfüllungsvereinbarung voraus, die einen körperschaftlichen Anspruch der GmbH auf Leistung der Einlage begründet und zur Folge hat, das die Leistung anderer Gegenstände keine ordnungsgemäße Einlagenerbringung ist.[1090]

Die von der Sacheinlage begrifflich zu unterscheidende **Sachübernahme** ist im GmbHG nicht ausdrücklich geregelt.[1091] § 19 Abs. 2 S. 2 GmbHG zeigt aber, dass diese Rechtsfigur auch im GmbH-Recht Anwendung findet. Gemeint sind eine Bargründung und eine von ihr getrennte schuldrechtliche Vereinbarung zwischen der Gesellschaft und einem Gesellschafter und/oder einem Dritten, nach der die Gesellschaft einen bestimmten Gegenstand in Anrechnung auf die Bareinlagepflicht entgeltlich erwirbt.

**Beispiel:** Die GmbH erwirbt von dem Gesellschafter ein Grundstück zum Preis von 100.000 € und verrechnet die Kaufpreisforderung mit der Einlageschuld des Gesellschafters in Höhe von 10.000 €. Anschließend zahlt sie dem Gesellschafter den Differenzbetrag von 90.000 € aus.

In einem solchen Fall der Sachübernahme sind nach § 19 Abs. 2 S. 2 GmbHG nahezu[1092] alle Regeln über die Sacheinlage zu beachten. Das bedeutet:[1093] Es muss sich um einen einlagefähigen Gegenstand handeln; dessen Gegenstand und Preis müssen im Gesellschaftsvertrag festgelegt werden. Der Gegenstand darf nicht überbewertet werden und er muss bereits vor der Eintragung der Gesellschaft im Handelsregister geleistet werden (§ 7 Abs. 3 GmbHG). Der begünstigte Gesellschafter wird nur insoweit von seiner Bareinlagepflicht frei, als der Gegenstand den festgelegten Wert hat; besteht eine Differenz zu Ungunsten der Gesellschaft, haftet der Gesellschafter nach Maßgabe des § 9 Abs. 1 GmbHG.

Erhält der Inferent für die Erbringung eines Vermögenswerts sowohl einen Geschäftsanteil als auch eine sonstige Leistung (z.B. eine Barzahlung), liegt eine sog. **gemischte Sacheinlage** vor.[1094] Auf eine gemischte Sacheinlage, die eine Sacheinlage mit einer Sachübernahme verknüpft, finden die Vorschriften über die Sacheinlage Anwendung. Es handelt sich um ein einheitliches Rechtsgeschäft gesellschaftsvertraglicher Natur, das in seinem gesamten Umfang den Regeln über die Sacheinlage unterliegt.

## IV. Verdeckte Sacheinlagen (§ 19 Abs. 4 GmbHG)

439 Eine **Geldeinlage** kann bei wirtschaftlicher Betrachtung und aufgrund einer im Zusammenhang mit der Übernahme der Geldeinlage getroffenen Abrede vollständig oder teil-

1089 Hier und zum Folgenden: Lutter/Hommelhoff/Bayer § 5 Rn. 12.
1090 Lutter/Hommelhoff/Bayer § 5 Rn. 13.
1091 Zum Folgenden: Lutter/Hommelhoff/Bayer § 5 Rn. 38.
1092 § 19 Abs. 2 S. 2 GmbHG verweist nur auf § 5 Abs. 4 S. 1 GmbHG, nicht hingegen auf § 5 Abs. 4 S. 2 GmbHG.
1093 Zum Folgenden: Lutter/Hommelhoff/Bayer § 5 Rn. 39.
1094 Hier und zum Folgenden: MünchKomm-GmbHG/Schwandtner § 5 Rn. 297 ff.; Lutter/Hommelhoff/Bayer § 5 Rn. 41 m.w.N.

weise **als Sacheinlage zu bewerten** sein.[1095] Es handelt sich dann um eine **sog. verdeckte Sacheinlage**, auf welche § 19 Abs. 4 S. 1 GmbHG Anwendung findet.

Dies führt nach § 19 Abs. 4 GmbHG dazu, dass die Geldeinlagepflicht trotz einer Geldzahlung an die Gesellschaft für den Gesellschafter fortbesteht (Satz 1), soweit der Sachwert des verdeckt eingelegten Gegenstandes hinter dem Betrag der übernommenen Verpflichtung zurückbleibt und daher eine Anrechnung im Zeitpunkt der Eintragung (Sätze 3 und 4) ausscheidet. Die Beweislast für die Werthaltigkeit des Vermögensgegenstandes, also der verdeckt eingelegten Sache, trägt der Gesellschafter (Satz 5).[1096]

**Fall 15: Verdeckte Sacheinlage**

A und B gründen mit Gesellschaftsvertrag vom 10. Februar als gleichberechtigte Gesellschafter eine GmbH mit einem Stammkapital von 25.000 €. A und B überweisen jeweils 12.500 € auf das Konto der Gesellschaft. A verkauft dann im Mai der GmbH seinen Pkw, der für verschiedene Tätigkeiten in der Gesellschaft benötigt wird, zu einem Kaufpreis von 11.000 €, der noch im Mai gezahlt wird. Im Dezember wird über das Vermögen der GmbH das Insolvenzverfahren eröffnet. Der Insolvenzverwalter verlangt von A Zahlung von 11.000 €, da er der Ansicht ist, A habe seine Stammeinlage nicht voll erbracht. A weist nach, dass der Pkw im Mai einen Wert von 10.000 € hatte.

Der Insolvenzverwalter kann gemäß **§ 80 Abs. 1 InsO** die Ansprüche der Gesellschaft geltend machen. Dieser könnte ein **Anspruch auf Zahlung der Stammeinlage gegen den Gesellschafter A aus dem Gesellschaftsvertrag i.V.m. § 19 Abs. 1 GmbHG** zustehen. **440**

I. Der Anspruch der Gesellschaft auf Leistung einer Bareinlage in Höhe von 12.500 € ist mit **Abschluss des Gesellschaftsvertrages** am 10.02. entstanden, § 14 S. 1 GmbHG.

II. Der Anspruch könnte durch **Erfüllung** nach § 362 Abs. 1 BGB **erloschen** sein. Dann müsste die „geschuldete Leistung" bewirkt sein. Geschuldet war eine Bareinlage, da sich aus dem Gesellschaftsvertrag nichts anderes ergibt. A hat 12.500 € überwiesen. Damit ist (zunächst) Erfüllung eingetreten.

Die **Erfüllungswirkung** könnte jedoch **gemäß § 19 Abs. 4 S. 1 GmbHG entfallen** sein. Dann müsste eine **verdeckte Sacheinlage** vorliegen.

1. Bei **wirtschaftlicher Betrachtungsweise** müsste die Geldeinlage vollständig oder teilweise als Sacheinlage zu bewerten sein. Im Mai zahlte die GmbH für den Kauf seines Pkw 11.000 € an den A. Die Gesellschaft hatte statt des vorgesehenen (anteiligen) Barkapitals von 12.500 € nur ein Barkapital von 1.500 € und den erworbenen Pkw, d.h., sie stand kurz nach der Gründung so, als wenn A den Pkw als Sacheinlage eingebracht hätte.

   Nach teilweise vertretener Ansicht sollen **„gewöhnliche Umsatzgeschäfte"** nicht als verdeckte Sacheinlagen anzusehen sein.[1097] Der Sinn und Zweck der Re-

1095 Zur verdeckten Sacheinlage einer Altforderung des Gesellschafters s. BGH RÜ 2016, 295.

1096 Bitter/Heim § 4 Rn. 187.

1097 OLG Hamm NZG 2005, 184; Henze ZHR 154 (1990) 104, 112.

gelung über die Kapitalaufbringung gebiete keine Einbeziehung dieser Geschäfte, da der Wert solcher Gegenstände leicht und zuverlässig zu ermitteln sei. Der BGH hat es hingegen abgelehnt, gewöhnliche Umsatzgeschäfte aus dem Anwendungsbereich der Regeln über verdeckte Sacheinlagen auszuklammern.[1098] Für den Anwendungsbereich sei nicht die Werthaltigkeit des Gegenstandes, sondern die Umgehung der Sacheinlagevorschriften entscheidend. Für die Ansicht des BGH spricht auch, dass sich „gewöhnliche Umsatzgeschäfte" schwer definieren und von anderen Geschäften abgrenzen lassen. Im vorliegenden Fall liegt daher bei wirtschaftlicher Betrachtungsweise eine Sacheinlage vor.

2. Die Vergleichbarkeit mit einer Sacheinlage müsste sich gerade **aufgrund einer im Zusammenhang mit der Geldeinlage getroffenen Abrede** ergeben. Hier ist im unmittelbaren Zusammenhang mit der Leistung der Einlage keine Abrede darüber getroffen worden, dass A später der Gesellschaft seinen Pkw verkaufen sollte. Bei einem engen zeitlichen Zusammenhang zwischen Bareinlage und Gegengeschäft besteht aber eine tatsächliche Vermutung für das Vorliegen einer entsprechenden Abrede.[1099] Ein enger zeitlicher Zusammenhang wird innerhalb einer Frist von bis zu sechs Monaten bejaht.[1100]

   A hat den Pkw drei Monate nach Erbringung der Bareinlage verkauft. Wegen des engen zeitlichen Zusammenhangs wird vermutet, dass die spätere Erbringung der Sachleistung bereits bei Einzahlung der Bareinlage verabredet war. Es liegt eine verdeckte Sacheinlage vor.

3. Nach **§ 19 Abs. 4 S. 1 GmbHG** ist die **Erfüllungswirkung** der Bareinlage in Höhe der verdeckten Sacheinlage **entfallen**. Da **11.000 €** an A zurückgeflossen sind, ist er weiterhin in dieser Höhe zur Einlageleistung verpflichtet.

   Auf die fortbestehende Einlagepflicht des Gesellschafters wird der **Wert des Vermögensgegenstandes** gemäß § 19 Abs. 4 S. 3 GmbHG **angerechnet**. Die Beweislast für den Wert trägt gemäß § 19 Abs. 4 S. 5 GmbHG der Gesellschafter. A hat nachgewiesen, dass der Pkw im Zeitpunkt der Überlassung an die Gesellschaft im Mai einen **Wert von 10.000 €** besaß. Auf die fortbestehende Einlageverpflichtung von 11.000 € sind damit 10.000 € anzurechnen.

Der Insolvenzverwalter kann von A mithin Zahlung von 1.000 € verlangen.

---

## V. Hin- und Herzahlen (§ 19 Abs. 5 GmbHG)

441 Liegt kein vorrangiger Fall der verdeckten Sacheinlage gemäß § 19 Abs. 4 GmbHG vor, kann die Geldeinlagepflicht des Gesellschafters gleichwohl nach der insoweit subsidiären Vorschrift des § 19 Abs. 5 GmbHG fortbestehen.[1101] Ist vor der Einlage eine **Leistung**

1098 BGH NJW 2007, 765, Rn. 22; BGH NZG 2008, 311, Rn. 13.

1099 BGH RÜ 2016, 295, Rn. 31.

1100 BGH NJW 1996, 1286, 1288.

1101 Lutter/Hommelhoff/Bayer § 19 Rn. 105.

**an den Gesellschafter vereinbart worden, die wirtschaftlich einer Rückzahlung der Einlage entspricht** und die nicht als verdeckte Sacheinlage im Sinne von § 19 Abs. 4 GmbHG zu beurteilen ist, so befreit dies den Gesellschafter von seiner Einlagepflicht nur dann, wenn die Leistung **durch einen vollwertigen Rückgewähranspruch gedeckt** ist, der jederzeit fällig ist oder durch fristlose Kündigung durch die Gesellschaft fällig werden kann (§ 19 Abs. 5 S. 1 GmbHG). Erfasst sind Fälle des „Hin- und Herzahlens", in denen die Geldeinlage aufgrund vorheriger Absprache wieder an die Gesellschafter zurückfließt.[1102] Eine solche Leistung ist in der Anmeldung nach § 8 GmbHG anzugeben (§ 19 Abs. 5 S. 2 GmbHG).

Die **Erfüllungswirkung** der Geldeinlage tritt demnach nur ein,[1103] wenn

(1) die Geldeinlage ordnungsgemäß an die Gesellschaft geleistet worden ist,

(2) aufgrund einer vor der Einzahlung getroffenen Abrede wirtschaftlich eine Rückzahlung der Einlage vorliegt,

(3) dieser Vorgang keine verdeckte Sacheinlage i.S.v. § 19 Abs. 4 S. 1 AktG darstellt,

(4) die GmbH aus dem Rückzahlungsvorgang nach objektiven Maßstäben einen einredefreien, vollwertigen und liquiden Rückgewähranspruch gegen den voraussichtlich erfüllungsbereiten Inferenten erlangt hat, der jederzeit fällig ist oder durch Kündigung durch die Gesellschaft fällig werden kann, und

(5) dieser Vorgang in der Anmeldung gemäß § 19 Abs. 5 S. 2 GmbHG offengelegt wurde.

Aus der negativen Formulierung des § 19 Abs. 5 S. 1 GmbHG folgt die **Darlegungs- und Beweislast** des Inferenten bzgl. der Vollwertigkeit und Liquidität.[1104]

Sind sämtliche Tatbestandsvoraussetzungen des § 19 Abs. 5 S. 1 GmbHG erfüllt, tritt mit der Einzahlung der Einlage durch den Inferenten an die GmbH die **Erfüllung der Einlageschuld** ein.[1105] Ist hingegen nur eine dieser Voraussetzungen nicht erfüllt, bleibt die Einlageforderung der Gesellschaft in voller Höhe bestehen.[1106] Sie erlischt also nicht etwa, soweit die Forderung der GmbH den Auszahlungsbetrag abdeckt und werthaltig ist (Alles-oder-nichts-Prinzip[1107]). Die Rechtsfolge des § 19 Abs. 5 GmbHG ist mithin schärfer als diejenige bei einer verdeckten Sacheinlage, bei der § 19 Abs. 4 GmbHG eine Anrechnung des Wertes auf die Geldeinlageforderung anordnet.

Liegen die Erfüllungsvoraussetzungen nach § 19 Abs. 5 GmbHG nicht vor, tilgt der Inferent durch eine **spätere Rückzahlung** gleichwohl die noch offene Einlageschuld, und zwar auch dann, wenn er nicht (ausdrücklich) auf die Einlageschuld, sondern auf den vermeintlichen Rückgewähranspruch leistet.[1108] Voraussetzung ist allerdings, dass sich die Zahlung der Einlageschuld objektiv zuordnen lässt.[1109]

1102 Bitter/Heim § 4 Rn. 192.
1103 Zum Folgenden: Lutter/Hommelhoff/Bayer § 19 Rn. 106.
1104 BGH NJW 2009, 3091, Rn. 25.
1105 Lutter/Hommelhoff/Bayer § 19 Rn. 121.
1106 Hier und zum Folgenden: Bitter/Heim § 4 Rn. 200.
1107 Lutter/Hommelhoff/Bayer § 19 Rn. 124.
1108 BGH NJW 2006, 509, Ls. 2 und Rn. 9 ff.
1109 BGH NZG 2008, 511, Ls. 2 und Rn. 6.

**Fall 16: Einlagenrückgewähr als Darlehen**

Bei der PT-GmbH wird am 03.02. formwirksam eine Kapitalerhöhung durchgeführt, durch die Gesellschafter G Eigenkapital i.H.v. 50.000 € zuführen sollte. Am 05.02. zahlte G vereinbarungsgemäß diesen Betrag auf das Konto der Gesellschaft ein. Am 12.02. gewährte die PT-GmbH dem G ein Darlehen in Höhe von 50.000 €. Mit Überweisungen, die mit „Darlehensrückzahlung" überschrieben waren, zahlte G den Darlehensbetrag im Laufe des Jahres zurück. Anfang Dezember gerät die GmbH in finanzielle Schwierigkeiten. Der Insolvenzverwalter verlangt von G 50.000 € auf die Einlageschuld. Zu Recht?

**442** Der Insolvenzverwalter kann gemäß § 80 Abs. 1 InsO die Ansprüche der Gesellschaft auf Zahlung von Einlageschulden gegen G, die sich bei einer Kapitalerhöhung aus § 14 S. 3 GmbHG ergeben, geltend machen.

I. Die Einlageschuld des G ist mit der **formwirksamen Kapitalerhöhung** am 03.02. entstanden.

II. Die Stammeinlageforderung könnte jedoch durch die Zahlung vom 05.02. **durch Erfüllung erloschen** sein, § 362 Abs. 1 BGB.

1. Die Erfüllung tritt gemäß § 56 Abs. 2 GmbHG i.V.m. § 19 Abs. 4 GmbHG nicht ein, wenn eine **verdeckte Sacheinlage** vorliegt. Eine verdeckte Sacheinlage ist gemäß § 19 Abs. 4 S. 1 GmbHG gegeben, wenn eine Geldeinlage bei wirtschaftlicher Betrachtung und aufgrund einer im Zusammenhang mit der Übernahme der Geldeinlage getroffenen Abrede vollständig oder teilweise als Sacheinlage zu bewerten ist. Gegenstand einer Sacheinlage kann nur eine sacheinlagefähige Leistung sein.[1110] Als Sacheinlage könnte der Anspruch der Gesellschaft auf Rückzahlung des Darlehens zu bewerten sein.

a) In der Literatur wird **teilweise** angenommen, dass auch **Forderungen der Gesellschaft gegen die Gesellschafter sacheinlagefähig** sind.[1111] Die Regelung in § 19 Abs. 5 GmbHG gestatte de facto den Austausch einer Einlageforderung gegen eine Darlehensforderung. Dann sei es folgerichtig, die Sacheinlagefähigkeit von Forderungen der Gesellschaft gegen den Gesellschafter anzuerkennen. Wenn der Gesetzgeber den Austausch einer Einlageforderung gegen eine Darlehensforderung ermöglichen wolle, sei diese Intention am besten umgesetzt, wenn die Darlehensforderung als Sacheinlage anerkannt werde. Eine besondere Regelung des Hin- und Herzahlens sei überflüssig.

b) Die **h.M.** nimmt jedoch zu Recht an, dass **Forderungen der Gesellschaft gegen einen Gesellschafter nicht Gegenstand einer Sacheinlage** sein können.[1112] Es widerspräche dem Grundsatz der realen Kapitalaufbringung, wenn die Einlagepflicht durch bloßes Eingehen einer rein schuldrechtlichen und da-

1110 BGH NJW 2009, 2375, Rn. 9.

1111 Gehrlein/Witt Kap. 6 Rn. 21.

1112 BGH NJW 2009, 2375, Rn. 10 ff.

mit weniger abgesicherten Verpflichtung erfüllt werden könnte. Insbesondere Darlehensverpflichtungen seien nicht einlagefähig.[1113]

c) **Für die letztgenannte Ansicht** spricht, dass der Gesetzgeber die Regelung in § 19 Abs. 5 GmbHG getroffen hat, weil Forderungen der Gesellschaft gegen den Gesellschafter nicht sacheinlagefähig sind. Dass § 19 Abs. 5 GmbHG de facto die Einbringung eines Rückgewähranspruchs gestattet, ist eine eng begrenzte Ausnahme vom Grundsatz der realen Kapitalaufbringung. Überdies kann eine Forderung allenfalls dann sacheinlagefähig sein, wenn sie gemäß § 19 Abs. 5 S. 2 GmbHG in der Handelsregisteranmeldung angegeben wird. Unterbleibt diese Angabe, ist die Vereinbarung eines Darlehens, mit dem eine Einlage zurückgewährt wird, gemäß § 134 BGB i.V.m. § 19 Abs. 2 S. 1 GmbHG unwirksam.[1114] Einlagezahlungen, die dem Gesellschafter sofort wieder zurückgewährt werden, sind mit dem Grundsatz der realen Kapitalaufbringung unvereinbar, weil sie wirtschaftlich einer verbotenen Befreiung von der Einlageschuld gleichstehen. Es liegt keine verdeckte Sacheinlage vor.

2. Die Erfüllungswirkung tritt grundsätzlich gemäß § 56 a GmbHG i.V.m. § 19 Abs. 5 GmbHG nicht ein, wenn der Tatbestand des **Hin- und Herzahlens** gegeben ist.

a) Dieser setzt zunächst voraus, dass eine **Leistung an den Gesellschafter erfolgt ist, die wirtschaftlich einer Rückzahlung der Einlage entspricht**. Vorliegend ist die durch G am 05.02. eingezahlte Summe innerhalb einer Woche darlehensweise wieder an ihn zurückgezahlt worden. Bei wirtschaftlicher Betrachtung hat die GmbH die Einlage zurückgezahlt, auch wenn ihr ein Anspruch auf Rückzahlung des Darlehensbetrages zusteht.

b) Die Leistung ist wie ausgeführt **nicht als verdeckte Sacheinlage** zu bewerten.

c) Die Rückzahlung müsste **aufgrund einer vor der Einlageleistung getroffenen Abrede** erfolgt sein. Eine solche Vereinbarung wird vermutet, wenn die Rückzahlung im engen zeitlichen Zusammenhang mit der Einlageleistung erfolgt. Die PT-GmbH hat die Einlage eine Woche nach Erhalt als Darlehen zurückgewährt. Es ist daher zu vermuten, dass die Rückzahlung vor Erbringung der Einlage vereinbart wurde.

d) Der Gesellschafter G ist gemäß § 19 Abs. 5 GmbHG von der Einlageverpflichtung nur dann befreit, wenn die Leistung **durch einen vollwertigen Rückgewähranspruch gedeckt** ist, der jederzeit fällig ist oder durch fristlose Kündigung fällig werden kann. Die Erfüllung der Einlageverpflichtung setzt weiterhin voraus, dass die Rückgewähr gemäß § 19 Abs. 5 S. 2 GmbHG **in der Handelsregisteranmeldung angegeben** worden ist.[1115] Hier tritt die Erfüllungswirkung schon deswegen nicht ein, weil die Gewährung des Darlehens an G nicht in der Handelsregisteranmeldung am Sitz der PT-GmbH angemeldet wurde.

---

1113 Bormann/Urlichs GmbHR Sonderheft 10/2008, 37, 45.

1114 BGH NJW 2006, 509, Rn. 8; BGH NJW 2006, 906, Rn. 9; BGH NZG 2007, 428, Rn. 12.

1115 BGH NJW 2009, 2375, Rn. 16; Bormann/Urlichs GmbHR Sonderheft 10/2008, 37, 45.

III. Möglicherweise ist die **Einlageschuld aber durch die „Darlehensrückzahlung" getilgt** worden.

Dagegen könnte sprechen, dass G keine **Tilgungsbestimmung** gemäß § 366 Abs. 1 BGB getroffen hat, die auf Erfüllung der Einlagepflicht gerichtet ist. Nach h.M. wird gleichwohl die Einlageschuld durch die irrig als „Darlehensrückzahlung" bezeichneten Leistungen erfüllt. Dadurch werden der Gesellschaft die von ihr als Einlage zu beanspruchenden Barmittel endgültig zugeführt und der Zweck der Kapitalaufbringungsregeln erreicht. Es gilt nichts anderes als für einen Gesellschafter, der die von ihm eingezahlte Einlage ohne vereinbarten Rechtsgrund vorübergehend zurückerhält und sie hiernach ohne besondere Tilgungsbestimmung wieder einzahlt. Auch dieser erfüllt damit seine (bis dahin fortbestehende) Einlagepflicht und schuldet danach nicht nochmalige Zahlung. Bei unwirksamer Vereinbarung eines Darlehens kann er aber nicht schlechter stehen.[1116] Demnach ist die Einlageschuld durch die Zahlungen auf die vermeintliche Darlehensverbindlichkeit getilgt worden.

Der Insolvenzverwalter hat keinen Anspruch gegen G.

---

## VI. Her- und Hinzahlen

443 Die Vorschrift des § 19 Abs. 5 S. 1 GmbHG erfasst nach ihrem Wortlaut nur den Fall, dass zunächst die Einlage geleistet wird und danach eine Rückzahlung erfolgt.[1117] Für den **Normzweck** der Vorschrift (inklusive der wirtschaftlichen Folgen) ist es aber **ohne Belang, in welcher Reihenfolge die Zahlungsströme zwischen der Gesellschaft und den Gesellschaftern fließen**. Soweit der Zahlungsanspruch der Gesellschaft vollwertig, fällig und liquide ist, sind keine Gründe ersichtlich, warum der Inferent nicht ebenso privilegiert werden sollte wie beim Hin- und Herzahlen.

**In analoger Anwendung erfasst § 19 Abs. 5 S. 1 GmbHG** deshalb **auch das absprachegemäße „Her- und Hinzahlen"**.[1118] Damit werden auch die Fälle der Vorfinanzierung der Einlage durch die GmbH erfasst. Die Vermutung der Vorabsprache gilt auch hier, wobei die Vorabsprache entweder bereits im Zeitpunkt der Herzahlung (Leistung der GmbH) oder auch noch im Zeitpunkt der Hinzahlung (Einlageleistung) getroffen werden kann.

## B. Kapitalerhaltung

444 Ist das **Kapital wirksam aufgebracht**, greift anschließend das System der Kapitalerhaltung ein.[1119] Grundlegend zu unterscheiden ist zwischen der **Vermögensbindung**, dem **Verbot existenzvernichtender Eingriffe** und dem **Verbot des Erwerbs eigener Geschäftsanteile** (§ 33 GmbHG). Während die Vermögensbindung sowohl Gläubiger-

1116 BGH NJW 2006, 509, Rn. 9; BGH NJW 2006, 906, Rn. 10; BGH NZG 2007, 428, Rn. 13; Bayer GmbHR 2004, 445, 452.
1117 Hier und zum Folgenden: Lutter/Hommelhoff/Bayer § 19 Rn. 128.
1118 BGH NJW 2010, 1747, Rn. 24.
1119 Hier und zum Folgenden: Bitter/Heim § 4 Rn. 224.

als auch Mitgesellschafterinteressen schützt, dienen das Verbot existenzvernichtender Eingriffe und das Verbot des Erwerbs eigener Geschäftsanteile allein den Interessen der Gläubiger.

## I. Vermögensbindung in der GmbH

Hinsichtlich der Vermögensbindung in der GmbH ist im Wesentlichen zwischen der **auf das Stammkapital beschränkten Vermögensbindung im Gläubigerinteresse** (§§ 30, 31 GmbHG; dazu nachstehend Rn. 446 ff.) und einer **umfassenden Vermögensbindung im Interesse der Mitgesellschafter** (dazu Rn. 450) zu differenzieren. **445**

### 1. Erhaltung des Stammkapitals im Gläubigerinteresse (§§ 30, 31 GmbHG)

Das GmbH-Recht enthält mit §§ 30, 31 GmbHG besondere Vorschriften zum Schutz des Gläubigerinteresses. Nach § 30 Abs. 1 S. 1 GmbHG darf (nur) das zur Erhaltung des Stammkapitals erforderliche Vermögen der Gesellschaft nicht an die Gesellschafter ausgezahlt werden. Nur soweit eine offene oder verdeckte Ausschüttung von Vermögen das Stammkapital angreift, trifft den Gesellschafter im Interesse der auf das Stammkapital vertrauenden Gläubiger eine verschuldensunabhängige Rückgewährpflicht nach § 31 Abs. 1 GmbHG. Zu erstatten sind ausschließlich solche Zuwendungen, die auf **Basis des Gesellschaftsverhältnisses** (*causa societatis*) erfolgen und eine **Unterbilanz** herbeiführen oder eine solche vertiefen.[1120] Letzteres ist der Fall, wenn das Nettovermögen der GmbH (also die Differenz zwischen Aktivvermögen und Verbindlichkeiten) durch die Zuwendung unter die Stammkapitalziffer fällt oder die Lücke vergrößert wird. **446**

**Beispiel 1:** Eine GmbH mit einem Stammkapital von 50.000 € hat ein Nettovermögen von 60.000 €. Ein Gesellschafter erhält ohne Gegenleistung *causa societatis* eine Zuwendung in Höhe von 30.000 €. Hierdurch sinkt das Nettovermögen auf 30.000 €. Die Zuwendung an den Gesellschafter hat eine Unterbilanz von 20.000 € herbeigeführt und ist insoweit verboten.

**Beispiel 2:** Wie Beispiel 1, nur beträgt das Nettovermögen der GmbH vor der Zuwendung 40.000 €. In diesem Fall vertieft die Zuwendung die Unterbilanz um 30.000 € und ist in voller Höhe zu erstatten.

Das **Auszahlungsverbot** ist nicht auf den Betrag des Stammkapitals beschränkt. Es greift erst recht ein, wenn das zur Deckung des Stammkapitals erforderliche Vermögen bereits aufgebraucht ist und das **Nettovermögen der GmbH durch die Zuwendung negativ** wird (bilanzielle Überschuldung bzw. nicht durch Eigenkapital gedeckter Fehlbetrag i.S.v. § 268 Abs. 3 HGB). Im Zustand der (bilanziellen) Überschuldung kann die Zuwendung an den Gesellschafter nur noch aus Fremdmitteln auf Kosten der Gesellschaftsgläubiger erfolgen.[1121]

**Beispiel 3:** Wie Beispiel 1, nur beträgt die Zuwendung 100.000 €. In diesem Fall ist das Nettovermögen nach der Zuwendung in Höhe von 40.000 € negativ. Dann erfasst das Auszahlungsverbot nicht nur den Betrag des verlorenen Stammkapitals (50.000 €), sondern erst recht auch die weiteren 40.000 €, um die das Nettovermögen negativ ist. Der Gesellschafter hat also 90.000 € zu erstatten.

1120 Hier und zum Folgenden: Bitter/Heim § 4 Rn. 227 ff.

1121 BGH NJW 1990, 1730, 1732.

447 Nach § 30 GmbHG verbotene Leistungen sind der GmbH vom Gesellschafter zu erstatten. § 31 Abs. 1 GmbHG ordnet insoweit einen **verschuldensunabhängigen Erstattungsanspruch** an. Dieser Erstattungsanspruch ist unmittelbar mit seiner Entstehung und nicht etwa erst mit einem Gesellschafterbeschluss nach § 46 Nr. 2 GmbHG fällig.[1122] Er kann auch nicht erlassen werden (§ 31 Abs. 4 GmbHG) und verjährt in zehn Jahren ab der jeweiligen verbotswidrigen Leistung (§ 31 Abs. 5 S. 1 und 2 GmbHG); wird das Insolvenzverfahren über das Vermögen der Gesellschaft eröffnet, so tritt die Verjährung nicht vor Ablauf von sechs Monaten ab dem Zeitpunkt der Eröffnung ein (§ 31 Abs. 5 S. 3 i.V.m. § 19 Abs. 6 S. 2 GmbHG).

War der **Empfänger** allerdings **in gutem Glauben**, so kann die Erstattung nur insoweit verlangt werden, als sie zur Befriedigung der Gesellschaftsgläubiger erforderlich ist (§ 31 Abs. 2 GmbHG). Der gute Glaube bezieht sich **auf die Unversehrtheit des Stammkapitals**.[1123] Der Empfänger darf im Zeitpunkt des Leistungsempfangs weder wissen noch grob fahrlässig verkennen (vgl. § 932 Abs. 2 BGB), dass die Auszahlung eine Unterbilanz herbeiführt oder vertieft. Hierfür trägt der Empfänger die Beweislast.

Ist die Erstattung von dem Empfänger nicht zu erlangen, so haften für den zu erstattenden Betrag, soweit er zur Befriedigung der Gesellschaftsgläubiger erforderlich ist, die übrigen Gesellschafter nach dem Verhältnis ihrer Geschäftsanteile; Beiträge, welche von einzelnen Gesellschaftern nicht zu erlangen sind, werden nach dem bezeichneten Verhältnis auf die übrigen Gesellschafter verteilt (§ 31 Abs. 3 GmbHG). Diese **Ausfallhaftung der übrigen Gesellschafter** ist auf den Betrag der Stammkapitalziffer begrenzt; sie erstreckt sich nicht auf den Betrag, um den das Nettovermögen durch eine verbotene Auszahlung negativ geworden ist (bilanzielle Überschuldung).[1124]

Im **Beispiel 3** muss nur der die Zuwendung erhaltende Gesellschafter 90.000 € erstatten. Die Ausfallhaftung aller weiteren Gesellschafter zusammen beschränkt sich auf das verlorene Stammkapital von 50.000 €.

448 Der Erstattungsanspruch gegen die Mitgesellschafter **verjährt** in fünf (statt zehn) Jahren ab der Zahlung (§ 31 Abs. 5 S. 1 GmbHG). Die Gesellschafter, die aus der Solidarhaftung nach § 31 Abs. 3 GmbHG in Anspruch genommen worden sind und Beträge erstattet haben, können von den Geschäftsführern, die ein Verschulden (es gilt der Sorgfaltsmaßstab des § 43 Abs.1 GmbHG)[1125] an den Zahlungen trifft, **Ersatz des Haftbeitrags** verlangen (§ 31 Abs. 6 GmbHG). Mehrere schuldhaft handelnde Geschäftsführer haften dabei als Gesamtschuldner.[1126] Sie können ihrerseits den Erstattungsschuldner (§ 31 Abs. 1 GmbHG) in Regress nehmen. Nach Eintritt der Fälligkeit, aber vor Erfüllung des Solidaranspruchs, hat der Mitgesellschafter gegen die Geschäftsführer einen Freistellungsanspruch. Der Regressanspruch aus § 31 Abs. 6 GmbHG verjährt in fünf Jahren (§ 31 Abs. 6 S. 2 i.V.m. § 43 Abs. 4 GmbHG), beginnend mit der Zahlung der auf Solidarhaftung in Anspruch genommenen Mitgesellschafter.

---

1122 Lutter/Hommelhoff/Hommelhoff § 31 Rn. 11.

1123 Hier und zum Folgenden: Lutter/Hommelhoff/Hommelhoff § 31 Rn. 17.

1124 BGH NJW 2002, 1803, Ls. 1.

1125 Lutter/Hommelhoff/Hommelhoff § 31 Rn. 34.

1126 Hier und zum Folgenden: Lutter/Hommelhoff/Hommelhoff § 31 Rn. 34.

Der Anwendungsbereich des Kapitalerhaltungsgebots ist bei der GmbH in drei **Ausnahmefällen** eingeschränkt. Das Auszahlungsverbot nach § 30 Abs. 1 S. 1 GmbHG gilt nicht für 449

- Leistungen bei Bestehen eines **Beherrschungs- oder Gewinnabführungsvertrages** i.S.v. § 291 AktG **(§ 30 Abs. 1 S. 2 Alt. 1 GmbHG)**;

  In diesen Fällen sind die GmbH, ihre Gläubiger und die außenstehenden Gesellschafter durch den **Anspruch auf Verlustausgleich** entsprechend § 302 AktG geschützt.[1127] Zu beachten ist, dass bereits solche Leistungen privilegiert sind, die *bei Bestehen* eines solchen Unternehmensvertrages erfolgen. Damit sind auch Leistungen vom Auszahlungsverbot des § 30 Abs. 1 S. 1 GmbHG entzogen, die an andere, mit dem herrschenden Unternehmen i.S.v. §§ 15 ff. AktG verbundene Konzerngesellschafter erfolgen.

  **Beispiel:** Die Tochtergesellschaft 1 (= beherrschtes Unternehmen) zahlt nicht an die Muttergesellschaft (= herrschendes Unternehmen), sondern auf deren Anweisung an die Tochtergesellschaft 2, also eine Schwestergesellschaft.

- Leistungen, die **durch einen vollwertigen Gegenleistungs- oder Rückgewähranspruch gegen den Gesellschafter gedeckt** sind **(§ 30 Abs. 1 S. 2 Alt. 2 GmbHG)**;

  In diesen Fällen ist das Vermögen der GmbH bilanziell betrachtet nicht reduziert, sondern es hat lediglich ein **Aktivtausch** (Bargeld gegen vollwertige Forderung) stattgefunden.[1128] Dies verdeutlicht, dass § 30 Abs. 1 GmbHG eine rein bilanzielle (vermögensmäßige) Ausschüttungssperre enthält.[1129] Ist der Rückzahlungsanspruch gegen den Gesellschafter im Zeitpunkt der Auszahlung an diesen nicht (voll) werthaltig, erfüllt dieser den Anspruch später aber dennoch, erlischt mit der Rückzahlung auch der Anspruch aus § 31 GmbHG (wechselseitige Erfüllung analog § 422 Abs. 1 S. 1 BGB).

- die **Rückgewähr eines Gesellschafterdarlehens** und Leistungen auf Forderungen aus Rechtshandlungen, die einem Gesellschafterdarlehen wirtschaftlich entsprechen **(§ 30 Abs. 1 S. 3 GmbHG)**.

  Durch diese Regelung soll in Fällen, in denen Gesellschafter ihre GmbH nicht durch Eigenkapital, sondern durch Gesellschafterdarlehen oder vergleichbare Mittelzuführungen finanzieren, vermieden werden, dass dieses **Fremdkapital in Eigenkapital umqualifiziert** wird, sodass eine Rückzahlung der Finanzierung eine Leistung *causa societatis* i.S.v. § 30 GmbHG wird und daher einen Erstattungsanspruch nach § 31 GmbHG auslöst, wenn sie aus dem gebundenen Gesellschaftsvermögen erfolgt. Für Gesellschafterdarlehen und gleichgestellte Leistungen gelten seit dem MoMiG[1130] nur noch die Vorgaben der §§ 39, 135 InsO.

## 2. Umfassende Vermögensbindung im Minderheitsinteresse

Über die Erhaltung des Stammkapitals nach Maßgabe des § 30 GmbHG hinaus besteht auch bei der GmbH eine umfassende Vermögensbindung, wenn **Minderheitsgesellschafter** vorhanden sind.[1131] Verschafft sich ein Gesellschafter durch eine Vermögensverlagerung zulasten seiner Mitgesellschafter einen Sondervorteil, löst dies verschiedene Rechtsfolgen aus: 450

- einen verschuldensunabhängigen, aus dem Gesellschaftsvertrag abgeleiteten **Anspruch auf Rückgewähr** des Sondervorteils und

1127 Hier und zum Folgenden: Lutter/Hommelhoff/Hommelhoff § 30 Rn. 47.

1128 Bitter/Heim § 4 Rn. 242.

1129 Hier und zum Folgenden: Bitter/Heim § 4 Rn. 243.

1130 Gesetz zur Modernisierung des GmbH-Rechts und zur Bekämpfung von Missbräuchen (MoMiG) vom 23.10.2008, BGBl. I S. 2026.

1131 Hier und zum Folgenden: Bitter/Heim § 4 Rn. 249.

- einen **verschuldensabhängigen Schadensersatzanspruch** wegen Treuepflichtverletzung nach §§ 280, 241 Abs. 2 BGB.

Diesem Anspruch liegt die Wertung zugrunde, dass das Vermögen der GmbH aufgrund gemeinsamer Zweckbindung im Grundsatz allen Gesellschaftern in gleicher Weise zusteht und die Gesellschafter deshalb Anspruch auf **Gleichbehandlung** haben.

## II. Haftung wegen existenzvernichtenden Eingriffs

451 Den Gesellschaftern ist es nicht gestattet, der GmbH durch **missbräuchliche Eingriffe in das Gesellschaftsvermögen** Mittel zu entziehen, die sie zur Befriedigung ihrer Verbindlichkeiten benötigt. Ein zur Haftung der Gesellschafter führendes missbräuchliches Verhalten liegt insbesondere vor, wenn Gesellschafter die GmbH durch Abzug aller Ressourcen „auf kaltem Wege", also ohne Durchführung eines ordentlichen Liquidationsverfahrens gemäß §§ 66 ff. GmbHG, liquidieren, etwa dadurch, dass die Vermögenswerte der GmbH auf eine neu gegründete GmbH übertragen werden (sog. GmbH-Stafette) oder risikoreiche Projekte auf eine unterkapitalisierte Tochter-GmbH ausgelagert werden.[1132] In diesen Fällen erfolgt eine **„einseitige Spekulation auf Kosten der Gläubiger"**, die verboten ist.[1133]

Mittlerweile erblickt der BGH in solchen existenzvernichtenden Eingriffen der Gesellschafter in das Gesellschaftsvermögen eine besondere **Fallgruppe der vorsätzlichen sittenwidrigen Schädigung (§ 826 BGB)** der GmbH, die eine schadensersatzrechtliche **Innenhaftung der Gesellschafter gegenüber der Gesellschaft** auslösen.[1134]

Der Anspruch der GmbH gegen den Gesellschafter aus § 826 BGB auf Ersatz des durch einen existenzvernichtenden Eingriff entstandenen Schadens besteht unter folgenden **Tatbestandsvoraussetzungen**:[1135]

**Haftung wegen existenzvernichtenden Eingriffs nach § 826 BGB**

1. Anspruchsgegner ist **Gesellschafter**
2. **Entziehung von Gesellschaftsvermögen** durch einen Eingriff von außen
3. Der Eingriff bewirkt, dass
   - die GmbH ihre Verbindlichkeiten nicht mehr bedienen kann **(Insolvenzverursachung)**, oder
   - eine bereits eingetretene Insolvenz verschärft wird **(Insolvenzvertiefung)**.
4. **Zumindest bedingt vorsätzliches** Handeln der Gesellschafter
5. Liegen die unter 1. bis 4. genannten Voraussetzungen vor, hat der Gesellschafter den der GmbH entstandenen **Schaden zu ersetzen** (§§ 249 ff. BGB).

452 Die **Rechtsfolgen** existenzvernichtender Eingriffe sind denen eines Verstoßes gegen die Kapitalerhaltungsvorschriften angeglichen; zwischen den Erstattungsansprüchen

1132 Hier und zum Folgenden: Bitter/Heim § 4 Rn. 253.
1133 BGH NJW 1994, 446, 447; BGH NJW 2000, 1571, 1572.
1134 BGH NJW 2007, 2689, Ls. 2.
1135 Bitter/Heim § 4 Rn. 260.

aus §§ 30, 31 GmbHG und Schadensersatzansprüchen aus § 826 BGB besteht, soweit sie sich überschneiden, Anspruchsgrundlagenkonkurrenz.[1136] Letztere führt aber nicht dazu, dass der Gesellschafter doppelt zahlen muss, weil ein Schaden (§ 826 BGB) nur insoweit bestehen kann, wie der Gesellschafter den erlangten Vermögensvorteil nicht schon nach §§ 30, 31 GmbHG zurückgeführt hat.[1137]

## III. Erwerb eigener Geschäftsanteile (§ 33 GmbHG)

Ein **originärer Erwerb** eigener Geschäftsanteile durch die GmbH bei der Gründung oder bei der Kapitalerhöhung ist generell **ausgeschlossen**; die Übernahme ist unwirksam, eine Eintragung im Handelsregister darf nicht erfolgen.[1138] **453**

Ein **derivativer Erwerb** eigener Geschäftsanteile durch die GmbH im Wege der Abtretung gemäß §§ 413, 398 BGB ist als Art der Einlagenrückgewähr[1139] im Hinblick auf die reale Kapitalaufbringung und -erhaltung ebenfalls problematisch. § 33 GmbHG lässt ihn deshalb **nur in engen Grenzen** zu:

Nach **§ 33 Abs. 1 GmbHG** kann die GmbH eigene **Geschäftsanteile, auf welche die Einlagen noch nicht vollständig geleistet sind**, nicht erwerben. Dies dient dem **Schutz der realen Kapitalaufbringung**; denn die GmbH kann sich selbst nichts schulden oder leisten, also auch nicht die restliche Einlage.[1140] Das Verbot des § 33 Abs. 1 GmbHG gilt ohne Ausnahme, also auch dann, wenn der Erwerb zur Abwendung eines schweren Schadens für die Gesellschaft (vgl. § 71 Abs. 1 Nr. 1 AktG) erfolgen soll;[1141] es erstreckt sich grundsätzlich auf alle Formen des Erwerbs, auch auf den unentgeltlichen Erwerb, weil es allein auf das Erlöschen des Anspruchs auf Leistung der restlichen Einlage durch Konfusion ankommt.[1142] Ist auch nur ein geringer Teil der Einlage offen, so ist der Erwerb gemäß § 134 BGB insgesamt nichtig,[1143] d.h. beim rechtsgeschäftlichen Erwerb sowohl das Verpflichtungs- als auch das Verfügungsgeschäft.[1144] Der Gesellschafter bleibt Schuldner der Einlage und ist Rückgewährschuldner des durch die GmbH etwa gezahlten Kaufpreises (§ 812 Abs. 1 S. 1 Alt. 1 BGB). Für einen etwaigen Ausfall (wegen Entreicherung i.S.v. § 818 Abs. 3 BGB) haftet der Geschäftsführer nach § 43 GmbHG und – wenn gleichzeitig gegen § 33 Abs. 2 GmbHG verstoßen wurde – aus § 31 GmbHG. Die GmbH wird nicht Inhaberin des Geschäftsanteils; veräußert sie ihn dennoch weiter, kommt ein gutgläubiger Erwerb nach § 16 Abs. 3 GmbHG in Betracht.[1145] **454**

Ausgenommen vom Erwerbsverbot des § 33 Abs. 1 GmbHG ist nur der Erwerb bei der **Kaduzierung**.[1146] Die Vorschriften der §§ 21 ff. GmbHG sind insoweit *leges speciales*.[1147]

---

1136 BGH NJW 2007, 2689, Ls. 3.
1137 Bitter/Heim § 4 Rn. 257.
1138 Lutter/Hommelhoff/Hommelhoff § 33 Rn. 1.
1139 Bitter/Heim § 4 Rn. 261.
1140 Lutter/Hommelhoff/Hommelhoff § 33 Rn. 1.
1141 Lutter/Hommelhoff/Hommelhoff § 33 Rn. 8.
1142 Lutter/Hommelhoff/Hommelhoff § 33 Rn. 10.
1143 Hier und zum Folgenden: Lutter/Hommelhoff/Hommelhoff § 33 Rn. 11.
1144 BFH NZG 2015, 526, 527.
1145 S. hierzu Rn. 405.
1146 S. hierzu Rn. 435.
1147 MünchKomm-GmbHG/Löwisch § 33 Rn. 28; Lutter/Hommelhoff/Hommelhoff § 33 Rn. 10.

455 Ist die **Einlage hingegen voll geleistet**, steht der Erwerb eigener Anteile bei der GmbH nur unter der Bedingung, dass die Gesellschaft für den Erwerb weder ihr gesetzliches noch ihr statutarisch (also nach dem Gesellschaftsvertrag festgelegtes) gebundenes Vermögen einsetzen muss. Nach **§ 33 Abs. 2 GmbHG,** welcher der **Kapitalerhaltung** dient,[1148] darf die GmbH eigene Geschäftsanteile, auf welche die Einlage vollständig geleistet ist, erwerben, sofern sie im Zeitpunkt des Erwerbs eine Rücklage in Höhe der Aufwendungen für den Erwerb bilden könnte, **ohne das Stammkapital oder eine nach dem Gesellschaftsvertrag zu bildende Rücklage, die nicht zur Zahlung an die Gesellschafter verwandt werden darf, zu mindern** (§ 33 Abs. 2 S. 1 GmbHG).

Dieses Gebot ist bei allen **unentgeltlichen Erwerben** (Schenkung, Vermächtnis, Übertragungspflicht gemäß Satzung) per se erfüllt,[1149] weil die GmbH dann keine „Aufwendungen für den Erwerb" i.S.v. § 33 Abs. 2 S. 1 GmbHG hat.[1150] Bei jedem **entgeltlichen Erwerb** lautet hingegen die Kontrollfrage: Könnte die GmbH in Höhe der Gegenleistung auch eine Ausschüttung an die Gesellschafter tätigen (vgl. §§ 29, 30 GmbHG), verfügt sie insoweit über ausschüttungsfähige Rücklagen oder einen festgestellten, noch nicht verteilten Bilanzgewinn? Maßgebend für diese Feststellung ist die fortgeschriebene Ertragsbilanz nach §§ 264 ff. HGB.[1151] Ist dies zu verneinen, ist der (dingliche) Erwerb der Geschäftsanteile – im Gegensatz zu § 33 Abs. 1 GmbHG – dennoch wirksam; jedoch ist das schuldrechtliche Geschäft über einen verbotswidrigen Erwerb nichtig (§ 33 Abs. 2 S. 3 GmbHG).[1152]

Fehlt es hingegen an ausreichend freiem Vermögen, so darf die GmbH nicht zahlen – dies wäre ein Verstoß gegen § 30 Abs. 1 S. 1 GmbHG – und muss das etwa bereits Gezahlte nach § 31 GmbHG **zurückfordern**.[1153] Zur Rückabtretung des Geschäftsanteils an den Gesellschafter ist die Gesellschaft nur **Zug um Zug** gegen Zahlung des Geleisteten verpflichtet (§ 273 BGB). Hat die GmbH den Geschäftsanteil weiter übertragen – wozu sie rechtlich in der Lage ist, da sie tatsächlich dessen Inhaberin geworden ist –, kann sie diesen nicht an den Gesellschafter zurückgewähren. Stattdessen hat sie gemäß § 818 Abs. 2 BGB Wertersatz zu leisten. Der Gesellschafter kann dem Anspruch der Gesellschaft auf Rückgewähr des Gezahlten jedoch nicht entgegenhalten, dass diese selbst den Geschäftsanteil nicht zurückübertragen kann. Die bereicherungsrechtliche Saldotheorie[1154] kommt insoweit nicht zur Anwendung. Denn diese würde voraussetzen, dass sich zwei (bereicherungsrechtliche) Ansprüche gegenüberstehen, derentwegen sich beide Seiten potentiell auf Entreicherung berufen können. § 31 GmbHG ist jedoch kein bereicherungsrechtlicher Anspruch und kennt dementsprechend auch keinen Einwand der Entreicherung. Ferner ist auch eine Aufrechnung seitens des Gesellschafters ausgeschlossen, da diese nach § 19 Abs. 2 S. 2 GmbHG grundsätzlich nur der Gesellschaft erlaubt ist.

---

1148 Lutter/Hommelhoff/Hommelhoff § 33 Rn. 2.

1149 OLG Hamm GmbHR 1994, 179, 180.

1150 Hier und zum Folgenden: Lutter/Hommelhoff/Hommelhoff § 33 Rn. 15.

1151 BGH NJW 1997, 196, Ls. 2.

1152 Zum Folgenden: Lutter/Hommelhoff/Hommelhoff § 33 Rn. 23 f.

1153 BGH NJW 1997, 2599, Ls.

1154 Dazu ausführlich AS-Skript Schuldrecht BT 3 (2019), Rn. 153 ff.

Der Geschäftsführer, der das Gebot des § 33 Abs. 2 GmbHG missachtet, haftet der GmbH aus § 43 GmbHG für den Ausfall und den Gesellschaftern ggf. aus § 31 Abs. 6 GmbHG.[1155]

Der Erwerb eigener Anteile (§ 33 GmbHG) ist von der **Einziehung** (§ 34 GmbHG)[1156] zu unterscheiden: Während bei einem Erwerb i.S.v. § 33 GmbHG der Geschäftsanteil existent bleibt, geht er im Rahmen der Einziehung unter.[1157]

## C. Kapitalerhöhung und Kapitalherabsetzung

Die **Kapitalerhöhung** hat den Zweck der GmbH frisches Kapital zur Verfügung zu stellen, um dadurch Investitionen zu ermöglichen.[1158] Eine **Kapitalherabsetzung** kann den Sinn haben, nicht benötigtes Eigenkapital an die Gesellschafter zurückzugewähren. **456**

In Fällen, in denen die Gesellschafter der GmbH Kapital zuführen oder es von ihr zurückerhalten, spricht man von **effektiven Kapitalerhöhungen oder -herabsetzungen**, bei denen neue Einlagepflichten entstehen bzw. Vermögen ausgeschüttet wird. Kapitalmaßnahmen können indes auch stattfinden, ohne dass dem Gesellschaftsvermögen Mittel zufließen oder von ihm abfließen. So etwa bei Umwandlung von Rücklagen in Stammkapital oder bei der Anpassung des Stammkapitals an das durch Verluste verminderte Gesellschaftsvermögen **(nominelle Kapitalerhöhung oder -herabsetzung)**.

In allen Fällen liegt eine **Satzungsänderung** vor, bezüglich derer die Vorgaben der §§ 53, 54 GmbHG – notariell beurkundeter Gesellschafterbeschluss mit einer Mehrheit von ¾ der abgegebenen Stimmen und Anmeldung zur Eintragung in das Handelsregister – zu beachten sind.[1159]

# 5. Abschnitt: Die Auflösung und Abwicklung der GmbH

Auch bei der GmbH ist zwischen der Auflösung, Abwicklung (Liquidation) und Vollbeendigung der Gesellschaft **zu unterscheiden**:[1160] **457**

Die GmbH wird in den Fällen des § 60 GmbHG **aufgelöst**. Die GmbH bleibt als Rechtsträger und juristische Person bestehen. Es ändert sich aber ihr Zweck, der nicht mehr auf den Betrieb eines Unternehmens (werbende Gesellschaft), sondern nunmehr auf die Abwicklung der GmbH (Abwicklungsgesellschaft) gerichtet ist. Damit der Rechtsverkehr diese Änderung des Unternehmenszwecks erkennen kann, ist die Auflösung zur Eintragung ins Handelsregister anzumelden (§ 65 GmbHG) und ein klarstellender Zusatz zur Firma („in Liquidation" bzw. kurz „i.L.") zu verwenden. **458**

Eine **Fortsetzung der Gesellschaft nach Auflösung** ist möglich. Gemeint ist damit eine Rückverwandlung der Abwicklungsgesellschaft in eine werbende Gesellschaft.[1161] Eine solche Fortsetzung (nach Auflösung und vor Beendigung) ist in § 60 GmbHG zwar nur für den Auflösungsfall nach § 60 Abs. 1 Nr. 4

---

1155 S. hierzu Rn. 448.

1156 S. hierzu Rn. 406.

1157 Lutter/Hommelhoff/Hommelhoff § 33 Rn. 2.

1158 Zum Folgenden: Schäfer § 35 Rn. 56 ff.

1159 Lutter/Hommelhoff/Bayer § 55 Rn. 3 (zur Kapitalerhöhung); Lutter/Hommelhoff/Kleindiek § 58 Rn. 5 (zur Kapitalherabsetzung).

1160 Hier und zum Folgenden: Bitter/Heim § 4 Rn. 285 ff; Grunewald § 13 Rn. 207 ff.

1161 Lutter/Hommelhoff/Kleindiek § 60 Rn. 28.

GmbHG (Einstellung oder Aufhebung des Insolvenzverfahrens)[1162] ausdrücklich ausgesprochen, auf diesen aber nicht beschränkt.[1163] Für die Fortsetzung sind regelmäßig ein Beschluss der Gesellschafter und eine Beseitigung des Auflösungsgrundes erforderlich. Zu beachten sind die Grundsätze der wirtschaftlichen Neugründung.[1164]

459 Die **Abwicklung (Liquidation)** der GmbH richtet sich nach den §§ 66 ff. GmbHG. Sie dient dazu, das Vermögen der Gesellschaft zu Geld zu machen (zu liquidieren) und die Gläubiger der GmbH zu befriedigen. Erst wenn alle Gläubiger befriedigt sind, wird das verbleibende Vermögen unter den Gesellschaftern aufgeteilt (§ 72 GmbHG). Damit die Gläubiger genügend Zeit zur Anmeldung ihrer Forderungen haben, darf dies frühestens ein Jahr (sog. Sperrjahr) nach der Bekanntmachung des Aufrufs der Gläubiger (§ 65 Abs. 2 S. 1 GmbHG) erfolgen (§ 73 Abs. 1 GmbHG). Mit der Verteilung an die Gesellschafter endet die Abwicklung. Dies haben die Liquidatoren (§ 66 GmbHG) zur Eintragung ins Handelsregister anzumelden (§ 74 Abs. 1 S. 1 GmbHG).

460 Auf die Anmeldung hin ist die Gesellschaft zu löschen (§ 74 Abs. 1 S. 2 GmbHG). Eine **Vollbeendigung** der Gesellschaft als Rechtsträger und juristische Person setzt jedoch neben der Löschung im Handelsregister noch deren Vermögenslosigkeit voraus (sog. Lehre vom Doppeltatbestand).[1165]

## 6. Abschnitt: Die Unternehmergesellschaft (haftungsbeschränkt)

461 Durch das MoMiG[1166] wurde die Unternehmergesellschaft (haftungsbeschränkt) eingeführt **(§ 5 a GmbHG).**[1167] Bei ihr handelt es sich im Grundsatz um eine **normale GmbH** und nicht um eine neue Rechtsform. Allerdings kann die UG mit einem **geringeren Stammkapital als 25.000 €** gegründet werden (§ 5 a Abs. 1 S. 1 GmbHG). Theoretisch reicht bereits 1 €. Das Stammkapital muss aber mindestens den von der Gesellschaft ggf. zu übernehmenden Gründungsaufwand decken, weil eine bereits bei ihrer Gründung überschuldete Gesellschaft nicht eintragungsfähig ist.[1168]

Aufgrund dieser geringeren Kapitalausstattung der UG im Vergleich zur „echten" GmbH macht § 5 a GmbHG **einige besondere Vorgaben**:

- Die **Firma** der Gesellschaft muss abweichend von § 4 GmbHG die Bezeichnung „Unternehmergesellschaft (haftungsbeschränkt)" oder „UG (haftungsbeschränkt)" enthalten (§ 5 a Abs. 1 GmbHG);[1169]
- abweichend von § 7 Abs. 2 GmbHG darf die **Anmeldung** der Gesellschaft zum Handelsregister erst erfolgen, wenn das Stammkapital in voller Höhe eingezahlt ist; **Sacheinlagen sind ausgeschlossen** (§ 5 a Abs. 2 GmbHG);

---

1162 Zur Fortsetzung einer insolvenzbedingt aufgelösten GmbH s. BGH RÜ 2015, 706.

1163 Hier und zum Folgenden: Lutter/Hommelhoff/Kleindiek § 60 Rn. 28.

1164 S. dazu Rn. 397.

1165 Baumbach/Hueck/Haas § 60 Rn. 6; vgl. auch § 394 FamFG: Löschung wegen Vermögenslosigkeit; die nach § 394 FamFG gelöschte GmbH ist grundsätzlich weder rechts- noch parteifähig (BGH RÜ 2015, 576).

1166 Gesetz zur Modernisierung des GmbH-Rechts und zur Bekämpfung von Missbräuchen (MoMiG) vom 23.10.2008, BGBl. I S. 2026.

1167 Zum Folgenden: Bitter/Heim § 4 Rn. 295; Windbichler § 21 Rn. 44 ff.

1168 KG NJW 2015, 3175, Kindler § 14 Rn. 110.

1169 Zur Rechtscheinhaftung des Handelnden analog § 179 BGB bei unrichtiger Firmierung der UG als „GmbH" s. BGH RÜ 2012, 628.

- es besteht die Verpflichtung, aus dem Jahresüberschuss kontinuierlich eine **gesetzliche Rücklage** zu bilden (§ 5 a Abs. 3 S. 1 GmbHG);
- abweichend von § 49 Abs. 3 GmbHG muss die Gesellschafterversammlung bei **drohender Zahlungsunfähigkeit** (§ 18 InsO) unverzüglich einberufen werden (§ 5 a Abs. 4 GmbHG).

Die vorstehenden Sonderregeln finden keine Anwendung mehr, wenn die Gesellschaft ihr **Stammkapital auf den Betrag des Mindeststammkapitals oder einen höheren Betrag erhöht** hat (§ 5 a Abs. 5 GmbHG). Dies ist durch Umwandlung der gebildeten Rücklage in Stammkapital oder eine effektive Kapitalerhöhung[1170] möglich. Mit der Kapitalerhöhung **wird die UG zu einer in jeder Hinsicht regulären GmbH.**[1171] Gleichwohl darf die Gesellschaft ihre Firma nach § 5 a Abs. 1 GmbHG beibehalten (§ 5 a Abs. 5 GmbHG a.E.).

1170 S. hierzu Rn. 456.

1171 Bitter/Heim § 4 Rn. 296.

## Die Gesellschaft mit beschränkter Haftung (GmbH)

### Grundlagen

- Juristische Person (§ 13 Abs. 1 GmbHG), Einpersonengesellschaft möglich
- Kapitalgesellschaft (§§ 5 Abs. 1, 13 Abs. 2 GmbHG)
- Formkaufmann (§ 13 Abs. 3 GmbHG)

### Entstehung

- Gründung in drei Schritten:
  - Gründungsentschluss: Vorgründungsgesellschaft
  - Beurkundung der Satzung: Vor-GmbH
  - Eintragung in das Handelsregister: „fertige" GmbH
- Umwandlung

### Organisation

- Gesellschafter: „Eigentümer" der GmbH
- Gesellschafterversammlung (§§ 48 ff. GmbHG): Willensbildungsorgan der Aktionäre
- Geschäftsführer (§§ 35 ff. GmbHG): Geschäftsführung und (organschaftliche) Vertretung der GmbHG; Weisungsbefugnis der Gesellschafterversammlung
- Aufsichtsrat (§ 52 GmbHG): i.d.R. fakultativ, nur ausnahmsweise obligatorisch (Mitbestimmung); Überwachung, Kontrolle und Beratung der Geschäftsführung

### Finanzverfassung

- Für Verbindlichkeiten der GmbH haftet nur das Gesellschaftsvermögen (§ 13 Abs. 2 GmbHG).
- Haftungskonzentration auf Gesellschaftsvermögen ab Eintragung der GmbH (§ 11 Abs. 1 GmbHG).
- Grundsatz der realen Kapitalaufbringung: Einlagen müssen dem Gesellschaftsvermögen tatsächlich zugeführt werden.
  - Inferent darf nicht von seiner Einlagepflicht befreit werden (§ 19 Abs. 2 S. 1 GmbHG).
- Grundsatz der Kapitalerhaltung
  - Vermögensbindung (§§ 30, 31 GmbHG)
  - Verbot existenzvernichtender Eingriffe (§ 826 BGB)
  - Verbot des Erwerbs eigener Geschäftsanteile (§ 33 GmbHG)

### Auflösung, Abwicklung und Vollbeendigung

- Auflösung (§§ 60 ff. GmbHG)
- Abwicklung (Liquidation, §§ 66 ff. AktG)
- Vollbeendigung: Löschung im Handelsregister und Vermögenslosigkeit (Lehre vom Doppeltatbestand)

### Besonderheiten der Unternehmergesellschaft (haftungsbeschränkt)

- Keine eigene Gesellschaftsform, sondern GmbH mit Besonderheiten (§ 5 a GmbHG)
- Geringeres Mindestkapital (ab 1 €)
- Dafür besondere Anforderungen hinsichtlich Firma, Rücklagenbildung, etc.

# 7. Teil: Die Aktiengesellschaft (AG)

## 1. Abschnitt: Grundlagen

### A. Juristische Person

Die AG ist eine Gesellschaft mit eigener Rechtspersönlichkeit (§ 1 Abs. 1 S. 1 AktG). Sie ist eine Kapitalgesellschaft und ab ihrer Eintragung im Handelsregister (vgl. § 41 Abs. 1 S. 1 AktG) eine **juristische Person**. 462

Als juristische Person ist die AG selbst Trägerin von Rechten und Pflichten. Soweit es um Rechtsbeziehungen zu Dritten geht, ist nur die AG das Zuordnungssubjekt, nicht auch ihre Aktionäre **(Trennungsprinzip)**.[1172] Für die Verbindlichkeiten der Gesellschaft haftet den Gläubigern grundsätzlich[1173] nur das Gesellschaftsvermögen (§ 1 Abs. 1 S. 2 AktG) und nicht die Aktionäre persönlich mit ihrem Privatvermögen.

Als juristische Person hat die AG zahlreiche **Fähigkeiten**. Sie ist konto-, grundbuch-, beteiligungs- und besitzfähig.[1174] In prozessualer Hinsicht ist die AG sowohl aktiv als auch passiv parteifähig (§ 50 ZPO) und insolvenzfähig (§ 11 Abs. 1 S. 1 InsO). Sofern sie durch den Vorstand vertreten wird, ist sie auch prozessfähig (§§ 51, 52 ZPO).[1175]

### B. Kapitalgesellschaft

### I. Grundkapital

Die AG hat ein in Aktien zerlegtes Grundkapital (§ 1 Abs. 2 AktG), das auf einen Nennwert in Euro lauten und mindestens 50.000 € betragen muss (§§ 6, 7 AktG). 463

***Beachte:*** *Wenn im Zusammenhang mit der AG von* ***Aktien*** *die Rede ist, können damit* ***drei unterschiedliche Bedeutungen*** *gemeint sein:*[1176]

- *die Mitgliedschaft des Aktionärs*
- *das verbriefte Wertpapier oder*
- *die Beteiligungsquote.*

Als Kapitalgesellschaft muss jede AG ein **zahlenmäßig in der Satzung angegebenes Grundkapital** haben (§§ 1 Abs. 2, 23 Abs. 3 Nr. 3 AktG). Darunter ist der bei der Gründung von den Aktionären aufzubringende Kapitalbetrag zu verstehen. Das Grundkapital ist in Aktien zerlegt und muss gemäß § 7 AktG mindestens **50.000 €** betragen **(Mindestnennbetrag)**.[1177] Es bietet einen Ausgleich für den in § 1 Abs. 2 AktG angeordneten Haftungsausschluss und dient dem **Schutz der Gläubiger** und künftigen Aktionäre.[1178]

---

1172 BGH NJW 2004, 2017, 218; Henssler/Strohn/Lange, AktG, § 1 Rn. 5; Hüffer/Koch § 1 Rn. 4.

1173 Zu den Fallgruppen der sog. Durchgriffshaftung – bezogen auf die GmbH – s. Bitter ZInsO 2010, 1561, 1578 ff.

1174 Henssler/Strohn/Lange, AktG, § 1 Rn. 7; Hüffer/Koch § 1 Rn. 5 f.

1175 BGH NZG 2011, 26, Rn. 11 ff. – zur GmbH und dem Verlust der Prozessfähigkeit, wenn der einzige Geschäftsführer sein Amt niederlegt.

1176 Hier und zum Folgenden: Hüffer/Koch § 1 Rn. 13.

1177 Windbichler § 25 Rn. 3.

1178 Bitter/Heim § 3 Rn. 6; Hüffer/Koch § 1 Rn. 10.

**464** Das Grundkapital ist allerdings nicht unbedingt identisch mit dem **Gesellschaftsvermögen**. Während sich der Wert des Gesellschaftsvermögens durch Gewinne und Verluste ständig ändert und es deswegen nicht als Gesamtgröße in die Satzung aufgenommen werden kann (vielmehr sind die **einzelnen ansatzfähigen Vermögensbestandteile zu bilanzieren**)[1179], ist das Grundkapital eine feste Rechengröße.

Die von den Aktionären auf das Grundkapital eingezahlten Mittel werden nicht vom sonstigen Vermögen der AG separiert. Die AG kann diese Mittel im Rahmen des laufenden Geschäftsbetriebs verwenden. Dementsprechend können diese Mittel durch Verluste auch verloren gehen. Infolgedessen kann das Gesellschaftsvermögen unter den Betrag des Grundkapitals sinken oder sogar negativ werden. Es wäre also falsch zu glauben, den Gläubigern stünde – speziell in der Insolvenz der AG – stets eine effektive Befriedigungsmasse in Höhe des satzungsmäßigen Grundkapitals zur Verfügung.[1180] Das **Grundkapital ist nicht nur Haftungsfonds, sondern zugleich auch Betriebsvermögen** der AG. Dies führt zu einem Spannungsverhältnis zwischen den Zielsetzungen des Grundkapitals, das zum einen dem Schutz der Gläubiger dienen und zugleich für den Geschäftsbetrieb der AG eingesetzt werden soll. Dieses Spannungsverhältnis soll durch die Regeln der Kapitalaufbringung und -erhaltung aufgelöst werden.[1181]

**465** Den Gläubigern der AG ist durch das Grundkapital nur gedient, wenn ein der Grundkapitalziffer entsprechendes Vermögen auch tatsächlich aufgebracht und der Gesellschaft zugeführt wird **(Prinzip der Kapitalaufbringung)**.[1182] Diesem Prinzip sind zahlreiche Vorschriften zuzuordnen:

- §§ 2, 29 AktG (Verbot der Stufengründung),
- § 9 Abs. 1 AktG (Verbot der Unterpariemission),
- §§ 26, 27 AktG (Satzungspublizität von Sondervorteilen, Gründungsaufwand, Sacheinlagen und Sachübernahmen),
- §§ 32, 33, 34 AktG (Gründungsbericht und Gründungsprüfung),
- §§ 36 Abs. 2, 54 Abs. 3; § 36 a AktG (Vorschriften zur Einlageleistung),
- § 38 Abs. 2 S. 2 AktG (gerichtliche Prüfung des Gründungshergangs),
- §§ 46 ff. AktG (Gründerhaftung),
- § 52 AktG (Nachgründungserfordernis).

**466** Seine Schutzfunktion kann das Grundkapital nur dann erfüllen, wenn ein der Grundkapitalziffer entsprechendes Vermögen nicht nur tatsächlich aufgebracht, sondern auch erhalten bleibt **(Prinzip der Kapitalerhaltung)**.[1183] Da das Grundkapital zugleich auch Betriebsvermögen ist (s.o.), kann das Ziel der Kapitalerhaltung nur begrenzt in der Weise realisiert werden, dass kein Rückfluss an die Aktionäre erfolgt.

1179 Hüffer/Koch § 1 Rn. 10.
1180 Bitter/Heim § 3 Rn. 6.
1181 Hüffer/Koch § 1 Rn. 10.
1182 Hier und zum Folgenden: Hüffer/Koch § 1 Rn. 11; näher zur Kapitalaufbringung unter Rn. 500 ff.
1183 Hier und zum Folgenden: Hüffer/Koch § 1 Rn. 12; näher zur Kapitalerhaltung unter Rn. 507 ff.

In diesem Umfang dienen der Kapitalerhaltung

- § 57 Abs. 1 und 2 AktG (Verbot der Einlagenrückgewähr),
- § 57 Abs. 3 AktG (Verbot, vor Auflösung der AG mehr Dividende auszuschütten, als es dem Bilanzgewinn entspricht) und
- §§ 71–71e AktG (grundsätzliches Verbot des derivativen[1184] Erwerbs eigener Aktien).

## II. Zerlegung in Aktien

Das Grundkapital der AG ist in Aktien zerlegt (§ 1 Abs. 2 AktG). In § 1 Abs. 2 AktG ist mit „Aktie" die **Beteiligungsquote** gemeint; sie kann durch **Nennbetrags- oder Stückaktien** zum Ausdruck gebracht werden. Die wertpapiermäßige Verbriefung der Aktie ist in Gestalt einer **Inhaber- oder Namensaktie** möglich. **467**

### 1. Nennbetrags- oder Stückaktien

Aktien sollen die **Beteiligungsquote** ihres Inhabers an der AG ausdrücken. Zu diesem Zweck können sie entweder als Nennbetrags- oder als Stückaktien begründet werden (§ 8 Abs. 1 AktG). Eine Kombination beider Aktienformen ist unzulässig („entweder … oder", vgl. auch § 23 Abs. 3 Nr. 4 AktG).[1185] **468**

**Nennbetragsaktien** (in der Praxis selten) lauten auf einen bestimmten Betrag.[1186] Die Beteiligungshöhe ergibt sich also aus dem Verhältnis des Nennbetrags zum Grundkapital. Der Nennbetrag darf einen Euro nicht unterschreiten (§ 8 Abs. 2 S. 1 AktG). Für einen geringeren Betrag darf die Aktie nicht ausgegeben werden (§ 9 Abs. 1 AktG: Verbot der Unterpariemission; eine Überpariemission ist dagegen gemäß § 9 Abs. 2 AktG zulässig, sofern die Nennbeträge auf volle Euro lauten). Aktien über einen geringeren Nennbetrag als einen Euro sind nichtig (§ 8 Abs. 2 S. 2 AktG).[1187] Das gilt auch bei Kapitalerhöhungen (§§ 182 ff. AktG).[1188] Die Summe der Nennbeträge aller Aktien entspricht der Grundkapitalziffer. Das Verhältnis des Nennbetrags zum Grundkapital bestimmt die Beteiligungsquote. **469**

**Beispiel:** 50 € (Nennbetrag der Aktie) zu 50.000 € (Grundkapital) = 0,1 % (Beteiligungsquote).

**Stückaktien** lauten demgegenüber auf keinen Nennbetrag (§ 8 Abs. 3 S. 1 AktG). Hier ergibt sich die Beteiligungshöhe also aus der Zahl der Aktien (§ 8 Abs. 5 AktG). Bei ihnen handelt es sich um Anteile am Grundkapital, die durch seine Zerlegung (vgl. § 1 Abs. 2 AktG) entstehen und notwendig den gleichen Umfang haben (§ 8 Abs. 3 S. 2 AktG).[1189] Weil sie Anteile am Grundkapital sind, entfällt auf sie auch ein anteiliger Betrag, der – wie bei Nennbetragsaktien – einen Euro nicht unterschreiten darf (§ 8 Abs. 3 S. 3 AktG). Der Betrag am Grundkapital, den eine Stückaktie verkörpert („rechnerischer Nennbe- **470**

---

1184 Für den originären Erwerb gilt das uneingeschränkte Erwerbsverbot des § 56 AktG (Hüffer/Koch § 71 Rn. 1).

1185 BT-Drs. 13/9573, S. 11; LG München AG 2015, 639, 640; Hüffer/Koch § 8 Rn. 4.

1186 Die Stückelung des Grundkapitals in Aktien verschiedenen Nennbetrags ist erlaubt (vgl. § 23 Abs. 3 Nr. 4 AktG).

1187 Vor Eintragung der AG bewirkt ein Verstoß der Satzung gegen § 8 Abs. 2 S. 1 AktG nicht nur die Nichtigkeit der Aktie (vgl. bereits § 41 Abs. 4 S. 2 AktG), sondern auch der Satzung einschließlich der Übernahmeerklärungen, sodass die AG nicht, auch nicht als Vor-AG, entsteht. Nach der Eintragung ist die AG hingegen wirksam; in diesem Fall bezieht sich die Nichtigkeitsfolge des § 8 Abs. 2 S. 2 AktG nur auf die Aktie als Wertpapier (Hüffer/Koch § 8 Rn. 7 ff.).

1188 Dazu unter Rn. 510.

1189 Hüffer/Koch § 8 Rn. 17.

trag"), ergibt sich aus dem **Verhältnis zwischen dem Grundkapital und der Zahl der Aktien** (§ 8 Abs. 4 AktG).

**Beispiel:** Bei 1.000 ausgegebenen Aktien repräsentiert jede Aktie einen prozentualen Anteil von 0,1 %.

**471** Aktien sind **unteilbar** (§ 8 Abs. 5 AktG). Weder die Aktionäre noch die AG können eine Realteilung vornehmen, also eine Aktie in mehrere je für sich bestehende Mitgliedschaftsrechte aufspalten.[1190] Entsprechende Rechtsgeschäfte wären nichtig.[1191] Unzulässig und nichtig ist auch die Trennung der Verwaltungsrechte (z.B. Stimmrechte, Anfechtungsbefugnis) von der Mitgliedschaft. Ausgeschlossen ist ferner die Abspaltung des Rechts auf Gewinnteilnahme; abtretbar sind lediglich entstandene oder künftige Dividendenzahlungsansprüche.

## 2. Namens- und Inhaberaktien

**472** Aktien können die Mitgliedschaft an der AG wertmäßig verbriefen (Mitgliedschaftspapier).

Ein Mitgliedschaftspapier ist nur eine denkbare Art eines Wertpapiers. Daneben gibt es noch forderungsrechtliche Wertpapiere (z.B. Inhaberschuldverschreibung, § 793 BGB) und sachenrechtliche Wertpapiere (z.B. Grundschuldbrief).[1192]

Die **Verbriefung** (= Ausstellung und Aushändigung der Aktienurkunde) ist aber keine Voraussetzung dafür, dass die Mitgliedschaft entsteht. Gesellschaft und Mitgliedschaft entstehen auch dann rechtlich fehlerfrei, wenn die Verbriefung weder vorgesehen noch tatsächlich erfolgt ist. In diesem Fall erfolgt die Übertragung der Mitgliedschaft durch Abtretung gemäß §§ 398, 413 BGB.[1193]

***Beachte:*** *Ein gutgläubiger Erwerb ist im Falle einer Übertragung durch Abtretung nicht möglich.*[1194]

Werden Aktienurkunden ausgestellt und ausgehändigt („begeben"), ist die Mitgliedschaft untrennbar mit der Aktienurkunde verknüpft. Hieraus folgt dann, dass **Aktionär ist, wer Eigentümer der Urkunde ist** (und umgekehrt) und dass die Mitgliedschaft nur gegen Vorlage der Urkunde ausgeübt werden kann.[1195]

Der Aktionär hat einen aus der Mitgliedschaft resultierenden **Anspruch auf Verbriefung**. Dieser Anspruch kann jedoch durch die Satzung eingeschränkt oder ganz ausgeschlossen werden (vgl. § 10 Abs. 5 AktG). Stattdessen wird eine Sammelurkunde begeben, die sämtliche Aktien einer Gesellschaft oder jedenfalls einen Großteil davon verbrieft (§ 9 a DepotG). In diesem Fall entsteht für jeden Aktionär Miteigentum nach Bruchteilen (§§ 741 ff., 1008 ff. BGB) an der Sammelurkunde (§§ 9 a Abs. 2, 6 Abs. 1 S. 1 DepotG),[1196] wobei sich der jeweilige Bruchteil bei Nennbetragsaktien nach dem Nennbetrag und bei Stückaktien nach der Stückzahl bestimmt.[1197] Auch ohne entsprechen-

1190 Seibt ZGR 2010, 795, 814 ff.
1191 Hier und zum Folgenden: Hüffer/Koch § 8 Rn. 26.
1192 Jacoby/v. Hinden Vor § 793 Rn. 1.
1193 Hüffer/Koch § 10 Rn. 2.
1194 BGH NJW 1993, 1983.
1195 Bitter/Heim § 3 Rn. 32.
1196 BGH NZG 2016, 187, Rn. 14.
1197 § 6 Abs. 1 S. 2 DepotG; Bitter/Heim § 3 Rn. 34.

de Satzungsregelung hat die AG dann die Wahl, ob sie Namensaktien (§ 10 Abs. 1 AktG), Zwischenscheine (§ 10 Abs. 3 AktG) oder – nach Maßgabe des § 10 Abs. 2 S. 1 AktG – Inhaberaktien ausgeben will.

Zwischenscheine sind Wertpapiere, die Mitgliedschaftsrechte wie Aktien verbriefen, allerdings nur vorläufig bis zur Ausgabe der Aktienurkunden, weil diese vor voller Leistung des Ausgabebetrags nicht erfolgen darf (§ 10 Abs. 2 S. 1 AktG).[1198]

Als **Verbriefungsarten** kommen **Namens- und Inhaberaktien** in Betracht. Die Unterscheidung ist wichtig für die Frage, wie der berechtigte Aktionär durch die Aktie ausgewiesen wird. In beiden Fällen ist die Aktie ein Wertpapier.

### Exkurs: Wertpapiere

Ein **Wertpapier** ist eine Urkunde, die ein subjektives Recht derart verbrieft, dass es nur mit Vorlage der Urkunde geltend gemacht werden kann.[1199] Nach der Art, den aus dem Papier Berechtigten zu bestimmen, wird zwischen Inhaberpapieren, Namenspapieren, Orderpapieren und (qualifizierten) Legitimationspapieren unterschieden. **473**

Bei einem **Inhaberpapier** steht das in der Urkunde verbriefte Recht ihrem Besitzer zu. Dieser muss nicht namentlich bezeichnet werden. Ohne den Besitz der Urkunde kann das Recht nicht geltend gemacht werden. Die Übertragung des verbrieften Rechts erfolgt gleichsam mit der Übertragung des Papiers nach §§ 929 ff. BGB: *„Das Recht aus dem Papier folgt dem Recht am Papier."*

**Beispiele** für Inhaberpapiere sind die Inhaberschuldverschreibung (§ 793 BGB) und kleine Inhaberpapiere (§ 807 BGB: Inhaberkarten und -marken wie z.B. Eintrittskarten, Einzelfahrscheine und Geschenkgutscheine).

Bei einem **Namenspapier** (auch Rektapapier genannt) steht das verbriefte Recht nur der namentlich genannten Person zu. Die Übertragung dieses Papiers findet gemäß § 952 BGB durch Abtretung (§§ 398 ff. BGB) des in der Urkunde verbrieften Rechts statt: *„Das Recht am Papier folgt dem Recht aus dem Papier."*

**Beispiele** für Namenspapiere sind die in § 808 BGB geregelten qualifizierten Legitimationspapiere.

Bei einem **Orderpapier** wird einem namentlich genannten Berechtigten eine zu erbringende Leistung versprochen. Um die verbriefte Forderung zu übertragen, muss neben der Einigung und Übergabe des Papiers (§§ 929 ff. BGB) die Einigung über den Rechtsübergang auf dem Papier aufgezeichnet werden (Indossament). Der Begriffsbestandteil „Order" meint in diesem Kontext, dass jemand den Auftrag zur Übertragung erteilt. Zu unterscheiden sind **geborene** und **gekorene** Orderpapiere. Bei geborenen Orderpapieren ist die Eigenschaft als Orderpapier bereits gesetzlich vorgesehen. Bei gekorenen Orderpapieren wird dem Papier diese Eigenschaft erst durch Hinzufügung einer Orderklausel verliehen.

**Beispiele** für **geborene Orderpapiere** sind Scheck (Art. 14 ScheckG) und Wechsel (Art. 11 Abs. 1 WG); **Beispiele** für **gekorene Orderpapiere** sind die in § 363 HGB genannten kaufmännischen Orderpapiere (insbesondere Lade- und Lagerscheine, Konnossemente, etc.).

---

1198 Hüffer/Koch § 8 Rn. 28.

1199 Zum Folgenden: Jacoby/v. Hinden Vor § 793 Rn. 1 ff.

Bei einem qualifizierten **Legitimationspapier** handelt es sich um ein Wertpapier in Gestalt einer Urkunde, die ihren Austeller (den Schuldner) berechtigt, an jeden Inhaber der Urkunde mit befreiender Wirkung zu leisten. Ohne Vorlage des qualifizierten Legitimationspapiers braucht der Schuldner nicht an den Gläubiger zu leisten. Der Inhaber der Urkunde ist aber nicht allein durch die Vorlage der Urkunde legitimiert, die verbriefte Leistung zu fordern (einseitige Legitimationswirkung). Die verbriefte Forderung wird durch Abtretung (§§ 398 ff. BGB) übertragen. Das Recht am Papier folgt dann gemäß § 952 BGB dem Recht aus dem Papier. Keine Wertpapiere sind demgegenüber einfache Legitimationspapiere, weil sie kein Recht verbriefen, sondern lediglich der Beweiserleichterung dienen.

**Beispiel** des qualifizierten Legitimationspapiers ist das Sparbuch (vgl. § 808 BGB), Beispiele für einfache Legitimationspapiere sind Garderobenmarken und Gepäckscheine.

**Exkurs Ende**

**474** Namens- und Inhaberaktien sind Wertpapiere im weiteren Sinne. Die mitgliedschaftlichen Befugnisse können nur von dem ausgeübt werden, der Inhaber der Urkunde ist.[1200] Die **Namensaktie** ist als **geborenes Orderpapier** einzuordnen (§ 68 AktG),[1201] die **Inhaberaktie** ist analog §§ 793 ff. BGB als **Inhaberpapier** zu behandeln.[1202]

§ 10 Abs. 1 S. 1 AktG sieht die **Namensaktie** als **Regelfall** vor. Inhaberaktien werden nach § 10 Abs. 1 S. 2 AktG nur bei Erfüllung weiterer Voraussetzungen zugelassen, nämlich wenn die AG börsennotiert oder der Anspruch auf Einzelverbriefung gemäß § 10 Abs. 5 AktG ausgeschlossen ist. Die **Wahl der Aktienform** kann nur und muss **durch die Satzung** erfolgen (§ 23 Abs. 3 Nr. 5 AktG). Bei einem Verstoß gegen § 10 Abs. 2 AktG entsteht gleichwohl eine gültig wertpapiermäßige Verbriefung; Vorstand und Aufsichtsrat können sich dann aber gemäß §§ 93 Abs. 2 Nr. 4, 116 AktG schadensersatzpflichtig machen.

## 3. Übertragung von Aktien

**475** Die Mitgliedschaft in einer AG ist **frei veräußerlich und vererblich**. Die Aktienform hat dabei Auswirkungen auf die Übertragung von Aktien.[1203]

Die in **Inhaberaktien** verkörperte Mitgliedschaft wird durch **Übereignung der Aktienurkunde gemäß §§ 929 ff. BGB** übertragen. Der Eigentümer der Urkunde ist Aktionär. Es gilt der für Inhaberpapiere geltende Grundsatz: „Das Recht aus dem Papier folgt dem Recht am Papier". Inhaberaktien können deshalb mit geringem Aufwand rechtssicher übertragen werden und sind dementsprechend besonders verkehrsfähig.

Bei **Namensaktien** erfolgt die Übertragung gemäß § 68 Abs. 1 AktG **durch schriftliche Übertragungserklärung auf der Aktienurkunde** („Indossament") **und Übereignung der Urkunde** gemäß §§ 929 ff. BGB. Ein gutgläubiger Erwerb ist – anders als bei der

1200 Hier und zum Folgenden: Hüffer/Koch § 10 Rn. 4.

1201 Vgl. etwa Hueck/Canaris WertpapierR § 2 Absatz III 2b S. 23; Than/Hannöver in v. Rosen/Seifert, Die Namensaktie, 2000, 279, 281.

1202 MünchKomm-AktG/Heider § 10 Rn. 37; Hüffer/Koch § 10 Rn. 4.

1203 Zum Folgenden: Bitter/Heim § 3 Rn. 43 ff.

Übertragung durch Abtretung (s. dazu oben) – gemäß (§ 68 Abs. 1 S. 2 AktG i.V.m. Art. 16 Abs. 2 WG möglich.

Ist gemäß § 9 a DepotG eine **Sammelurkunde** über die Inhaber- oder Namensaktie ausgestellt, besteht Miteigentum nach Bruchteilen jedes einzelnen Aktionärs an der Sammelurkunde. Über seinen Miteigentumsanteil kann jeder Aktionär frei verfügen (§ 747 S. 1 BGB). Die Übertragung erfolgt nach §§ 929 ff. BGB oder durch formlose Abtretung der Mitgliedschaft gemäß §§ 398, 413 BGB.

## C. Formkaufmann

Die AG gilt als **Handelsgesellschaft, auch wenn der Gegenstand des Unternehmens nicht im Betrieb eines Handelsgewerbes besteht** (§ 3 Abs. 1 AktG). Sie ist – wie auch die GmbH (§ 13 Abs. 3 GmbHG) und die Genossenschaft (§ 17 Abs. 2 GenG) – sog. Formkaufmann (§ 6 HGB), d.h., die Vorschriften des HGB für Kaufleute sind anwendbar, ohne dass die §§ 1 ff. HGB geprüft werden müssen.[1204] 476

## D. Börsennotierung

**Manche Regeln** des AktG gelten nur für börsennotierte AG.[1205] Dies gilt etwa für die Frauenquote in der Unternehmensleitung und im Aufsichtsrat (§§ 76 Abs. 4, 96 Abs. 2 und 3, 111 Abs. 5 AktG) und die Verpflichtungen, die Struktur der Vergütung des Vorstands auf eine nachhaltige Unternehmensentwicklung auszurichten (§ 87 Abs. 1 S. 2 AktG) und eine Entsprechenserklärung zum Deutschen Corporate Governance Kodex (DCGK) abzugeben (§ 161 AktG). Für börsennotierte AG gelten zudem längere Verjährungsfristen – zehn statt fünf Jahre – für Schadensersatzansprüche gegen Vorstand und Aufsichtsrat bei pflichtwidrigem Verhalten (§§ 93 Abs. 6, 116 AktG). Außerdem haben nicht börsennotierte Gesellschaften in manchen Bereichen Gestaltungsspielräume, die der Gesetzgeber börsennotierten AG nicht zugesteht (z.B. §§ 130 Abs. 1 S. 3, 134 Abs. 1 S. 2 AktG). 477

Der Begriff der **Börsennotierung ist in § 3 Abs. 2 AktG definiert**. Danach sind solche Gesellschaften börsennotiert, deren Aktien zu einem Markt zugelassen sind, der von staatlich anerkannten Stellen geregelt und überwacht wird, regelmäßig stattfindet und für das Publikum mittelbar oder unmittelbar zugänglich ist. Entscheidendes Kriterium ist der **Handel im regulierten Markt** (§§ 32 ff. BörsG). Ein Handel an der deutschen Börse ist nicht erforderlich, es reicht eine vergleichbare Auslandsnotierung.[1206]

## E. Gesellschaftsvertrag

Der Gesellschaftsvertrag der AG wird in § 2 AktG **als Satzung bezeichnet**. Der Mindestinhalt der Satzung ergibt sich aus § 23 Abs. 2 bis 4 AktG. Weitere Regelungen sind möglich. Die Satzung kann von den Vorschriften des AktG allerdings nur dann abweichen oder diese ergänzen, wenn es ausdrücklich zugelassen ist und das Gesetz keine ab- 478

1204 Dazu ausführlich AS-Skript Handelsrecht (2019), Rn. 25.

1205 Zum Folgenden: Bitter/Heim § 3 Rn. 10.

1206 BT-Drs. 13/9712, S. 12; Hüffer/Koch § 3 Rn. 6.

schließende Regelung vorsieht (§ 23 Abs. 5 AktG: **Grundsatz der Satzungsstrenge**). Dies ist ein grundlegender Unterschied zur weitgehenden Satzungsautonomie im GmbH-Recht (45 Abs. 2 GmbHG). Hintergrund dieser die Gestaltungsfreiheit der Aktionäre einschränkenden Regelung ist die Kapitalsammelfunktion der AG: Investoren sollen keine Zeit und Mühen (Kosten) in die Prüfung individueller Satzungsregelungen investieren müssen und darauf vertrauen dürfen, dass alle AG im Wesentlichen gleich organisiert sind.[1207]

Inhaltlich ist zwischen materiellen (korporativen) und formellen (nicht korporativen) Satzungsbestimmungen zu differenzieren:[1208] **Materielle Satzungsbestimmungen** sind Regelungen, die die Gesellschaft und ihre Beziehungen zu den Aktionären betreffen. Bei ihnen geht es um die Organisation der Gesellschaft sowie ihr Verhältnis zu allen gegenwärtigen und künftigen Mitgliedern. Alle übrigen Regelungen im Gesellschaftsvertrag sind **formelle Satzungsbestimmungen**. Bei ihnen handelt es sich um schuldrechtliche Abreden, die nur äußerlich mit den materiellen Satzungsbestimmungen verbunden sind. Dementsprechend sind formelle Satzungsbestimmungen nur für die Vertragsparteien – also die gegenwärtigen Aktionäre – bindend. Sie erlangen gegenüber neuen Aktionären grundsätzlich nur Wirkung, wenn diese sie gesondert akzeptieren.

**Nur für die materiellen Satzungsbestimmungen** gelten die **Regelungen über Satzungsänderungen (§§ 179 ff. AktG).** Formelle Satzungsbestimmungen sind – da sie hauptsächlich die Vertragsparteien selbst betreffen – nach den allgemeinen Grundsätzen der Rechtsgeschäftslehre **auszulegen** (§§ 133, 157 BGB);[1209] bei materiellen Satzungsbestimmungen kommt es hiervon abweichend – im Hinblick auf die Kapitalsammelfunktion der AG und wegen der besonderen Bedeutung für künftige Aktionäre und z.B. Gläubiger – von vornherein nur auf den objektiven Erklärungswert der Klausel an.[1210]

## 2. Abschnitt: Die Entstehung der AG

479 Eine AG entsteht durch Gründung oder durch Umwandlung.

### A. Entstehung durch Gründung

480 Das Gründungsverfahren gestaltet sich im Überblick wie folgt:[1211]

(1) Die künftigen Aktionäre beschließen formlos oder durch schriftlichen Vertrag, eine AG zu gründen (Gründungsentschluss). Hierdurch entsteht eine **Vorgründungsgesellschaft**. Mit der Einigung auf einen Satzungsentwurf endet die Vorgründungsgesellschaft.

Wie bei der GmbH (s. dazu Rn. 377.) herrscht auch zwischen Vorgründungsgesellschaft und späterer Vor-AG bzw. „fertiger" AG keine Identität **(Diskontinuität)**.

---

1207 Schäfer § 9 Rn. 14.

1208 Zum Folgenden: Bitter/Heim § 3 Rn. 17 ff.

1209 Dazu ausführlich AS-Skript BGB AT (2020), Rn. 267 ff.

1210 MünchKomm-AktG/Pentz § 23 Rn. 49 ff. m.w.N.

1211 Zum Folgenden: Schäfer § 39 Rn. 2.

(2) Anschließend findet der **Gründungsvorgang** statt. Dabei werden die Vorkehrungen getroffen, die für das Zustandekommen der Gesellschaft erforderlich sind. Der Gründungsvorgang beginnt mit der Feststellung der Satzung und der Übernahme der Aktien (§§ 23, 29 AktG). Es entsteht eine **Vor-AG**, die eine rechtsfähige Gesellschaft eigener Art (sui generis) ist.

(3) Im **Eintragungsverfahren** prüft das Registergericht, ob die Voraussetzungen der Entstehung erfüllt sind und trägt schließlich die AG ins Handelsregister ein. Damit entsteht sie als juristische Person (§ 41 Abs. 1 S.1 AktG). Hierdurch entsteht die AG als solche (§ 41 Abs. 1 S. 1 AktG). Die Eintragung wirkt also konstitutiv. Die **„fertige" AG** ist mit der Vor-AG identisch (gleicher Rechtsträger); es findet ein identitätswahrender Wechsel der Rechtsform statt.

Bei der Gründung der AG lassen sich demnach im Wesentlichen **drei Phasen** unterscheiden:

| ① Gründungsentschluss | ② Feststellung der Satzung und Übernahme der Aktien | | ③ Eintragung in das Handelsregister |
|---|---|---|---|
| **Vorgründungs gesellschaft** | **Vor-AG** | ➔ | **„fertige" AG** |
| | (Errichtung der AG) | | (Entstehung der AG) |

Bezüglich der **Haftung im Gründungsstadium** wird auf die diesbezüglichen Ausführungen zur GmbH verwiesen, die für die AG entsprechend gelten.[1212] Die Handelndenhaftung ergibt sich dabei aus § 41 Abs. 1 S. 2 AktG.

Auch in Bezug auf die **Aktivierung einer Vorrats- bzw. Mantel-AG** wird auf die diesbezüglichen Ausführungen zur GmbH verwiesen, die für die AG entsprechend gelten.[1213]

## B. Entstehung durch Umwandlung

Eine AG kann nicht nur durch Neugründung, sondern als verschmelzungsfähiger Rechtsträger (§ 3 Abs. 1 Nr. 2 UmwG) auch durch Umwandlung nach dem UmwG entstehen. Zu denken ist insbesondere an den **Formwechsel** (§§ 190 ff. UmwG) einer anderen Gesellschaftsform in die Rechtsform einer AG. **481**

Ebenfalls praktisch relevant ist die **Spaltung zur Neugründung** einer AG (§§ 123 ff., 135 ff. UmwG) und die **Ausgliederung** des von einem Einzelkaufmann betriebenen Unternehmens, dessen Firma im Handelsregister eingetragen ist, zur Neugründung einer AG (§§ 152, 158 ff. UmwG).

1212 S. Rn. 373 ff.
1213 S. Rn. 397 ff.

## 3. Abschnitt: Die Organisation der AG

482 In organisatorischer Hinsicht ist zwischen der Ebene der **Aktionäre als Gesellschafter** und der **AG als Gesellschaft** zu differenzieren. Auf der Ebene der AG sind deren Organe angesiedelt: Der Vorstand, der Aufsichtsrat und die Hauptversammlung. Während die Aktionäre in der Hauptversammlung ihren Willen zu grundsätzlichen Fragen bilden, besorgen Vorstand und Aufsichtsrat die Verwaltung der Gesellschaft.

Die Trennung der Verwaltung in Vorstand und Aufsichtsrat ist typisch für das dualistische System im deutschen Aktienrecht. Das US-amerikanische Aktienrecht sieht hingegen ein monistisches Leitungssystem mit nur einem einheitlichen Leitungsorgan, dem Board of Directors (= Verwaltungsrat), vor.[1214]

Die Organisation der AG:[1215]

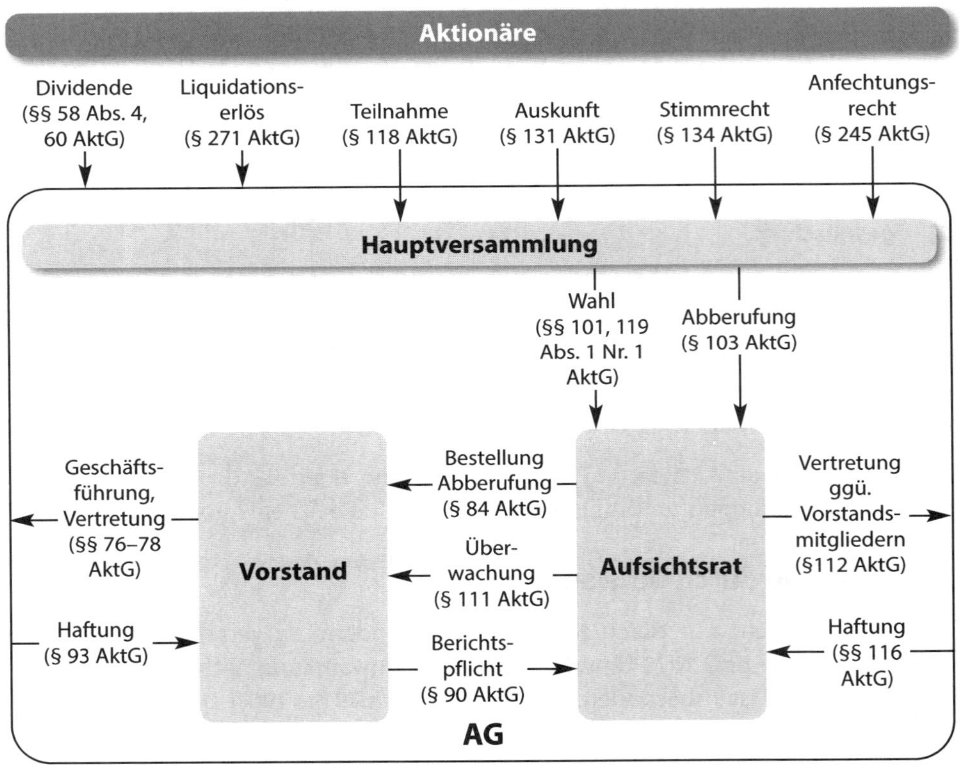


### A. Aktionäre

483 Die Aktionäre sind die Gesellschafter **(„Eigentümer") der AG** und vergleichbar mit den Mitgliedern eines Vereins.[1216]

484 Die **Rechte der Aktionäre** lassen sich in Verwaltungs- und Vermögensrechte unterteilen:[1217]

1214 Bitter/Heim § 3 Rn. 48.
1215 Vgl. Bitter/Heim § 3 Rn. 27.
1216 Bitter/Heim § 3 Rn. 28.
1217 Zum Folgenden: Bitter/Heim § 3 Rn. 35 ff.

| Verwaltungsrechte | Vermögensrechte |
| --- | --- |
| ■ Teilnahme an der Hauptversammlung (§ 118 AktG) | ■ Teilhabe am Bilanzgewinn („Dividendenrecht", §§ 58 Abs. 4, 60 AktG) |
| ■ Auskunft in der Hauptversammlung (§ 131 AktG) | ■ Bezugsrecht bei Kapitalerhöhung (§ 186 AktG) |
| ■ Stimmrecht (§ 134 AktG) | ■ Teilnahme am Liquidationserlös (§ 271 AktG) |
| ■ Anfechtungsrecht (§ 245 AktG) | |

Zu den **Pflichten der Aktionäre** zählt insbesondere die Pflicht zur Leistung der versprochenen Sach- oder Bareinlage (§ 54 AktG); diese Pflicht entsteht bei der Gründung durch die Übernahme der Aktien (§ 29 AktG) und bei der Kapitalerhöhung durch die Zeichnung (§ 185 AktG).[1218] Daneben bestehen Treuepflichten des Aktionärs. Er darf sein Stimmrecht in der Hauptversammlung nicht zur Erlangung eines Sondervorteils für sich oder einen Dritten zum Schaden der Gesellschaft oder der anderen Aktionäre ausüben (vgl. § 243 Abs. 2 AktG). Darüber hinaus kann sich der Aktionär nach § 117 AktG der AG und den weiteren Aktionären gegenüber schadensersatzpflichtig machen, wenn er *vorsätzlich* unter Benutzung seines Einflusses auf die Gesellschaft ein Mitglied des Vorstands oder des Aufsichtsrats, einen Prokuristen oder einen Handlungsbevollmächtigten dazu bestimmt, zum Schaden der Gesellschaft oder ihrer Aktionäre zu handeln. 485

Anders als bei der GmbH und den Personengesellschaften wird bei der AG **nicht für jede fahrlässige Schädigung der Mitgesellschafter gehaftet**, weil es eine umfassende Treuepflicht bei der AG nicht gibt. Die Haftung auf Schadensersatz bei negativer Einflussnahme ist im Grundsatz auf Vorsatz beschränkt. Es können jedoch begrenzte Treuepflichten der Aktionäre gegenüber der AG und den weiteren Aktionären bestehen.[1219]

Nach § 53 a AktG sind Aktionäre unter gleichen Voraussetzungen gleich zu behandeln. 486
Dieses **Gleichbehandlungsgebot** verlangt aber nicht ausnahmslos Gleichberechtigung der Aktionäre.[1220] Aktien können insbesondere verschiedene Rechte gewähren (§ 11 S. 1 AktG), sofern dafür eine Grundlage in der Satzung besteht. Aktien mit gleichen Rechten bilden eine Gattung (§ 11 S. 2 AktG).

**Beispiel:**[1221] **Vorzugsaktien** (vgl. §§ 139 ff. AktG) verleihen Vorrechte, etwa einen Anspruch auf eine Vorzugsdividende. Im Gegenzug ist regelmäßig das Stimmrecht ausgeschlossen. Im Übrigen gelten meist die gewöhnlichen Aktionärsrechte. Demgegenüber sind **Stammaktien** solche Aktien, die keinerlei Vorrechte gewähren.

## B. Hauptversammlung

Die Aktionäre üben ihre „Rechte in den Angelegenheiten der Gesellschaft" – gemeint 487
sind die Verwaltungsrechte – grundsätzlich in der Hauptversammlung aus (§ 118 Abs. 1 S. 1 AktG). Die Hauptversammlung – und nicht die Gesamtheit der Aktionäre – ist ein Organ der AG mit der Aufgabe interner Willensbildung in dem vom Gesetz festgelegten Zuständigkeitsbereich.[1222] Die Willensbildung der Aktionäre vollzieht sich durch das

1218 Hier und zum Folgenden: Bitter/Heim § 3 Rn. 39 ff.

1219 BGH NJW 1995, 1739.

1220 Hier und zum Folgenden: Grunewald § 10 Rn. 46: Hüffer/Koch § 11 Rn. 2.

1221 Bitter/Heim § 3 Rn. 31.

1222 Hüffer/Koch § 118 Rn. 2.

Organ Hauptversammlung; es handelt sich also um ein **Willensbildungsorgan**. Der in einem Beschluss der Hauptversammlung gebildete Wille ist kraft organschaftlicher Zurechnung zugleich ein Wille der Gesellschaft selbst.[1223]

## I. Aufgaben der Aktionäre

488 Anders als bei der GmbH besteht in der AG **kein Subordinationsverhältnis** zwischen der Hauptversammlung (bei der GmbH: Gesellschaftsversammlung) und dem Vorstand (bei der GmbH: Geschäftsführer); es gilt vielmehr das Prinzip der **Teilung der Zuständigkeiten**.[1224] Die Hauptversammlung hat keine Allzuständigkeit. Sie beschließt nur in den im Gesetz und in der Satzung ausdrücklich bestimmten Fällen (§ 119 Abs. 1 AktG).

Bei den gesetzlich vorgesehenen Zuständigkeiten handelt es sich meist um sog. Grundlagengeschäfte: §§ 119 Abs. 1, 120 Abs. 4, 147, 179a Abs. 1, 293 Abs. 1 S. 1, 319, 327a AktG.

Da der Vorstand die Geschäfte eigenverantwortlich führt (§ 76 Abs. 1 AktG), entscheidet die Hauptversammlung grundsätzlich nicht über Geschäftsführungsmaßnahmen. Über Fragen der Geschäftsführung kann die Hauptversammlung nur entscheiden, wenn der Vorstand es verlangt (§ 119 Abs. 2 AktG).

## II. Beschlussfassung durch die Aktionäre

489 Die Aktionäre fassen ihre Beschlüsse in der **Hauptversammlung**. Diese ist neben den durch das Gesetz oder die Satzung bestimmten Fällen[1225] immer dann **einzuberufen**, wenn das Wohl der Gesellschaft es fordert (§ 121 Abs. 1 AktG). Zuständig ist der Vorstand (§ 121 Abs. 2 S. 1 AktG) und ggf. auch der Aufsichtsrat (§ 111 Abs. 3 AktG). Die Einberufungsfrist beträgt mindestens dreißig Tage (§ 123 Abs. 1 S. 1 AktG). In der Regel hält eine AG nur eine Hauptversammlung pro Geschäftsjahr ab (ordentliche Hauptversammlung), die in den ersten acht Monaten des jeweiligen Geschäftsjahres stattzufinden hat (vgl. §§ 120 Abs. 1 S. 1, 175 Abs. 1 S. 2 AktG).[1226]

Der **Ablauf der Hauptversammlung** ist im Gesetz (insbesondere in den §§ 129, 130 AktG) nur lückenhaft geregelt.[1227] Er kann durch die Satzung und eine Geschäftsordnung, die sich die Hauptversammlung gibt, näher ausgestaltet werden. Besondere praktische Relevanz hat das Auskunftsrecht der Aktionäre gegenüber dem Vorstand, welches nur in der Hauptversammlung ausgeübt werden kann (§ 131 AktG).

Wie sich aus § 131 Abs. 4 AktG ergibt, ist eine Auskunftserteilung außerhalb der Hauptversammlung aber nicht unzulässig.[1228]

Die **Beschlüsse** der Hauptversammlung werden grundsätzlich mit der Mehrheit der abgegebenen Stimmen (einfache Mehrheit) gefasst, soweit nicht Gesetz oder Satzung eine größere Mehrheit oder weitere Erfordernisse bestimmen (§ 133 Abs. 1 AktG).

---

1223 Hüffer/Koch § 118 Rn. 3.

1224 Bitter/Heim § 3 Rn. 92.

1225 Vgl. etwa §§ 92, 122 Abs. 1 AktG.

1226 Bitter/Heim § 3 Rn. 107.

1227 Hier und zum Folgenden: Bitter/Heim § 3 Rn. 109.

1228 Bitter/Heim § 3 Rn. 112 Fn. 165.

Bei Satzungsänderungen muss eine Mehrheit von ¾ des bei der Beschlussfassung vertretenen Grundkapitals erreicht werden (§ 179 Abs. 2 S. 1 AktG). In anderen Fällen ist eine qualifizierte Mehrheit der abgegebenen Stimmen vorausgesetzt (z.B. §§ 103 Abs. 1 S. 2, 111 Abs. 4 S. 4, 141 Abs. 3 S. 2 AktG: ¾ der abgegebenen Stimmen); die Mehrheit der abgegebenen Stimmen wird nicht nach Köpfen, sondern nach Kapitalbeträgen gemessen (vgl. § 134 Abs. 1 S. 1 AktG).

Grundsätzlich gewährt jede Aktie ein **Stimmrecht** (§ 12 Abs. 1 S. 1 AktG), sodass es prinzipiell keine Aktie ohne Stimmrecht und kein Stimmrecht ohne Aktie gibt.[1229] Eine Ausnahme bilden Vorzugsaktien. Diese können als Aktien ohne Stimmrecht ausgegeben werden (§§ 12 Abs. 1 S. 2, 139 ff. AktG). Mehrstimmrechte sind unzulässig (§ 12 Abs. 2 AktG), d.h. grundsätzlich gewährt jede Aktie das gleiche Stimmrecht. In den Fällen des § 136 AktG ist das Stimmrecht ausgeschlossen. Stimmverbote bestehen danach namentlich bei

- der Entlastung eines Aktionärs,
- der Befreiung eines Aktionärs von einer Verbindlichkeit und
- der Verfolgung eines Anspruchs gegen den Aktionär.

Diese Stimmverbote beruhen – ebenso wie bei der Parallelvorschrift des § 47 Abs. 4 GmbHG – auf den grundlegenden Erwägungen, dass niemand Richter in eigener Sache sein darf und Insichgeschäfte verboten sind.[1230]

## III. Fehlerhafte Beschlüsse

Beschlüsse können entweder hinsichtlich der Art und Weise des Zustandekommens **(Form- und Verfahrensfehler)** formell oder hinsichtlich der Aussage des Beschlusses **(Inhaltsfehler)** materiell fehlerhaft sein.[1231] **490**

Hinsichtlich der **Rechtsfolgen** eines Fehlers lassen sich im Aktienrecht drei Konstellationen unterscheiden: unwirksame, nichtige und anfechtbare Beschlüsse. Ein Beschluss kann jedoch an mehreren Fehlern leiden und daher gleichzeitig unwirksam, nichtig und anfechtbar sein.

- **Unwirksam** sind Beschlüsse, zu deren Wirksamkeit es (noch) der Zustimmung eines Gesellschafters oder eines Dritten bedarf.

  Ein solches Zustimmungserfordernis wird etwa durch § 141 Abs. 1, Abs. 2 S. 1 AktG oder § 179 Abs. 3 S. 1 AktG statuiert.

  **Nichtig** sind Beschlüsse, die an einem so gravierenden Mangel leiden, dass sie von Anfang an keinerlei Rechtswirkung haben. Ein Nichtigkeitsgrund liegt nur vor, wenn einer der in den §§ 241, 250, 253, 256 AktG geregelten Tatbestände eingreift und keine Heilung gemäß § 242 AktG eintritt. Nichtigkeitsgründe können im Rahmen einer **Nichtigkeitsklage** eines Aktionärs, des Vorstands, eines Vorstandsmitglieds oder eines Aufsichtsratsmitglieds gegen die Gesellschaft mit Wirkung für und gegen jedermann (*inter omnes*) festgestellt werden (§ 249 AktG).Trotz dieser Wirkung ist die

1229 Hüffer/Koch § 12 Rn. 1.

1230 Bitter/Heim § 3 Rn. 100.

1231 Hier und zum Folgenden: Bitter/Heim § 3 Rn. 116 ff.

Nichtigkeitsklage nach ganz h.M. ein Sonderfall der Feststellungsklage (§ 256 ZPO) und keine Gestaltungsklage.[1232]

- Alle anderen formell oder materiell fehlerhaften Beschlüsse führen (nur) zur Anfechtbarkeit des Beschlusses (vgl. § 243 Abs. 1 AktG). **Anfechtbar** sind rechtswidrige Beschlüsse, die durch eine **Anfechtungsklage** (§ 246 AktG) beseitigt werden können, aber trotz des Fehlers vorerst wirksam sind. Die Anfechtungsklage ist durch eine nach § 245 AktG anfechtungsbefugte Partei innerhalb eines Monats nach der Beschlussfassung zu erheben und gegen die AG, vertreten durch Vorstand und Aufsichtsrat, zu richten (§ 246 Abs. 1 und 2 AktG). Ein rechtskräftiges, der Klage stattgebendes Urteil bewirkt die Nichtigkeit des fehlerhaften Beschlusses und gestaltet die Rechtslage rückwirkend (*ex tunc*) auf den Zeitpunkt der Beschlussfassung um (vgl. §§ 248 Abs. 1 S. 1, 241 Nr. 5 AktG).

  Die Anfechtungsklage ist eine Gestaltungsklage.[1233]

  Begründet ist die Anfechtungsklage, wenn das Gesetz oder die Satzung verletzt sind (§ 243 Abs. 1 AktG). Dies gilt erst recht (auch) dann, wenn der Verstoß zugleich Nichtigkeitsgrund ist und daher auch im Wege der Nichtigkeitsklage hätte geltend gemacht werden können. Bei Verfahrensfehlern ist zusätzliche Voraussetzung für die Begründetheit der Anfechtungsklage, dass sie von Relevanz für das Mitgliedschaftsrecht sind; maßgebend ist insoweit ein dem Beschluss anhaftendes Legitimationsdefizit, das bei einer wertenden, am Schutzzweck der verletzten Norm orientierten Betrachtung die Rechtsfolge der Anfechtbarkeit gemäß § 243 Abs. 1 AktG rechtfertigt.[1234]

## C. Vorstand

### I. Grundlagen

491 Der Vorstand leitet die Gesellschaft „unter eigener Verantwortung" (§ 76 Abs. 1 AktG). Im Gegensatz zu den Geschäftsführern einer GmbH (vgl. §§ 37 Abs. 1, 45, 46 Nr. 6 GmbHG) unterliegt er keinem Weisungsrecht der Gesellschafter (Aktionäre). Er entscheidet vielmehr **selbstständig und unabhängig** über die **Leitung der AG** (§ 76 AktG) und die ihm obliegende **Geschäftsführung** (§ 77 AktG).

Der Vorstand **vertritt die AG** gerichtlich und außergerichtlich (§ 78 Abs. 1 S. 1 AktG). Besteht der Vorstand aus mehreren Personen, sind die Vorstandsmitglieder grundsätzlich nur gemeinsam zur Vertretung berechtigt (Gesamtvertretung, § 78 Abs. 2 S. 1 AktG). Die Satzung kann etwas anderes bestimmen (§ 78 Abs. 2 S. 1 AktG), beispielsweise, dass einzelne Vorstandsmitglieder allein oder in Gemeinschaft mit einem Prokuristen zur Vertretung der Gesellschaft befugt sind (§ 78 Abs. 3 S. 1 AktG). Im Außenverhältnis kann die Vertretungsbefugnis des Vorstands ihrem Umfang nach grundsätzlich nicht beschränkt werden (§ 82 Abs. 1 AktG). Beschränkungen oder gar ein Ausschluss der Vertretungsmacht

---

1232 Hüffer/Koch § 249 Rn. 10 m.w.N.; a.A. (Gestaltungsklage) K. Schmidt AG 1977, 205, 207 f.

1233 Hüffer/Koch § 246 Rn. 8.

1234 BGH NZG 2010, 943, Rn. 20.

bestehen nur in Fällen der Kollusion und des evidenten Missbrauchs der Vertretungsmacht.[1235] Ob der Vorstand seine Befugnisse im Innenverhältnis (vgl. § 82 Abs. 2 AktG) überschreitet, ist für die Wirksamkeit im Außenverhältnis unerheblich. Übertritt der Vorstand durch eine wirksame Handlung im Außenverhältnis (Vertretung) seine Befugnisse im Innenverhältnis (Geschäftsführung), liegt darin eine Pflichtverletzung, aus der Schadensersatzansprüche der Gesellschaft gemäß § 93 Abs. 2 AktG resultieren können.[1236]

**Mitglied des Vorstands** kann nur eine natürliche, unbeschränkt geschäftsfähige Person sein (§ 76 Abs. 3 S. 1 AktG), bei der keiner der in § 76 Abs. 3 S. 2 AktG genannten Ausschlusstatbestände einschlägig ist. Bei der Besetzung der Vorstandsposten und der zwei darunter befindlichen Leitungsebenen gilt eine Frauenquote für AG, die börsennotiert sind oder der Unternehmensmitbestimmung unterliegen (§ 76 Abs. 4 AktG, sog. Flexiquote).[1237]

Vorstandsmitglieder werden vom Aufsichtsrat für die Dauer von höchstens fünf Jahren **bestellt** (§ 84 Abs. 1 S. 1 AktG). Eine wiederholte Bestellung oder Verlängerung der Amtszeit sind zulässig, können aber ebenfalls nur für maximal fünf Jahre erfolgen (§ 84 Abs. 1 S. 2 AktG). Werden mehrere Personen zu Vorstandsmitgliedern bestellt, kann der Aufsichtsrat ein Mitglied zum Vorsitzenden des Vorstands ernennen (§ 84 Abs. 2 AktG).

Von der Bestellung, durch die das Vorstandsmitglied zum Organ der AG ernannt wird, ist der **Anstellungsvertrag** zu trennen. Dieser wird durch den Aufsichtsrat im Namen der AG mit dem Vorstandsmitglied geschlossen (vgl. § 112 AktG). Es handelt sich regelmäßig um einen Dienstvertrag (§§ 611 ff. BGB), der eine Geschäftsbesorgung zum Gegenstand hat.[1238] Aus dem Anstellungsvertrag entstammt der Vergütungsanspruch des Vorstandsmitglieds. Bei der Ausgestaltung der Bezüge sind die Vorgaben des § 87 AktG zu beachten.

Der Aufsichtsrat kann die Bestellung von Vorstandsmitgliedern vor Ablauf der regulären Amtszeit nur aus wichtigem Grund widerrufen (§ 84 Abs. 3 S. 1 AktG). Ein solcher Grund ist namentlich eine grobe Pflichtverletzung, die Unfähigkeit zur ordnungsmäßigen Geschäftsführung oder der (nicht offenbar unsachliche) Vertrauensentzug durch die Hauptversammlung (§ 84 Abs. 3 S. 2 AktG). Durch eine solche **Abberufung** endet jedoch nur die Organstellung des Vorstandsmitglieds; die Ansprüche aus dem Anstellungsvertrag richten sich nach den allgemeinen Vorschriften (§ 84 Abs. 3 S. 5 AktG).

Obwohl gesetzlich nicht geregelt, können die Vorstandsmitglieder ihre Organstellung auch durch eine **Amtsniederlegung** selbst beenden.[1239] Amtsniederlegung ist die einseitige Erklärung des Vorstandsmitglieds, aus dem Organverhältnis ausscheiden zu wollen; diese Erklärung ist an die AG, vertreten durch den Aufsichtsrat (vgl. § 112 AktG) zu richten, wobei der Zugang bei einem Aufsichtsratsmitglied genügt.[1240] Eines wichtigen Grundes bedarf es nach zutreffender Auffassung nicht, weil ein Zwang zur Amtsführung

---

1235 Dazu ausführlich AS-Skript BGB AT 1 (2020), Rn. 392 ff.
1236 Bitter/Heim § 3 Rn. 52.
1237 Entsprechendes gilt für den Aufsichtsrat (vgl. § 111 Abs. 5 AktG).
1238 Bitter/Heim § 3 Rn. 55.
1239 Bitter/Heim § 3 Rn. 56.
1240 Hüffer/Koch § 84 Rn. 44.

wenig sinnvoll ist.[1241] Die Grenze bildet nur der Rechtsmissbrauch, etwa bei Amtsniederlegung zur Unzeit. Liegt ein wichtiger Grund zur Amtsniederlegung vor, endet mit dieser nicht zugleich der Anstellungsvertrag, da das Vorstandsmitglied in der Lage sein muss, sein Amt aus wichtigem Grund aufzugeben, ohne sich hierdurch selbst die Vertragsrechte abzuschneiden. Fehlt es an einem wichtigen Grund, kann die AG die Amtsniederlegung zum Anlass nehmen, den Anstellungsvertrag nach § 626 BGB außerordentlich zu kündigen.

## II. Haftung der Vorstandsmitglieder

492 Bei der Haftung der Vorstandsmitglieder ist zwischen der **Innenhaftung** gegenüber der AG und der **Außenhaftung** gegenüber Dritten (Gläubiger, Aktionäre, Unbeteiligte) zu unterscheiden:[1242]

### 1. Innenhaftung

493 Die Vorstandsmitglieder haben **bei ihrer Geschäftsführung die Sorgfalt eines ordentlichen und gewissenhaften Geschäftsleiters anzuwenden** (§ 93 Abs. 2 S. 1 AktG). Es gilt damit wie auch schon bei der GmbH ein abweichend von § 708 BGB strengerer Haftungsmaßstab. Verletzen sie anhand dieses Maßstabs ihre Pflichten, sind sie **der Gesellschaft gegenüber** zum Ersatz des daraus entstehenden Schadens als Gesamtschuldner verpflichtet (§ 93 Abs. 2 S. 1 AktG).

***Klausurhinweis:*** *§ 93 Abs. 2 S. 1 AktG geht – wie auch § 43 Abs. 2 GmbHG für die GmbH – als Spezialvorschrift einer Haftung des Vorstandes aus § 280 Abs. 1 BGB i.V.m. dem Anstellungsvertrag vor und verdrängt diese.*

§ 93 Abs. 3 AktG enthält eine nicht abschließende Aufzählung von Pflichtverletzungen, bei denen zudem eine Schädigung der AG vermutet wird.[1243] Bei unternehmerischen Entscheidungen liegt keine Pflichtverletzung vor, wenn das Vorstandsmitglied im Zeitpunkt der Entscheidung (Betrachtung *ex ante*) vernünftigerweise annehmen durfte, auf der Grundlage angemessener Informationen zum Wohle der Gesellschaft zu handeln (§ 93 Abs. 1 S. 2 AktG, sog. *Business Judgement Rule*).

Der Gesellschaft gegenüber tritt die Ersatzpflicht nicht ein, wenn die die Ersatzpflicht begründende Handlung des Vorstandsmitglieds auf einem **gesetzmäßigen Beschluss der Hauptversammlung** beruht (§ 93 Abs. 4 S. 1 AktG). Eine Billigung der Handlung durch den Aufsichtsrat begründet hingegen keinen Haftungsausschluss (§ 93 Abs. 4 S. 2 AktG).

Die **Durchsetzung** von Haftungsansprüchen gegen Vorstandsmitglieder obliegt grundsätzlich[1244] dem Aufsichtsrat (vgl. §§ 111, 112 AktG). Ist dieser nach eingehender Prüfung zu dem Ergebnis gelangt, dass die Ansprüche vermutlich bestehen und durchsetzbar sind, muss er diese verfolgen, wenn nicht ausnahmsweise gewichtige Gründe des

1241 Hier und zum Folgenden: Hüffer/Koch § 84 Rn. 45; Münch-Komm AktG/Spindler § 84 Rn. 160.
1242 Bitter/Heim § 3 Rn. 60.
1243 Bitter/Heim § 3 Rn. 61; ähnlich BGH NZG 2011, 1271, Rn. 29: „keine schadensrechtliche Gesamtsaldierung" erforderlich.
1244 Ausnahmen: §§ 93 Abs. 5, 147 Abs. 2 S. 1 AktG.

Gesellschaftswohls dagegen sprechen.[1245] Die Gesellschaft kann grundsätzlich[1246] erst drei Jahre nach der Entstehung des Anspruchs und nur dann auf Ersatzansprüche verzichten oder sich über sie vergleichen, wenn die Hauptversammlung zustimmt und nicht eine Minderheit, deren Anteile zusammen 10% des Grundkapitals erreichen, zur Niederschrift Widerspruch erhebt (§ 93 Abs. 4 S. 3 AktG).[1247] Ein Verstoß gegen diese Vorschrift führt zur Nichtigkeit, weil die Vertretungsbefugnis des Aufsichtsrats insoweit begrenzt ist.[1248]

## 2. Außenhaftung

Eine Haftung der Vorstandsmitglieder **gegenüber Dritten** (wobei auch die Aktionäre Dritte i.d.S. sein können) kann sich aus **allgemeinen Haftungstatbeständen** (s. dazu im Folgenden) ergeben, wenngleich eine solche Außenhaftung nur selten besteht.[1249] 494

Eine Haftung **gegenüber Gläubigern der Gesellschaft** kommt zunächst in Gestalt einer vorvertraglichen Haftung in Betracht (§§ 280 Abs. 1, 311 Abs. 3, 241 Abs. 2 BGB).[1250] Auch eine deliktische Haftung (§§ 823 ff. BGB) ist denkbar. Allerdings ist § 93 AktG kein Schutzgesetz zugunsten der Gesellschaftsgläubiger.[1251] Etwas anderes gilt aber für § 15 a InsO: Verstößt der Vorstand gegen seine Insolvenzantragspflicht, kann er gemäß § 823 Abs. 2 BGB i.V.m. § 15 a InsO gegenüber den Gläubigern der AG haften (Insolvenzverschleppungshaftung).

Auch bei der Haftung **gegenüber den Aktionären** stehen deliktische Haftungstatbestände im Vordergrund, da eine (vor-)vertragliche Haftung in aller Regel mangels Schuldverhältnis oder mangels Vorliegen der Voraussetzungen des § 311 Abs. 3 BGB gegenüber den Aktionären nicht besteht.[1252] Allerdings ist § 93 AktG auch kein Schutzgesetz zugunsten der Aktionäre.[1253] Die Mitgliedschaft der Aktionäre wird aber als „sonstiges Recht" geschützt und kann zu persönlichen Ersatzansprüchen gegen die Vorstandsmitglieder gemäß § 823 Abs. 1 BGB führen. Dabei ist jedoch zu beachten, dass § 823 Abs. 1 BGB das Vermögen als solches nicht schützt und insoweit allenfalls ein Anspruch aus § 826 BGB in Betracht kommt. Weiterhin ist zu beachten, dass Aktionäre nur einen unmittelbar in ihrer Person entstandenen Schaden ersetzt verlangen können, nicht aber einen Schaden, der sie durch Schädigung der AG nur mittelbar trifft, weil ihre Aktien entwertet bzw. im Wert gemindert wurden (sog. Reflexschaden).[1254]

**Gegenüber Unbeteiligten** kann sich eine Haftung der Vorstandsmitglieder (nur) aus Deliktsrecht ergeben. Bei der Prüfung von Ansprüchen aus § 823 Abs. 2 BGB i.V.m. strafrechtlichen Schutzgesetzen (etwa § 266 StGB) ist dabei zu beachten, dass aus der Stel-

1245 BGH NJW 1997, 1926, 1927 f.
1246 Ausnahme: § 93 Abs. 4 S. 4 AktG.
1247 Zur Frage der analogen Anwendbarkeit des § 93 Abs. 4 S. 3 AktG im Falle der Übernahme von Geldsanktionen für Delikte des Vorstands zulasten der Gesellschaft s. BGH RÜ 2015, 89.
1248 BGH RÜ 2015, 89, Rn. 32.
1249 Zum Folgenden: Bitter/Heim § 3 Rn. 69 ff.
1250 BGH NZG 2008, 661, Rn. 11 ff.
1251 BGH NJW 2012, 3439, Rn. 23: „Pflicht … nur der Gesellschaft gegenüber"; Schäfer § 41 Rn. 14.
1252 Bitter/Heim § 3 Rn. 71.
1253 BGH NJW 2012, 3439, Rn. 23.
1254 Bitter/Heim § 3 Rn. 72.

lung als Vorstandsmitglied keine Garantenpflicht gegenüber außenstehenden Dritten folgt, eine Schädigung ihres Vermögens zu verhindern.[1255] Begeht ein Vorstandsmitglied eine unerlaubte Handlung in Ausführung seiner Aufgaben, führt dies analog § 31 BGB zugleich zu einer deliktischen Haftung der AG; das Vorstandsmitglied und die AG haften dann als Gesamtschuldner (§ 840 BGB).

## D. Aufsichtsrat

### I. Grundlagen

495 Der Aufsichtsrat ist ein **notwendiges Organ** der AG. Das ist in den §§ 95 ff. AktG vorausgesetzt.[1256] Er ist von der Leitung der Gesellschaft, die dem Vorstand zugewiesen ist (§ 76 Abs. 1 AktG), ausgeschlossen; Maßnahmen der Geschäftsführung können dem Aufsichtsrat nicht übertragen werden (§ 111 Abs. 4 S. 1 AktG).

Die Satzung oder der Aufsichtsrat hat jedoch zu bestimmen, dass **bestimmte Arten von Geschäften nur mit seiner Zustimmung** vorgenommen werden dürfen (§ 111 Abs. 4 S. 2 AktG).

Dem Aufsichtsrat ist vielmehr eine **Überwachungsaufgabe** zugewiesen; er hat die Geschäftsführung des Vorstands zu überwachen (§ 111 Abs. 1 AktG). Die Hauptaufgabe des Vorstands besteht mithin in der **Kontrolle** und daneben auch der **Beratung**[1257] der Vorstandsmitglieder, für deren Bestellung und Abberufung der Aufsichtsrat zuständig ist (§ 84 AktG) und denen gegenüber er die AG vertritt (§ 112 AktG). Damit der Aufsichtsrat diese Aufgabe effektiv erfüllen kann, besteht eine Berichtspflicht des Vorstands (§ 90 AktG) und ein Einsichtsrecht des Aufsichtsrats (§ 111 Abs. 2 S. 1 AktG).

Der Aufsichtsrat besteht aus drei Mitgliedern, sofern die Satzung nicht eine bestimmte höhere Zahl festsetzt (§ 95 S. 1 und 2 AktG) und dabei die nach der Höhe des Grundkapitals gestaffelten Obergrenzen des § 95 S. 4 AktG beachtet. Bei der **Besetzung der Aufsichtsratsposten** gilt eine flexible, im Unternehmen selbst festzulegende Frauenquote für jede AG, die börsennotiert ist *oder* der Unternehmensmitbestimmung unterliegt (sog. Flexiquote des § 111 Abs. 5 AktG). Bei einer AG, die börsennotiert ist und der (quasi-)paritätischen Unternehmensmitbestimmung unterliegt, gilt eine starre Geschlechterquote von jeweils mindestens 30 % Frauen und Männern (§ 96 Abs.2. und 3 AktG).[1258]

#### Exkurs: Unternehmensmitbestimmung

496 Als **Unternehmensmitbestimmung** bezeichnet man eine deutsche Besonderheit, nämlich die **Beteiligung von Arbeitnehmervertretern am Aufsichtsrat und Vorstand**.[1259] Sofern eine AG der Unternehmensmitbestimmung nach dem MitbestG unterliegt, bestehen insofern folgende Besonderheiten:

- Der Aufsichtsrat setzt sich aus Mitgliedern der Anteilseigner (Aktionäre) und solchen der Arbeitnehmer zusammen (vgl. § 96 AktG).

1255 BGH NJW 2012, 3439, Ls.
1256 Hüffer/Koch § 95 Rn. 1.
1257 Bitter/Heim § 3 Rn. 77.
1258 Bitter/Heim § 3 Rn. 80.
1259 Hier und zum Folgenden: Bitter/Heim § 3 Rn. 81 f.

- Im Vorstand wirkt ein Arbeitnehmervertreter gleichberechtigt mit (Arbeitsdirektor, vgl. § 33 MitbestG).

Die Unternehmensmitbestimmung (= gesellschaftsrechtliche Mitbestimmung) ist von der **betrieblichen Mitbestimmung** (= arbeitsrechtliche Mitbestimmung) zu trennen; die betriebliche Mitbestimmung ist im Betriebsverfassungsgesetz (BetrVG) geregelt und betrifft die Zusammenarbeit zwischen Arbeitgebern und Arbeitnehmern im Betrieb, indem den Arbeitnehmervertretungen (den sog. Betriebsräten) verschiedene Informations-, Anhörungs-, Beratungs-, Veto- und Initiativrechte eingeräumt werden.

**Exkurs Ende**

Die Aufsichtsratsmitglieder können ihre Aufgaben nicht durch andere wahrnehmen lassen (§ 111 Abs. 6 AktG); sie sind zur **persönlichen Amtswahrnehmung** verpflichtet. **497**

Die **persönlichen Voraussetzungen** für Aufsichtsratsmitglieder sind in § 100 AktG geregelt: Mitglied des Aufsichtsrats kann nur eine natürliche, unbeschränkt geschäftsfähige Person sein (§ 100 Abs. 1 S. 1 AktG), für die keiner der in § 100 Abs. 2 AktG genannten Ausschlusstatbestände einschlägig ist. Zudem darf das Aufsichtsratsmitglied nicht zugleich Mitglied des Vorstands sein (§ 105 AktG).

Die Mitglieder des Aufsichtsrats werden **von der Hauptversammlung gewählt** (§§ 101 Abs. 1 S. 1, 119 Abs. 1 Nr. 1 AktG), soweit sie nicht nach Verfahren in einschlägigen Gesetzen über die Unternehmensmitbestimmung bestimmt werden oder die Satzung bestimmte Entsenderechte vorsieht (vgl. § 101 Abs. 2 AktG). Für die Wahl soll der derzeitige Aufsichtsrat einen Vorschlag unterbreiten (§ 124 Abs. 3 S. 1 AktG).

Die **Amtszeit** beträgt maximal vier Geschäftsjahre, wobei das Geschäftsjahr, in dem die Amtszeit beginnt, nicht mitgerechnet wird (§ 102 Abs. 1 AktG). Eine vorzeitige Abberufung ist mit einer Mehrheit von ¾ der abgegebenen Stimmen möglich; die Satzung kann eine andere Mehrheit und weitere Erfordernisse bestimmen (§ 103 Abs. 1 AktG). Liegt ein wichtiger Grund vor, ist auch eine gerichtliche Abberufung auf Antrag des Aufsichtsrats möglich (§ 103 Abs. 3 AktG).

Die §§ 107 ff. AktG enthalten (grobe) Vorgaben zur **inneren Ordnung** des Aufsichtsrats, die meist durch die Satzung der AG und/oder eine Geschäftsordnung für deren Aufsichtsrat ergänzt bzw. präzisiert werden.[1260] Der Aufsichtsrat hat nach näherer Bestimmung der Satzung aus seiner Mitte einen Vorsitzenden und mindestens einen Stellvertreter zu wählen (§ 107 Abs. 1 S. 1 AktG). In Sitzungen, über die eine Niederschrift anzufertigen ist (§ 107 Abs. 2 AktG), entscheidet der Aufsichtsrat durch ausdrücklichen Beschluss (§ 108 Abs. 1 AktG).[1261] § 108 AktG enthält in seinem Absatz 2 nur grobe Vorgaben zur Beschlussfähigkeit des Aufsichtsrats und überlässt die konkrete Ausgestaltung der Satzung. Zu Mehrheitserfordernissen schweigt sich § 108 AktG aus. Es genügt für die Beschlussfassung eine Mehrheit der abgegebenen Stimmen (einfache Mehrheit), wenn sich aus Gesetz oder Satzung keine abweichenden Mehrheiten ergeben.[1262]

Den Aufsichtsratsmitgliedern kann für ihre Tätigkeit eine **Vergütung** gewährt werden (§ 113 Abs. 1 S. 1 AktG).

1260 Bitter/Heim § 3 Rn. 87.
1261 Münch-Komm AktG/Habersack § 108 Rn. 1.
1262 Hüffer/Koch § 108 Rn. 6 f.

### II. Haftung der Aufsichtsratsmitglieder

498 Stellt der Aufsichtsrat fest, dass die AG insolvenzreif – zahlungsunfähig (§ 17 InsO) oder überschuldet (§ 19 InsO) – ist, hat er darauf hinzuwirken, dass der Vorstand rechtzeitig einen Insolvenzantrag stellt und keine Zahlungen mehr leistet, die mit der Sorgfalt eines ordentlichen und gewissenhaften Geschäftsleiters unvereinbar sind. Verstößt er hiergegen schuldhaft, kann er der Gesellschaft gegenüber zum Schadensersatz verpflichtet sein.

## 4. Abschnitt: Die Finanzverfassung der AG

499 Für die Verbindlichkeiten der AG haftet den Gläubigern nur das Gesellschaftsvermögen (§ 1 Abs. 1 S. 2 AktG). Die Gläubiger der Gesellschaft können sich also grundsätzlich[1263] nicht an die Aktionäre halten.[1264] Diese Haftungsregelung folgt nicht schon zwingend aus der Rechtspersönlichkeit (§ 1 Abs. 1 S. 1 AktG) der AG; denn neben deren Haftung könnten – wie bei Personengesellschaften – akzessorische Verbindlichkeiten der Aktionäre (oder auch der Organmitglieder) bestehen. Auch die körperschaftliche Struktur der AG ist zwar auf eine Loslösung von Gesellschaftern ausgerichtet, aber – wie der nicht eingetragene Verein zeigt (§ 54 S. 2 BGB) – nicht zwangsläufig mit einem Haftungsausschluss für die Gesellschafter verbunden. Sobald die rechtliche Loslösung der AG von ihren Gesellschaftern **mit der Eintragung** der Gesellschaft „als solcher" im Handelsregister endgültig vollzogen ist (§ 41 Abs. 1 S. 1 AktG), geht damit nach der gedanklichen Konzeption des Gesetzgebers eine **Haftungskonzentration auf das Gesellschaftsvermögen** einher.

Der **Mindestnennbetrag des Grundkapitals beträgt 50.000 €** (§ 7 AktG). Dieser Mindestbetrag darf nicht unterschritten werden, weder bei der Gründung noch nachträglich bei einer Kapitalherabsetzung, es sei denn, dass zugleich eine Barkapitalerhöhung beschlossen wird (§§ 228 Abs. 1, 229 Abs. 3 AktG).[1265]

Das Aktienrecht sieht für die **Aufbringung** des Grundkapitals bei der Gründung der Gesellschaft und dessen **Erhaltung** während ihrer laufenden Tätigkeit **strenge Regeln** vor, die das Recht der Personengesellschaften gar nicht und das Recht der GmbH zumindest nicht in dieser Schärfe kennen.[1266]

## A. Kapitalaufbringung

500 Die Gründer der AG verpflichten sich im Rahmen der Feststellung der Satzung (§ 2 AktG) zur Übernahme der Aktien und begründen hierdurch eine körperschaftliche **Einlageverpflichtung.**[1267] Diese haben sie durch Einzahlung zu erfüllen, soweit in der Satzung keine Sacheinlagen (= jede andere Form der Einlage als eine Geldzahlung, vgl. § 27 Abs. 1 S. 1 AktG) festgesetzt sind (§ 54 Abs. 2 AktG). Die Gründer sollen sich dabei nicht

---

1263 Zu den Fallgruppen der sog. Durchgriffshaftung – bezogen auf die GmbH – s. Bitter, ZInsO 2010, 1561, 1578 ff.

1264 Zum Folgenden: Hüffer/Koch § 1 Rn. 8.

1265 Hüffer/Koch § 7 Rn. 5.

1266 Bitter/Heim § 3 Rn. 132.

1267 Hier und zum Folgenden: Bitter/Heim § 3 Rn. 134, 136.

nur formal zur Einlage verpflichten, sondern die versprochenen Werte der Gesellschaft auch tatsächlich (real) zuführen **(Grundsatz der realen Kapitalaufbringung)**. Dementsprechend dürfen die Inferenten nicht von ihrer Einlagepflicht befreit werden (§ 66 Abs. 1 S. 1 AktG).

## I. Geldeinlagen

Ist eine Geldeinlage vereinbart, muss der vereinbarte und **vom Vorstand eingeforderte Betrag** – mindestens ein Viertel des geringsten Ausgabebetrags und bei Ausgabe der Aktien für einen höheren Betrag als diesen der Mehrbetrag (Agio[1268]) in voller Höhe (§ 36 a Abs. 1 AktG) – **vor der Anmeldung der AG zur Eintragung ins Handelsregister ordnungsgemäß und endgültig zur freien Verfügung des Vorstands** eingezahlt werden (§ 36 Abs. 2 AktG). Dies ist bei der Anmeldung der AG zum Handelsregister anzugeben und nachzuweisen (§ 37 Abs. 1 S. 2 AktG).[1269] Ordnungsgemäß ist die Einzahlung nur, wenn sie in gesetzlichen Zahlungsmitteln oder durch Gutschrift auf ein Konto der Gesellschaft oder des Vorstands zu seiner freien Verfügung erfolgt (§ 54 Abs. 3 AktG). 501

Die über die Mindesteinzahlung hinausgehende Einlage **(Resteinzahlung)** ist (erst) **nach der Anmeldung und Eintragung** der AG auf Aufforderung des Vorstands zu zahlen (§ 63 Abs. 1 S. 1 AktG). Wie sich aus dem Wortlaut und der Systematik ergibt, gelten die strengen Vorgaben der §§ 36 Abs. 2 S. 1, 37 Abs. 1 S. 2, 54 Abs. 3 AktG insoweit nicht mehr.[1270] Die Leistung muss aber nach wie vor eine Zahlung sein (§ 54 Abs. 2 AktG), die nur dann Erfüllungswirkung hat, wenn die geschuldeten Beträge ohne jede Bedingung, Einschränkung oder Verwendungsbindung gezahlt werden (Grundsatz der realen Kapitalaufbringung).

## II. Sacheinlagen und Sachübernahmen (§ 27 Abs. 1 und 2 AktG)

Bei Sacheinlagen und Sachübernahmen (vgl. § 27 Abs. 1 S. 1 AktG) ist die **reale Kapitalaufbringung** besonders gefährdet, weil der **Wert einer Sache oftmals nur schwer zu bestimmen** ist.[1271] Deshalb können nur solche Vermögensgegenstände Sacheinlagen oder -übernahmen sein, deren wirtschaftlicher Wert feststellbar ist; Dienstleistungen und die Verpflichtung zu solchen zählen nicht dazu (§ 27 Abs. 2 AktG). Ist der Wert der Sache hingegen feststellbar, müssen die Sacheinlagen und -übernahmen in der Satzung festgeschrieben und genau dokumentiert sein (§ 27 Abs. 1 S. 1 AktG), im Gründungsbericht explizit erwähnt werden (§ 32 Abs. 2 AktG) und grundsätzlich[1272] zum Gegenstand der Untersuchung eines externen Prüfers gemacht werden (§ 33 Abs. 2 Nr. 4 AktG). 502

---

1268 Werden Aktien zu einem höheren Betrag als dem Nennbetrag oder bei Stückaktien als anteiligem Betrag des Grundkapitals ausgegeben (vgl. § 9 Abs. 2 AktG), spricht man von einer Überpariemission. Die Differenz ist das Agio (Hüffer/Koch § 9 Rn. 8).

1269 Zum Folgenden: Bitter/Heim § 3 Rn. 147.

1270 Hier und zum Folgenden: Bitter/Heim § 3 Rn. 149.

1271 Hier und zum Folgenden: Bitter/Heim § 3 Rn. 138 ff.

1272 Ausnahme: § 33 a AktG.

### III. Verdeckte Sacheinlagen (§ 27 Abs. 3 AktG)

503 Die Geldeinlage eines Aktionärs kann bei wirtschaftlicher Betrachtung und auf Grund einer im Zusammenhang mit der Übernahme der Geldeinlage getroffenen Abrede vollständig oder teilweise als Sacheinlage zu bewerten sein. Das Gesetz definiert dies in § 27 Abs. 3 S. 1 AktG als **verdeckte Sacheinlage**. Erfasst sind Fälle, in denen die Satzung der AG eine Geldeinlagepflicht des Aktionärs vorsieht, auf die dieser zunächst auch Geld einzahlt; allerdings haben die Aktionäre verabredet, dass die AG mit dem eingezahlten Geld später Sachen oder Rechte des Inferenten erwirbt **(Austauschgeschäft)**.[1273]

Dieser Vorgang ist vor dem Hintergrund der grundsätzlichen Unterscheidung zwischen Bareinlagen einerseits und Sacheinlagen bzw. -übernahmen andererseits rechtlich deshalb problematisch, weil **wirtschaftlich eine Sacheinlage** erbracht wird, bei dieser aber die **besonderen Vorschriften** für Sacheinlagen bzw. -übernahmen – insbesondere die strenge Prüfung der Werthaltigkeit der Sache und die Differenzhaftung bei einer Überbewertung – **nicht eingehalten** werden.[1274]

Eine solche **Umgehung** der gesetzlichen Regeln über Sacheinlagen ist allerdings nur dann zu befürchten, wenn der mutmaßlich verdeckt eingelegte Gegenstand auch im Wege einer regulären Sacheinlage **hätte eingebracht werden können**, also eine sacheinlagefähige Leistung darstellt.[1275] Dienstleistungen bzw. die Verpflichtung zu solchen sind nicht sacheinlagefähig (§ 27 Abs. 2 Hs. 2 AktG) und deshalb kein tauglicher Gegenstand verdeckter Sacheinlagen.

Nach der **Legaldefinition des § 27 Abs. 3 S. 1 AktG** setzt eine verdeckte Sacheinlage tatbestandlich voraus, dass die Geldeinlage des Aktionärs bei wirtschaftlicher Betrachtung *und* aufgrund einer im Zusammenhang mit der Übernahme der Geldeinlage getroffenen Abrede vollständig oder teilweise als Sacheinlage zu bewerten ist. Das objektive wirtschaftliche Ergebnis muss also auch subjektiv gewollt sein. Eine solche (Vor-)Absprache wird nach der Rechtsprechung vermutet, wenn zwischen der Gründung und der damit verbundenen Leistung der Geldeinlage und dem Abschluss des Austauschgeschäfts, also dem Rückfluss der Geldeinlage im Rahmen der Abwicklung, ein enger zeitlicher und sachlicher Zusammenhang steht.[1276] Dies ist der Fall, wenn nicht mehr als sechs Monate zwischen den Vorgängen liegen.[1277]

Ist der Tatbestand der verdeckten Sacheinlage verwirklicht, wird der Aktionär nicht von seiner Einlageverpflichtung befreit (§ 27 Abs. 3 S. 1 AktG). Jedoch sind die Verträge über die Sacheinlage und die Rechtshandlungen zu ihrer Ausführung nicht unwirksam (§ 27 Abs. 3 S. 2 AktG). Auf die fortbestehende Geldeinlagepflicht des Aktionärs wird der Wert des verdeckt eingelegten Vermögensgegenstandes im Zeitpunkt der Anmeldung der Gesellschaft zur Eintragung in das Handelsregister oder im Zeitpunkt seiner Überlassung an die Gesellschaft, falls diese später erfolgt, angerechnet (§ 27 Abs. 3 S. 3 AktG: **Anrechnungslösung**). Die Gesellschaft behält also den verdeckt eingelegten Vermö-

1273 Bitter/Heim § 3 Rn. 152.
1274 Bitter/Heim § 3 Rn. 154.
1275 BGH NJW 2010, 1747, Rn. 15.
1276 BGH NJW 2006, 1736, Rn. 13 – zur Parallelvorschrift des § 19 Abs. 5 GmbHG.
1277 Bitter/Heim § 3 Rn. 160.

gensgegenstand und hat zudem einen Geldzahlungsanspruch gegen den Inferenten in Höhe der Differenz zwischen dem vereinbarten Geldeinlagebetrag und dem Wert des Vermögensgegenstandes; sonstige Ansprüche des Aktionärs und der AG begründet der Vorgang der verdeckten Sacheinlage nicht.[1278] Die Anrechnung erfolgt nicht vor Eintragung der Gesellschaft in das Handelsregister (§ 27 Abs. 3 S. 4 AktG). Damit ist zum Ausdruck gebracht, dass die Geldeinlagepflicht des Aktionärs auch in Höhe des Wertes des verdeckt eingelegten Vermögensgegenstandes bis zur Eintragung fortbesteht.

Aus diesem Grund ist es falsch, wenn die Gründer, der Vorstand und der Aufsichtsrat bei der Anmeldung erklären, der eingeforderte Betrag auf die Geldeinlage sei ordnungsgemäß eingezahlt und stehe zur freien Verfügung des Vorstands (vgl. § 37 Abs. 1 S. 1 AktG); sie machen sich **strafbar** (§ 399 Abs. 1 Nr. 1 AktG) und haften zivilrechtlich auf **Schadensersatz** (§§ 46, 48 AktG).[1279]

Die **Darlegungs- und Beweislast** für die Werthaltigkeit des Vermögensgegenstandes trägt der Aktionär (§ 27 Abs. 3 S. 5 AktG). Dies wirft für ihn namentlich dann Probleme auf, wenn zwischen der Leistung des verdeckt eingelegten Vermögensgegenstandes und Insolvenz der AG – in der Regel werden derartige Ansprüche erst dann durch den Insolvenzverwalter thematisiert – ein langer Zeitraum liegt und der Beweis des Wertes des Gegenstandes nur noch schwer zu führen ist.[1280]

Es bestehen also durchaus Unsicherheiten für die Gesellschafter. Diesen können sie durch eine **Heilung der verdeckten Sacheinlage mit Wirkung ex nunc** begegnen, die wie folgt verläuft:[1281]

(1) Änderung der Satzung dahingehend, dass der betreffende Gesellschafter eine Sacheinlage erbracht hat;

(2) Bezeichnung des verdeckt eingelegten Vermögensgegenstandes als Einlagegegenstand und Bestimmung seines Wertes im Zeitpunkt der Satzungsänderung;

(3) Sachgründungsbericht und Gründungsprüfung analog §§ 32 Abs. 2 S. 1, 33 Abs. 2 Nr. 4, 34 Abs. 1 Nr. 2 AktG;

(4) Prüfung durch das Registergericht analog § 38 Abs. 1 AktG;

(5) Eintragung im Handelsregister gemäß § 181 Abs. 3 AktG und damit verbundener Eintritt der heilenden Wirkung.

## IV. Hin- und Herzahlen (§ 27 Abs. 4 AktG)

Ist vor der Einlage eine Leistung an den Aktionär vereinbart worden, die **wirtschaftlich** **504**
**einer Rückzahlung der Einlage entspricht und die nicht als verdeckte Sacheinlage zu beurteilen** ist, so befreit dies den Aktionär von seiner Einlageverpflichtung nur dann, wenn die Leistung **durch einen vollwertigen Rückgewähranspruch gedeckt** ist, der jederzeit fällig ist oder durch fristlose Kündigung durch die Gesellschaft fällig werden kann (§ 27 Abs. 4 S. 1 AktG). Es geht also um Fälle, in denen der Aktionär oder eine ihm

1278 Bitter/Heim § 3 Rn. 163.

1279 Hier und zum Folgenden: Bitter/Heim § 3 Rn. 165.

1280 Bitter/Heim § 3 Rn. 167.

1281 Zum Folgenden: Bitter/Heim § 3 Rn. 168.

nahestehende Person[1282] bei wirtschaftlicher Betrachtung die in Geld erbrachte Einlage zurückerhält, etwa weil ihm die AG die geleistete Einlage im Wege eines Darlehens wieder zur Verfügung stellt, sodass – zumindest vorübergehend – nicht die AG, sondern der Aktionär auf die Mittel zugreifen kann.[1283] Eine solcher Vorgang ist in der Anmeldung nach § 37 AktG anzugeben (§ 27 Abs. 4 S. 2 AktG).

§ 27 Abs. 4 AktG lässt die **Erfüllungswirkung** der Geldeinlage nur eintreten,[1284] wenn

(1) die Geldeinlage gezahlt ist,

(2) aufgrund einer vor der Einzahlung getroffenen Abrede wirtschaftlich eine Rückzahlung der Einlage vorliegt,

(3) dieser Vorgang keine verdeckte Sacheinlage i.S.v. § 27 Abs. 3 S. 1 AktG darstellt,

(4) die AG aus dem Rückzahlungsvorgang einen einredefreien, vollwertigen und liquiden Rückgewähranspruch gegen den voraussichtlich erfüllungsbereiten Inferenten erlangt hat, und

(5) dieser Vorgang in der Anmeldung gemäß § 27 Abs. 4 S. 2 AktG offengelegt wurde.[1285]

505 Aus der negativen Formulierung des § 27 Abs. 4 S. 1 AktG folgt die **Darlegungs- und Beweislast** des Inferenten bzgl. der Vollwertigkeit und Liquidität;[1286] ansonsten gelten die allgemeinen Beweislastregeln.[1287]

Sind die Tatbestandsvoraussetzungen des § 27 Abs. 4 S. 1 AktG erfüllt, tritt unmittelbar mit der Einzahlung der Einlage durch den Inferenten an die AG die **Erfüllung der Einlageschuld** ein. Ohne diese Privilegierung ist die Hinzahlung des Aktionärs bei vereinbarter Rückgewähr durch die AG (Herzahlung) hingegen als Nichtleistung des Inferenten zu bewerten, weil der zunächst an die AG gezahlte Betrag nicht zur freien Verfügung des Vorstands (vgl. § 36 Abs. 2 AktG) steht.[1288] Nach der Rückgewähr kann die AG also erneut Zahlung der Geldeinlage fordern. Zahlt der Aktionär allerdings ein zweites Mal – Rückführung des Darlehens –, so ist die Zahlung auf die offene Einlageschuld zu verrechnen, sodass die AG keinen Anspruch auf eine dritte Zahlung hat.[1289]

## V. Her- und Hinzahlen

506 **Umgekehrter Fall mit ähnlichen Rechtsfolgen** ist das Her- und Hinzahlen von Beträgen aus dem Gesellschaftsvermögen:[1290] Die AG zahlt unter Verstoß gegen § 57 Abs. 1 S. 1 AktG (also ohne Privilegierung gemäß § 57 Abs. 1 S. 3 Hs. 2 AktG) an den Aktionär und dieser anschließend an die AG zwecks angeblicher Erfüllung seiner Einlageschuld.

---

1282 Hüffer/Koch § 27 Rn. 47.

1283 Bitter/Heim § 3 Rn. 171.

1284 Zum Folgenden: Hüffer/Koch § 27 Rn. 48.

1285 Ob die in § 27 Abs. 4 S. 2 AktG vorgeschriebene Offenlegung in der Anmeldung Voraussetzung der ausnahmsweise eintretenden Befreiungswirkung ist, wird unterschiedlich beurteilt (bejahend: BGH NJW 2009, 2375, Rn. 16; verneinend: Altmeppen ZIP 2009, 1545, 1548).

1286 BGH NJW 2009, 3091, Rn. 25 – zu § 19 Abs. 5 GmbHG.

1287 Heckschen DStR 2009, 166, 173 f.; Hüffer/Koch § 27 Rn. 50.

1288 BGH NJW 2006, 509, Rn. 7.

1289 BGH NJW 2006, 509, Rn. 9.

1290 Zum Folgenden: Hüffer/Koch § 27 Rn. 51.

Die Erfüllung der Einlageschuld scheitert hier am Rechtsgedanken des § 66 Abs. 1 S. 2 AktG; die Zahlung tilgt aber i.d.R. den Rückgewähranspruch aus § 62 Abs. 1 S. 1 AktG.[1291]

## B. Kapitalerhaltung

Die Gläubiger der AG müssen davor geschützt werden, dass **das aufgebrachte Grundkapital wieder an die Aktionäre zurückfließt**. Zu diesem Zweck begrenzt das Gesetz die Möglichkeit von Ausschüttungen an Aktionäre und gestattet den Erwerb eigener Aktien nur in besonderen Fällen. Die Kapitalerhaltung bei der AG ist dabei weniger Komplex als bei der GmbH. **507**

### I. Grundsatz der strengen Kapitalbindung (§§ 57, 62 AktG)

Den Aktionären dürfen die Einlagen nicht zurückgewährt werden (§ 57 Abs. 1 S. 1 AktG). **508**
Insbesondere dürfen ihnen Zinsen auf Einlagen weder zugesagt noch ausgezahlt werden (§ 57 Abs. 2 AktG). Dieses Ausschüttungsverbot wirkt umfassend:[1292] Anders als im Recht der GmbH (vgl. § 30 Abs. 1 GmbHG) knüpft das Ausschüttungsverbot nicht an das zur Erhaltung des Grundkapitals erforderliche Gesellschaftsvermögen an. Das **Ausschüttungsverbot betrifft** vielmehr **das gesamte Vermögen der AG**.

***Beachte:*** *Verpflichtet sich die AG entgegen § 57 Abs. 1 oder Abs. 2 AktG einem Aktionär gegenüber zur Rückgewähr von Einlagen oder zur Zahlung von Zinsen auf solche oder nimmt sie solche Zahlungen vor, sind weder das Verpflichtungs- noch das Verfügungsgeschäft nichtig. Zwar stellt § 57 AktG insofern ein Verbotsgesetz dar, ein Verstoß gegen diese gesetzlichen Regelungen löst aber die Rechtsfolgen des § 62 AktG und damit „ein anderes" i.S.v. § 134 BGB aus.*[1293]

Auch eine **Leistung an Aktionäre aus Aktiva, der freie Rücklagen gegenüberstehen**, stellt eine verbotene Einlagenrückgewähr dar, wenn sie nur mit Rücksicht auf die Mitgliedschaft von Aktionären bewirkt wird und keine Verteilung des Bilanzgewinns ist.[1294] Dementsprechend ist der Wortlaut des § 57 Abs. 1 S. 1 AktG insofern missverständlich, als er die Rückgewähr der „Einlagen" verbietet: Ob das Zurückgewährte eine **Einlage i.S.v. § 54 AktG ist, spielt keine Rolle**; es kommt überhaupt nicht auf den ursprünglichen Gegenstand der Einlagenleistung oder auf die Person des Leistenden an, sondern ausschließlich auf eine **wertmäßige Beeinträchtigung des Gesellschaftsvermögens**.[1295]

Vor der Auflösung der Gesellschaft[1296] darf **nur der Bilanzgewinn** der AG an die Aktionäre ausgeschüttet werden (§ 57 Abs. 3 AktG); jede andere Ausschüttung ist verboten. Weil ein etwaiges Agio[1297] nicht Teil des Bilanzgewinns ist, sondern in die Kapitalrücklage einzustellen ist (§ 272 Abs. 2 Nr. 1 HGB), nimmt auch dieses Aufgeld an der Kapitalbindung teil.[1298]

1291 BGH NJW 2009, 1418, Rn. 10 f. – zu §§ 30, 31 GmbHG.
1292 Zum Folgenden: Bitter/Heim § 3 Rn. 189.
1293 BGH NJW 2013, 1742, Rn. 14 ff.
1294 Hüffer/Koch § 57 Rn. 2.
1295 Bitter ZHR 168 (2004), 302, 308 ff.; Hüffer/Koch § 57 Rn. 2.
1296 S. hierzu Rn. 510 ff.
1297 Zum Begriff des Agios s. Rn. 500.
1298 Bitter/Heim § 3 Rn. 189.

Das Gesetz ordnet einige **Ausnahmen** von dem in § 57 Abs. 1 S. 1, Abs. 3 AktG verankerten Verbot der Einlagenrückgewähr an:[1299] Es gilt nicht für die Zahlung des Erwerbspreises beim zulässigen Erwerb eigener Aktien (§ 57 Abs. 1 S. 2 AktG) und für Leistungen, die bei Bestehen eines Beherrschungs- oder Gewinnabführungsvertrags (§ 291 AktG) erfolgen oder durch einen vollwertigen Gegenleistungs- oder Rückgewähranspruch gegen den Aktionär gedeckt sind (§ 57 Abs. 1 S. 3 AktG). Ferner ist § 57 Abs. 1 S. 1 AktG nicht anzuwenden auf die Rückgewähr eines Aktionärsdarlehens und Leistungen auf Forderungen aus Rechtshandlungen, die einem Aktionärsdarlehen wirtschaftlich entsprechen (§ 57 Abs. 1 S. 4 AktG). Nicht als Verstoß gegen die strenge Kapitalbindung gelten weiterhin die Rückzahlung nach einer ordentlichen Kapitalherabsetzung (§ 222 Abs. 3 AktG) und die Einziehung von Aktien (§ 237 Abs. 2 AktG).

Verbotswidrige Ausschüttungen lösen einen verschuldensunabhängigen **Rückgewähranspruch der AG gegen den Aktionär** aus (§ 62 Abs. 1 S. 1 AktG), soweit die Beträge nicht gutgläubig als Gewinnanteile bezogen wurden (§ 62 Abs. 1 S. 2 AktG). § 62 Abs. 1 S. 1 AktG begründet einen spezifisch aktienrechtlichen Rückgewähranspruch, der als spezialgesetzliche Regelung das Bereicherungsrecht und dessen Privilegierungen (§§ 814, 817 S. 2, 818 Abs. 3 BGB) verdrängt.[1300] In keinem Fall kann sich der Aktionär auf Entreicherung berufen.[1301] Das Gesellschaftsvermögen ist grundsätzlich so herzustellen, wie es ohne die verbotswidrige Leistung bestanden hätte.[1302]

## II. Erwerb eigener Aktien (§ 71 AktG)

509 Der (entgeltliche) Erwerb eigener Aktien durch die AG stellt wirtschaftlich eine Ausschüttung an die Aktionäre in Gestalt der Kaufpreiszahlung und damit im Grundsatz ebenfalls einen **Verstoß gegen das Ausschüttungsverbot des § 57 Abs. 1 S. 1 AktG** dar. Kommt es mit der Insolvenz der AG zum Ernstfall für die Gläubiger, sind die erworbenen eigenen Aktien – im Gegensatz zu sonstigen Beteiligungen – wertlos und taugen deshalb nicht zur Gläubigerbefriedigung.[1303] Der Erwerb eigener Aktien ist kein bloßer Aktiventausch (Geld gegen Wertpapiere). Aus diesem Grund verbietet § 71 AktG den Erwerb eigener Aktien, wenn nicht einer der dort abschließend aufgezählten Ausnahmetatbestände vorliegt. In den meisten dieser Fälle ist der Erwerb eigener Aktien gemäß § 71 Abs. 2 S. 2 AktG nur zulässig, wenn der Rückkauf aus dem ausschüttungsfähigen Vermögen der AG finanziert werden kann.

Ein Verstoß gegen § 71 Abs. 1 und 2 AktG macht den **(dinglichen) Erwerb eigener Aktien nicht unwirksam** (§ 71 Abs. 4 S. 1 AktG), führt **aber** zur **Nichtigkeit des Kausalgeschäfts** (§ 71 Abs. 4 S. 2 AktG) und **verpflichtet** die AG dazu, die Aktien binnen Jahresfrist **zu veräußern** (§ 71 c Abs. 1 AktG).

1299 Bitter/Heim § 3 Rn. 190.
1300 Hüffer/Koch § 62 Rn. 2.
1301 Schäfer § 42 Rn. 15.
1302 BGH NJW 2013, 1742, Rn. 19.
1303 Hier und zum Folgenden: Bitter/Heim § 3 Rn. 194 f.

Ferner verstößt die Kaufpreiszahlung gegen § 57 Abs. 1 S. 1 AktG, weil kein zulässiger Erwerb i.S.v. § 57 Abs. 1 S. 2 AktG vorliegt, sodass der **Aktionär zur Rückerstattung verpflichtet** ist (§ 62 Abs. 1 S. 1 AktG) und seinerseits aus Bereicherungsrecht die **Rückübertragung der Aktien verlangen** kann.[1304]

## C. Kapitalerhöhung und Kapitalherabsetzung

Es kann aus unterschiedlichen Gründen das Bedürfnis entstehen, das Grundkapital zu erhöhen oder – bis zur Untergrenze des § 7 AktG – herabzusetzen. Dies stellt eine **Satzungsänderung** dar und erfordert daher einen Beschluss der Hauptversammlung (§ 119 Abs. 1 Nr. 6 AktG), der neben einer Stimmenmehrheit nach § 133 Abs. 1 AktG teilweise einer qualifizierten Mehrheit von ¾ des bei der Beschlussfassung vertretenen Grundkapitals (vgl. § 182 Abs. 1 S. 1 AktG) bedarf. Das Gesetz unterscheidet jeweils grundlegend die Fälle der effektiven und der nominellen Kapitalerhöhung bzw. -herabsetzung.[1305] **510**

# 5. Abschnitt: Die Auflösung und Abwicklung der AG

Im Rahmen der Beendigung einer AG sind **drei Schritte** zu unterscheiden:[1306] **511**

Zunächst wird die AG zwingend in den Fällen des § 262 AktG **aufgelöst**. Die AG bleibt als Rechtsträger und juristische Person bestehen. Es ändert sich aber der **Gesellschaftszweck** von einer werbenden Gesellschaft zur einer „sterbenden" Abwicklungsgesellschaft. Damit der Rechtsverkehr diese Änderung des Unternehmenszwecks erkennen kann, ist die Auflösung zur Eintragung ins Handelsregister anzumelden (§ 263 AktG) und ein **klarstellender Zusatz zur Firma** („in Liquidation" bzw. kurz „i.L.") zu verwenden. **512**

Den zweiten Schritt bildet die **Abwicklung (Liquidation)** der Gesellschaft. Sie dient dazu, das Vermögen der AG zu Geld zu machen (zu liquidieren) und die Gläubiger der AG zu befriedigen **(Gläubigerschutz)**. Erst wenn alle Gläubiger befriedigt sind, wird das verbleibende Vermögen unter den Aktionären aufgeteilt (§ 271 AktG). Damit die Gläubiger genügend Zeit zur Anmeldung ihrer Forderungen haben, darf dies frühestens ein Jahr (sog. Sperrjahr) nach der Bekanntmachung des Aufrufs der Gläubiger (§ 267 AktG) erfolgen (§ 272 Abs. 1 AktG). Mit der Verteilung an die Aktionäre endet die Abwicklung. Dies haben die Abwickler (§ 265 AktG) zur Eintragung ins Handelsregister anzumelden (§ 273 Abs. 1 S. 1 AktG). **513**

Auf die Anmeldung der Abwickler hin ist die Gesellschaft **zu löschen** (§ 273 Abs. 1 S. 2 AktG). Eine **Vollbeendigung** der Gesellschaft als Rechtsträger und juristische Person setzt jedoch neben der Löschung im Handelsregister noch deren Vermögenslosigkeit voraus (sog. **Lehre vom Doppeltatbestand**).[1307] **514**

---

1304 Bitter/Heim § 3 Rn. 195.

1305 S. hierzu bei der GmbH Rn. 456; ferner detailliert zur AG: Schäfer § 42 Rn. 23 ff.

1306 Zum Folgenden: Schäfer § 44 Rn. 1; Windbichler § 26 Rn. 32 ff.

1307 Münch Komm-AktG/ J. Koch, § 262 Rn. 89; 56 ff.; vgl. auch § 394 FamFG: Löschung wegen Vermögenslosigkeit.

## 6. Abschnitt: Die Kommanditgesellschaft auf Aktien

Die Kommanditgesellschaft auf Aktien (KGaA) ist eine **Mischform mit Elementen der AG und der KG**. Sie ist – wie die AG – juristische Person, unterscheidet sich von dieser jedoch dadurch, dass es neben den (Kommandit-)Aktionären mindestens einen persönlich haftenden Gesellschafter gibt, dessen Stellung der eines Komplementärs in einer KG ähnlich ist. Auf die KGaA finden die Vorschriften des ersten Buches des Aktiengesetzes Anwendung, soweit sich nicht aus den §§ 278 ff. AktG etwas anderes ergibt.[1308]

Es ist auch zulässig, dass der persönlich haftende Gesellschafter einer KGaA eine juristische Person (z.B. eine GmbH) sein kann. Die danach zulässige **GmbH & Co. KGaA** ist für viele Unternehmen eine interessante Alternative zur AG.

1308 Ausführlicher dazu: Grunewald § 11 Rn. 1 ff.

# Die Aktiengesellschaft (AG)

## Grundlagen

- Juristische Person (§§ 1 Abs. 1 S. 1, 41 Abs. 1 S. AktG), Einpersonengesellschaft möglich
- Kapitalgesellschaft: In Aktien zerlegtes Grundkapital (§ 1 Abs. 2 AktG)
- Formkaufmann (§ 3 Abs. 1 AktG)

## Entstehung

- Gründung in drei Schritten:
  - Gründungsentschluss: Vorgründungsgesellschaft
  - Feststellung der Satzung und Übernahme der Aktien: Vor-AG
  - Eintragung in das Handelsregister: „fertige" AG
- Umwandlung

## Organisation

- Aktionäre: „Eigentümer" der AG
- Hauptversammlung (§§ 118 ff. AktG): Willensbildungsorgan der Aktionäre
- Vorstand (§§ 76 ff. AktG): Leitung und Geschäftsführung sowie (organschaftliche) Vertretung der AG; frei von Weisungen der Aktionäre
- Aufsichtsrat (§§ 95 ff. AktG): notwendiges Organ der AG; Überwachung, Kontrolle und Beratung des Vorstands

## Finanzverfassung

- Für Verbindlichkeiten der AG haftet nur das Gesellschaftsvermögen (§ 1 Abs. 1 S. 2 AktG).
- Haftungskonzentration auf Gesellschaftsvermögen ab Eintragung der AG (§ 41 Abs. 1 S. 1 AktG)
- Grundsatz der realen Kapitalaufbringung: Ein der Grundkapitalziffer entsprechendes Vermögen muss tatsächlich aufgebracht und der Gesellschaft zugeführt werden.
  - Inferent darf nicht von seiner Einlagepflicht befreit werden (§ 66 Abs. 1 S. 1 AktG).
- Grundsatz der Kapitalerhaltung: Ein der Grundkapitalziffer entsprechendes Vermögen muss nicht nur tatsächlich aufgebracht werden, sondern auch erhalten bleiben.
  - Grundsatz der strengen Kapitalbindung (§§ 57, 62 AktG)
  - Verbot des Erwerbs eigener Aktien (§ 71 AktG)

## Auflösung und Abwicklung

- Auflösung (§§ 262, 263 AktG)
- Abwicklung (Liquidation, §§ 264 ff. AktG)
- Vollbeendigung: Löschung im Handelsregister und Vermögenslosigkeit (Lehre vom Doppeltatbestand)

## Sonderfall: Kommanditgesellschaft auf Aktien (KGaA)

- Mischform aus AG und KG
  - Juristische Person, §§ 278 ff. AktG
  - (Kommandit-)Aktionäre
  - Daneben mindestens ein persönlich haftender Gesellschafter

# 8. Teil: Die stille Gesellschaft

## 1. Abschnitt: Grundlagen

515 Für die Beteiligung an einem Handelsgewerbe sieht der Gesetzgeber neben der KG auch die stille Gesellschaft vor, welche in den §§ 230 ff. HGB geregelt ist. Gemäß § 230 Abs. 1 HGB beteiligt sich der sog. **stille Gesellschafter** an dem Handelsgewerbe eines anderen mit einer **Vermögenseinlage**, die er in der Form leistet, dass sie in das Vermögen des Inhabers des Handelsgewerbes übergeht.

Der **zentrale Unterschied zur KG** ist dabei, dass der stille Gesellschafter gerade **kein Gesellschafter des Inhabers des Handelsgewerbes** wird und als solcher auch nicht nach außen in Erscheinung tritt.[1309] Lediglich der Inhaber des Handelsgeschäfts tritt im Außenverhältnis gegenüber Dritten (Kunden, Lieferanten, Arbeitnehmer etc.) auf, vgl. § 230 Abs. 2 HGB. Aufgrund der Tatsache, dass der stille Gesellschafter dem Rechtsverkehr grundsätzlich nicht bekannt ist, **unterscheidet sich die Haftung maßgeblich** von der des Kommanditisten.[1310]

Die Regelungen zur stillen Gesellschaft in den **§§ 230 ff. HGB** sind nicht abschließend; daneben kommen vielmehr noch die **§§ 705 ff. BGB** zur Anwendung.[1311] Im Gegensatz u.a. zur oHG in § 105 Abs. 3 HGB wird die Anwendung von §§ 705 ff. BGB zwar nicht ausdrücklich angeordnet. Die Anwendung folgt jedoch aus dem Umstand, dass die stille Gesellschaft eine besondere Form der (Innen-)GbR ist.[1312]

Die stille Gesellschaft ist **nicht rechtsfähig**[1313] und damit auch nicht parteifähig (§ 50 Abs. 1 ZPO) und prozessfähig.[1314] Als reine Innengesellschaft führt die stille Gesellschaft keine eigene Firma und sie ist auch nicht im Handelsregister eingetragen (und deshalb „still“).[1315]

---

1309 Mock, § 9 Rn. 480.

1310 S. dazu Rn. 254 ff.

1311 Mock § 9 Rn. 481.

1312 Zimmer/Bueren NZG 2011, 405, 406.

1313 Beuthien NZG 2011, 161, 165; Oetker/Wedemann § 230 Rn. 96.

1314 Oetker/Wedemann § 230 Rn. 96.

1315 Ensthaler/Fahse/Gesmann-Nuissl § 230 Rn. 4.

## 2. Abschnitt: Voraussetzungen der stillen Gesellschaft

Eine stille Gesellschaft liegt nur vor, wenn folgende **Mindestvoraussetzungen** erfüllt sind:[1316] 516

| Mindestanforderungen an eine stille Gesellschaft i.S.v. §§ 230 ff. HGB |
|---|
| 1. Eine Partei ist **Kaufmann i.S.v. §§ 1 ff. HGB** |
| 2. Die andere Partei ist **stiller Gesellschafter** |
| 3. Abschluss eines **Gesellschaftsvertrages** |
| 4. Kraft des Gesellschaftsvertrages: Beteiligung des stillen Gesellschafters am Unternehmen des anderen **mit einer Einlage** |
| 5. **Beteiligung** des stillen Gesellschafters **am Unternehmensgewinn** |

### A. Kaufmann

Nach § 230 Abs. 1 HGB muss sich die stille Gesellschaft auf ein **Handelsgewerbe** beziehen, das ein anderer betreibt.[1317] Daher muss ein **Kaufmann** i.S.v. **§ 1 ff. HGB** am Gesellschaftsvertrag beteiligt sein. In Betracht kommen Istkaufleute (§ 1 Abs. 1 HGB), eingetragene Kaufleute (§§ 2, 3 Abs. 2 HGB), Handelsgesellschaften gemäß § 6 Abs. 1 HGB (oHG, KG) und Formkaufleute gemäß § 6 Abs. 2 HGB (AG: § 3 AktG; KGaA: §§ 278, 3 AktG; GmbH: § 13 GmbHG; VVaG: § 16 VAG; Genossenschaft: § 42 Abs. 1 GenG) sowie Kaufleute kraft Eintragung (§ 5 HGB). 517

***Beachte:*** *Ist der Geschäftsinhaber nicht Kaufmann, besteht eine Innengesellschaft in der Form einer stillen BGB-Gesellschaft.*[1318]

### B. Stiller Gesellschafter

Stiller Gesellschafter kann **jede natürliche oder juristische Person** des Privatrechts oder des öffentlichen Rechts sein, darüber hinaus auch **nicht eingetragene Vereine und Genossenschaften sowie Körperschaften** des öffentlichen Rechts.[1319] Auch **rechtsfähige Personengesellschaften** (GbR, oHG, KG, PartG) können sich als stille Gesellschafter beteiligen.[1320] 518

Die **Gesellschafter einer Personen- und Kapitalgesellschaft** können zugleich als stille Gesellschafter an der Gesellschaft beteiligt sein (z.B. KG & Still, GmbH & Still), nicht aber der Unternehmensträger selbst (Einzelkaufmann, Handelsgesellschaft etc.), da **nur ein Dritter** stiller Gesellschafter sein kann. Auch einer stillen Gesellschaft als nichtrechtsfähiger Innengesellschaft ist die Möglichkeit einer stillen Teilhaberschaft versperrt.[1321]

---

1316 Ensthaler/Fahse/Gesmann-Nuissl § 230 Rn. 8.
1317 Hier und zum Folgenden: Ensthaler/Fahse/Gesmann-Nuissl § 230 Rn. 9 ff.
1318 MünchKomm-BGB/Schäfer § 705 Rn. 294.
1319 Hier und zum Folgenden: Ensthaler/Fahse/Gesmann-Nuissl § 230 Rn. 16.
1320 BGH NJW-RR 1989, 993, 994.
1321 Oetker/Wedemann § 230 Rn. 25.

## C. Gesellschaftsvertrag

519 Es muss ein Gesellschaftsvertrag (§ 705 BGB) zwischen dem Inhaber des Handelsgeschäfts und dem stillen Gesellschafter vorliegen. **Vertragspartner** des Stillen ist immer der **Kaufmann.**[1322] Handelt es sich bei dem Kaufmann um eine Gesellschaft, kommt die stille Gesellschaft mit dieser selbst und nicht mit deren Gesellschaftern zustande.[1323] Der Stille wird nicht Gesellschafter, sondern steht grundsätzlich in einem Schuldverhältnis zur Gesellschaft.[1324] Auch an einer Vor-Gesellschaft (z.B. Vor-AG,[1325] Vor-GmbH[1326]) ist eine stille Beteiligung möglich.[1327]

Eine **stille Beteiligung an einer stillen Gesellschaft** ist hingegen nicht möglich, weil diese als bloße Innengesellschaft nicht Unternehmensträger und damit auch nicht Vertragspartner sein kann.[1328]

Die §§ 230 ff. HGB gehen **im Grundsatz** von einer **Zweipersonengesellschaft** aus. Beteiligen sich mehrere Personen als stille Gesellschafter am Handelsgeschäft eines anderen, entstehen grundsätzlich mehrere stille Gesellschaften. Es sind aber auch **mehrgliedrige stille Gesellschaften**, insbesondere Publikumsgesellschaften, möglich.[1329]

Ein Gesellschaftsvertrag liegt nur vor, wenn die Parteien einen **gemeinsamen Zweck** festlegen. Hierfür bedarf es nicht nur eines gemeinsamen Ziels, sondern einer Verpflichtung zum koordinierten gemeinsamen Handeln und zur Förderung durch jeweilige Beiträge.[1330] Ausreichender gemeinsamer Zweck ist die Förderung des Handelsgewerbes durch Begründung einer Einlage. Soll lediglich ein ideeller Zweck gefördert werden, liegt demgegenüber eine GbR vor.[1331]

Das Merkmal der gemeinsamen Zweckverfolgung **unterscheidet die stille Gesellschaft von den partiarischen Rechtsverhältnissen.**[1332] Bei der Abgrenzung ist die Einigung unter Würdigung aller Umstände des Einzelfalles gemäß §§ 133, 157 BGB auszulegen. Maßgebliches Kriterium für die Abgrenzung sind die Beendigugsmöglichkeiten und -folgen. Während sich das partiarische Rechtsverhältnis nach den Kündigungsmöglichkeiten mit anschließender Rückgewähr aus dem allgemeinen Vertrags- und Schuldrecht richtet, kommt bei der stillen Gesellschaft nur die Kündigung mit anschließender Auseinandersetzung in Betracht. Weitere Indizien für eine (stille) Gesellschaft sind die Vereinbarung einer Verlustbeteiligung sowie die Einräumung von Kontroll- und Mitwirkungsrechten.[1333]

Der Gesellschaftsvertrag der stillen Gesellschaft ist **grundsätzlich formfrei** und kann auch durch schlüssiges Verhalten abgeschlossen werden, sofern ein nachweisbarer Vertragswille vorhanden ist.[1334] Sind jedoch **besondere Formbestimmungen aus Gründen außerhalb der §§ 230–236 HGB** zu beachten, muss auch der Gesellschaftsvertrag einer stillen Gesellschaft diese Formvoraussetzungen erfüllen.[1335] Dies ist insbesondere

1322 Hier und zum Folgenden: Ensthaler/Fahse/Gesmann-Nuissl § 230 Rn. 9.
1323 BGH NJW 1971, 375, 376.
1324 OLG Frankfurt a.M. NZG 2001, 270, 271.
1325 Zu dieser s. Rn. 479.
1326 Zu dieser s. Rn. 372.
1327 Oetker/Wedemann § 230 Rn. 18.
1328 MünchKomm-HGB/K. Schmidt § 230 Rn. 32.
1329 BGH NZG 2017, 907.
1330 Hier und zum Folgenden: Ensthaler/Fahse/Gesmann-Nuissl § 230 Rn. 17.
1331 BGH NZG 1998, 25 (zu § 738 Abs. 1 S. 2 BGB).
1332 Zu diesen s. Rn. 7.
1333 Mock, § 9 Rn. 483.
1334 BGH NJW 2006, 1268, Ls. 2 und Rn. 13 ff. (zur eheähnlichen Lebensgemeinschaft).
1335 Hier und zum Folgenden: Ensthaler/Fahse/Gesmann-Nuissl § 230 Rn. 19.

dann der Fall, wenn durch den stillen Gesellschafter ein Grundstück (§ 311 b Abs. 1 BGB) oder ein GmbH-Geschäftsanteil (§ 15 Abs. 4 GmbHG) eingelegt werden soll. Bei einem Gesellschaftsvertrag, durch den die stille Beteiligung unentgeltlich versprochen wird, ist gemäß § 518 Abs. 1 S. 1 BGB eine notarielle Beurkundung des Schenkungsversprechens erforderlich.

Eine **Heilung des Formmangels** erfolgt nach § 311 b Abs. 1 S. 2 BGB durch Auflassung und Eintragung des Geschäftsinhabers als Eigentümer des Grundstücks im Grundbuch, nach § 15 Abs. 4 S. 2 GmbHG durch formgerechte Abtretung des GmbH-Anteils bzw. nach § 518 Abs. 2 BGB durch Bewirken der Einlage.[1336] Die Einlage ist bewirkt, wenn der Dritte sie geleistet oder wenn der Geschäftsinhaber sie zunächst dem Stillen zugewendet hat, damit dieser sie daraufhin einbringen kann.[1337] Heilung tritt auch ein, wenn sich das Schenkungsversprechen auf eine bestehende stille Beteiligung bezieht und diese an den Beschenkten übertragen wird. Streitig ist die Heilung des Formmangels, wenn der Geschäftsinhaber dem stillen Gesellschafter die Einlage gewährt, indem er die Einlage auf dessen Einlagenkonto bucht. Der BGH hatte eine Heilung des unwirksamen Schenkungsversprechens gemäß § 518 Abs. 2 BGB zunächst abgelehnt, da weder durch Abschluss des Gesellschaftsvertrags noch durch buchmäßige, steuerliche oder sonstige Führung des Anteils des Stillen als dessen Vermögen ein Vollzug der Schenkung eingetreten und lediglich eine schuldrechtliche Verpflichtung (aus dem Schenkungsvertrag) durch eine andere (aus dem Gesellschaftsvertrag) ersetzt worden sei,[1338] mittlerweile aber eine Heilung bei Einräumung von Mitwirkungsrechten im Falle einer atypischen Unterbeteiligung bejaht.[1339]

Ist ein **Minderjähriger als Geschäftsinhaber** beteiligt, muss sich dieser gemäß §§ 107 ff. BGB bei dem Abschluss des Gesellschaftsvertrages durch seinen gesetzlichen Vertreter nach §§ 1626 Abs. 1 S. 1, 1629 Abs. 1 BGB (in der Regel die Eltern) vertreten lassen. Wegen der zwingenden Gewinnbeteiligung (§ 231 Abs. 2 Hs. 2 BGB) ist die Aufnahme eines Stillen für den (minderjährigen) Geschäftsinhaber nicht lediglich rechtlich vorteilhaft. Sollen die Eltern am Handelsgewerbe des Minderjährigen still beteiligt werden, ist ein Ergänzungspfleger zu bestellen (§§ 181, 1629 Abs. 2, 1795 Abs. 2, 1909 BGB). Der Genehmigung des Familiengerichts gemäß §§ 1643 Abs. 1, 1822 Nr. 3 BGB bedarf es grundsätzlich[1340] nicht.

Will sich ein **Minderjähriger als stiller Gesellschafter** beteiligen, ist die Zustimmung seines gesetzlichen Vertreters nur erforderlich, wenn das Geschäft nicht lediglich rechtlich vorteilhaft ist. Das ist der Fall, wenn er eine Einlage erbringen muss oder wenn seine Verlustbeteiligung nicht gemäß § 231 Abs. 2 Hs. 1 HGB ausgeschlossen ist. Die Schenkung der stillen Beteiligung ist hingegen nur rechtlich vorteilhaft, wenn eine bereits erbrachte Einlage für den Minderjährigen eingebucht wird und seine Verlustbeteiligung ausgeschlossen ist.[1341] Eine Genehmigung des Familiengerichts gemäß § 1822 Nr. 3 BGB ist dann erforderlich, wenn man die atypische stille Beteiligung auf der Seite des stillen Gesellschafters mit der (wohl) h.M. als „Gesellschaftsvertrag zum Betrieb eines Handelsgewerbes" ansieht.[1342]

---

1336 Hier und zum Folgenden: Oetker/Wedemann § 230 Rn. 58 f.

1337 Herrmann ZHR 147 (1983), 329, 332.

1338 BGHZ 7, 174, 179; a.A. Blaurock NZG 2012, 521, 524; Oetker/Wedemann § 230 Rn. 59.

1339 BGH NZG 2012, 222, Rn. 22 ff.: Schenkung einer atypischen Unterbeteiligung ist mit Abschluss des Gesellschaftsvertrages i.S.v. §§ 2301, 518 Abs. 2 BGB vollzogen.

1340 Zu Ausnahmen s. Ensthaler/Fahse/Gesmann-Nuissl § 230 Rn. 22.

1341 MünchKomm-HGB/K. Schmidt § 230 Rn. 105; a.A. BFH BeckRS 1973, 22002389; im Hinblick auf die Rechtsprechung des BFH ist die vorsorgliche Bestellung eines Ergänzungspflegers sinnvoll (Rust DStR 2005, 1942, 1944).

1342 Zum Meinungsstand s. MünchKomm-HGB/K. Schmidt § 230 Rn. 106 m.w.N.

520 Bei Mängeln des Gesellschaftsvertrages finden die **Grundsätze der fehlerhaften Gesellschaft** nach h.M. auch auf stille Gesellschaften Anwendung.[1343] Danach kann eine bereits in Vollzug gesetzte stille Gesellschaft grundsätzlich nur durch außerordentliche Kündigung gemäß § 723 Abs. 1 S. 2 BGB *ex nunc* aufgelöst und anschließend nach § 235 HGB auseinandergesetzt werden.[1344]

Dabei kann der stille Gesellschafter grundsätzlich nur Auszahlung des Auseinandersetzungsguthabens nach § 235 HGB und nicht Rückgewähr der Einlage verlangen; etwas anderes kann sich nur unter dem Gesichtspunkt eines auf den Ersatz des negativen Interesses gerichteten Schadensersatzanspruchs (z.B. aus §§ 280 Abs. 1, 311 Abs. 2 und 3, 241 Abs. 2 BGB) ergeben.[1345]

Bis dahin wird die Gesellschaft so behandelt, als sei der Gesellschaftsvertrag wirksam. Mithin treffen den Inhaber und den Stillen alle Rechte und Pflichten, die sich ergeben würden, wenn der Gesellschaftsvertrag wirksam wäre.[1346] Da die stille Gesellschaft eine Innengesellschaft ist, kommt es für den Vollzug auf die Wahrnehmung der Rechte bzw. die Erfüllung der Pflichten aus der stillen Gesellschaft im Innenverhältnis an.[1347] In Vollzug gesetzt ist die stille Gesellschaft jedenfalls mit dem (teilweisen) Leisten der Einlage,[1348] der Ausübung gesellschaftsvertraglicher Rechte durch den stillen Gesellschafter,[1349] oder durch die Auszahlung von Gewinnanteilen oder deren Gutschrift auf dem Einlagen- oder Privatkonto des stillen Gesellschafters.[1350]

**Fall 17: Fehlerhafte stille Gesellschaft**

Die S-AG beschäftigt sich mit dem Erwerb und der Verwaltung von Immobilien. Das erforderliche Kapital bringt sie auf, indem sie mit zahlreichen Kleinanlegern stille Gesellschaften gründet. Der G beteiligte sich als stiller Gesellschafter an der S-AG mit einer Einlage von 20.000 €. Der Anlagevermittler A, der im Auftrag der S-AG tätig wurde, unterließ es jedoch aus leichter Fahrlässigkeit, zuvor G darüber aufzuklären, dass je nach Geschäftslage die S-AG das Recht hat, die versprochenen Gewinnausschüttungen einseitig einzustellen. Auch das Risiko, dass er an etwaigen Verlusten beteiligt und verpflichtet sein werde, erforderlichenfalls sogar Nachschüsse in erheblichem Umfang zu leisten habe, wurde nicht erwähnt. Als G von diesen Gegebenheiten erfährt, verlangt er von der S-AG, die über hinreichendes Vermögen verfügt, um sowohl die (hypothetischen) Abfindungs- und Auseinandersetzungsansprüche aller stillen Gesellschafter als auch den Schadensersatzanspruch des G zu befriedigen, die Rückzahlung der Einlage. Zu Recht?

---

1343 BGH NZG 2005, 261, 262; BGH NZG 2005, 472, Ls. 1; a.A. Hey NZG 2004, 1097, 1098 f.; MünchKomm-BGB/Schäfer § 705 Rn. 371 differenzierend zwischen zwei- und mehrgliedrigen Gesellschaften. Bayer/Riedel NJW 2003, 2567, 2571 f.; nur für stille Gesellschaften mit verbandsmäßiger Struktur (insbesondere „Innen-KGs") bejahend: Schäfer GWR 2014, 25, 26 f.; MünchKomm-HGB/K. Schmidt § 230 Rn. 134; Oetker/Wedemann § 230 Rn. 65.

1344 Ensthaler/Fahse/Gesmann-Nuissl § 230 Rn. 32.

1345 BGH NZG 2005, 57, Ls. 1.

1346 Ensthaler/Fahse/Gesmann-Nuissl § 230 Rn. 32.

1347 Hier und zum Folgenden: Ensthaler/Fahse/Gesmann-Nuissl § 230 Rn. 30.

1348 BGH NJW 2005, 1784, 1785; BGH NJW-RR 2005, 627, 628.

1349 BGH NJW 2000, 3558, 3560.

1350 Oetker/Wedemann § 230 Rn. 68.

G könnte gegen die S-AG einen **Anspruch auf Rückzahlung der Einlage** wegen der Verletzung einer vorvertraglichen Aufklärungspflicht gemäß **§§ 280 Abs. 1, 311 Abs. 2 Nr. 1, 241 Abs. 2 BGB** haben. 521

I. Durch die **Aufnahme von Vertragsverhandlungen** über die Beteiligung an der S-AG zwischen G und A als Vertreter der S-AG ist gemäß § 311 Abs. 2 Nr. 1 BGB ein vorvertragliches Schuldverhältnis zustande gekommen.

II. Die S-AG müsste eine **Pflicht aus diesem vorvertraglichen Schuldverhältnis verletzt** haben. In Betracht kommt vorliegend die Verletzung einer **Aufklärungspflicht**.

Zwar besteht grundsätzlich **keine allgemeine Pflicht**, den jeweiligen Vertragspartner aufzuklären. Allerdings sind die dem Anleger zur Verfügung stehenden Informationsmöglichkeiten nur begrenzt. Die Anlagegesellschaft selbst hingegen wird in der Regel die erforderlichen Informationen haben. Daher wird nach ständiger Rechtsprechung des BGH gefordert, dass einem Anleger für seine Beitrittsentscheidung ein zutreffendes Bild über das Beteiligungsobjekt vermittelt werden muss. Er muss **über alle Umstände, die für seine Anlageentscheidung von wesentlicher Bedeutung sind oder sein können**, insbesondere über die mit der angebotenen Beteiligungsform verbundenen Nachteile und Risiken, **zutreffend, verständlich und vollständig aufgeklärt** werden.[1351] Vorliegend war G vor allem darüber aufzuklären, dass er an den Verlusten der S-AG beteiligt werde und eventuell auch die Gefahr besteht, dass er in hohem Maße zu Nachschüssen verpflichtet sein kann. Auch die einseitige Möglichkeit der S-AG, Ausschüttungen einzustellen, war für die Risikoabschätzung des G von wesentlicher Bedeutung.

Da der Anlagevermittler A diese Aspekte nicht erwähnt hat und sich die S-AG dessen Verhalten zurechnen lassen muss, liegt eine Pflichtverletzung der S-AG vor.

III. Da die S-AG den Anlagevermittler als **Erfüllungsgehilfen** eingeschaltet hat, muss sie sich ein diesem vorwerfbares Verschulden nach § 278 S. 1 Var. 2 BGB zurechnen lassen. Die S-AG kann sich also **nicht** i.S.v. § 280 Abs. 1 S. 2 BGB **exkulpieren**.

IV. G hat somit nach den §§ 249 ff. BGB einen Anspruch auf Ersatz solcher Schäden, die ihm aufgrund der Nichtaufklärung entstanden sind. Wäre er aufgeklärt worden, hätte er mit an Sicherheit grenzender Wahrscheinlichkeit seine Anlageentscheidung nicht (so) getroffen. Folglich ist er **so zu stellen, wie er stehen würde, wenn er den stillen Gesellschaftsvertrag nicht geschlossen und somit seine Einlage nicht geleistet** hätte. Der Anspruch auf Rückzahlung der Einlage ist damit gegeben.

V. Fraglich ist allerdings, ob dieses Ergebnis mit **den Grundsätzen zur fehlerhaften Gesellschaft** in Einklang gebracht werden kann. Hiernach sind grundsätzlich **Ansprüche, die auf Rückabwicklung gerichtet sind, ausgeschlossen**. Stattdessen wird dem stillen Gesellschafter ein Kündigungsrecht zugestanden, mit der Folge, dass mit Kündigungserklärung eine ex-nunc-Auflösung und eine Auseinandersetzung der stillen Beteiligung nach § 235 HGB erfolgen.[1352] Dann müssten allerdings

1351 Vgl. statt vieler: BGH NJW 2005, 1784, 1787.

1352 Armbrüster/Joos ZIP 2004, 189, 199.

die Grundsätze über die fehlerhafte Gesellschaft auch auf die hier vorliegende stille Gesellschaft anwendbar sein.

1. **Teilweise** wird eine Anwendung der Grundsätze über die fehlerhafte Gesellschaft auf eine stille Gesellschaft **generell abgelehnt.**[1353] Zur Begründung wird darauf verwiesen, dass die stille Gesellschaft kein Gesellschaftsvermögen bildet, ein solches aber zwingende Voraussetzung für die Anwendbarkeit der Regeln über die fehlerhafte Gesellschaft sei. Nach dieser Auffassung kann G die Rückzahlung der Einlage als Schadensersatzforderung verlangen.

2. Der **BGH wendet** die Grundsätze über die fehlerhafte Gesellschaft hingegen auch auf stille Gesellschaften **an.**[1354] **Allerdings** stehe die Anwendbarkeit dieser Grundsätze einem Anspruch auf **Rückgewähr der Einlage bei einer zweigliedrigen stillen Gesellschaft** nicht entgegen, wenn der Vertragspartner des stillen Gesellschafters verpflichtet ist, diesen im Wege des **Schadensersatzes** so zu stellen, als hätte er den Gesellschaftsvertrag nicht geschlossen und seine Einlage nicht geleistet.[1355] Der Anspruch des Gesellschafters auf Rückgewähr der Einlage richte sich gegen die stille Gesellschaft in ihrer **Doppeleigenschaft als Vertragspartner des Gesellschafters und als „Gesellschaft"**. Adressat des gesellschaftsrechtlichen Rückabwicklungsanspruchs sei der Inhaber des Handelsgewerbes i.S.d. § 230 HGB, mit dem allein der stille Gesellschaftsvertrag zustande gekommen und der zugleich im Wege des Schadensersatzes verpflichtet sei, etwaige Minderungen der gesellschaftsrechtlichen Einlage auszugleichen. Demjenigen, der sich aufgrund einer Verletzung einer Aufklärungspflicht schadensersatzpflichtig gemacht habe, dürfe es nicht zugutekommen, dass er gleichzeitig auch an dem mit dem geschädigten Anleger geschlossenen Gesellschaftsvertrag beteiligt sei.

   Im vorliegenden Fall ist jedoch zu beachten, dass die S-AG **mit zahlreichen Anlegern** stille Gesellschaften gebildet hat **(mehrgliedrige stille Gesellschaft)** und als am Kapitalmarkt tätige **AG eine verbandsmäßige Struktur** aufweist. Bei stillen Gesellschaften mit verbandsmäßiger Struktur unterliegt der Schadensersatzanspruch Beschränkungen, denn ein über den Auseinandersetzungsanspruch hinausgehender Schadensersatzanspruch darf die **gleichmäßige Befriedigung** der Abfindungs- und Auseinandersetzungsansprüche der übrigen Gesellschafter nicht gefährden.[1356] Vor Beendigung der Auseinandersetzung besteht ein durchsetzbarer Schadensersatzanspruch in diesen Konstellationen daher nur, wenn und soweit im Zeitpunkt der Entscheidung über einen solchen Schadensersatzanspruch das Vermögen des Geschäftsinhabers zusätzlich zu dem Anspruch des betreffenden Anlegers auch die zu diesem Zeitpunkt bestehenden (hypotheti-

1353 Hey NZG 2004, 1097, 1098 f.; MünchKomm-BGB/Schäfer § 705 Rn. 371; zweifelnd auch OLG Schleswig ZIP 2002, 1244, 1247.

1354 BGH NZG 2005, 261, 262; BGH NZG 2005, 472, Ls. 1.

1355 BGH NZG 2006, 57, Ls. 1.

1356 BGH NZG 2013, 1422, Rn. 16 ff.; BGH BeckRS 2014, 16769, Rn. 9; Schäfer/Fallak, FS Kübler, 2015, 607, 610 f.; K. Schmidt ZIP 2014, 1457, 1462 f.

schen) Abfindungs- und Auseinandersetzungsansprüche aller stillen Gesellschafter deckt.[1357]

Da die S-AG über ein **in diesem Sinne hinreichendes Vermögen** verfügt, kann G auch im Falle einer Anwendbarkeit der Grundsätze über die fehlerhafte Gesellschaft die Rückzahlung seiner Einlage verlangen. Einer Streitentscheidung bedarf es demnach nicht. Dem G steht gegen die S-AG ein Anspruch auf Rückzahlung seiner Einlage nach §§ 280 Abs. 1, 311 Abs. 2 Nr. 1, 241 Abs. 2 BGB zu.

---

## D. Beteiligung mit einer Einlage

Die Einlage des stillen Gesellschafters ist gemäß § 230 Abs. 1 HGB so zu leisten, dass sie **522**
**in das Vermögen des Geschäftsinhabers** übergeht. Dies bedeutet regelmäßig eine Übereignung an den Geschäftsinhaber.[1358] Die Einlage ist regelmäßig auf eine Geldleistung gerichtet, kann aber auch in bestimmten Sachen oder sonstigen Vermögenswerten sowie noch zu erbringenden (nicht früheren) Dienstleistungen[1359] bestehen.

Soll die Einlage nach den Vorstellungen der Parteien nicht in das alleinige Vermögen des Inhabers übergehen, sondern vielmehr **gemeinschaftliches Vermögen** werden, liegt keine stille Gesellschaft, sondern eine GbR vor.[1360]

Fehlt es an einer abweichende Regelung im Gesellschaftsvertrag, ist die Einlage gemäß § 271 BGB sofort, also mit Abschluss des Gesellschaftsvertrages **fällig.**[1361] Der Anspruch auf die Einlage **verjährt** nach den §§ 195, 199 BGB;[1362] § 159 HGB findet mangels planwidriger Regelungslücke keine analoge Anwendung.[1363] Zu denken ist aber an eine analoge Anwendung des § 54 Abs. 4 AktG im Falle einer „AG & Still" bzw. des § 19 Abs. 6 GmbHG im Falle einer „GmbH & Still".[1364]

Wenn der stille Gesellschafter seine **Einlage erbracht** hat, kann er grundsätzlich nicht zu weiteren Zahlungen an den Inhaber verpflichtet werden.[1365] Der stille Gesellschafter nimmt nämlich an dem Verlust nur bis zum Betrage seiner eingezahlten oder rückständigen Einlage teil (§ 232 Abs. 2 S. 1 HGB). Dies gilt aber nur, soweit im Gesellschaftsvertrag für das Innenverhältnis nicht ausdrücklich oder konkludent eine **Nachschusspflicht** des stillen Gesellschafters vereinbart ist.[1366] Ist die stille Gesellschaft als Publikumsgesellschaft organisiert, müssen etwaige Nachschusspflichten aus dem Gesellschaftsvertrag eindeutig hervorgehen und der Höhe nach zumindest objektiv bestimmbar sein.[1367]

---

1357 BGH NZG 2013, 1422, Rn. 29 f. Zur näheren Ausformung mit diesen Leitlinien: Schäfer/Fallak, FS Kübler, 2015, 607, 611 ff.; K. Schmidt ZIP 2014, 1457, 1462 f.

1358 Ensthaler/Fahse/Gesmann-Nuissl § 230 Rn. 35.

1359 Ensthaler/Fahse/Gesmann-Nuissl § 230 Rn. 37.

1360 OLG Hamm NJW-RR 1994, 1382, 1183.

1361 Ensthaler/Fahse/Gesmann-Nuissl § 230 Rn. 36.

1362 BGH NZG 2010, 823, Rn. 9.

1363 OLG Schleswig NZG 2009, 256, 258.

1364 Berninger DStR 2010, 2359, 2362 f.; K. Schmidt NZG 2009, 361, 363; a.A. BGH NZG 2010, 823, Rn. 9.

1365 Hier und zum Folgenden: Ensthaler/Fahse/Gesmann-Nuissl § 230 Rn. 39.

1366 OLG Schleswig DStR 2009, 2329.

1367 BGH NZG 2007, 382, Ls. 1.

## E. Gewinnbeteiligung

523 Der stille Gesellschafter muss **zwingend** an dem Gewinn des Handelsgewerbes beteiligt werden (§ 231 Abs. 2 Hs. 2 HGB). Andernfalls liegt keine stille Gesellschaft vor.[1368]

# 3. Abschnitt: Rechte und Pflichten des Geschäftsinhabers

524 Die Rechte und Pflichten des Geschäftsinhabers ergeben sich aus dem Gesellschaftsvertrag und den gesetzlichen Regelungen, soweit diese nicht abbedungen sind.[1369] Zu den Rechten eines Personengesellschafters gehören im **Allgemeinen Teilnahme-, Informations- und Vermögensrechte sowie Lösungs- und Klagerechte**; seine Pflichten setzen sich aus der **Beitrags- und der Treuepflicht** zusammen.[1370]

Die Beitragspflicht des Geschäftsinhabers besteht im **Betrieb des Handelsgewerbes.**[1371] Er ist dem Stillen gegenüber verpflichtet, im gemeinsamen Interesse und auf gemeinsame Rechnung tätig zu werden.[1372]

Dabei hat der Inhaber das Recht und die Pflicht zur **Geschäftsführung** (§ 709 BGB), die ihm bei einer typischen Gesellschaft allein zusteht. Da es sich hierbei um eine gesellschafterliche Beitragspflicht des Inhabers handelt, erhält er hierfür keine Vergütung, sofern im Gesellschaftsvertrag nichts anderes vorgesehen ist.[1373] Aufwendungen sind gewinnmindernd bei der Abrechnung der stillen Gesellschaft nach § 232 HGB zu berücksichtigen;[1374] ein selbstständiger Anspruch gemäß §§ 713, 670 BGB besteht nicht.[1375] Im Rahmen der Geschäftsführung steht ihm ein **weiter Handlungsspielraum** zu: Er kann nicht nur alle gewöhnlichen, sondern auch alle außergewöhnlichen Geschäfte vornehmen, die zum Betrieb des Handelsgewerbes gehören.[1376] Allerdings ist die Geschäftsführung auf die Fortführung des Geschäftsbetriebs zur gemeinsamen Zweckverfolgung beschränkt.[1377] Insbesondere ist der Geschäftsinhaber dazu verpflichtet, sowohl die Einlage des Stillen bestimmungsgemäß, also nur zur Förderung des Handelsgewerbes und nicht für gesellschaftsfremde Zwecke, zu verwenden als auch dem Unternehmen nicht bestimmungswidrig Vermögen zu entziehen.[1378] Ferner ist der Inhaber ohne Zustimmung des stillen Teilhabers nicht berechtigt, die wesentlichen Grundlagen des Handelsgewerbes zu verändern.

Zu solchen **Grundlagengeschäften** können die Änderung des Gegenstandes des Unternehmens, die Verpachtung, die Veräußerung des Unternehmens oder gar die Einstellung des Geschäftsbetriebes zählen.[1379]

---

1368 BFH DStR 2002, 123, 124; Ensthaler/Fahse/Gesmann-Nuissl § 230 Rn. 41; Windbichler § 18 Rn. 3.
1369 Ensthaler/Fahse/Gesmann-Nuissl § 230 Rn. 42.
1370 Oetker/Wedemann § 230 Rn. 71.
1371 Hier und zum Folgenden: Oetker/Wedemann § 230 Rn. 71.
1372 BFH DStR 2002, 123, 124; Ensthaler/Fahse/Gesmann-Nuissl § 230 Rn. 42.
1373 Ensthaler/Fahse/Gesmann-Nuissl § 230 Rn. 51; Oetker/Wedemann § 230 Rn. 81.
1374 K. Schmidt JuS 2003, 228, 231.
1375 Oetker/Wedemann § 230 Rn. 81; a.A. Ensthaler/Fahse/Gesmann-Nuissl § 230 Rn. 51.
1376 Ensthaler/Fahse/Gesmann-Nuissl § 230 Rn. 44.
1377 Hier und zum Folgenden: Ensthaler/Fahse/Gesmann-Nuissl § 230 Rn. 45.
1378 BFH DStR 2002, 123, 124.
1379 BGH BB 1980, 958, 959; BGH NJW 1988, 413, 414.

Eine **Verletzung von Geschäftsführungsbefugnissen** berührt allerdings **nur das Innenverhältnis** zwischen dem Inhaber und dem stillen Gesellschafter, im Außenverhältnis bleibt das Rechtsgeschäft wirksam. Der Stille erhält lediglich einen Schadensersatzanspruch oder ggf. ein Recht zur außerordentlichen Kündigung (§ 234 HGB).[1380] Dabei ist zu berücksichtigen, dass wegen des Vertrauensverhältnisses zwischen dem Inhaber und dem stillen Gesellschafter der Sorgfaltsmaßstab für die Geschäftsführung – auch für Erfüllungsgehilfen (§ 278 BGB)[1381] – grundsätzlich gemäß §§ 708, 277 BGB auf die Sorgfalt in eigenen Angelegenheiten begrenzt ist.[1382]

Agiert der Inhaber außerhalb des Gesellschaftsverhältnisses oder tritt er dem stillen Gesellschafter wie ein Dritter gegenüber, gilt der allgemeine Sorgfaltsmaßstab des § 276 BGB.[1383] Gleiches gilt bei Publikumsgesellschaften auch im Innenverhältnis, weil bei diesen kein besonderes Vertrauensverhältnis besteht.[1384] Ist Geschäftsinhaber eine GmbH, findet § 43 Abs. 1 GmbHG Anwendung, sodass der Geschäftsführer die Geschäfte wie ein „ordentlicher Kaufmann" zu führen hat.[1385]

Aus der **Treuepflicht** ergibt sich bei der stillen Gesellschaft insbesondere die Pflicht des Inhabers, das Gesellschaftsverhältnis mit dem Stillen geheim zu halten.[1386] Das in den §§ 112 f. HGB geregelte Wettbewerbsverbot findet bei der typischen stillen Beteiligung keine Anwendung.[1387]

Der Geschäftsinhaber ist dem stillen Gesellschafter schließlich **rechenschaftspflichtig** (§§ 713, 666 BGB).

**Teilnahme- und Informationsrechte spielen** für den Geschäftsinhaber aufgrund seines Rechts zur Geschäftsführung keine Rolle. Das Gleiche gilt für die **Vermögensrechte**, da bei der stillen Gesellschaft kein Gesamthandsvermögen gebildet wird.[1388]

## 4. Abschnitt: Rechte und Pflichten des stillen Gesellschafters

Die Rechte des typischen stillen Gesellschafters setzen sich aus den **Informationsrechten** (Kontrollrecht, § 233 HGB) und den **Vermögensrechten**, nämlich dem unabdingbaren (§ 231 Abs. 2 HGB) Anspruch auf den Gewinnanteil gemäß § 232 Abs. 1 HGB und dem Anspruch auf das Auseinandersetzungsguthaben nach § 235 HGB zusammen. Zudem hat der stille Gesellschafter ein **Lösungsrecht** in Gestalt eines Rechts zur ordentlichen bzw. außerordentlichen Kündigung (§ 234 Abs. 1 HGB). **525**

Die Pflichten des stillen Gesellschafters bestehen im Wesentlichen im Leisten seiner **Einlage** und in der (bei einer typischen stillen Gesellschaft nur schwach ausgeprägten) **Treuepflicht**. Anders als bei anderen Gesellschaften lässt sich aus dieser i.d.R. kein Wett-

1380 BGH NJW 1988, 413, 414; MünchKomm-HGB/K. Schmidt § 230 Rn. 179; Oetker/Wedemann § 230 Rn. 79.
1381 Oetker/Wedemann § 230 Rn. 84.
1382 Ensthaler/Fahse/Gesmann-Nuissl § 230 Rn. 52.
1383 Ensthaler/Fahse/Gesmann-Nuissl § 230 Rn. 53; Oetker/Wedemann § 230 Rn. 84.
1384 BGH NJW 1995, 1353, 1357 – zur Publikums-KG.
1385 BGH NJW 1995, 1353, 1357.
1386 Ensthaler/Fahse/Gesmann-Nuissl § 230 Rn. 49; Oetker/Wedemann § 230 Rn. 83.
1387 Ensthaler/Fahse/Gesmann-Nuissl § 230 Rn. 49.
1388 Oetker/Wedemann § 230 Rn. 71; Windbichler § 18 Rn. 2.

bewerbsverbot des Stillen ableiten.[1389] Eine Verlustbeteiligung hat er nur zu tragen, sofern dies vereinbart ist. Eine Nachschusspflicht besteht grundsätzlich nicht.[1390]

## 5. Abschnitt: Verfügung über Gesellschafterrecht

526 Die stille Beteiligung, d.h. die **Mitgliedschaft**, kann nur **mit Zustimmung des Geschäftsinhabers durch Abtretung** gemäß §§ 413, 398 BGB übertragen werden. Bei einer solchen Übertragung wird kein neuer Gesellschaftsvertrag geschlossen, sondern die Mitgliedschaft geht auf den Erwerber unter Wahrung der Identität der bestehenden stillen Gesellschaft über, ohne dass § 399 BGB entgegensteht.[1391] Die stille Beteiligung lässt sich auch verpfänden (§§ 1273, 1274 Abs. 1 BGB).[1392] An ihr lässt sich auch ein Nießbrauch bestellen (§§ 1068, 1069 Abs. 1 BGB), soweit die Mitgliedschaft übertragbar ist (§ 1069 Abs. 2 BGB).[1393]

**Einzelne Gesellschafterrechte** sind nach Maßgabe des (allerdings gesellschaftsvertraglich abdingbaren)[1394] § 717 Abs. 1 BGB grundsätzlich **nicht übertragbar**. Abweichendes gilt für Ansprüche aus der Gewinnbeteiligung sowie Ansprüche auf das künftige Auseinandersetzungsguthaben, die ohne Weiteres abtretbar sind (§ 717 S. 2 BGB). Die übertragbaren Rechte lassen sich verpfänden (§§ 1273, 1274 Abs. 1 BGB), die unübertragbaren nicht (§ 1274 Abs. 2 BGB).[1395]

## 6. Abschnitt: Das Außenverhältnis zu Dritten

527 Die stille Gesellschaft ist **als Innengesellschaft nicht rechts-, partei- und prozessfähig**.[1396] Im **Außenverhältnis** gegenüber Dritten handelt der Geschäftsinhaber. Er ist Träger des Unternehmens. Deshalb wird aus den in dem Betrieb geschlossenen Geschäften **allein der Inhaber berechtigt und verpflichtet** (§ 230 Abs. 2 HGB).

Die **Haftung im Außenverhältnis** trifft, sofern nicht im Einzelfall mit dem jeweiligen Dritten etwas anderes vereinbart ist,[1397] **nur den Inhaber**, nicht den stillen Gesellschafter.[1398] Dies gilt auch bei der atypischen stillen Gesellschaft und selbst dann, wenn der Stille den Geschäftsbetrieb wirtschaftlich beherrscht und als eigentlicher Geschäftsherr anzusehen ist.[1399] Gläubiger des Inhabers können sich also nur an diesen wenden, nicht an den stillen Gesellschafter.

Die Gläubiger können jedoch Ansprüche des Geschäftsinhabers gegen den stillen Gesellschafter pfänden und sich zur Einziehung überweisen lassen.[1400]

---

1389 Oetker/Wedemann § 230 Rn. 94.
1390 Ensthaler/Fahse/Gesmann-Nuissl § 230 Rn. 55.
1391 Oetker/Wedemann § 230 Rn. 99.
1392 Oetker/Wedemann § 230 Rn. 103.
1393 Oetker/Wedemann § 230 Rn. 102.
1394 Ensthaler/Fahse/Gesmann-Nuissl § 230 Rn. 60.
1395 Oetker/Wedemann § 230 Rn. 103.
1396 Hier und zum Folgenden: Oetker/Wedemann § 230 Rn. 96.
1397 Blaurock NZG 2010, 974, 974 f. mit den Beispielen Bürgschaft und Schuldbeitritt.
1398 Hier und zum Folgenden: Oetker/Wedemann § 230 Rn. 97.
1399 BGH NZG 2010, 823, Rn. 10.
1400 Ensthaler/Fahse/Gesmann-Nuissl § 230 Rn. 5.

# 7. Abschnitt: Die Beendigung der stillen Gesellschaft

Die Beendigung der stillen Gesellschaft erfolgt durch ihre **Auflösung** nach § 234 HGB sowie §§ 132, 134 f. HGB und §§ 723, 726–728 BGB.[1401] 528

**§ 234 Abs. 1 HGB** enthält Regelungen zur **Auflösung** der stillen Gesellschaft **durch Kündigung**. Für die ordentliche Kündigung verweist § 234 Abs. 1 S. 1 HGB auf die §§ 132, 134, 135 HGB. Den Regeln des oHG-Rechts kommt damit Vorrang gegenüber § 723 BGB zu, mit der Folge, dass der stille Gesellschafter nicht jederzeit kündigen kann.[1402] Für die außerordentliche Kündigung nimmt § 234 Abs. 1 S. 2 HGB hingegen auf § 723 BGB Bezug; anders als bei der oHG (§ 234 Abs. 1 HGB nimmt gerade keinen Bezug auf den insoweit für die oHG geltenden § 133 HGB) bedarf es somit keiner gerichtlichen Entscheidung über die Auflösung aus wichtigem Grund.

Durch den **Tod des stillen Gesellschafters** wird die Gesellschaft nicht aufgelöst **(§ 234 Abs. 2 HGB)**. In diesem Punkt unterscheidet sich das Recht der stillen Gesellschaft von demjenigen der GbR (§ 727 Abs. 1 BGB) und entspricht demjenigen der KG für Kommanditisten (§ 177 HGB). Es erfolgt allerdings keine Sondererbfolge wie bei oHG- oder KG-Anteilen; die stille Beteiligung wird vielmehr als Teil des Nachlasses vom Erben oder der Erbengemeinschaft fortgeführt.[1403]

Der **Tod des Geschäftsinhabers** führt demgegenüber nach § 727 Abs. 1 BGB zur Auflösung der stillen Gesellschaft, sofern im Gesellschaftsvertrag keine abweichende Regelung getroffen wurde.[1404]

Die stille Gesellschaft ist nicht rechtsfähig und hat kein eigenes (Gesamthands-)Vermögen. Sie ist deshalb auch nicht insolvenzfähig.[1405] Durch die **Insolvenz** des Geschäftsinhabers wird die stille Gesellschaft gemäß § 728 Abs. 2 S. 1 HGB zwingend (also unabdingbar) aufgelöst.[1406] Das Gleiche gilt für die Insolvenz des stillen Gesellschafters.[1407]

Bei einer stillen Gesellschaft bedarf es anders als bei der (Außen-GbR) keiner Abwicklung.[1408] Ihre **Auflösung zieht zugleich die Vollbeendigung nach sich**.[1409] Da bei einer bloßen Innengesellschaft kein gesamthänderisch gebundenes Gesellschaftsvermögen vorhanden ist, kommt eine Liquidation wie bei einer (teil)rechtsfähigen Personen(handels)gesellschaft nicht in Betracht. Insbesondere hat die stille Gesellschaft keine Verbindlichkeiten, die im Rahmen einer Liquidationsphase vorrangig zu erfüllen sein könnten. Die Abwicklung einer stillen Gesellschaft ähnelt nur insoweit der Liquidation einer rechtsfähigen Personen(handels)gesellschaft, als der stille Gesellschafter nach der Auflösung lediglich noch einen schuldrechtlichen Anspruch gegen den Inhaber des Handelsgeschäfts auf Auszahlung seines Abfindungsguthabens hat, bei dem die Ein-

---

1401 Ensthaler/Fahse/Gesmann-Nuissl § 230 Rn. 106.

1402 Hier und zum Folgenden: Oetker/Wedemann § 234 Rn. 1.

1403 MünchKomm-HGB/K. Schmidt § 234 Rn. 56; Oetker/Wedemann § 234 Rn. 39.

1404 Ensthaler/Fahse/Gesmann-Nuissl § 234 Rn. 7; Oetker/Wedemann § 234 Rn. 29 f.

1405 Oetker/Wedemann § 234 Rn. 26.

1406 BAG ZIP 2009, 1533, 1538.

1407 K. Schmidt KTS 1977, 1, 8; Ensthaler/Fahse/Gesmann-Nuissl § 234 Rn. 6; Oetker/Wedemann § 234 Rn. 26.

1408 Oetker/Wedemann § 234 Rn. 2.

1409 Hier und zum Folgenden: BGH NZG 2016, 422, Rn. 9.

zelansprüche der Gesellschafter aus dem stillen Gesellschaftsverhältnis unselbstständige Rechnungsposten der nach § 235 Abs. 1 HGB vorzunehmenden Auseinandersetzungsrechnung sind und daher grundsätzlich nicht mehr selbstständig geltend gemacht werden können.

Einzelansprüche können allerdings ausnahmsweise separat geltend gemacht werden, wenn dadurch das Ergebnis der Auseinandersetzung (teilweise) in zulässiger Weise vorweggenommen wird und insbesondere die Gefahr von Hin- und Herzahlungen nicht besteht.[1410]

Der Anspruch auf Zahlung eines Auseinandersetzungsguthabens des stillen Gesellschafters entsteht ebenso wie der Verlustausgleichsanspruch mit der Beendigung der stillen Gesellschaft und kann nach seiner Fälligkeit geltend gemacht bzw. mit einer Klage durchgesetzt werden (§ 271 BGB).[1411] Wird eine stille Gesellschaft aufgelöst, sind die stillen Gesellschafter zur Rückzahlung der ihnen zugeflossenen gewinnunabhängigen Ausschüttungen an den Geschäftsinhaber verpflichtet, wenn dieser Rückzahlungsanspruch im Gesellschaftsvertrag geregelt ist.[1412]

Mit der Auflösung der stillen Gesellschaft **enden die Mitgliedschaft und alle damit verbundenen Rechte und Pflichten**. Der stille Teilhaber partizipiert noch an den Gewinnen aus schwebenden Geschäften (§ 235 Abs. 2 und 3 HGB), nicht aber an künftigen Gewinnen.[1413] Die Abwicklung der schwebenden Geschäfte erfolgt außerhalb der auf den Auflösungszeitpunkt zu erstellenden Auseinandersetzungsrechnung, wie sich aus § 235 Abs. 2 und 3 HGB ergibt.[1414]

Nach Beendigung der stillen Gesellschaft hat der stille Gesellschafter eine **rückständige Einlage im Allgemeinen nur bis zur Höhe seines Verlustanteils zu erbringen** (§§ 232 Abs. 2, 236 Abs. 2 HGB).[1415] Anderes gilt jedoch dann, wenn die vom stillen Gesellschafter übernommene Einlage nach den getroffenen Vereinbarungen Eigenkapitalcharakter für den Geschäftsinhaber hat und deshalb auch bei Auflösung der stillen Gesellschaft erbracht werden muss, soweit sie für die Befriedigung der Gläubiger des Geschäftsinhabers benötigt wird. In diesem Fall ist die Einlage auch bei Beendigung der stillen Gesellschaft noch in vollem Umfang zu entrichten, weil sie als Teil der Eigenkapitalgrundlage des Geschäftsinhabers dessen Gläubigern als Haftungsmasse zur Verfügung stehen muss.

## 8. Abschnitt: Die atypische stille Gesellschaft

529 Nach §§ 231, 232 HGB nimmt der Stille als reiner Kapitalgeber im Zweifel am Gewinn und Verlust des Handelsgeschäfts teil (typische stille Gesellschaft).[1416] Das stille Gesellschaftsverhältnis kann aber nach § 311 Abs. 1 BGB **vom gesetzlichen Leitbild der §§ 230 ff. HGB abweichend** auch in der Weise ausgestaltet werden, dass dem stillen Teilhaber **weitergehende Rechte und Pflichten** eingeräumt werden. Dann spricht man von einer atypischen stillen Gesellschaft.

1410 BGH NZG 2015, 674, Ls.
1411 BGH NZG 2017, 339, Rn. 14.
1412 BGH NZG 2016, 1380, Ls.
1413 Oetker/Wedemann § 234 Rn. 2.
1414 BGH NZG 2016, 422, Rn. 10.
1415 Hier und zum Folgenden: BGH NZG 2017, 907, Rn. 10.
1416 Hier und zum Folgenden: Ensthaler/Fahse/Gesmann-Nuissl § 230 Rn. 2, 62.

Dem stillen Teilhaber können **beispielsweise** über die Kontrollrechte des § 233 HGB hinausgehende Informations- und Mitspracherechte (z.B. Widerspruchsrechte, Zustimmungsvorbehalte) eingeräumt werden. Er kann auch an der Geschäftsführung beteiligt werden. Weiterhin kann vereinbart werden, dass das gesamte (auch das vor der Einlage des Stillen vorhandene) Geschäftsvermögen obligatorisch – nicht dinglich! – als gemeinsames Vermögen von Inhaber und Stillem behandelt wird. In diesem Fall ist der Stille bei der Auseinandersetzung so zu stellen, als wäre er am ganzen Geschäftsvermögen gesamthänderisch beteiligt gewesen.

## 9. Teil: Die Partnerschaftsgesellschaft (PartG)

530 Die **Angehörigen freier Berufe** üben **kein Gewerbe** i.S.d. HGB aus. Schon aus diesem Grund können sie keine oHG oder KG zum Zweck der gemeinsamen Berufsausübung gründen. Auch aus berufsständischen Gründen scheidet häufig die Gründung einer Handelsgesellschaft aus. Aufgrund der überregionalen Verbreitung vieler freier Berufe bestand ein zunehmend stärkeres **Kooperationsbedürfnis**, was jedoch mit den geltenden Gesellschaftsformen nicht zu verwirklichen war. Diese **Lücke an Kooperationsformen** für die gemeinsame Ausübung freier Berufe (z.B. große Kanzleien) hat der Gesetzgeber im Jahr 1995 mit der Einführung der Partnerschaftsgesellschaft geschlossen.[1417]

Inzwischen nutzen Angehörige freier Berufe, nicht zuletzt Rechtsanwälte, allerdings auch die Gesellschaftsform der GmbH zur Kooperation, um insbesondere von der dort bestehenden Möglichkeit einer umfassenden Haftungsbeschränkung Gebrauch zu machen.

Aus der Umschreibung in § 1 Abs. 1 PartGG geht hervor, dass die Partnerschaftsgesellschaft (PartG) eine **Personengesellschaft** ist, in der sich Angehörige freier Berufe zur Ausübung ihrer freien Berufe zusammenschließen. Die PartG übt kein Handelsgewerbe aus (§ 1 Abs. 1 S. 2 PartGG). **Gesellschafter** einer PartG **können nur natürliche Personen sein**.

§ 1 Abs. 1 S. 3 PartG spricht von „Angehörigen". Im Übrigen werden die Gesellschafter der PartG im PartGG als „Partner" bezeichnet.

Auf die PartG finden, soweit im PartGG nichts anderes bestimmt ist, die **Vorschriften zur GbR** (§§ 705 ff. BGB) Anwendung (§ 1 Abs. 4 PartGG). Deshalb kann zunächst grundlegend auf die vorstehenden Ausführungen zur GbR verwiesen werden.[1418] Im Übrigen gelten für die PartG insbesondere folgende **Besonderheiten**:

531 Die Partnerschaft entsteht mit dem Abschluss des Gesellschaftsvertrages. Das Gesetz nennt ihn **Partnerschaftsvertrag**. Dieser bedarf der Schriftform (§ 3 Abs. 1 PartGG) und muss den Namen (§ 2 PartGG) und den Sitz der PartG, den Namen, ausgeübten Beruf und Wohnort jedes Partners sowie den Gegenstand der PartG enthalten (§ 3 Abs. 2 PartGG). Die PartG ist bei dem zuständigen Amtsgericht zur Eintragung in das Partnerschaftsregister anzumelden (vgl. §§ 4, 5 PartGG). Mit der Eintragung in das Partnerschaftsregister entsteht die PartG im Verhältnis zu Dritten (§ 7 Abs. 1 PartGG); zuvor ist die Partnerschaft eine GbR. Die Eintragung wirkt folglich konstitutiv.[1419]

532 Dem **Rechtsverhältnis der Partner untereinander** widmet sich § 6 PartGG. Die Partner erbringen ihre beruflichen Leistungen unter Beachtung des für sie geltenden Berufsrechts (§ 6 Abs. 1 PartGG). Einzelne Partner können im Partnerschaftsvertrag nur von der Führung der sonstigen Geschäfte ausgeschlossen werden (§ 6 Abs. 2 PartGG). Damit ist gemeint, dass die Partner nur insoweit von der Geschäftsführung ausgeschlossen werden dürfen, wie nicht ihre eigenen freiberuflichen Leistungen betroffen sind.[1420] Im Übrigen richtet sich das Rechtsverhältnis der Partner nach dem Partnerschaftsvertrag (§ 6 Abs. 3 S. 1 PartGG). Soweit dieser keine Bestimmungen enthält, sind die §§ 110–116

1417 Koch § 25 Rn. 1.
1418 S. Rn. 150 ff.
1419 Koch § 25 Rn. 11, 14.
1420 Grunewald § 5 Rn. 8.

Abs. 2, 117–119 HGB aus dem Recht der oHG entsprechend anzuwenden (§ 6 Abs. 3 HGB).

Auf das **Außenverhältnis der Partnerschaft zu Dritten** findet § 124 HGB entsprechende Anwendung (§ 7 Abs. 2 PartGG). Die Partnerschaft ist damit zwar keine juristische Person, sie kann aber unter ihrem Namen Rechte erwerben, Verbindlichkeiten eingehen und vor Gericht klagen und verklagt werden. Die Vertretung der Partnerschaft entspricht im Wesentlichen der der oHG; § 7 Abs. 3 PartGG verweist auf die §§ 125 Abs. 1, 2 und 4 sowie die §§ 126 und 127 HGB. Danach besteht grundsätzlich Einzelvertretungsmacht jedes Partners. **533**

Für die Verbindlichkeiten der Partnerschaft **haften** den Gläubigern neben dem Vermögen der rechtsfähigen PartG die Partner als Gesamtschuldner (§ 8 Abs. 1 PartGG). Die §§ 129, 130 HGB sind entsprechend anzuwenden (§ 8 Abs. 1 S. 2 PartGG). Im Grundsatz entspricht die Haftungsverfassung der PartG damit derjenigen der GbR und der oHG.[1421] Das PartGG enthält jedoch hiervon abweichende Modifikationen. Nach § 8 Abs. 2 PartGG haften die Partner nur dann für berufliche Fehler, wenn sie selbst mit der Bearbeitung eines Auftrags der PartG befasst waren („Handelndenhaftung"[1422]); dabei ist eine „Befassung" zu verneinen, wenn der Partner nur Bearbeitungsbeträge von untergeordneter Bedeutung geleistet hat.

Nach § 8 Abs. 3 PartGG besteht die Möglichkeit, die Haftung der Partner für Ansprüche aus Schäden wegen fehlerhafter Berufsausübung auf einen bestimmten **Höchstbetrag** zu beschränken, wenn durch Gesetz zugleich eine Pflicht zum Abschluss einer Berufshaftpflichtversicherung der Partner oder der Partnerschaft begründet wird. § 8 Abs. 4 S. 1 PartGG ermöglicht zudem eine **Beschränkung der Haftung** für Verbindlichkeiten der PartG aus Schäden wegen fehlerhafter Berufsausübung auf das Gesellschaftsvermögen, wenn die Partnerschaft eine zu diesem Zweck durch Gesetz vorgegebene Berufshaftpflichtversicherung unterhält. Der Name der PartG muss dann den Zusatz **„mit beschränkter Haftung" oder „mbH"** oder eine andere allgemein verständliche Abkürzung dieser Bezeichnung enthalten (§ 8 Abs. 4 S. 3 Hs. 1 PartGG). Die gesamtschuldnerische Haftung der Partner für sonstige, nicht auf beruflichen Fehlern beruhende Verbindlichkeiten der PartG (Büromiete, Arbeitsverhältnisse etc.) bleibt jedoch bestehen.

Für den Fall des **Ausscheidens eines Partners** gilt grundsätzlich das oHG-Recht (§ 9 Abs. 1 PartGG i.V.m. §§ 131–144 HGB). Es bestehen nur wenige Abweichungen: Der Partner scheidet gemäß § 9 Abs. 3 PartGG auch dann aus der PartG aus, wenn er die für die Ausübung seines freien Berufs erforderliche Zulassung verliert. Die Beteiligung an der Partnerschaft ist grundsätzlich nicht vererblich; im Partnerschaftsvertrag kann sie jedoch an einen Dritten vererblich gestellt werden, wenn dieser einen freien Beruf i.S.d. PartGG ausübt (§ 9 Abs. 4 S. 1 PartGG). § 139 HGB ist dann nur insoweit anzuwenden, als der Erbe der Beteiligung befugt ist, seinen Austritt aus der Gesellschaft zu erklären (§ 9 Abs. 4 S. 2 PartGG). Die Nachhaftung des Ausscheidenden richtet sich nach den §§ 159, 160 HGB (§ 10 Abs. 2 PartGG). **534**

Die **Auflösung und Liquidation der Partnerschaft** erfolgen nach dem Recht der oHG (§§ 9 Abs. 1, 10 Abs. 1 PartGG). Insoweit kann auf die dortigen Ausführungen verwiesen werden.[1423] **535**

1421 Vgl. Rn. 169 ff. für die GbR und Rn. 52 ff. für die oHG.

1422 MünchKomm-BGB/Schäfer § 8 PartGG Rn. 1, 15 ff.

1423 Vgl. Rn. 145 ff.

# 10. Teil: Die Grundzüge des Umwandlungsrechts

536 Gelegentlich kann es vorkommen, dass die **bei Gründung einer Gesellschaft gewählte Rechtsform** nach einiger Zeit nicht mehr zu den Bedürfnissen der Gesellschafter passt. Aus unterschiedlichsten Gründen kann es sinnvoll erscheinen, das Unternehmen neu auszurichten und beispielsweise die **Rechtsform zu ändern** und/oder sich **mit anderen Unternehmen zusammenzuschließen**. Dies ermöglicht das Umwandlungsrecht. Es regelt die **Reorganisation und Umstrukturierung von Unternehmen.**[1424] Umwandlungen sind definiert als Vorgänge, bei denen sich die Vermögenszuordnung und/oder die Rechtsform des Vermögensträgers ändern. Hierzu zählen zunächst die im Umwandlungsgesetz (UmwG) aufgeführten Vorgänge. Es existieren jedoch auch außerhalb des UmwG weitere rechtliche Möglichkeiten, Umwandlungen herbeizuführen.

## 1. Abschnitt: Umwandlungen nach dem UmwG

### A. Umwandlungsarten nach dem UmwG

537 Das UmwG erfasst nur diejenigen Umwandlungsvorgänge, die dort enumerativ aufgeführt sind (vgl. § 1 Abs. 2 UmwG: **numerus clausus** der Umwandlungsvorgänge nach dem UmwG). Nach § 1 Abs. 1 UmwG können Rechtsträger mit Sitz im Inland umgewandelt werden durch

- Verschmelzung (Zusammenlegung mehrerer Rechtsträger, §§ 2–122 UmwG);
- Spaltung (Aufteilung eines Rechtsträgers, §§ 123–173 UmwG);
- Vermögensübertragung (§§ 174–189 UmwG);
- Formwechsel (Änderung der Rechtsform eines Rechtsträgers, §§ 190–304 UmwG).

An jeder dieser Umwandlungsarten dürfen Rechtsträger nur in bestimmten Kombinationen als Ausgangs- und Zielrechtsträger beteiligt sein (vgl. §§ 3, 124, 175, 191 UmwG).

#### I. Verschmelzung

538 Bei der Verschmelzung werden mehrere Rechtsträger zusammengelegt. Es handelt sich um eine **übertragende Umwandlung**, bei der alle erfassten Vermögensgegenstände des oder der übertragenden Rechtsträger (Ausgangsrechtsträger) im Zeitpunkt der Eintragung der Umwandlung im Wege der **Gesamtrechtsnachfolge** (Universalsukzession) auf den übernehmenden Rechtsträger (Zielrechtsträger) übergehen (§ 20 Abs. 1 Nr. 1 UmwG).

Im Unterschied zur Spaltung geht das gesamte Vermögen der Ausgansrechtsträger auf den Zielrechtsträger über („totale Gesamtrechtsnachfolge“). Aus diesem Grund findet **keine Abwicklung der Ausgangsrechtsträger** statt; sie werden vielmehr im Zuge der Umwandlung ohne Weiteres aufgelöst.

Die Gegenleistung für die Vermögensübertragung besteht bei der Verschmelzung darin, dass den Anteilsinhabern der Ausgangsrechtsträger Anteile oder Mitgliedschaften am Zielrechtsträger gewährt werden. Das **Umtauschverhältnis** (der „Preis“) orientiert

1424 Hier und zum Folgenden: Hofmann/Riethmüller, JA 2009, 481 ff.

sich dabei an den jeweiligen Unternehmenswerten und ist grundsätzlich zwischen den Parteien frei verhandelbar.

Um die Gegenleistung an die Anteilsinhaber der Ausgangsrechtsträger erbringen zu können, muss der Zielrechtsträger **ggf. eine Kapitalerhöhung** unter Ausschluss des Bezugsrechts durchführen (vgl. §§ 66–69 UmwG, 182 ff. AktG, 55 ff. GmbHG).

Eine Verschmelzung kann in **zwei Formen** erfolgen:

Bei der **Verschmelzung zur Aufnahme** (§ 2 Nr. 1 UmwG) existiert der Zielrechtsträger bereits.

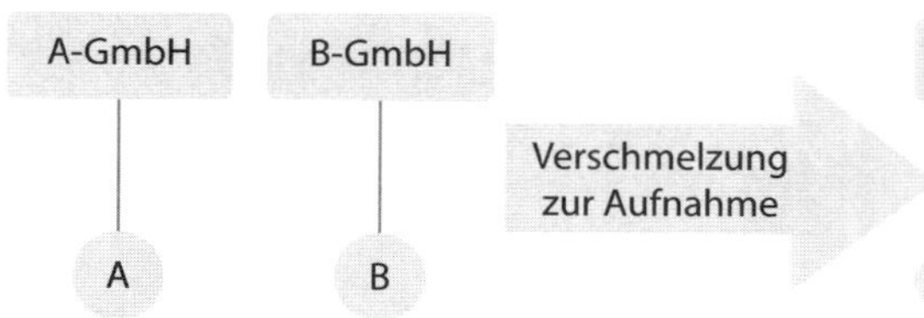


Die Gesellschafter der A-GmbH werden im Gegenzug an der B-GmbH beteiligt.

Bei der **Verschmelzung zur Neugründung** (§ 2 Nr. 2 UmwG) wird der Zielrechtsträger im Zuge der Umwandlung neu gegründet.

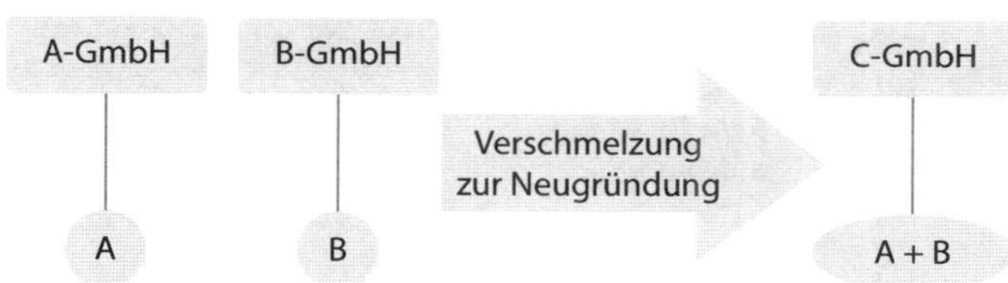


Die Gesellschafter der A-GmbH und der B-GmbH werden im Gegenzug an der neu gegründeten C-GmbH beteiligt.

## II. Spaltung

Bei der Spaltung wird das Vermögen des Ausgangsrechtsträgers oder Teile davon auf 539
den oder die Zielrechtsträger übertragen. Ebenso wie die Verschmelzung ist auch die Spaltung eine **übertragende Umwandlung**.

Der Vermögensübergang erfolgt im Wege der **partiellen Gesamtrechtsnachfolge**: Nicht das gesamte Vermögen des Ausgangsrechtsträgers wird übertragen, sondern nur ein Teil, der hinreichend genau bestimmt sein muss (vgl. § 126 Abs. 1 Nr. 9 UmwG).

Die **Gegenleistung** für die Vermögensübertragung besteht auch bei der Spaltung darin, dass den Anteilsinhabern der Ausgangsrechtsträger oder dem Ausgangsrechtsträger selbst Anteile oder Mitgliedschaften am Zielrechtsträger gewährt werden.

Es gibt **drei Unterarten** der Spaltung, die wiederum jeweils zur Aufnahme und zur Neugründung durchgeführt werden können:

## 1. Aufspaltung

540 Bei der Aufspaltung (§ 123 Abs. 1 UmwG) wird **das gesamte Vermögen des Ausgangsrechtsträgers auf mehrere Zielrechtsträger** aufgeteilt und der **Ausgangsrechtsträger ohne Abwicklung aufgelöst**.

541 Bei der **Aufspaltung zur Aufnahme** geht das Vermögen des Ausgangsrechtsträgers zu Teilen auf verschiedene bereits existierende Zielrechtsträger über.

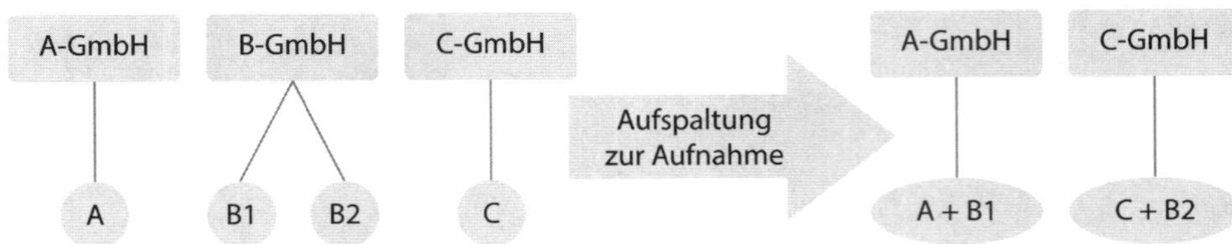


Die Gesellschafter der B-GmbH werden im Gegenzug sowohl an der A-GmbH als auch an der C-GmbH beteiligt.

542 Bei der **Aufspaltung zur Neugründung** geht das Vermögen des Ausgangsrechtsträgers zu Teilen auf verschiedene neu gegründete Zielrechtsträger über.

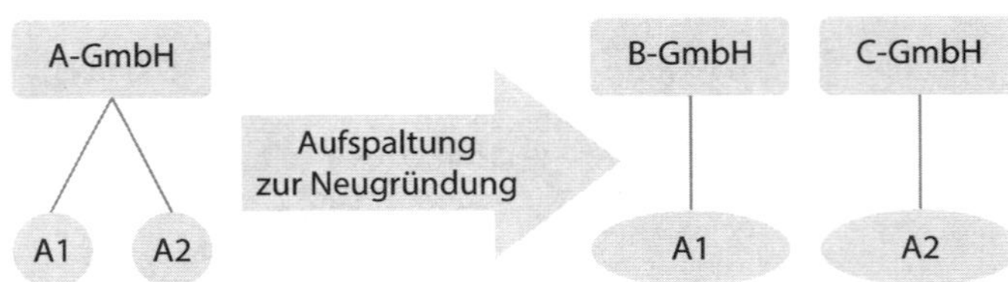


Die Gesellschafter der A-GmbH werden im Gegenzug sowohl an der B-GmbH als auch an der C-GmbH beteiligt.

## 2. Abspaltung

543 Bei der Abspaltung (§ 123 Abs. 2 UmwG) bleibt der Ausgangsrechtsträger in seiner Existenz bestehen. Es werden lediglich **Teile seines Vermögens auf einen oder mehrere Zielrechtsträger übertragen**. Die Gegenleistung besteht darin, dass Anteile oder Mitgliedschaften am Zielrechtsträger an die Anteilseigner des Ausgangsrechtsträgers gewährt werden.

544 Bei der **Abspaltung zur Aufnahme** geht ein Teil des Vermögens des Ausgangsrechtsträgers auf den bereits existierenden Zielrechtsträger über.

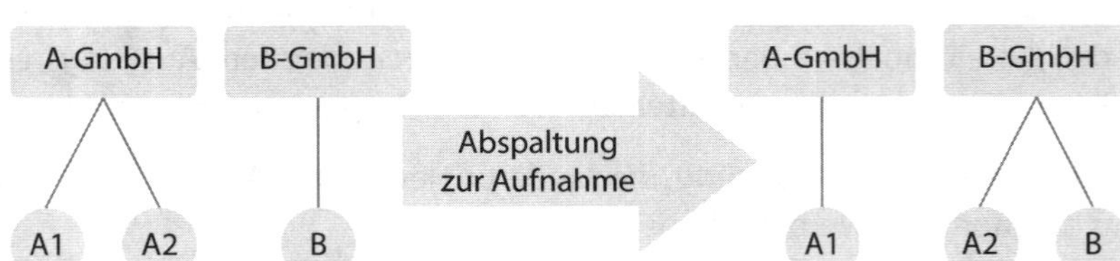


Die Gesellschafter der A-GmbH werden im Gegenzug an der B-GmbH beteiligt.

Bei der **Abspaltung zur Neugründung** geht ein Teil des Vermögens des Ausgangsrechtsträgers auf einen neu gegründeten Zielrechtsträger über. 545

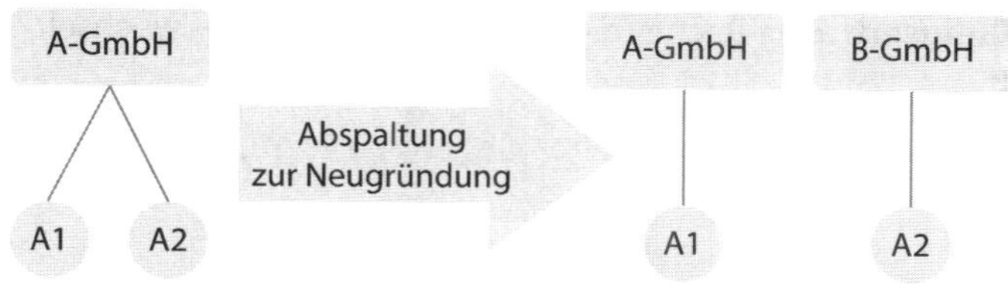


Die Gesellschafter der A-GmbH werden im Gegenzug an der B-GmbH beteiligt.

## 3. Ausgliederung

Bei der Ausgliederung (§ 123 Abs. 3 UmwG) bleibt der **Ausgangsrechtsträger in seiner Existenz bestehen**. Es werden lediglich Teile seines Vermögens auf einen oder mehrere Zielrechtsträger übertragen. Der **Ausgangsrechtsträger erhält hierfür selbst die Anteile am Zielrechtsträger**. 546

Bei der **Ausgliederung zur Aufnahme** geht ein Teil des Vermögens des Ausgangsrechtsträgers auf den bereits existierenden Zielrechtsträger über. 547

Die A-GmbH erhält im Gegenzug Anteile an der B-GmbH.

Bei der **Ausgliederung zur Neugründung** geht ein Teil des Vermögens des Ausgangsrechtsträgers auf einen neu gegründeten Zielrechtsträger über. 548

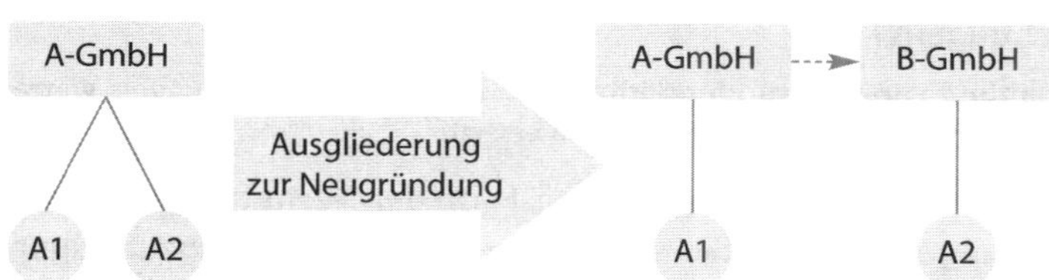


## III. Vermögensübertragung

Vermögensübertragungen gemäß §§ 174 ff. UmwG stellen der Sache nach **keine eigenständige Umwandlungsart** dar. Es handelt sich vielmehr um Verschmelzungen und Spaltungen bestimmter Arten von Rechtsträgern (juristische Personen des öffentlichen Rechts und Versicherer), denen für die Vermögensübertragung im Ganzen keine Anteile oder Mitgliedschaften am Zielrechtsträger, sondern nur **anderweitige Gegenleistungen** gewährt werden dürfen (vgl. § 174 Abs. 1 UmwG). Eine Vermögensübertragung zur Neugründung ist ebenfalls nicht möglich. 549

### IV. Formwechsel

550 Beim Formwechsel (§§ 190 ff. UmwG) handelt es sich um die **einzige nicht übertragende Umwandlungsart**. Der Rechtsträger bleibt erhalten. Er wechselt lediglich sein **„Rechtskleid"**.

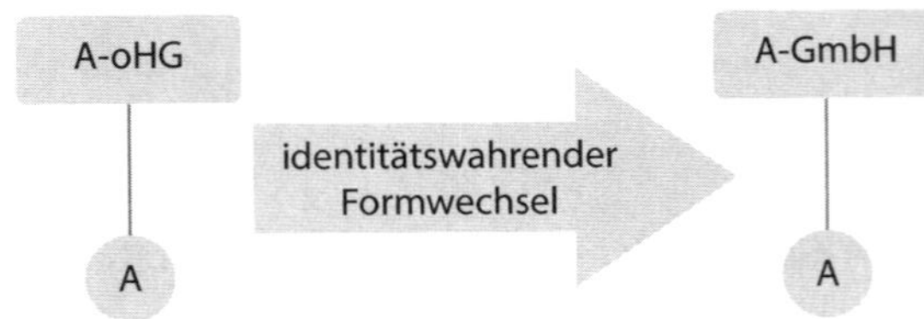


Der Rechtsträger bleibt erhalten, eine Vermögensübertragung findet nicht statt. Es wird unter Wahrung der Identität die Gesellschaftsform gewechselt.

## B. Das Verfahren nach dem UmwG

551 Bei allen Umwandlungsarten lässt sich das Umwandlungsverfahren in **drei Phasen** unterteilen: Die Vorbereitungsphase, die Beschlussfassung und den Vollzug.

Bei den **übertragenden Umwandlungsarten** der Verschmelzung und Spaltung ist das Umwandlungsverfahren weitgehend identisch ausgestaltet. Das **Verfahren des Formwechsels** weicht hiervon insbesondere in der Vorbereitungsphase ab: Ein Umwandlungsvertrag und eine Umwandlungsprüfung gibt es hier grundsätzlich nicht.

### I. Vorbereitungsphase

552 Die Vorbereitungsphase besteht aus **vier Elementen**:

- Bei Verschmelzungen und Spaltungen muss zunächst ein **Umwandlungsvertrag** zwischen den an der Umwandlung beteiligten Rechtsträgern geschlossen und notariell beurkundet werden (§§ 4, 5, 36 Abs. 1, 126 UmwG). Dieser Vertrag legt die Konditionen der Umwandlung im Verhältnis zwischen den an der Umwandlung beteiligten Rechtsträgern fest.

  Bei der **Spaltung zur Neugründung** ist der Umwandlungsvertrag mangels Vertragspartners gemäß § 136 UmwG durch einen Spaltungsplan ersetzt.

- Bei Verschmelzungen und Spaltungen ist von den Vertretungsorganen der beteiligten Rechtsträger ein schriftlicher **Umwandlungsbericht** anzufertigen. Dieser soll den Umwandlungsvorgang aufzeigen und erklären. Außerdem sind bei Verschmelzungen, Aufspaltungen und Abspaltungen das Umtauschverhältnis der Anteile und ein etwaiges Abfindungsgebot (§§ 29 ff. UmwG) rechtlich und wirtschaftlich darzulegen. All dies dient der Information der Anteilseigner.

- Der Umwandlungsvorgang muss durch unabhängige Sachverständige (Verschmelzungs- bzw. Spaltungsprüfer) darauf geprüft werden, ob das Umtauschverhältnis der Anteile angemessen ist (§§ 9–12 UmwG). Eine **Umwandlungsprüfung** ist allerdings nicht in allen Verschmelzungs- und Spaltungsfällen vorzunehmen. Bei der Ausgliederung ist sie entbehrlich (§ 125 S. 2 UmwG); im Übrigen findet sie für die an der Verschmelzung, Aufspaltung oder Abspaltung beteiligten Rechtsträger nur statt, soweit dies rechtsformspezifisch in den besonderen Vorschriften des zweiten bzw. dritten Buches des UmwG vorgesehen ist.

- In der Vorbereitungsphase bestehen **Informationsrechte der Anteilsinhaber**, insbesondere Auskunfts- und Einsichtsrechte (vgl. etwa §§ 49 Abs. 2 und 3 UmwG). Umwandlungsverträge und -berichte sind regelmäßig in den Geschäftsräumen der betreffenden Gesellschaft auszulegen. Die Verletzung von Informationsrechten kann zur Angreifbarkeit des Umwandlungsbeschluss führen.

## II. Beschlussfassung

Der Umwandlungsvertrag wird nur wirksam und damit bindend, wenn die Anteilsinhaber der beteiligten Rechtsträger ihm durch einen **notariell zu beurkundenden Beschluss** zustimmen. Dieser Beschluss kann nur **in einer Versammlung der Anteilsinhaber** gefasst werden (§§ 13 Abs. 1 und 3, 36 Abs. 1 UmwG). Die Mehrheitserfordernisse sind rechtsformabhängig (§§ 50 Abs. 1, 65 Abs. 1, 73, 84, 96, 103 UmwG). **553**

Ein **Schutz überstimmter Anteilsinhaber** kommt im Barabfindungsangebot zum Ausdruck (§§ 29 ff., 36 Abs. 1, 125, 135 Abs. 1 UmwG). Ein Recht auf Abfindung hat jeder betroffene Anteilsinhaber, der gegen den Umwandlungsbeschluss des übertragenden Rechtsträgers Widerspruch zur Niederschrift erklärt oder an einem solchen Widerspruch unverschuldet gehindert ist. Dem Minderheitenschutz dient ferner die Möglichkeit der Klage gegen die Wirksamkeit des Umwandlungsbeschlusses gemäß §§ 14 Abs. 1, 36 Abs. 1, 125, 135 Abs. 1 UmwG. Eine solche Klage kann allerdings nicht darauf gestützt werden, dass das Umtauschverhältnis der Anteile zu niedrig bemessen ist oder dass die Mitgliedschaft bei dem übernehmenden Rechtsträger kein ausreichender Gegenwert für die Anteile bzw. Mitgliedschaft an dem übertragenden Rechtsträger ist (vgl. § 14 Abs. 2 UmwG); in diesen Fällen kann (nur) in einem besonderen Spruchverfahren nach dem Spruchverfahrensgesetz (SpruchG) ein Ausgleich durch bare Zuzahlung gefordert werden (§ 15 Abs. 1 UmwG).

## III. Vollzugsphase

Sind die vorgenannten Verfahrensschritte durchlaufen, können die zuständigen Vertretungsorgane der beteiligten Rechtsträger in einem Registerverfahren die erforderliche **Anmeldung zur Registereintragung** vornehmen (§§ 16, 129 UmwG). Hierfür bedarf es grundsätzlich einer sog. **Negativerklärung**, mit der die Vertretungsorgane dem Registergericht versichern, dass eine Klage gegen die Wirksamkeit des Umwandlungsbeschlusses nicht, nicht fristgerecht oder nicht erfolgreich erhoben worden ist. Ohne eine solche Erklärung trägt der Registerrichter die Umwandlung nur dann ein, wenn alle klageberechtigten Anteilsinhaber durch notariell beurkundete Erklärung auf eine Klage verzichten. **554**

Einer Negativerklärung der Vertretungsorgane steht ein Unbedenklichkeitsbeschluss des Prozessgerichts gleich (§§ 16 Abs. 3, 36 Abs. 1, 125, 135 Abs. 1 UmwG).

## IV. Wirkungen der Eintragung

Die Umwandlung wird mit ihrer **Eintragung** wirksam, und zwar bei der Verschmelzung mit der Eintragung in das Register am Sitz des übernehmenden Rechtsträgers und bei der Spaltung mit der Eintragung in das Register am Sitz des übertragenden Rechtsträgers (§§ 20 Abs. 1, 131 Abs. 1 UmwG). **555**

Der **Vermögensübergang** vollzieht sich im Zeitpunkt der Eintragung: Bei der Verschmelzung gehen die Aktiva und Passiva des übertragenden Rechtsträgers im Wege der totalen Gesamtrechtsnachfolge, bei der Spaltung entsprechend der im Umwandlungsvertrag bzw. Spaltungsplan vorgesehenen Verteilung im Wege der partiellen Gesamtrechtsnachfolge auf den übernehmenden Rechtsträger über.

Verbindlichkeiten des übertragenden Rechtsträgers gehen durch eine Umwandlung also nicht verloren. Bei einer Sanierungsverschmelzung, bei der der aufnehmende für die Verpflichtungen des sanierungsbedürftigen aufgenommenen Rechtsträgers mit aufkommen muss, oder beim Formwechsel können sich aber Nachteile für die Gläubiger durch Veränderungen in den Haftungsbedingungen ergeben. Diesen Risiken wird zum **Schutz der Altgläubiger** dadurch begegnet, dass Gläubiger ggf. Ansprüche auf Sicherheitsleistung gemäß § 22 UmwG erhalten.

Dem **Arbeitnehmerschutz** dienen die §§ 322 ff. UmwG. Über den Verweis des § 324 UmwG findet insbesondere § 613 a Abs. 1 und 4 BGB Anwendung, wodurch sichergestellt wird, dass die Arbeitnehmer in Umwandlungsfällen nicht schlechter gestellt sind als bei Betriebsübergängen durch Einzelrechtsübertragung.

Ein **Schutz der Neugläubiger**, deren Forderungen erst nach der Umwandung entstehen, wird dadurch erzielt, dass bei einer Verschmelzung oder Spaltung zur Neugründung das für den neu gegründeten Rechtsträger jeweils geltende Gründungsrecht anzuwenden ist (§§ 36 Abs. 2, 135 Abs. 2 UmwG).

## 2. Abschnitt: Umwandlungen außerhalb des UmwG

556 Es gibt auch **außerhalb des UmwG** Möglichkeiten, Umwandlungen herbeizuführen.

### A. Gesetzliche Umwandlungstatbestände außerhalb des UmwG

557 Gesetzliche Umwandlungen außerhalb des UmwG sind möglich (§§ 1 Abs. 2, 190 Abs. 2 UmwG).

Der häufigste Fall ist der **Formwechsel von GbR, oHG und KG untereinander**. Eine kleingewerbliche GbR, die nicht im Handelsregister eingetragen und deswegen nicht schon nach § 105 Abs. 2 HGB oHG oder KG (Kannkaufmann) ist, wandelt sich unter Wahrung ihrer Identität in eine oHG oder KG um, sobald sie die Voraussetzungen eines vollkaufmännischen Handelsgewerbes erfüllt – also sobald nach Art oder Umfang ein in kaufmännischer Weise eingerichteter Geschäftsbetrieb erforderlich ist (vgl. § 1 Abs. 2 HGB). Fallen diese Voraussetzungen weg, wandelt sich die oHG bzw. KG (wieder) in eine GbR. Diese gesetzliche Umwandlung erfolgt unabhängig vom Willen der Gesellschafter und ohne Publizitätsakt.

Diese gesetzliche Umwandung ist Ausdruck des **gesellschaftsrechtlichen Typenzwangs**.[1425]

In gleicher Weise wandelt sich eine **KG in eine oHG** um, wenn sämtliche Kommanditisten ausscheiden und mindestens zwei Komplementäre in der Gesellschaft verbleiben oder durch eine Änderung des Gesellschaftsvertrages die Haftungsbeschränkung auf-

1425 S. hierzu Rn. 4 ff.

gehoben wird. Umgekehrt wandelt sich eine oHG in eine KG um, wenn eine Haftungsbeschränkung für einzelne Gesellschafter eingeführt wird oder mindestens ein Kommanditist neu in die Gesellschaft eintritt.

Ein gesetzlich geregelter Sonderfall der Umwandlung einer oHG in eine KG ist die **Fortsetzung der Gesellschaft mit den Erben eines Gesellschafters**, wenn diesen die **Kommanditistenstellung eingeräumt** wird (§ 139 Abs. 1 HGB).

Ein weiterer gesetzlicher Umwandlungstatbestand greift ein beim **Wegfall des vorletzten Gesellschafters einer Personengesellschaft**, soweit dieser nicht zur Liquidation führt. Da es im deutschen Recht eine Personengesellschaft mit nur einem Gesellschafter nicht gibt, erlischt die Gesellschaft und ihr Vermögen geht auf den letztverbleibenden Gesellschafter im Wege der Gesamtrechtsnachfolge über.

Ein wichtiger Sonderfall ist die **Verschmelzung einer GmbH & Co. KG auf ihre Komplementär-GmbH**. Sobald der letzte Kommanditist ausscheidet, geht das Vermögen der KG kraft Gesetzes auf die als letzte Gesellschafterin der KG verbleibende GmbH über.

## B. Umwandlungen mit den Mitteln des allgemeinen Gesellschafts- und Sachenrechts

Neben den gesetzlich ausdrücklich geregelten Umwandlungsvorgängen sind auch solche Umwandlungen zulässig, die sich mit den allgemeinen Mitteln des Gesellschafts- und Sachenrechts im Wege von **Einzelrechtsübertragungen** vollziehen. Das UmwG entfaltet insoweit keine Sperrwirkung, da es nach § 1 Abs. 2 UmwG nur dann einer ausdrücklichen gesetzlichen Regelung bedarf, wenn es um eine Umwandlung i.S.d. § 1 Abs. 1 UmwG (Verschmelzung, Spaltung, Vermögensübertragung, Vormwechsel) geht. Nach allgemeinen Regeln können auch sämtliche Vermögensgegenstände eines Rechtsträgers einzeln auf einen anderen Rechtsträger übertragen werden. Dabei ist allerdings der **sachenrechtliche Bestimmtheitsgrundsatz**[1426] zu beachten, weil im Gegensatz zu den Umwandlungsfällen nach dem UmwG keine Gesamtrechtsnachfolge stattfindet. Zudem lassen sich die Verbindlichkeiten und Dauerschuldverhältnisse des übertragenden Rechtsträgers dann nur mit Zustimmung des jeweiligen Gläubigers bzw. Vertragspartners übertragen (§§ 414, 415 BGB). 558

An dieser Stelle wird die **Vereinfachungsfunktion des gesetzlichen Umwandlungsrechts** deutlich. Bei übertragenden Umwandlungen nach dem UmwG erfolgt der Vermögensübergang im Wege der Gesamtrechtsnachfolge; alle erfassten Vermögensgegenstände gehen – ohne Einzelrechtsübertragungen – im Zeitpunkt der Eintragung der Umwandlung in das Register ohne Weiteres auf den Zielrechtsträger über. Beim Formwechsel (= nicht übertragende Umwandlung nach dem UmwG) findet die Umwandlung unter Wahrung der Identität des Rechtsträgers statt, sodass es auch hier keiner Einzelrechtsübertragungen bedarf.

## C. Grenzüberschreitende Umwandlungen

Umwandlungen sind auch unter Beteiligung von **Rechtsträgern unterschiedlicher Rechtsordnungen** möglich. Zu diesen grenzüberschreitenden Umwandlungen zählen etwa die Gründung einer Societas Europaea (SE, auch „Europäische Aktiengesellschaft" genannt) durch Verschmelzung von mindestens zwei in verschiedenen europäischen 559

1426 Dazu ausführlich AS-Skript Sachenrecht 1 (2020), Rn. 10.

Staaten ansässigen Kapitalgesellschaften (vgl. Art. 2 Abs. 1, 17–31 SE-VO[1427] und §§ 5–1 SEAG[1428]). Auch die Gründung einer Europäischen Genossenschaft (Societas Cooperativa Europaea, SCE) kann durch grenzüberschreitende Verschmelzung erfolgen (Art. 2 Abs. 1, 19–34 SCE-VO,[1429] §§ 5–9 SCEAG[1430]). Die §§ 122 a ff. UmwG ermöglichen – in Umsetzung einer europäischen Richtlinie[1431] – die Verschmelzung von Kapitalgesellschaften aus verschiedenen Mitgliedstaaten. Die Niederlassungsfreiheit[1432] ermöglicht auch grenzüberschreitende Spaltungen und Formwechsel.[1433]

1427 VO (EG) Nr. 2157/2001 v. 08.10.2001 über das Statut der Europäischen Gesellschaft, ABl. Nr. L 294 v. 10.11.2001, S. 1 ff.

1428 Deutsches SE-Ausführungsgesetz (SEAG) v. 22.12.2004, BGBl. 2004, S. 3675 ff.

1429 VO (EG) Nr. 1435/2003 v. 22.07.2003 über das Statut der Europäischen Genossenschaft (SCE), ABl. Nr. L 207 v. 18.08.2003, S. 1–24.

1430 Deutsches SCE-Ausführungsgesetz (SCEAG) v. 14.08.2006, BGBl. I 2006, S. 1911 ff.

1431 RL 2005/56/EG des Europäischen Parlaments und des Rates v. 26.10.2005, ABl. Nr. L 310 v. 25.11.2005, S. 1 ff.; vgl. dazu Oechsler NZG 2006, 161 ff.

1432 S. hierzu EuGH ZIP 2005, 2311.

1433 EuGH ZIP 2009, 24.

# 11. Teil: Ausblick auf die Gesellschaftsrechtsreform

Nachdem sich bereits die Mehrheit der Teilnehmer des 71. Deutscher Juristentags (2016) für eine umfassende Reform des Personengesellschaftsrechts ausgesprochen hatte, da ja die gesetzlichen Regelungen hierfür seit langem unverändert sind, hat auch die Bundesregierung im Koalitionsvertrag für die 19. Legislaturperiode (2018) zwischen CDU/CSU und SPD in den Zeilen 6162 bis 6165 (S. 131) folgende Erklärung abgegeben: 560

*Wir werden das Personengesellschaftsrecht reformieren und an die Anforderungen eines modernen, vielfältigen Wirtschaftslebens anpassen; wir werden eine Expertenkommission einsetzen, die gesetzliche Vorschläge für eine grundlegende Reform erarbeitet.*

Im **November 2020** hat nun das Bundesministerium für Justiz und für Verbraucherschutz auf Basis der Empfehlung dieser Expertenkommission den **Referentenentwurf eines Gesetzes zur Modernisierung des Personengesellschaftsrechts („MoPeG")** vorgelegt.[1434] Danach soll es Änderungen in 149 Gesetzen geben, insbesondere auch im BGB und im HGB.

Die **wesentlichen Regelungsvorschläge** umfassen folgendes: 561

- nach § 705 Abs. 2 BGB n.F. kann eine GbR selbstständig Rechte erwerben und Verbindlichkeiten eingehen, wenn sie nach dem gemeinsamen Willen der Gesellschafter am Rechtsverkehr teilnehmen soll (rechtsfähige Personengesellschaft). Die **Rechtsfähigkeit der Außen(GbR) wird also kodifiziert**, ein dogmatischer Rückgriff auf § 124 HGB analog wird überflüssig.

  In der Konsequenz dessen sieht § 721 BGB n.F. (wortgleich zu dem bisher analog herangezogenen § 128 HGB) eine persönliche und gesamtschuldnerische Haftung der Gesellschafter vor, die Dritten gegenüber nicht durch gesellschaftsvertragliche Vereinbarung abbedungen werden kann.

  Hinzu kommt, dass sich die GbR **freiwillig in einem öffentlichen Register eintragen** lassen kann; die Eintragung der **„eGbR"** soll nicht Voraussetzung für die Rechtsfähigkeit der GbR sein, sie wird aber für bestimmte Rechtsgeschäfte, wie den Erwerb von Grundstücken, relevant. Ebenso sollen für die eGbR die Vorschriften des UmwG gelten.

- die Aufteilung zwischen (handels-)gewerblichen und nicht gewerblichen Personengesellschaften soll grundsätzlich beibehalten werden, sodass **für oHG und KG weiterhin zusätzlich das HGB** gilt.

- die **Personengesellschaftsformen** des HGB (insbesondere oHG und KG) sollen gemäß § 107 Abs. 1 S. 2 HGB n.F. nun auch solchen Gesellschaften offenstehen, deren Zweck die **gemeinsame Ausübung freier Berufe** ist, soweit das anwendbare Berufsrecht dies zulässt.

  Das wirkt sich auch auf das PartGG aus. Ferner ist im Entwurf von Art. 67 MoPeG eine Änderung von § 2 PartGG vorgesehen, wonach der Name der Partnerschaft künftig den Zusatz „und Partner" oder „Partnerschaft" enthalten muss.

Das MoPeG soll nach seinem Art. 150 nahezu vollständig am **01.01.2023 in Kraft treten**. Einige wenige Normen sollen einen Tag später in Kraft treten.

1434 https://www.bmjv.de/SharedDocs/Gesetzgebungsverfahren/DE/Personengesellschaftsrecht.html

**Stichwortverzeichnis**

Die Zahlen verweisen auf die Randnummern.

RÜ+RÜ2
Ihre Examensfälle von morgen
RechtsprechungsÜbersicht
RÜ
Rechtsprechungs Übersicht
Ihre Examensfälle von morgen
Alpmann Schmidt
RÜ2
Rechtsprechungs Übersicht 2
Das Plus für Referendare
Alpmann Schmidt
RÜ und RÜ2 (Kombiausgabe)
▪ Aktuelle Rechtsprechung von ausbildungserfahrenen Praktikern aufbereitet
▪ Dargestellt wie eine Aufgabe in der Examensklausur nebst Musterlösung
▪ Speziell in der RÜ2 für das 2. Examen: Aufgabenstellungen aus gerichtlicher, staatsanwaltlicher, behördlicher und anwaltlicher Sicht
Infos unter www.alpmann-schmidt.de
RÜ2
Das Plus für Referendare
Alpmann Schmidt